U0485858

《新乐遗址发掘报告》首发式暨“东北新石器考古学术研讨会”专题

沈阳考古文集

（第7集）

赵晓刚　主编

沈阳市文物考古研究所　编

科学出版社

北京

内 容 简 介

本文集共收录考古调查、发掘报告、简报、学术论文等文章15篇，既有《新乐遗址发掘报告》首发式暨“东北新石器考古学术研讨会”的会议论文，又有反映沈阳市文物考古研究所近年来配合城市基本建设、主动性考古发掘和文物保护等工作取得的成果。

本书可供考古学、历史学研究者，尤其是沈阳地域性考古学文化和沈阳地方史研究者，以及其他相关专业师生参阅。

图书在版编目（CIP）数据

沈阳考古文集. 第7集 / 赵晓刚主编；沈阳市文物考古研究所编. —北京：科学出版社，2019.12

ISBN 978-7-03-063036-0

Ⅰ.①沈… Ⅱ.①赵… ②沈… Ⅲ.①考古工作—沈阳市—文集 Ⅳ.①K872.311-53

中国版本图书馆CIP数据核字（2019）第254825号

责任编辑：赵 越 / 责任校对：邹慧卿

责任印制：肖 兴 / 封面设计：张 放

科学出版社 出版

北京东黄城根北街16号

邮政编码：100717

http://www.sciencep.com

中国科学院印刷厂 印刷

科学出版社发行 各地新华书店经销

*

2019年12月第 一 版 开本：889×1194 1/16

2019年12月第一次印刷 印张：15 插页：2

字数：420 000

定价：228.00 元

（如有印装质量问题，我社负责调换）

《沈阳考古文集》（第7集）

编辑委员会

学术顾问　田立坤

主　　任　赵晓刚

副 主 任　丛丽莉

委　　员（按姓氏笔画排序）

田立坤　付永平　丛丽莉

李树义　沈彤林　赵晓刚

编　　务　李　鑫

目　录

从《新乐遗址发掘报告》试析偏堡子文化之源

朱延平

（中国社会科学院考古研究所）

2018年底出版的《新乐遗址发掘报告》[1]（下称《新乐报告》）全面报道了沈阳新乐遗址历年的发掘资料。因该报告首次集中披露了新乐遗址的偏堡子文化陶器，遂使探讨偏堡子文化起源这个聚讼已久的议题获得了新的进展。

一

据《新乐报告》介绍，"偏堡文化在遗址区内基本不见文化层堆积"。而在"80TG1地层堆积内，发现了新乐文化与新乐上层文化之间的偏堡文化地层堆积……"[2]，发掘所获偏堡子文化陶器"器类以直口罐为主"。发表的34件口沿残片全都是口沿贴附"一周泥片"（2014年的发掘称"叠唇"[3]）、腹部饰"捏按竖泥条堆纹"的"直口罐"，其余的17件"罐腹片"标本也基本上属于"腹上部饰捏按竖泥条堆纹，下部饰一周按压泥条堆纹"或仅于"腹上部饰附加捏按竖泥条堆纹"的"直口罐"[4]。可见，"饰捏按竖泥条堆纹"的叠唇直口筒形罐应是新乐遗址发掘区偏堡子文化的主要陶器（图一）。

众所周知，新乐文化陶器最具特色的是繁缛缜密的压印之字纹，新乐遗址之字纹的细密和规序之程度更在其他遗址之上。竖压横排之字纹的施纹方式是"以单体工具的两端为支点，向左或向右，接续压印，环器身一周为止"。在复原的筒形罐中，所见各匝之字纹基本都是首尾相接，极少出现上下错行的现象。横压竖排之字纹一般只见于"深腹罐"器表上部直腹的部分，每股之字纹带纵行直列，二方连续的左、右之字纹带紧密衔接，"接续压印至饰满器身止"[5]。

如此缜密细致的压印之字纹工艺绝非一蹴而就，至少在下辽河流域会有从萌生到成熟的长期发展之历程。而新乐遗址的之字纹至繁至琐，这种登峰造极的施纹绝技也很难为后世所传承。细审之字纹，还可观察到这样的现象，由于各之字纹带紧密相衔，左右或上下纹带之间往往挤压成一道凸起于器表的泥条，仅就泥条本身而言，虽基本是一条直线，但会随其左右或上下的之字纹痕而呈现参差凸凹的形态乃至近似细波或锯齿状，这一点通过纹饰拓片即可得到比较清楚的印象。也许在后来者的心目中，缜密之字纹的故技虽已失传，但与之字纹相关的这种次生的挤压凸泥若能得到再现，亦不失为对古人

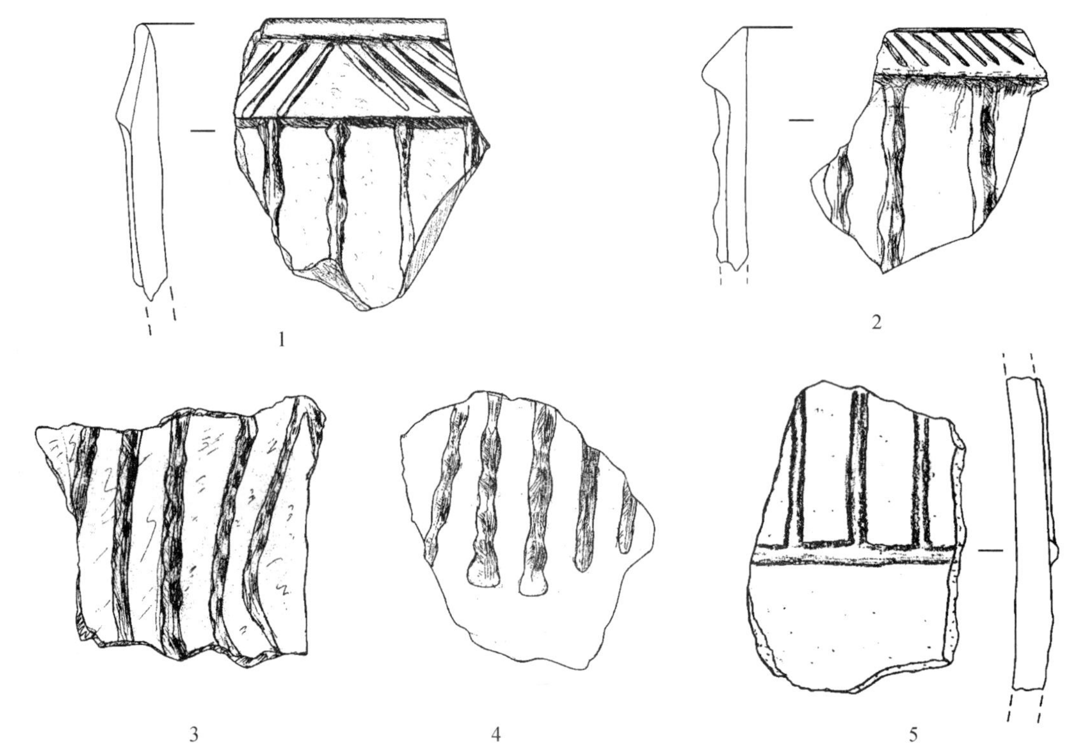

图一　新乐遗址偏堡子文化的捏按竖泥条堆纹陶片

1. 80TG1③：1　2. 80TG1③：5　3. 80TG1③：27　4. 80TG1③：16　5. 73T1②：16

精神的某种继承。如是，前述偏堡子文化的“捏按竖泥条堆纹”的原型应理解为新乐文化横压竖排之字纹带之间的挤压凸泥（图二）。换言之，偏堡子文化的“捏按竖泥条堆纹”当脱胎于新乐文化的之字纹。

1956年调查新民偏堡子沙岗时曾指出，偏堡子文化的泥条堆纹是“细泥条附加在器面上，其中也有在器面直接捏起的，但数量极少”[6]。而据笔者观察，沈阳-新民一带偏堡子文化的泥条堆纹在多数情况下应是在器坯未干时，直接于陶器表面一段一段捏成的。每道泥条之所以参差凸凹或粗细相间交替呈现，正是出于刻意复制新乐文化之字纹带间挤压凸泥这一初衷。新乐遗址偏堡子文化的“捏按竖泥条堆纹”“或粗或细，经捏按与器壁黏合，泥条在器壁上呈凸棱状，相间有双指对捏的凹窝”[7]。这样的描述或更有助于深入理解偏堡子文化泥条堆纹的祖型。新民东高台山遗址第二次发掘时亦曾提到，偏堡子文化“大口深腹罐”的“泥条堆纹（凸线纹）……在一定程度上反映出与‘之’字形压印纹的渊源关系”[8]，其中是否暗含与上述分析类似的思考，也颇值关注。诚然，综观偏堡子文化的泥条堆纹，除“直接在器表经挤压堆塑成形”之外，的确还有“一种是将细泥条等距贴附于器表”的做法[9]。若着眼于对泥条堆纹原型的推定，显然应将贴附而成的泥条堆纹视作后起的施纹术。

除泥条堆纹这个要素外，偏堡子文化筒形罐习见的叠唇也和新乐文化筒形罐口沿外的纹饰有着渊源关系。从《新乐报告》发表的标本来看，该遗址偏堡子文化筒形罐

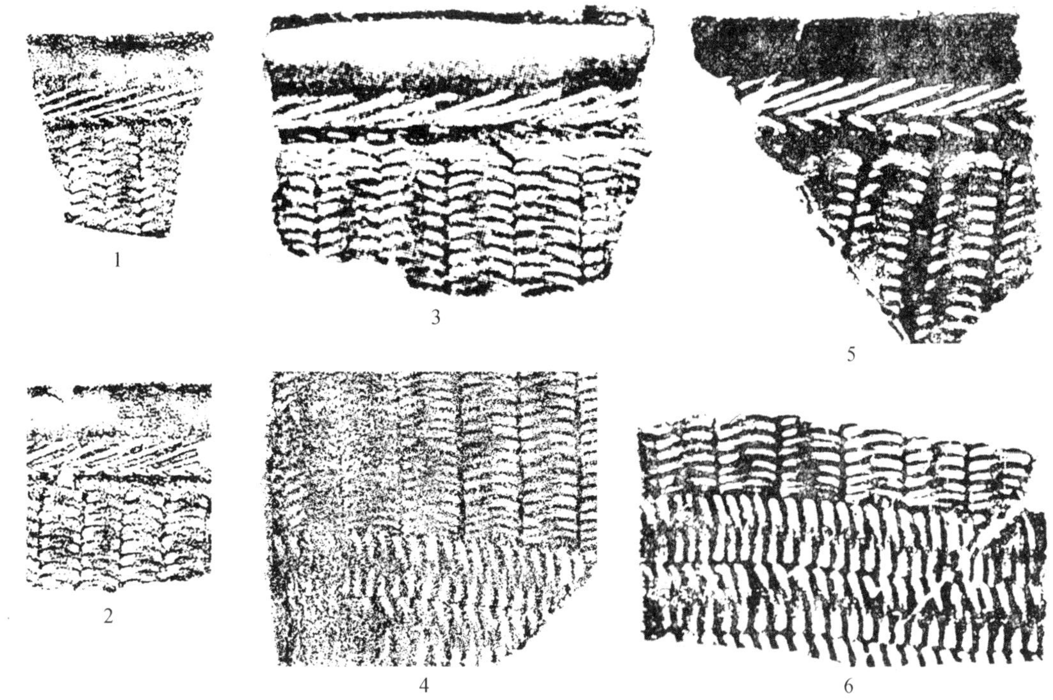

图二　新乐遗址筒形罐器表的横压竖排之字纹
1～4. 引自《新乐报告》图3-1之6、5，图3-330之4下，图3-1之10　5、6. 引自《考古学报》1978年4期456页图一〇之4、1

叠唇外表的纹饰以“压划斜线纹、网格纹、蓆纹”[10]为主。其中的“压划斜线纹”在此遗址新乐文化筒形罐口沿外表也是常见纹饰，只是新乐文化筒形罐口外的这种纹样往往有着上下2或3排，压划斜线的方向较多的是左斜（斜线上端在右侧），而偏堡子文化的叠唇上仅见单排，斜线主要为右斜（斜线上端在左侧）（图三）。新乐文化罐口外表的“网格纹”是错向交叉的压划斜线，偏堡子文化的网格纹为纵横直线相交而成（图四）。“蓆纹”亦见于该遗址的新乐文化筒形罐，但同样结构的蓆纹好像并不是很多，更为普遍的“横人字纹”也许和偏堡子文化“蓆纹”不无关联（图五）。

二

既然新乐遗址的新乐文化和偏堡子文化在陶器的主体纹饰上显示出明确的渊源关系，那么，它们之间的年代距离应该不会很长。表面看来两种文化的陶器面貌迥异，但二者之间在时间上未必有较大的缺环。如前述新乐遗址发掘区基本不见偏堡子文化时期的地层，却在一些“大、中型的房址填土内发现有偏卜子文化类型文化层位堆积，”如“80T2东壁地层剖面图”中的第3层即为包含“泥条捏按堆纹陶”和“少量压印之字纹陶”的“偏卜子文化类型堆积层”[11]。此层的“范围不超出房址平面开口”[12]（房址即F8），据此描述和剖面图可以了解到，新乐文化房址F8内的上层填土（厚40厘米[13]）

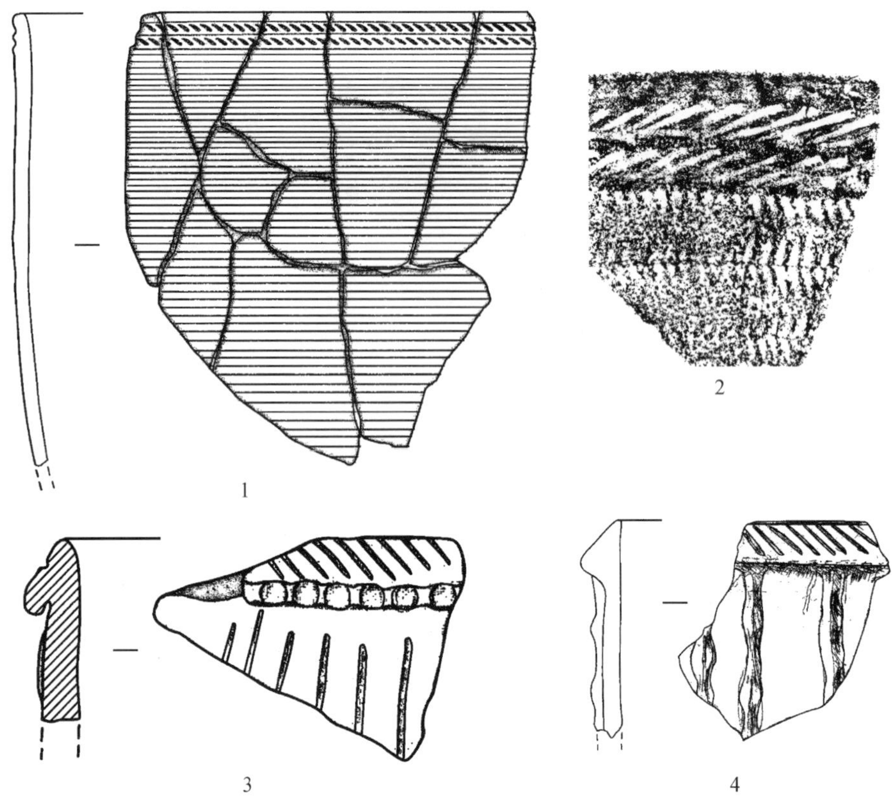

图三　新乐遗址新乐文化（上）和偏堡子文化（下）筒形罐口沿外表的压划斜线纹

1. F15：214　2. 引自《新乐报告》图3-1之7　3. 2014TG6②：4（《考古》2018年8期53页图一八）

4. 80TG1③：5

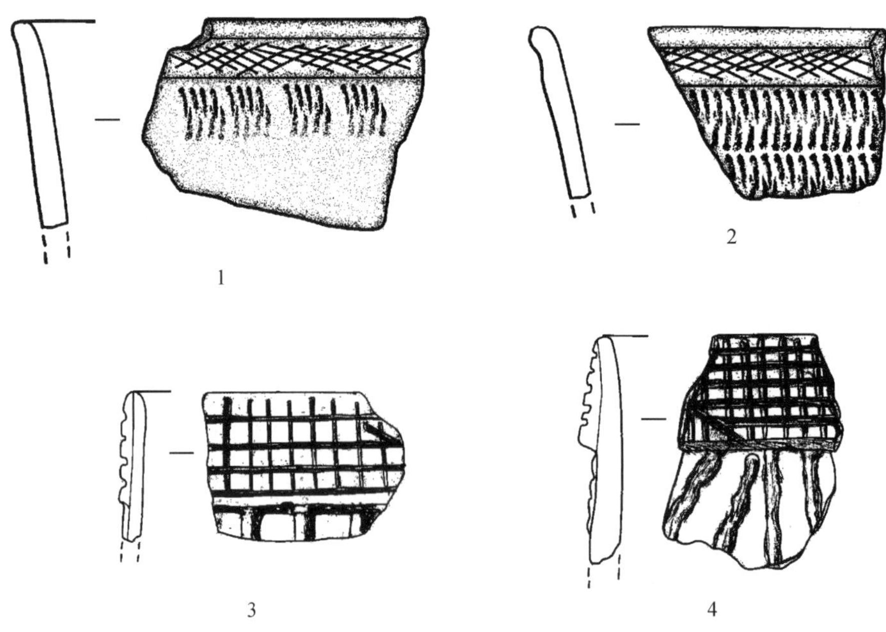

图四　新乐遗址新乐文化（上）和偏堡子文化（下）筒形罐口沿外表的网格纹

1. F3：219　2. F3：199　3. 80TG1③：4　4. 80TG1③：2

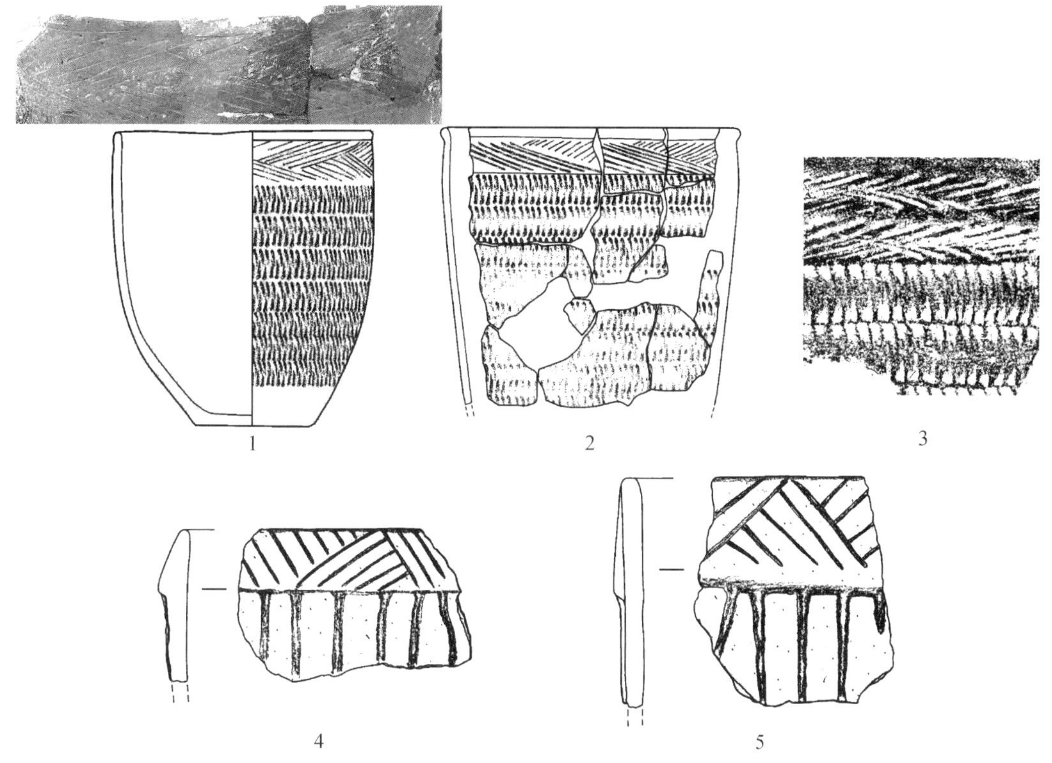

图五 新乐遗址新乐文化（上）和偏堡子文化（下）筒形罐口沿外表的席纹或横人字纹

1. F5：9 2. F2：22 3. 横人字纹（引自《新乐报告》图3-1之9） 4. 73T1②：7 5. 73T1②：5

为含偏堡子文化和少量新乐文化陶片的穴内堆积。是知该遗址偏堡子文化最初的年代很可能就在新乐文化房址废弃后不久的时间内。

《新乐报告》披露的新乐遗址80T1H1：10为一残筒形罐，“腹部饰多周划压斜线纹，可见有6条，分布间隙不均匀”[14]。此罐尤其是器表的纹饰与本溪北甸A洞下层代表性陶器BAT1③：2和BAT1③：3多有相似，而北甸A洞BAT1③还出有2件“附加堆纹陶片制成”的“陶网坠”和6件“器表饰竖行附加堆纹”的“叠唇罐口沿”，“这些叠唇罐口沿都被制成网坠使用过”[15]。根据所发表的线图不难想象，它们和新乐遗址偏堡子文化的泥条堆纹叠唇罐应属同类陶器（图六，1、3～6）。如是，新乐遗址泥条堆纹叠唇罐应不晚于北甸A洞BAT1③的年代，或与北甸A洞BAT1③：2和BAT1③：3大体处在同一时段。因此，《新乐报告》所言80T1H1“灰坑内出土遗物与典型偏堡文化因素除夹滑石外有所不同，但与偏堡文化时代相近”[16]。这一推断应基本可信。

像新乐80T1H1：10和北甸A洞BAT1③：2、BAT1③：3那样器表大部分或接近一半的面积饰多匝平行短斜线纹带的筒形罐尚见于大连市北吴屯上层，如北吴屯F2：10、F7：3、T14②A：2、T6②C：30、T6②C：32等[17]（图六，2）。北吴屯上层的年代大约相当于广义之小珠山下层文化的晚期[18]或2006～2008年发掘的小珠山遗址第二期[19]。

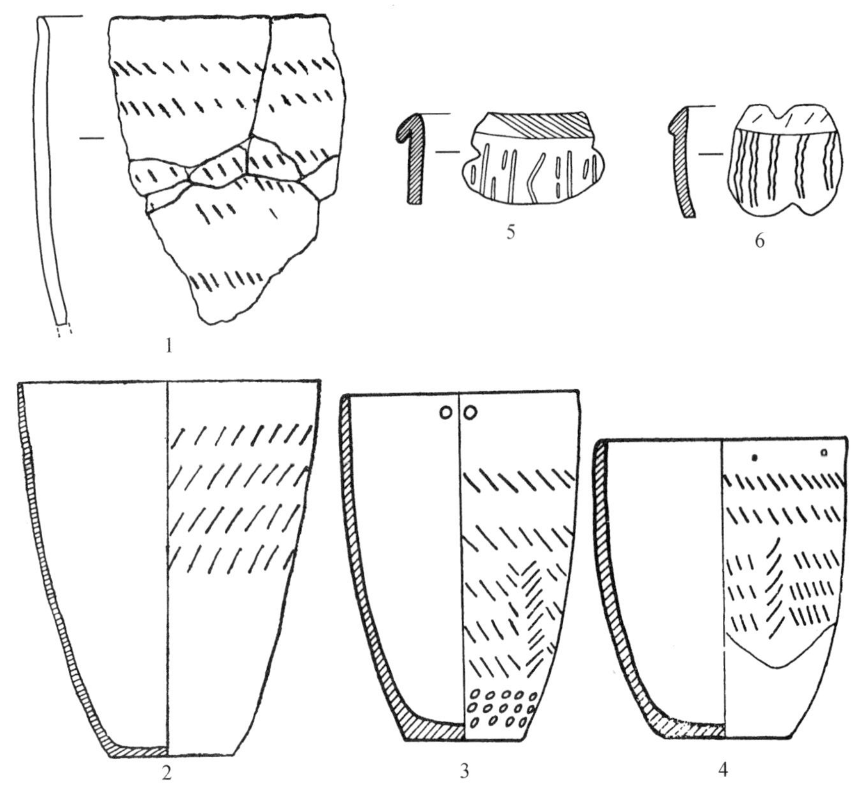

图六　多匝平行短斜线纹筒形罐（1～4）和竖泥条纹叠唇罐（5、6）

1. 新乐80T1H1：10　2. 北吴屯T6②C：30　3. 北甸A洞BAT1③：2　4. 北甸A洞BAT1③：3　5. 北甸A洞BAT1③：12　6. 北甸A洞BAT1③：14

另一方面，东沟县（今东港市）后洼遗址上层的ⅡT2②：1这件“小平沿筒形罐”饰纵列平行斜线刻划纹[20]，后洼上层的年代大体相当于陕晋豫地区庙底沟文化之时[21]。比这年代稍晚的2006～2008年发掘的小珠山遗址第三期F1：1和T1512⑦B：1这2件筒形罐均饰有刻划纹，前者主体纹饰为“纵向斜线纹”，后者是“竖排短斜线纹”。[22]新民东高台山80T1⑤：3这件叠唇筒形罐除有纵向泥条堆纹外，还于“条纹间隙复又划以斜线纹为饰。”[23]此斜线纹与前述3罐的纵列平行斜线纹约略相似，与小珠山的两例似更接近（图七）。

综上所述，可将沈阳-新民一带偏堡子文化的年代上限推定为2006～2008年发掘的小珠山遗址第二期至二、三期之间。这和笔者以往提出的关于偏堡子文化初始年代当对应于陕晋豫地区庙底沟文化的认识亦无太大差别。如果说新乐文化的起讫年代应“划在‘半坡前’到半坡类型这一时间范围内”[24]，则关于偏堡子文化年代上限的估计也暗合本节开始时对该文化初现于新乐遗址的解读。

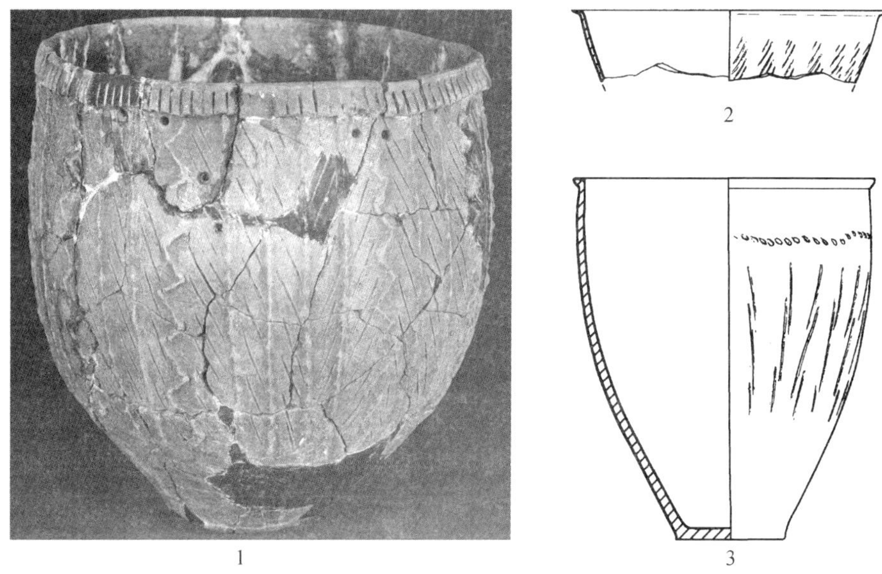

图七　东高台山的泥条堆纹间饰平行斜线纹的叠唇罐和小珠山的纵列平行斜线纹筒形罐
1. 东高台山80T1⑤：3　2. 小珠山T1512⑦B：1　3. 小珠山F1：1

三

围绕偏堡子文化起源的问题，学界尚存诸多不同认识。择其要者，可归纳为以下3种观点。

（1）辽南（辽东半岛）起源说。瓦房店长兴岛三堂遗址发掘[25]后以此说最具影响力。如有学者提出，以三堂ⅡF3为代表的偏堡子文化早期存在于辽东半岛南端，沈阳-新民一带的偏堡子文化是其向北扩张的结果，且偏堡子文化“在陶器表面施条形堆纹的做法是由鲁西南经胶东传入辽东半岛的”[26]。也有学者指出，“北辛文化几乎具备所有偏堡早期陶器器形的母型”[27]。从而主张起源于“辽东半岛南端渤海沿岸”的偏堡子文化，是在接受了北辛文化强烈影响后形成的[28]。但此说中更多的意见似乎并不认同偏堡子文化与胶东方面的联系[29]。

（2）辽中起源说。新乐遗址最初发掘时，以发掘者为主导的认识是“偏堡子文化类型可能同新乐文化有承袭关系”[30]。甚至“从细石器和陶器形式上的相似”而考虑新乐文化和偏堡子文化“可能是一种文化”[31]。后来还有学者认为辽南地区体现偏堡子文化因素的“附加堆纹是从辽中地区传播过来，”故“辽中区是这一文化的发祥地”[32]。

（3）辽西起源说。部分学者提出“偏堡子文化的附加堆纹因素就应该是受到来自西部邻近地区小河沿文化的影响而产生的”[33]。或“偏堡子文化及条形附加堆纹的渊源当主要来自于辽西地区”[34]。尚有一种看法，将内蒙古扎鲁特旗南宝力皋吐遗址的陶器视为偏堡子类型陶器的原型，认为“偏堡可作为南宝类型的一个地方类型”[35]。

这些见解均反映了对偏堡子文化起源的认识过程。但根据上两节的分析，至少应将沈阳–新民一带偏堡子文化的主源视作本地区的新乐文化。至于以前笔者提出过的偏堡子文化“较多地接受了辽东区的影响”[36]，此说自当修正。

四

既然沈阳–新民一带的偏堡子文化是由本地独立起源的，那么，包括辽东半岛在内的其他地域的偏堡子文化是否为辽中地区传播所致，这也是在最终厘清偏堡子文化源头的问题上不得不面对的一个环节。受资料所限，似难以就此问题给出明确的解答。但仍有值得思考的线索。

众所周知，辽东半岛也是偏堡子文化分布的重要地域，三堂等遗址的偏堡子文化更以单纯之纵向泥条堆纹的筒形罐为主要文化成分（图八，2）。但辽东半岛此前的小珠山下层文化的陶器也盛行细密之字纹，尽管小珠山下层文化的之字纹不像新乐文化那样繁复而规序，但亦不乏横压竖排且每道之字纹带之间挤出凸泥棱条的现象，小珠山下层和北吴屯下层都存在这样的实例（图八，1）。如此看来，作为偏堡子文化要素的纵向泥条堆纹虽皆脱自横压竖排之字纹之母体，但这母体未必只属于一个考古学文化。含有缜密之字纹这种文化基因的地域，都有条件在日后的阶段孕育出纵向泥条堆纹筒形罐。亦即，和辽中区一样，辽东半岛也具备同步生成偏堡子文化的可能性。

事实上，辽东半岛和辽中地区虽被认为是偏堡子文化共同分布的地带，但在偏堡子文化阶段两地的陶器仍有着不小的差异，说明两地先民深层的文化基根并不相同。不过，这种差异还不至于妨碍两地先民齐头并进地过渡到陶器面貌雷同的偏堡子文化阶段。从这个意义上说，探寻考古学文化及其地域类型背后的成因或许比命名某个考古学文化更显得重要。

1

2

图八　北吴屯下层的横压竖排之字纹和三堂遗址的纵向泥条堆纹罐

1. 引自《考古学报》1994年3期356页图一二之5　2. 三堂遗址ⅡF3上：19

注 释

［1］ 沈阳市文物考古研究所、新乐遗址博物馆：《新乐遗址发掘报告》，文物出版社，2018年。

［2］ 沈阳市文物考古研究所、新乐遗址博物馆：《新乐遗址发掘报告》，文物出版社，2018年，22、5页。

［3］ 沈阳市文物考古研究所：《沈阳市皇姑区新乐遗址2014年的发掘》，《考古》2018年8期，53页。

［4］ 沈阳市文物考古研究所、新乐遗址博物馆：《新乐遗址发掘报告》，文物出版社，2018年，533～538页。

［5］ 沈阳市文物考古研究所、新乐遗址博物馆：《新乐遗址发掘报告》，文物出版社，2018年，25页。

［6］ 东北博物馆文物工作队：《辽宁新民县偏堡沙岗新石器时代遗址调查记》，《考古通讯》1958年1期，3页。

［7］ 沈阳市文物考古研究所、新乐遗址博物馆：《新乐遗址发掘报告》，文物出版社，2018年，532页。

［8］ 沈阳市文物管理办公室：《新民东高台山第二次发掘》，《辽海文物学刊》1986年创刊号，28页。

［9］ 朱永刚：《辽东地区新石器时代含条形堆纹陶器遗存研究》，《青果集——吉林大学考古专业成立二十周年考古论文集》，知识出版社，1993年，146页。

［10］ 沈阳市文物考古研究所、新乐遗址博物馆：《新乐遗址发掘报告》，文物出版社，2018年，532页。

［11］ 李晓钟：《沈阳新乐遗址1982——1988年发掘报告》，《辽海文物学刊》1990年1期，8～10页。

［12］ 沈阳市文物考古研究所、新乐遗址博物馆：《新乐遗址发掘报告》，文物出版社，2018年，22页。

［13］ 关于此层分布、堆积和厚度的情况，详参对80T1（探沟）第四层的介绍（沈阳新乐遗址博物馆、沈阳市文物管理办公室：《辽宁沈阳新乐遗址抢救清理发掘简报》，《考古》1990年11期，969页）。

［14］ 沈阳市文物考古研究所、新乐遗址博物馆：《新乐遗址发掘报告》，文物出版社，2018年，532页。

［15］ 辽宁省文物考古研究所、本溪市博物馆：《马城子——太子河上游洞穴遗存》，文物出版社，1994年，26、29～32页。

［16］ 沈阳市文物考古研究所、新乐遗址博物馆：《新乐遗址发掘报告》，文物出版社，2018年，532页。

［17］ 辽宁省文物考古研究所、大连市文物管理委员会、庄河市文物管理办公室：《大连市北吴屯新石器时代遗址》图二二-6～9、图二三-11，《考古学报》1994年3期。

［18］ 朱延平：《小珠山下层文化试析》，《考古求知集：96考古研究所中青年学术讨论会文集》，中国社会科学出版社，1997年，191页。

［19］ 中国社会科学院考古研究所、辽宁省文物考古研究所、大连市文物考古研究所：《辽宁长海县小珠山新石器时代遗址发掘简报》，《考古》2009年5期。

［20］　许玉林、傅仁义、王传普：《辽宁东沟县后洼遗址发掘概要》图三三-3、图三六，《文物》1989年12期。

［21］　朱延平：《东北地区南部公元前三千纪初以远的新石器考古学文化编年、谱系及相关问题》，《考古学文化论集》（四）表一，文物出版社，1997年。

［22］　中国社会科学院考古研究所、辽宁省文物考古研究所、大连市文物考古研究所：《辽宁长海县小珠山新石器时代遗址发掘简报》图九-1、5，《考古》2009年5期。

［23］　沈阳市文物管理办公室：《新民东高台山第二次发掘》，《辽海文物学刊》1986年创刊号，19页。

［24］　朱延平：《辽中区新石器时代文化刍议》，《辽海文物学刊》1990年1期，62页。

［25］　辽宁省文物考古研究所、吉林大学考古学系、旅顺博物馆：《辽宁省瓦房店市长兴岛三堂村新石器时代遗址》，《考古》1992年2期。

［26］　朱永刚：《辽东地区新石器时代含条形堆纹陶器遗存研究》，《青果集——吉林大学考古专业成立二十周年考古论文集》，知识出版社，1993年，152页。

［27］　张星德：《下辽河流域新石器文化的年代及谱系问题初探》，《边疆考古研究》（第8辑），科学出版社，2009年，52页。

［28］　张星德：《偏堡文化陶器分期及其相关问题》，《边疆考古研究》（第13辑），科学出版社，2013年，110页。

［29］　如近年发表的张树范所著《偏堡子文化若干问题的研究与探讨》［《沈阳考古文集》（第2集），科学出版社，2009年］和王闯的《偏堡文化陶器分期与年代》［《赤峰学院学报》（汉文哲学社会科学版）2011年5期］以及郭梦雨、赵宾福、刘伟合著的《辽东半岛新石器文化纵横关系研究》［《边疆考古研究》（第24辑），科学出版社，2018年］均提出了这样的认识。

［30］　曲瑞琦：《沈阳地区新石器时代的考古学文化》，《辽宁省考古、博物馆学会成立大会会刊》，1982年。

［31］　曲瑞琦：《试论新乐文化》，《新乐遗址学术讨论会文集》，1983年，10页。

［32］　张翠敏：《论辽南地区偏堡类型因素》，《东北史地》2004年4期，34、35页。

［33］　赵宾福：《东北石器时代考古》，吉林大学出版社，2003年，284页。

［34］　陈国庆：《辽宁三堂一期文化遗存分期与相关问题探讨》，《庆祝宿白先生九十华诞文集》，科学出版社，2012年，32页。

［35］　华玉冰：《与“偏堡类型”相关遗存的比较研究》，《庆祝宿白先生九十华诞文集》，科学出版社，2012年，48页。

［36］　朱延平：《辽中区新石器时代文化刍议》，《辽海文物学刊》1990年1期，63页。

新乐下层文化聚落初探

韩宇宁　徐昭峰

（辽宁师范大学历史文化旅游学院）

新乐下层文化因早期学界对新乐遗址的调查、发掘而得名[1]。经正式考古发掘的遗址点有沈阳新乐遗址和新民县高台山遗址[2]两个，其中新乐遗址是学界认识新乐下层文化的主要依据[3]。自1973年沈阳新乐遗址考古发掘工作开始，先后五次公布发掘简报[4]。其正式的考古发掘报告——《新乐遗址发掘报告》已于2018年12月出版[5]。

目前，有关新乐下层文化聚落的研究并不多，但仍可从考古发掘资料和生业、经济等专题研究中窥见一二。

如新乐遗址关于其下层文化的五次发掘资料。1978年第一次试掘报告中未明确提出“聚落遗址”，但通过房址内堆积情况，体现当时人们从事定居生活，并有新旧房子交替使用和废弃过程；出土遗物的分析表明原始农业的存在、多方面的社会生产以及氏族社会的繁荣[6]。1985年第二次发掘报告中的F2被判断为新石器时代早期大房址。结合其出土遗物分析，F2当时可能用作氏族成员集会、议事、氏族首领居住之处，抑或兼为公共劳动之所[7]。1990年第三次发掘简报明确指出，新乐下层文化遗址是原始氏族聚落遗址[8]。同年第四次发掘报告总结了1982～1988年的新乐遗址发掘情况，指出新乐下层文化遗址房址整体布局：大型房址位于遗址中心，中型房址分布在其外围，而发现数量最多的小型房址则主要围绕于中型房址外围，认为这些互相关联的“小家庭”和“大家庭”构成了氏族聚落址[9]。2018年第五次发掘报告中指出，新发现的3座新乐下层文化房址，丰富了遗址此时期的有关聚落资料[10]。同年12月出版的《新乐遗址发掘报告》在结语中对新乐下层文化遗址进行定义，认为其是氏族繁荣时期聚落址[11]。

新乐下层文化遗址生业、经济等相关专题研究中有汤卓炜、常乐、刘艳华、刘翠红等人对遗址人地关系的研究[12]；张树范等人对生产技术的研究[13]；赵永军等人对房址的研究[14]以及周阳生等人对聚落遗址的研究[15]。

而本文将通过现有考古资料，结合前人研究，从考古学文化、自然环境、各遗址发现的遗迹、遗物和生业等相关方面分析，对新乐下层文化遗址的聚落形态及社会发展加以探究[16]。

一、有关考古学文化研究

新乐下层文化得名于1973年沈阳新乐遗址的发掘，新乐遗址是学界认识新乐下层文化的主要依据[17]（图一）。

关于新乐下层文化分期与年代，学界具有代表性争议的是赵宾福先生和张星德先生的观点。两位学者都将新乐下层文化陶器与周边新石器时代考古学文化陶器间的共性作为判断依据，把新乐下层文化分为早、中、晚三期。且都认为其早期、中期，分别对应周边地区的兴隆洼文化和赵宝沟文化（富河文化），绝对年代分别定为公元前5000上下和公元前4500左右。而对于新乐下层文化晚期绝对年代的判定，二者观点大为不同。张星德先生在《下辽河流域新石器文化的年代及谱系问题初探》一文中，仅将新乐下层文化筒形罐类型学排队序列中最晚的标本新乐83〇六F4：4和后洼上层文化的ⅠT8②：88进行对比，认为新乐下层文化最晚年代和后洼上层文化的绝对年代（公元前3500～前2800年）对应，为公元前3500年[18]。赵宾福先生在《新乐下层文化的分期与年代》一文中，对新乐下层文化第三组陶器和后洼下层文化晚期陶器、红山文化早期陶器器形和

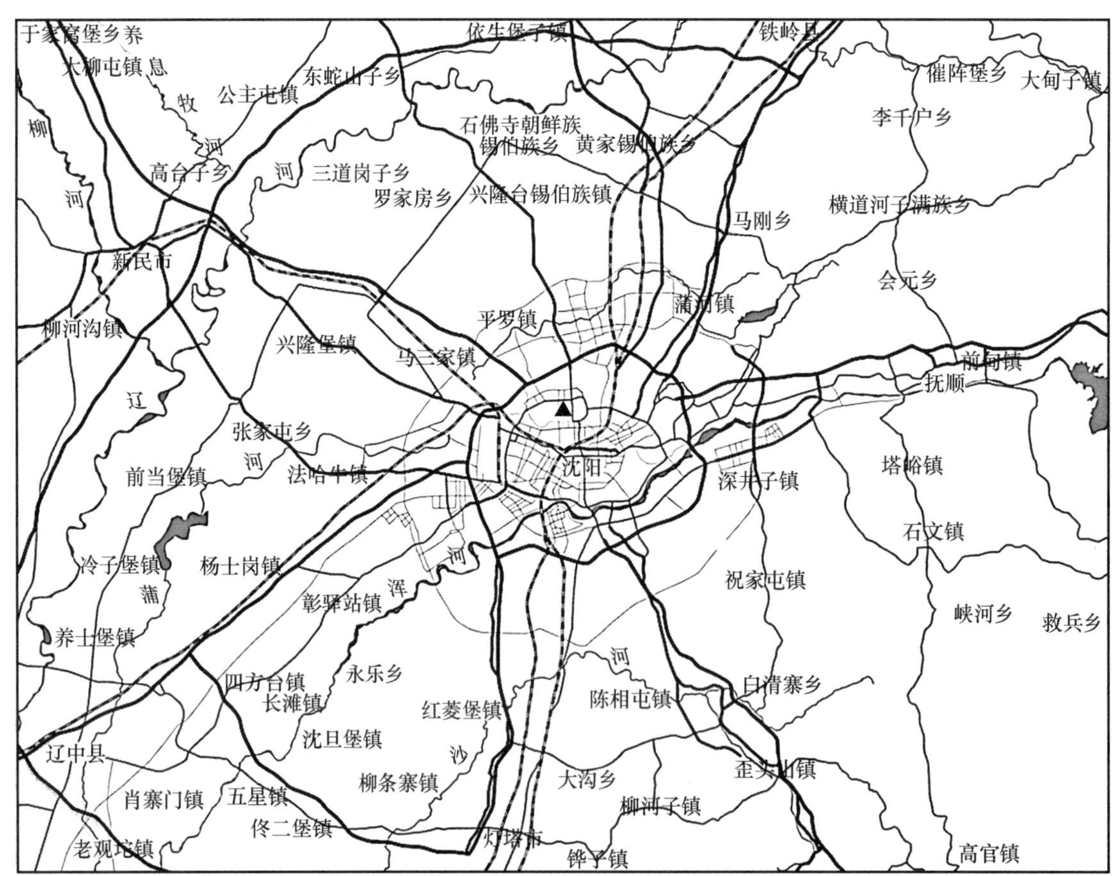

图一　新乐遗址地理位置示意图
（采自《新乐遗址发掘报告》）

纹饰进行比较，对新乐下层文化具有典型纹饰的筒形罐、弦纹筒形罐、斜口器的演变关系进行梳理，认为新乐下层文化晚期的绝对年代与后洼下层文化晚期、红山文化早期相当，约为公元前4500～前4000年[19]。结合1973～2018年历次报告中有关新乐下层文化遗址的^{14}C测年数据[20]，笔者赞同赵宾福先生观点：新乐下层文化绝对年代上限不晚于公元前5000年，下限大约为公元前4000年。

二、聚落形态

《新乐遗址发掘报告》中明确提出，新乐下层文化遗迹主要为房址，目前发现50座，经正式发掘清理有38座。新乐遗址中的新乐下层文化遗址是一处原始氏族聚落遗址[21]。遗址内尚未发现与居住址同时期的墓葬区，也未发现原始活动地层及沟壕一类遗迹。

根据现有资料可知，新乐遗址发现的新乐下层文化50处半地穴式建筑遗迹构成了原始聚落的基本面貌（图二）。

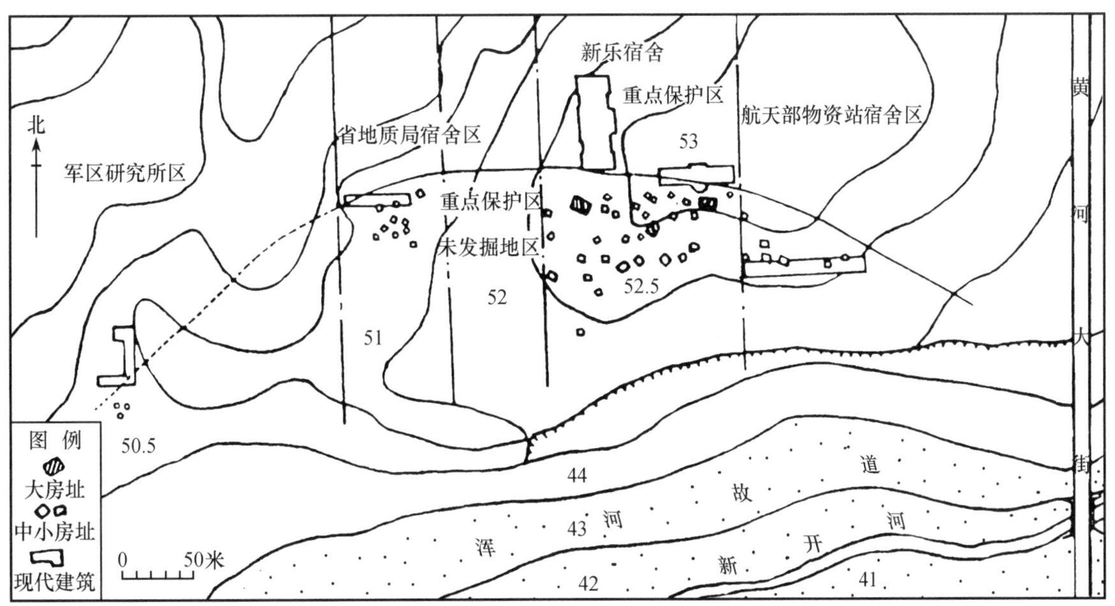

图二 新乐下层文化遗址聚落形态分布示意图

（采自《新乐文化聚落形态及社会性质初探》）

聚落遗址海拔高度约53米，至今仍处于所在市区的制高点。其黄土台地属长白山余脉。台地南端的新开河，是沈阳南部最大的河流——浑河的故道。房址由东南向西北顺地势排列，布局范围始终与古河道保持150～250米的距离不等，错落有致。这样的房屋布局优势在于从生产、生活的实际需要出发：有效避免水灾的情况下做到取水方便；近渔猎之地又可随时采集卵石制作生产工具[22]。

聚落遗址东西长约330、南北宽约130米，以中部大型房址为核心，其他大小面积不等的房址散布在周围。遗址内房屋分布密集，但未发现叠压打破现象，可见房屋的布局有一定规划，但各个房址的年代与分期问题难以考证（图三）。

关于单个房址情况。依考古资料可知，自1973年以来新乐下层文化遗址经正式发掘清理的房址共计38座。根据房址面积和功能可分大型（80平方米以上）、中型（40～60平方米）和小型房址（10～25平方米）。房址形制均为圆角长方形或圆角正方形、半地穴式、木框架结构；房址内均发现有灶址（火塘）。新乐下层文化房址面积及其出土遗物如表一所示。

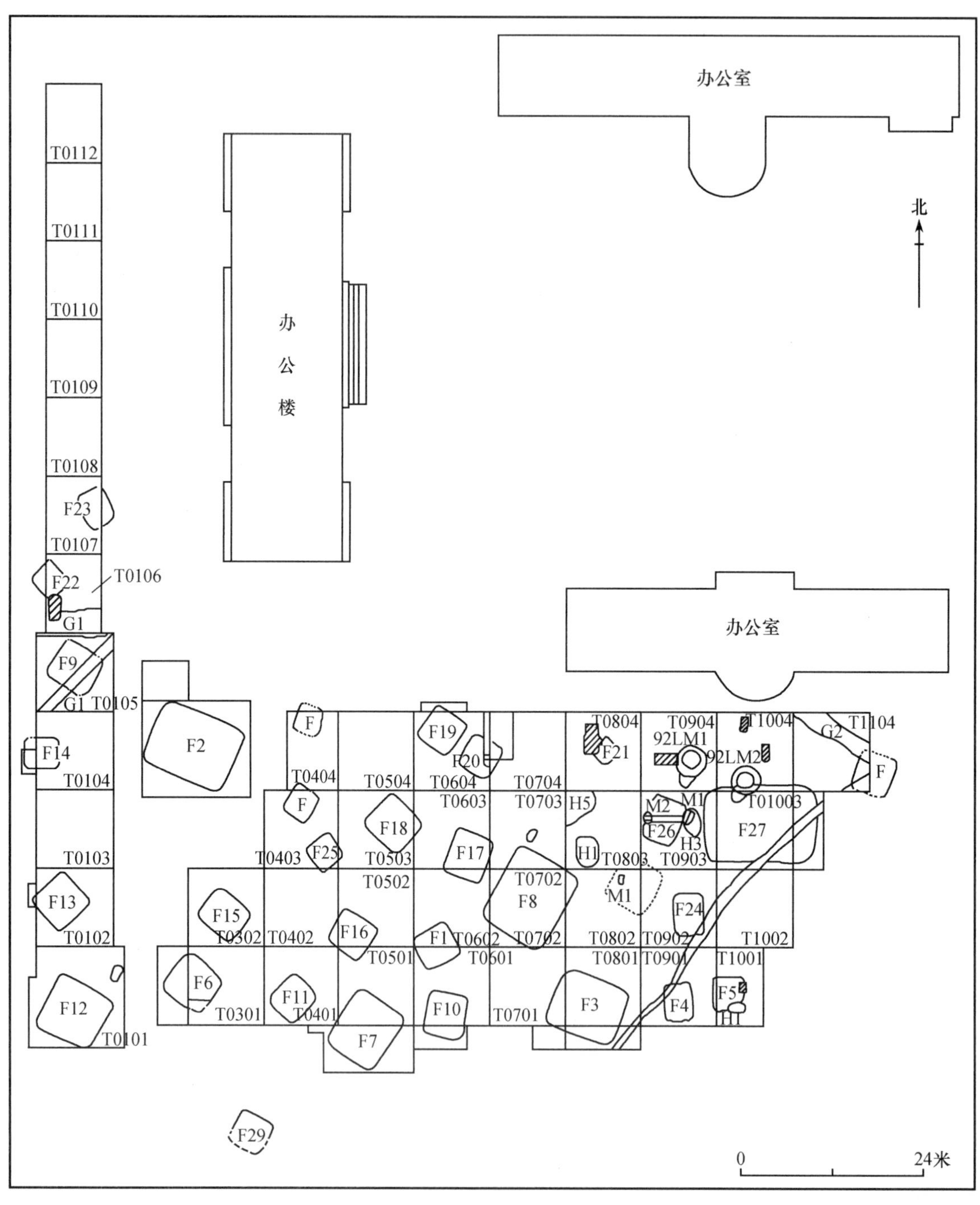

图三　新乐遗址重点保护区房址平面位置图
（采自《新乐遗址发掘报告》）

表一　新乐下层文化出土房址面积、出土遗物统计表

序号	编号	房址面积（平方米）	出土遗物（件）
1	F1	29.64	石器232、玉器1、陶器30、煤精制品25、果核5
2	F2	95.46	石器417、玉器17、陶器38、骨器20、煤精制品20、木雕1、石墨3、赤铁矿石6、炭化谷物及果核
3	F3	72.38	石器158、玉器1、陶器24、煤精制品36、果核1、石墨2、赤铁矿石1
4	F4	17.16	石器13、陶器2、煤精制品2
5	F5	12.80	石器54、陶器23、煤精制品5
6	F6	45.00	石器89、陶器13、煤精制品11
7	F7	63.84	石器73、陶器18、煤精制品14、赤铁矿石1
8	F8	105.75	石器121、玉器3、陶器25、煤精制品25、石墨1、赤铁矿石1
9	F10	29.93	石器35、陶器1、煤精制品5
10	F11	23.97	石器31、陶器1、煤精制品4
11	F12	58.84	石器202、玉器2、陶器24、煤精制品20、滑石饰件1、石墨1、河卵石13、石片8、石块2
12	F13	32.89	石器123、陶器41、煤精制品26、石墨1、赤铁矿石1
13	F14	17.48	石器59、陶器10、煤精制品12、石料1
14	F15	28.30	石器166、玉器2、陶器50、煤精制品20、石墨1、赤铁矿石1
15	F16	24.96	石器73、陶器7、煤精制品7
16	F17	29.00	石器9、陶器3、煤精制品1
17	F18	32.48	石器78、陶器11、煤精制品3
18	F19	23.52	石器52、陶器19、煤精制品16、炭化果核1
19	F20	21.39	石器31、陶器4、煤精制品1
20	F21	8.41	石器16、陶器10、煤精制品3
21	F24	21.06	石器59、陶器13、煤精制品1
22	F25	15.20	石器28、陶器4、煤精制品4
23	F26	25.20	石器26、陶器1
24	F27	140.32	石器65、陶器9
25	F28	11.88	石器30、玉器1、陶器7、煤精制品7
26	F30	10.54	石器10、陶器2、煤精制品2
27	CDF1	10.56	石器13、陶器1、煤精制品1
28	CDF2	39.06	石器42、玉器1、陶器12、煤精制品3
29	CDF3	12.16	石器7、陶器1
30	CDF4	2.90	石器22、陶器16、煤精制品2
31	CDF5	8.70	石器12、陶器1
32	CDF6	14.40	石器21、陶器8
33	CDF7	7.83	石器16、陶器6
34	CDF8	12.60	石器19、陶器4
35	CDF9	18.06	石器33、陶器13、煤精制品4

续表

序号	编号	房址面积（平方米）	出土遗物（件）
36	06F1	23.48	石器6、陶器5
37	06F2	51.66	石器70、陶器25、煤精制品19
38	06F5	16.20	石器10、玉器2、陶器13、煤精制品4、赤铁矿石1

1. 大型房址

F2被确认为大型房址。东西长11.1、南北宽8.6米，穴壁深0.6米，总面积95.46平方米。半地穴式，平面圆角长方形。

F2疑为大火烧过而弃用，其穴壁和活动面上存有厚0.2～0.6厘米的烧结面。房址中心有径约1.4米、深0.2米、底深0.3米，形如凹形坑的灶址1个，周边已烧至暗紫色硬面。房址中出土部分被火烧过的碳化木柱，直径10～20厘米，残存最长的碳化木柱近2米。经观察，较粗的炭柱多倒向中间，较细的炭柱多与四壁平行。发掘者根据三种不同形制的柱洞（①穴壁柱洞，立于居住面，依附于穴壁；②漏斗式柱洞，深埋于地下，地表呈盆口形，表面有暗红色烧结面，类似火膛或灶，最大径56厘米；③柱洞较浅，剖面或呈梯形，底部有不规整石片），将房址内木柱从四壁至中心划分为一、二、三层柱。一层柱沿穴壁一周共计34根，柱径较细；二层柱为4个直径较粗，深埋地下的角柱以及两角柱间等距加立的两根木柱；三层柱共6根，立于居住面上，不等距的围绕于中心火膛。经笔者推断，F2可复原为四角攒尖顶房屋。

未发现门道及隔墙。

F2由北、西、南三面穴壁向中心覆盖1米多宽、10厘米左右厚的红烧土，房屋四角堆积的烧土尤为厚、多。红烧土上方为粒状灰黄土覆盖，大部分器物出土于红烧土下。出土遗物有陶器，石器，骨器，炭化谷物、果壳、木雕制品，煤精制品，赤铁矿石和石墨等540多件。

陶器　40件。主要为夹砂手制深腹罐。陶器集中于房址内东北角，少数近四周柱洞，有大小倒置相套的现象。这些陶器印纹清晰，磨损迹象少，应尚未使用或作储备之用。

石器　398件。尤以细石器为多，共计305件，其中石叶就达200余件。除此之外，还有敲砸器、刮削器等打制石器；石斧、石刀、磨盘、磨棒、磨石、石珠、石镞、多面研磨器、石球等磨制石器。

玉器　18件。其中雕刻器4件，玉串珠14件。

骨器　出土于距南壁1米的南侧东端，出土地点较为集中，共计20件。其中骨笄17件，骨锥、骨柄、骨镞各1件。集中出土的骨器附近常堆放细沙，疑为研磨穿孔或陶器掺和料之用。此外，房屋东北角有朽烂的兽骨发现，经观察应为猪肩胛骨。东北角的陶罐下也有动物骨骼发现。

炭化谷物在房址东南角柱附近的盆形坑内堆积较厚，在西南地面上也有少量堆积。经观察，这些炭化谷物谷壳完整，有的壳内存仁，应未经研磨加工。经鉴定，与东北黍相类。炭化榛子壳的形状大小与现代榛子近似；炭化果核，径0.3～0.4厘米，是山樱桃一类的浆果果核。

木雕制品　1件。如图四所示，鸟形木雕，出土于F2北壁西端。出土时已残损至三段，近地面一侧纹饰尚为清晰。经复原，其长约40、残宽约4.5厘米。

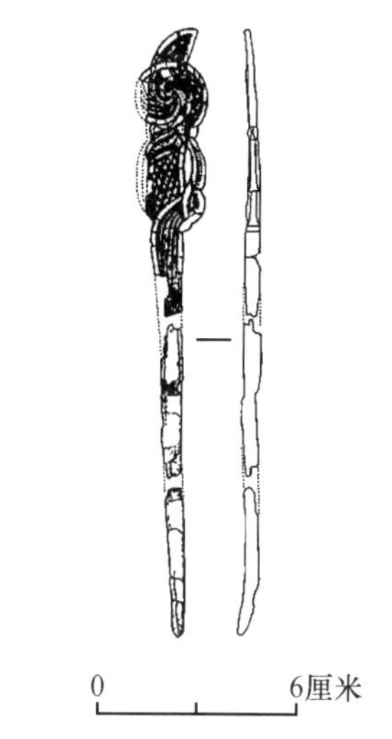

图四　木雕（F2：530）
（采自《沈阳新乐遗址第二次发掘报告》）

煤精　26件。有泡形器、球形器、耳珰形器，还有半成品和坯料。

赤铁矿石　6件。皆为不规则块状，有磨擦面。

石墨　3件。皆为不规则形，呈银灰色（图五）。

煤精、赤铁矿石、石墨皆非本地产物，推测是同其他部族交换而来。

通过以上描述可知，F2面积大、无隔墙，内部无分区痕迹；加工工具成套出现并有数量可观的炭化谷物、果核出土；细石器出土地点集中且发现有因二次加工剥落的小石片；F2是目前唯一出土骨器的房址（多为骨笄），骨器集中出土处旁边常堆有用于加工的细沙等。故推测，F2一类的大型房址很可能为公共劳动的场所。而出土的玉质饰品和被疑为图腾徽帜的炭化木雕制品，说明F2可能兼有祭祀和氏族首领居所等类似功能[23]。

2. 中型房址

F3东西长9.4、南北宽7.7米，北壁深0.7、南壁深0.4～0.5米，面积约72.38平方米，被划归为中型房址。半地穴式，平面呈圆角长方形。

房址中部有两灶址。Z2开口于居住面，长1.14、宽0.8、深0.3米，呈圆角长方形，内填一层较平整的混合土，四壁烧烤坚硬。Z1层位较低，呈圆形，残半，直径1.1、深0.1米，底部烧土面板结严重，厚约0.1米。两灶址应该并非不同时代无意识的相互打破，而是随着活动面不断铺垫，有意识的毁坏和新筑。

房址中部偏西还发现打入生土层内的长方形窖穴1个，与Z1有叠压打破关系，年代应晚于Z1，其长1.96、宽1.4、深0.5米。底部发现有陶片、石网坠和煤精制品残块等。

F3内共发现大小柱洞66个，集中于穴壁内四周和四角，中部及灶址附近分布较少，活动空间较大。值得注意的是，较大的柱洞内出现有直径较小的柱洞（双柱洞），如39、40号柱洞，推测当时可能更换木柱或为一种特殊的建筑结构。此外，有柱洞底部垫有敲砸后的石块或石网坠等（图六）。

门道不清，仅南壁中部出现不规则扩线。

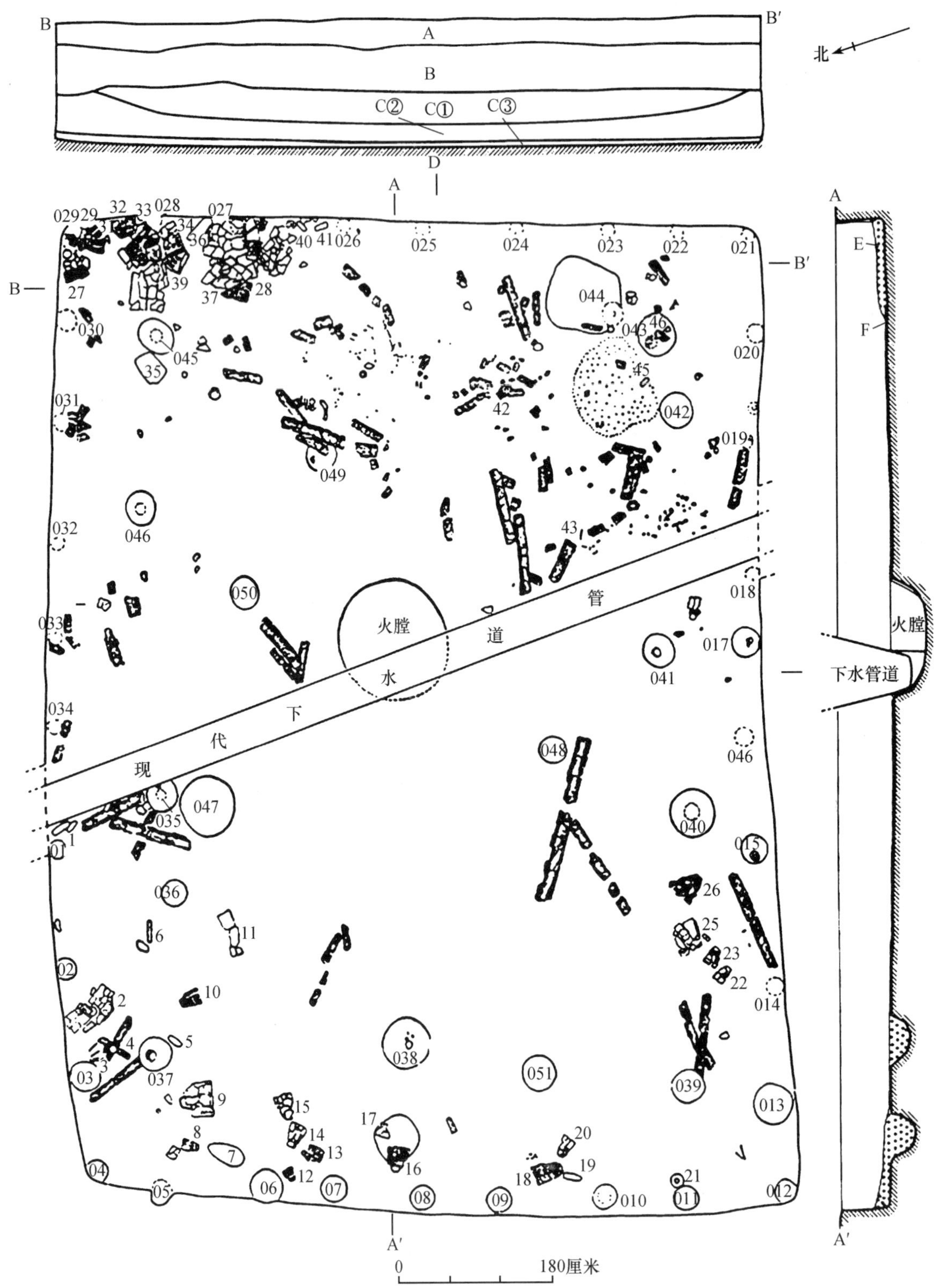

图五　沈阳新乐遗址F2平、剖面图
（采自《沈阳新乐遗址第二次发掘报告》）

01～051. 柱洞　052. 火膛　A. 表土　B. 上文化层　C. 下文化层　D. 生土　E. 红烧土　F. 烧结面
1、5、6、19、33. 磨棒（40、41、42、38、39）　2、4、8、9、12～16、18、20、22～32、34、36～39、42、46. 深腹罐（24、29、35、33、32、13、30、7、8、17、5、14、3、26、27、2、23、20、12、4、22、21、6、557、34、19、9、1、558、25）　3. 鸟形木雕（530）　7、11、35. 磨盘（45、46、47）　41、44. 石斧（84、86）　43. 圆凿式雕刻器（465）　45. 磨石（75）

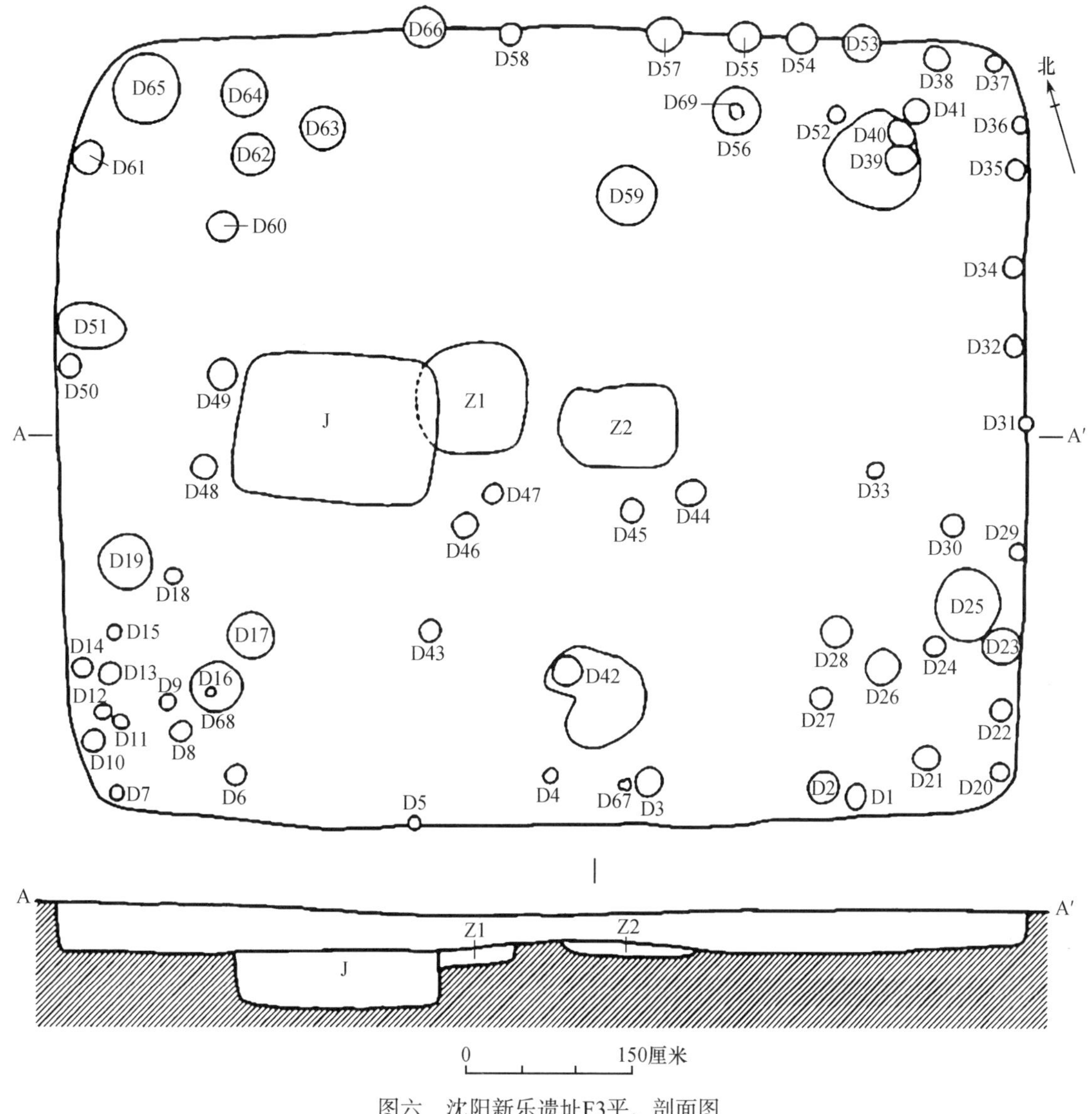

图六　沈阳新乐遗址F3平、剖面图

（采自《辽宁沈阳新乐遗址抢救清理发掘简报》）

F3内的出土遗物，多数分布于房址内壁附近和活动面上部，中部及灶址附近分布较少。遗物大多残损，似被遗弃的物品。出土遗物有陶器、石器、玉器、煤精制品、赤铁矿石、石墨以及炭化果壳等268件。

陶器　24件。主要为夹砂手制深腹罐。两件斜口器出自F3东南角。

石器　155件。以砍砸器、敲砸器、石片刮削器、网坠等打制石器和石叶刮削器、石叶、尖状器等细石器为主。此外，还有石斧、石镞、石镐、石磨盘、石磨棒、沟磨石、砺石、研磨器、压磨工具和础石等磨制石器。

玉器　1件。通体磨制的上窄下宽长方形玉料，长3.1、宽1.2、厚1.1厘米，呈浅绿色。

煤精制品　36件。有饼形器、泡形器、球形器、耳珰形器、橄榄形器、盔形器，其余为无人工痕迹的煤精块。

石墨　2件。皆呈不规则块状。

赤铁矿　1件。红褐色，多锥面形，多磨擦面。

炭化果核　1件。

根据以上描述，可以推测F3一类中型房址兼有生产和居住功能[24]，最终被弃用。

3. 小型房址

F1东西长5.7、南北宽5.2、深0.45米，面积约29.64平方米，是小型房址。半地穴式，平面呈不规则圆角长方形。

房址中间有两座近椭圆形灶址，Z1长0.63、宽0.35、深0.15米；Z2长0.4、宽0.3、深0.06米，灶壁直立规整。距F1北10米处，发现一组露天灶址，大灶址直径0.7、深0.15米，相距0.2米的两小灶址深0.05米，直径分别为0.36、0.28米，上面都覆有灰烬和已炭化的燃料。

房址内西南处有大面积烧土，灰烬堆积最厚处约0.4米。其上有若干小凹坑，有的坑内存有残器底。

房址内西北角发现一长0.5、宽0.4、深0.35米的椭圆形竖穴，其中出有陶片、石块和一以滑石为原料的沟磨石（图七）。

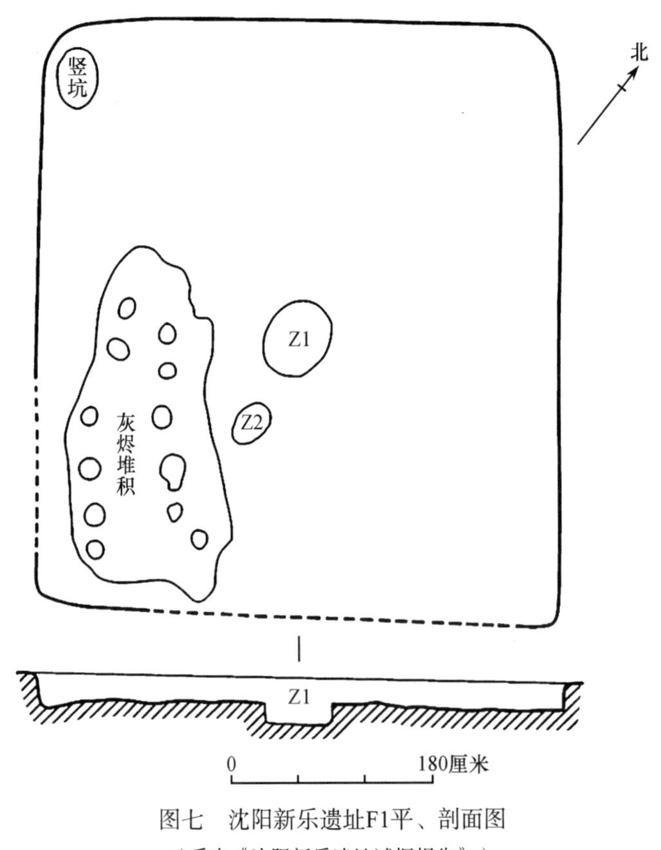

图七　沈阳新乐遗址F1平、剖面图
（采自《沈阳新乐遗址试掘报告》）

F1出土遗物较多，有陶器、石器和煤精制品等292件，多集中在房址的西半部。

陶器　29件。以夹砂红褐陶为主。胎质疏松，烧制火候较低。器形单一，绝大多数为大口小平底的深腹罐，还有一斜口器。

石器　232件。有石镞、石核、尖状器、石叶刮削器等细石器；砍砸器、敲砸器、石片刮削器等打制石器；石斧、石镞、石磨棒、石磨盘、沟磨石、砺石、雕刻器等磨制石器。

玉器　1件。磨制雕刻器，为绿色岫玉。

煤精制品　25件。有泡形饰、耳珰形饰和圆球形器，皆由煤精磨制而成，有明显切割加工痕迹，用途不详。

炭化果核　5件。

聚落遗址的小型房址特点：30平方米以下、半地穴式、平面圆角长方形、有柱洞、有灶址（单灶或多灶）。笔者认为F1有较多区别于其他小型房址的特征，故选取F1作为特例，加以说明。F1特征列举如下：

（1）房址内未见柱洞。

据图可知，F1内西北角发现一椭圆形竖坑，出有陶片、石块和一沟磨石。1978年的《沈阳新乐遗址试掘报告》中，仅将其定为“竖穴”，并指出F1周围未见柱洞。而2018年出版的《新乐遗址发掘报告》中将同一处竖坑认定为“柱洞”。笔者认为《新乐遗址发掘报告》既指出“1991年对F1重新清理，发现F1四周未达穴壁边缘，局部没有到底”，遂不能确定F1的形制，将西南角“竖坑”认定作目前F1内发现的唯一“柱洞”。至于目前F1“半地穴式而无柱洞”的形成原因，可能是建筑过程中，对其功能的更改所致；也可能是原本具有居住功能的房屋损毁后，将其赋予新功能所致。

（2）房址内、外灶址。

F1中间有两近椭圆形灶址，Z1、Z2，灶壁直立规整。距F1北10米处，也发现一组灶址，大灶址及距其0.2米的两小灶址，上面都覆有灰烬和已炭化的燃料；F1作为小型房址，其出土石器总量仅次于大型房址F2，石磨盘和石磨棒的出土数量超过遗址内其他房址，且远远超出小型房址“对偶家庭”应有的数量；目前在遗址内未发现新乐下层文化陶窑遗迹，出土陶器大都火候偏低、陶质偏软、有一定吸水性、陶色不纯正，似与陶窑形制有关。故笔者推测，F1的内、外灶址与制作石（玉）器、陶器相关。即用于保存火种，以便“火烧水激，开山采石”等；或是新乐下层文化聚落遗址居民的陶窑，作烧制陶器之用。

（3）房址内的灰烬堆积。

F1内西南处的大面积灰烬堆积，最厚处约0.4米。其上有若干小凹坑，有的坑内存有残器底。笔者认为这种现象与近代民族志中记录的高山族特有的露天式平面堆烧的制陶方式相符，即在平地上的陶胚四周铺裹柴草，点火烧制，火灭即成。而灰烬堆积上若干小坑中遗留的残器底，可能是因露天堆烧而成的陶器极易破碎导致[25]。

（4）房址位置。

可从图三中看出F1距其他房址都有一定距离，符合手工业作坊区在遗址内的分布特点。

根据以上四种特征，笔者推测F1及其周围可能为一以陶器、石器制作为主的手工业作坊区[26]。

总体来看，新乐下层文化的新乐遗址是一处原始氏族聚落遗址。遗址内的房址排列紧密，分布均匀。房址间距5～10米，最小间距仅2米。大、中、小三种类型的房址内，均有灶址发现。除大型房址外，大多数中、小型房址的灶址存在二次或二次以上更替、移位使用迹象；通过柱洞的分布和大小，可以看出大型房址的建筑方式有别于中、小型房址：出现“三层柱”现象，并出土有成套的加工工具、疑似图腾徽帜的炭化木雕制品和骨器。

大致相同的房屋结构、室内布局和不同的房屋面积大小，似说明聚落遗址的房屋功能并没有明显分化，大体都为劳动和居住所用且没有明显的功能分区。

根据各类型房址面积和其出土器物推断，小型房址可能为一对偶家庭所用；中型房址可能为家族所用；大型房址则为氏族所用[27]。由此可知，新乐下层文化聚落遗址应有三层社会组织，即家庭、家族、氏族。因目前在聚落遗址内仍存在未发现的房址；没有发现墓葬和房址间的叠压打破关系且各房址功能划分不明确，故仅能依据房屋面积大小粗略推算聚落可容纳最多人口数：小型房址30座，每座可容纳人口数2～4人；中型房址5座，每座可容纳人口数6～10人；大型房址3座，每座可容纳人口数20人左右。整个聚落遗址同期可容纳最多人口数大致为230人。

三、社会发展

新乐下层文化聚落遗址遗迹单位内出土遗物3520件，石器共2495件，占遗物总量70.88%。按制作工艺分类，可将聚落遗址内出土石器分为打制石器、细石器和磨制石器三种[28]。

由表二可知，打制石器在石器中所占比重最大，细石器次之，磨制石器最少。

打制石器的制作方法较为原始，多采用横向锤击和从边缘向中间连续锤击的方法，形成的石器形态几乎与旧石器时代石器没有区别。

细石器，占出土石器总量的30%以上。原本应和东北地区游牧民族的“草原文化”联系密切的细石器，却大量出现在新乐下层文化聚落遗址中，引起了学界的广泛关注[29]。聚落遗址内的细石器被分石叶、细石镞、尖状器、刮削器、细石锥、细石核六类。其中石叶数量最多，占细石器总量的70%以上，平均长度不到4厘米，属小型石叶，较为原始。从制作工艺上看，聚落遗址出土细石器的压剥技术较为发达，压剥与打击技术共存一器的现象更是独有。而对于细石器在新乐下层文化聚落遗址中的功能分析，应结合同一遗址单位内共出遗物综合分析。新乐下层文化聚落遗址内出土的细石器，应该是为维持新乐下层文化人的经济生产服务的。

磨制石器占比最少。每件磨制石器都经打击、琢、磨，而用于裁断石材的“划断工艺”为新乐下层文化聚落遗址磨制石器的特点之一[30]。

表二 新乐下层文化遗址出土石器统计表

	器类	数量	合计	比例
打制石器	砍砸器	110	1015	40.68%
	敲砸器	334		
	石片刮削器	455		
	网坠	101		
	其他	15		
细石器	石叶刮削器	514	856	34.31%
	尖状器	137		
	石镞	72		
	石叶	93		
	石片刮削器	15		
	石核	13		
	其他	12		
磨制石器	石斧	39	624	25.01%
	石刃器	8		
	石镞	94		
	石磨盘	133		
	石磨棒	177		
	沟磨石	24		
	砺石	68		
	研磨器	16		
	其他	65		
总计			2495	100%

因新乐下层文化聚落遗址的石器出土数量最多且种类丰富，笔者将用于生产的石器按功能划分为渔猎工具、手工业工具、粮食加工工具和农业生产工具四类，试从中分析该聚落遗址的生业经济形态[31]。

从表三中可以看出，在新乐下层文化聚落遗址石制生产工具中，渔猎工具占总量的近60%。其中以刮削器为最多，占渔猎工具总量的70.34%、石制生产工具总量的42.14%，可见该聚落遗址对用于切割动物皮肉的工具需求量较大，其余的石镞、尖状器、网坠出土数量都为百余件，说明新乐下层文化聚落遗址的渔猎经济发达，渔猎业是主要劳动部门。

表三　新乐下层文化遗址石制生产工具统计表

	器类	数量	合计	比例
渔猎	刮削器	984	1399	59.92%
	石镞	166		
	尖状器	141		
	网坠	101		
	石球	7		
手工业	敲砸器	334	446	19.10%
	砺石	68		
	沟磨石	24		
	石核	17		
	压磨工具	3		
粮食加工	石磨棒	177	327	14.00%
	石磨盘	133		
	研磨器	16		
	石砧	1		
农业生产	砍砸器	110	163	6.98%
	石斧	39		
	石刃器	8		
	铲形器	4		
	石镐	2		
总计			2335	100%

手工业工具，主要用于房屋的建造和器物的制作等。聚落遗址内出土大量的石叶、石片刮削器，石磨盘、棒，石网坠，甚至是木雕制品、房屋的建造和煤精制品的制作等等，都离不开敲砸器、砺石等手工业工具和聚落遗址居民高超的建造、制作工艺。如上文提到到细石器压剥技术、磨制石器的划断技术、房屋的搭建和木柱的加工等。

粮食加工工具中的石磨棒与石磨盘为组合型工具，二者在遗迹单位内几乎共出且成组出现，在粮食加工工具中所占比重最大。根据考古报告中对新乐遗址所出石器上残留淀粉粒的分析来看，在新乐下层文化聚落遗址石磨盘与石磨棒提取到的植物淀粉类型有薏苡属（F2：42石磨棒）、栎属（F2：47石磨盘）、栗属（F3：154石磨盘）、豆科（F3：154石磨盘）、小麦族（73H1：1石磨棒）和块根块茎类（F3：157石磨棒）6种。其中栎属和栗属是北方常见的坚果类植物，其果实是史前先民的主要食物；薏苡属植物也是史前先民的主要食物，已见于多个遗址；豆科淀粉中存有一粒极为接近野大豆的淀粉；小麦族植物在此次淀粉粒分析中，尚未确定是否存在栽培种属；块根块茎类淀粉也待进一步研究。在抽取检测的粮食加工工具（石磨盘、棒）中，不见粟黍类北方地区常见的栽培作物淀粉粒。此外，在新乐下层文化聚落遗址中，还发现有炭化的榛属壳、栎属壳及果仁、山杏核和苹果属果实。由此可见，新乐下层文化聚落遗址居民相比农业栽培，更多以采集业为主[32]。

农业生产工具在新乐下层文化遗址的石制生产工具中发现最少，仅占总量的6.98%。有砍砸器和石斧等用于“刀耕火种”原始农业的工具出现，甚至还发现少量铲形器、石镐一类的农业生产工具。结合考古报告中对新乐遗址出土炭化植物遗存的研究来看，从新乐下层文化聚落遗址内采集到的炭化带壳黍子结块较多，说明此时期黍应该有一定产量，其无壳粒长1.5～2、带壳粒长1.7～2.3毫米，时代、形态及尺寸都介于兴隆沟遗址第一地点出土的野生祖本黍和王家村遗址出土的栽培黍之间，这说明聚落遗址中出土的黍至少处于人工驯化中，在新乐下层文化聚落遗址中存在农业经济，处于初步发展阶段。值得注意的是，F2出土的炭化带壳黍子结块Z1054，结块紧实，表面一侧有疑在炭化过程中因紧靠陶器表面压印所致的弦纹印痕，据此可以推测新乐下层文化聚落遗址居民已经开始用陶器存储粮食。

此外，除了大量马、鹿等野生动物骨骼出土，还有部分出土的猪骨具有家猪的特征。说明新乐下层文化聚落遗址中不仅存在植物驯化还有动物饲养[33]。

总体而言，新乐下层文化聚落在生业经济形态上，以渔猎采集作为其主要劳动部门，有作物栽培和动物饲养行为的发现，农业生产方面处于初步发展阶段。

四、结　　语

本文拟通过新乐下层文化聚落遗址考古发掘获得的与当时人类居住有关的遗存，以了解此时期人们的社会关系等问题；通过聚落形态研究，分析背景与原因，以探究新乐下层文化聚落遗址的社会发展。

由新乐遗址可知，新乐下层文化聚落房址由东南向西北顺地势排列，布局范围始终与古河道保持150～250米的距离，房址间距5～10米，最小距离仅2米，它们排列紧密，分布均匀，错落有致，组成一个氏族聚落。它们以大型房址为中心——可能为集会或举行特殊仪式之用，周围环绕以中、小型房址，具有凝聚的特点。房址内均发现有灶址，中、大型房址内偶有组合灶现象出现。因灶的大小、多少与共同生活、一起吃饭的人数有密切的联系[34]，根据“中型房址分布在大型房址外围，小型房址分布在大、中型房址之间”的新乐下层文化聚落房址分布特征[35]，可以推测小型房址、中型房址和大型房址大概构成了至少三级的社会组织，即家庭、家族、氏族[36]。

处于下辽河流域新石器时代的新乐下层文化聚落以渔猎采集作为其主要劳动部门；有作物栽培和动物饲养行为的发现，农业生产方面处于初步发展阶段。农业生产工具也只有石斧、石刃器等磨制石器，生产力并不发达，集体劳动是这一时期社会的基本生存条件之一。包括渔捞和狩猎，皆因生产力的不发达，而由集团进行。关于物品交换问题，根据《易·系辞》中所说：“神农氏作……日中为市，致天下之民，聚天下之货，交易而退，各得其所。”神农氏时代，即新石器时代早期已经出现了氏族间的集体交换，似可解释为何在新乐文化下层聚落遗址中发现较多非本地所产的煤精、赤铁矿石、石墨。

新石器时代社会生产力的发展改变了经济组织和家族关系。从前氏族社会的血族群婚、亚血族群婚发展为氏族社会的对偶婚，即由一男一女构成的不稳定两性关系，或女子多夫，或男子多妻。母系氏族社会时代的一切制度都建立在传统习惯之上，没有国王、贵族和军队，也没有监狱和诉讼，一切异议和争端都由氏族评议会共同解决。这一时代没有大规模的战争，没有贫富差距和贵贱之分[37]。

可以想象，处于新乐下层文化时期的聚落居民拿着弓矢，使用共同编制的大网进行渔捞；“住宅”都非个人所有，而是氏族的公共住宅。他们有用于“刀耕火种”的砍砸器和石斧等原始农业工具，甚至铲形器、石镐一类的农业生产工具；有作物栽培和动物饲养行为；专门的手工业作坊，还有氏族间的集体交换等等。这些无不体现着聚落居民较为安稳、团结的定居生活，他们之间几乎不存在贫富差距，没有明显的阶级分化，正处于相对平等、自由的母系氏族社会阶段。

注　释

[1] 沈阳市文物管理办公室：《沈阳新乐遗址试掘报告》，《考古学报》1978年4期。

[2] 沈阳市文物管理办公室：《沈阳新民县高台山遗址》，《考古》1982年2期；沈阳市文物管理办公室：《新民东高台山第二次发掘》，《辽海文物学刊》1986年1期。

[3] 朱永刚、郑钧夫：《下辽河流域新石器文化的区域特征及其相关问题》，《辽宁大学学报（哲学社会科学版）》2015年1期。

[4] 沈阳市文物管理办公室：《沈阳新乐遗址试掘报告》，《考古学报》1978年4期；沈阳市文物管理办公室：《沈阳新乐遗址第二次发掘报告》，《考古学报》1985年2期；沈阳新乐遗址博物馆、沈阳市文物管理办公室：《辽宁沈阳新乐遗址抢救清理发掘简报》，《考古》1990年11期；李晓钟：《沈阳新乐遗址1982～1988年发掘报告》，《辽海文物学刊》1990年1期；沈阳市文物考古研究所：《沈阳市皇姑区新乐遗址2014年的发掘》，《考古》2018年8期。

[5] 沈阳市文物考古研究所、新乐遗址博物馆：《新乐遗址发掘报告》，文物出版社，2018年。

[6] 沈阳市文物管理办公室：《沈阳新乐遗址试掘报告》，《考古学报》1978年4期。

[7] 沈阳市文物管理办公室：《沈阳新乐遗址第二次发掘报告》，《考古学报》1985年2期。

[8] 沈阳新乐遗址博物馆、沈阳市文物管理办公室：《辽宁沈阳新乐遗址抢救清理发掘简报》，《考古》1990年11期。

[9] 李晓钟：《沈阳新乐遗址1982～1988年发掘报告》，《辽海文物学刊》1990年1期。

[10] 沈阳市文物考古研究所：《沈阳市皇姑区新乐遗址2014年的发掘》，《考古》2018年8期。

[11] 沈阳市文物考古研究所、新乐遗址博物馆：《新乐遗址发掘报告》，文物出版社，2018年，704页。

[12] 汤卓炜：《中国东北地区西南部旧石器时代至青铜时代人地关系发展阶段的量化研究》，吉林大学博士学位论文，2004年；常乐：《试论新乐文化的地理环境与生产活动的关系》，《史前研究》

2013年27期；刘艳华、刘翠红：《沈阳新乐遗址古环境与社会经济研究》，《史前研究》2009年21期。

［13］ 张树范：《新乐文化的生产技术简析》，《辽宁省博物馆馆刊》2010年5期。

［14］ 赵永军：《东北地区新石器时代的房址》，《北方文物》1995年2期。

［15］ 周阳生：《新乐文化聚落形态及社会性质初探》，《史前研究》2002年22期。

［16］ 严文明：《聚落考古与史前社会研究》，《文物》1997年6期。

［17］ 朱永刚、郑钧夫：《下辽河流域新石器文化的区域特征及其相关问题》，《辽宁大学学报（哲学社会科学版）》2015年1期。

［18］ 张星德：《下辽河流域新石器文化的年代及谱系问题初探》，《边疆考古研究》（第8辑），科学出版社，2009年。

［19］ 赵宾福、杜战伟：《新乐下层文化的分期与年代》，《文物》2011年3期。

［20］ 沈阳市文物考古研究所：《沈阳市皇姑区新乐遗址2014年的发掘》，《考古》2018年8期。

［21］ 沈阳市文物考古研究所、新乐遗址博物馆：《新乐遗址发掘报告》，文物出版社，2018年，24、704页。

［22］ 周阳生：《新乐文化聚落形态及社会性质初探》，《史前研究》2002年22期。

［23］ 沈阳市文物管理办公室：《沈阳新乐遗址第二次发掘报告》，《考古学报》1985年2期；沈阳市文物考古研究所、新乐遗址博物馆：《新乐遗址发掘报告》，文物出版社，2018年，68～125页。

［24］ 沈阳市新乐遗址博物馆、沈阳市文物管理办公室：《辽宁沈阳新乐遗址抢救清理发掘简报》，《考古》1990年11期；沈阳市文物考古研究所、新乐遗址博物馆：《新乐遗址发掘报告》，文物出版社，2018年，125～155页。

［25］ 吴春明：《从原始制陶探讨高山族文化的史前基础》，《考古》1994年11期；傅朗：《论新石器时代制陶术》，《南方文物》1996年4期。

［26］ 沈阳市文物管理办公室：《沈阳新乐遗址试掘报告》，《考古学报》1978年4期；沈阳市文物考古研究所、新乐遗址博物馆：《新乐遗址发掘报告》，文物出版社，2018年，34～68页。

［27］ 沈阳市文物考古研究所、新乐遗址博物馆：《新乐遗址发掘报告》，文物出版社，2018年，705页；严文明：《中国新石器时代聚落形态的考察》，《庆祝苏秉琦考古五十五年论文集》，文物出版社，1989年，24～37页。

［28］ 沈阳市文物考古研究所、新乐遗址博物馆：《新乐遗址发掘报告》，文物出版社，2018年，25页。

［29］ 曲瑞琦：《试论新乐文化》，《新乐遗址学术讨论会文集》，1983年；傅仁义：《新乐文化与辽宁旧石器晚期文化的有关问题》，《新乐遗址学术讨论会文集》，1983年。

［30］ 周阳生：《新乐文化细石器及其相关问题》，《史前研究》2004年23期。

［31］ 沈阳市文物考古研究所、新乐遗址博物馆：《新乐遗址发掘报告》，文物出版社，2018年，25页。

［32］ 沈阳市文物考古研究所、新乐遗址博物馆：《新乐遗址发掘报告》，文物出版社，2018年，698～703页。

［33］ 沈阳市文物考古研究所、新乐遗址博物馆：《新乐遗址发掘报告》，文物出版社，2018年，694～698页。

［34］ 栾丰实：《海岱地区的史前聚落演变与早期文明》，《聚落演变与早期文明》，文物出版社，2015年，114页。

［35］ 沈阳市文物考古研究所、新乐遗址博物馆：《新乐遗址发掘报告》，文物出版社，2018年，21页。

［36］ 严文明：《中国新石器时代聚落形态的考察》，《庆祝苏秉琦考古五十五年论文集》，文物出版社，1989年，24～37页。

［37］ 翦伯赞：《先秦史》，北京大学出版社，1999年，73～109页。

近十年来辽宁境内新石器时代考古综述

熊增珑　樊圣英

（辽宁省文物考古研究院）

辽宁的新石器考古工作开始的较早，可以说跟中国考古工作开端一致。20世纪70年代以来，随着查海、牛河梁、新乐、小珠山等遗址的发现和发掘，辽宁的新石器时代考古学文化面貌日渐清晰，辽东、辽西、辽北地区分别建立了本地区的考古学文化序列。尤其是牛河梁遗址的发现和发掘，更是将文明起源这一重大的学术问题推向了世人面前。近十年来（2008～2018年），辽宁的新石器时代考古在之前工作的基础上，围绕农业起源研究、文明起源、年代序列等开展了一系列工作，不断取得新的成果。

一、辽西地区的考古新发现

1. 兴隆洼文化发现

围绕兴隆洼文化主要的工作有两项：

第一项是由吉林大学边疆考古研究中心、以色列希伯来大学和辽宁省文物考古研究所（2018年更名为"辽宁省文物考古研究院"，下文仍沿用旧称）共同开展的"中国东北地区农业与定居的起源"研究[1]。此次调查采用区域系统性考古调查方法，调查范围104.46平方千米，采集点1152个，包含有新石器时代陶片采集点126个。其中，72个采集点发现有兴隆洼时期陶片，大致可划出大小不等的十余个集群。表明在查海遗址周围，存在着与其规模相近的聚落遗址，反映了在这一地区居住的人口相对较多。

第二项是由辽宁省文物考古研究所和辽宁大学历史学院共同开展的阜新塔尺西沟遗址考古发掘工作[2]。该遗址位于阜新市阜新蒙古族自治县沙拉镇六家子村塔尺营子西北300米的西沟"五垧地"耕地中，第二次全国文物普查中发现，当时称为"西沟五天地遗址"（查海报告中记作"五田地"）。第三次全国文物普查时进行了复查，更名为"他尺西沟遗址"。遗存埋藏较浅，但遗迹现象较为复杂。发现房址12座，其中有一组叠压打破关系，包括3座房址：F6打破F4，F4又打破F8。房址均为圆角方形或长方形。出土遗物共2500余件，包括大型石器600余件，器形有斧、铲、磨盘、磨棒、敲砸器、砍砸器、石料等；细石器1450余件，包括石核、石叶和石片等；陶器近400件，包括斜腹罐、深腹罐、鼓腹罐、杯等。另外，还有玉斧8件。

2. 红山文化发现

这一时期，是继牛河梁遗址发掘之后红山文化工作开展相对较多的时期，主要有以下几项工作：

一是凌源田家沟墓地的发掘[3]。该墓地在2009年3月第三次全国文物普查中发现，位于大凌河支流渗津河左岸，地属凌源市三家子乡河南村田家沟组，共发现四个墓地地点。2009年7月，辽宁省文物考古研究所对第一、第二地点进行了发掘清理；2010年8月，又对第三、第四地点进行了局部清理；2011年5～12月，对第二、第三、第四地点进行了全面清理。历时三年的连续发掘，田家沟四处红山文化墓地共计发掘面积2105平方米，发现红山文化晚期墓葬42座，出土红山文化玉器19件，彩陶盖罐5件（套），夹砂红陶罐2件，陶塔形器1件，石斧3件，骨角器4件，以及大量的筒形器、器座等专为墓地烧制的陶祭器残片，为正确阐释红山文化晚期积石冢墓地的营建与使用、墓葬的陆续葬入与墓地形成，乃至于墓地的废止，提供了弥足珍贵的考古学资料。

二是半拉山墓地的发掘[4]。这是继田家沟墓地之后对红山文化墓地的再一次发掘，并取得了丰硕成果，被评为2016年度中国考古新发现。墓地位于朝阳市龙城区召都巴镇尹杖子村大杖子组东北约600米的半拉山顶部，海拔278米。2014～2016年，辽宁省文物考古研究所和龙城区博物馆联合对该墓地进行抢救性考古发掘。发掘面积约1600平方米，清理墓葬78座、祭祀坑29座，出土遗物有陶器、石器和玉器三类，仅玉器一项计140余件。墓地在晚期阶段出现了功能分区，墓葬区位于墓地南部，祭祀区则位于北半部。墓葬分土坑墓、石棺墓和积石墓三类。根据墓葬内出土人骨的^{14}C测年，年代为距今4510年±30年，校正数据为距今5305～5045年。此次发掘，首次完整的揭露出了红山文化晚期积石冢营建全过程，为研究积石冢的修建过程提供了一个完整的材料。在M12墓主人的胸部出土一件石钺，在其大腿之间出土了一件兽首形柄端饰，根据其摆放位置初步推测其应为同一套石钺组件，这是首次在红山文化墓葬内发现一套完整的带柄端饰的石钺。

三是中美联合在喀左地区和牛河梁遗址周边地区开展的区域系统性考古调查。2009～2011年，辽宁省文物考古研究所、中国人民大学、美国夏威夷大学和匹兹堡大学联合在朝阳市喀左县的大凌河上游流域开展了系统性考古调查，结合调查，有针对性的发掘了二布尺、三家遗址。此次调查面积205平方千米，调查者认为，在喀左东山嘴遗址为核心的大凌河上游地区在红山文化阶段，存在地方性社区和超地方性社区，根据地表采集的陶片数量，进而推测出当时每个社区内的人口数量，这次的调查成果反映在《大凌河上游流域红山文化区域性社会组织》一书中[5]。2014年，辽宁省文物考古研究所与中国人民大学历史文化学院合作，在牛河梁遗址保护范围内开展了系统性调查工作，调查面积43平方千米[6]。自2016年开始，中美联合在牛河梁遗址保护区西北开展“红山文化社区与分期”研究项目，仍然采用区域系统性调查方法，计划调查面积250平方千米，目前已完成100余平方千米调查。

四是大凌河中上游地区红山文化遗存考古工作。为深入研究红山文化内涵，自2017年开始，辽宁省文物考古研究所按照国家文物局的批复要求，组织实施了大凌河中上游地区的红山文化考古工作。截至目前已完成了喀左、建平及凌源北部地区的调查工作，共发现红山文化遗址358处（遗址295处，墓地63处）。另外还发现了兴隆洼文化、赵宝沟文化、小河沿文化遗址数处，对研究上述考古学文化分布范围等提供了第一手资料。在调查的同时，对凌源下台子遗址、牛河梁第一地点2号建筑址进行了考古发掘。对牛河梁遗址周边200平方千米范围进行了遥感测绘。

二、辽北地区的考古新发现

辽北地区的新石器考古工作开展的相对较少，新的发现也较少。主要是对新乐遗址进行的补充发掘[7]。为编写新乐遗址发掘报告，沈阳市文物考古研究所于2014年7～10月在新乐遗址考古发掘预留区内进行了200平方米的考古发掘。此次发掘共发现了新乐下层文化房址3座、灰坑1个和新乐上层文化房址1座、灰坑4个和灰沟1条。3座新乐下层文化房址均为半地穴式的小型房址，面积在10平方米左右，未发现门道。F1东部被一条宽约30厘米的现代电缆沟打破，推测其形状为圆角长方形，东西残长3.3米、南北残长3～3.6米、存深0.5米。房址中部偏南有一处灶址，灶南北长0.75米、东西残长0.56米、存深0.06米。在F1半地穴穴壁处现存有5个柱洞，柱洞直径约0.15米、深0.06米。F1的堆积为浅灰褐色黏土，土质致密，填土中出土了数量较多的夹砂陶片、石器、煤精制品等，可辨器形有筒形罐、高足钵、磨石、石叶、煤精球等。在F1的活动面上保留了数件筒形罐和高足钵的残片以及一些石器。F3是一座较为完整的半地穴房址，平面为近圆角梯形，东西长3.1米、南北长2.6～3.4米、存深0.3～0.4米。在F3的中部偏西南发现一处灶址，灶近圆形，直径约0.5米、存深0.1米。在F3半地穴穴壁处现存6个柱洞，柱洞直径约0.16米、深0.06米。F3的堆积为浅灰褐色黏土，土质致密，出土了数量较多的石器，少量的夹砂陶片和煤精制品，有筒形罐、煤精球、磨石、纺轮等。

辽宁省文物考古研究所、辽宁大学历史学院在铁岭西丰城山遗址的发掘中，发现了新石器时代遗物[8]。没有发现遗迹，多见陶器残片，陶质为夹细砂褐陶，器壁较薄，火候一般，无可辨器形，器表皆见有刻划纹饰，为细密平行线组成的平行线、斜线、交错或人字纹，可能是辽北地区新石器时代新的文化类型。由于此遗址紧邻吉林省，其文化内涵应注意与周边地区的比较。

三、辽南地区的考古新发现

辽南地区的新石器时代考古工作开展得较多，主要是中国社会科学院考古研究所、山东大学等为学术研究开展的主动考古发掘。主要有以下几项：

小珠山遗址的发掘。该遗址位于大连市长海县广鹿岛吴家村西小珠山东坡上，遗址南北约100米，东西约50米，是一处典型的贝丘遗址，文化层由大量的各种贝壳堆积而成。20世纪70年代由辽宁省博物馆进行过发掘，并提出了小珠山下层、中层、上层文化的辽东半岛新石器时代考古学文化序列[9]。2006年5～8月、2008年4～7月，中国社会科学院考古研究所两次对该遗址进行了发掘[10]，发现了距今6500年前的新石器时代早期聚落形态的线索，在220多平方米的发掘面积内发现了8座房址。其中5座属于早期房址，均为圆角方形的半地穴式建筑，房址沿着小珠山东坡南北排列，形成了成排分布的聚落模式。出土了丰富的陶器、石器、玉器、骨器、蚌器等遗物，其中陶器数量最多。同时也获得了大量贝壳、动物骨骼和植物标本。根据地层堆积和出土遗物分析，发掘者将该遗址细分为五期，并对每期的文化特征进行了区分。尤为重要的是发现了距今6500余年前的制骨作坊，作坊中靠近北墙出土了大量的鹿科动物骨骼，在房址的中部发现了鹿骨、鹿角制作的骨器、角制品以及它们的半成品，还发现了各类加工骨器使用的石器。这是在辽东半岛首次发现的迄今为止年代最早的制骨作坊，为研究该地区史前时期人类的社会分工以及社会生产力发展水平提供了珍贵资料。通过浮选工作，得到了粟、黍等农作物种子遗存。虽然数量较少，但为研究辽东半岛地区新石器时代经济模式提供了重要资料。

吴家村遗址位于长海县广鹿岛中部吴家村西台地上，遗址面积为20000平方米，发掘面积420平方米。文化层比较单纯、简单，遗址的主体遗存的年代相当于小珠山三期文化，发现了这一时期的房址、灰坑、灶址、柱洞等遗迹和大量的陶器、石器、骨器、玉器等人工制品。其中，房址3座、灰坑39座、灶址11个、柱洞49个。房址均半地穴式，平面呈方形或圆形，房内有灶址，柱洞较少，无门道，面积不足10平方米。灰坑平面呈圆形或椭圆形，直壁或斜壁，平底。出土陶器、石器、骨器、牙器、蚌器等遗物。野外灶址平面呈椭圆形，绝大多数为坑穴土灶，仅一例为石灶。柱洞绝大多数为直柱式，平面呈圆形或椭圆形，直壁，平底，一般直径为20～30厘米，深20～30厘米。没有特殊加工。该遗址属小珠山三期文化。它与西侧的小珠山遗址既有共性，又有差异。两个遗址均属贝丘遗址，同期文化面貌近似，但是遗址性质有所不同。小珠山遗址主要作为临时利用的加工场所使用，而吴家村则主要居住使用。

在发掘期间，中国社会科学院考古研究所等单位对大连广鹿岛地区开展了考古调查[11]。2010年春季至2011年12月，中国社科院考古研究所东北工作队在小珠山、吴家村遗址发掘的基础上，对广鹿岛进行了全面调查。共发现新石器时代遗址11处。并对广鹿岛和洪子东遗址进行了试掘。值得一提的是这次调查，鉴于海岛的特殊地理环境，采取了根据地貌和村庄道路划分调查区域的方法，使用精确的图像资料，并确定了野外作业步骤与标准，利用RTKGPS和全站仪测绘所有遗址的微地貌地形图。

山东大学考古系、辽宁省文物考古研究所、大连市文物考古研究所于2011年8～9月对旅顺口区王家村遗址进行了发掘，发掘面积72平方米[12]。主要遗迹包括1座房址、1座墓葬、2处灶址及数个柱洞。根据出土遗物分析，该遗址进一步可分为小珠山文化三期、五期。在三期地层发现的红陶鬶及五期地层发现的弦纹陶罐表明大连地区与海岱地区同时期文化之间存在密切联系。

2014年、2015年和2017年，中国社会科学院考古研究所、辽宁省文物考古研究所等单位，对大连鞍子山积石冢进行了三次考古发掘，发掘面积2700平方米[13]。该积石冢位于大连市甘井子区营城子街道后牧村鞍子山山系西侧山脊上，整个积石冢可分为三个冢体，共清理墓室133座，墓室平面呈长方形或方形，多为单人墓葬，少数墓葬发现有多人合葬或二次葬的现象。人骨朝向多为头西足东，少数头南足北。出土陶器以小珠山五期文化为主，既有辽东半岛的陶器，也出土磨光黑陶、蛋壳陶、觚形杯、单把杯等具有浓厚山东龙山文化因素的陶器，说明当时该地区与山东半岛有着密切交流。

大连市文物考古研究所为配合广鹿岛环岛公路二期工程，对广鹿岛东水口遗址进行发掘[14]。该遗址破坏较严重，根据遗迹与遗物分析，年代应该在小珠山一期、二期（按新五期分）。

四、回顾与展望

近十年来，辽宁境内新石器时代考古发现和研究取得重大进展，总体看有以下几个特点：

一是新发现较多，如阜新他尺西沟遗址经过数年的发掘，进一步充实了兴隆洼文化的内涵。田家沟、半拉山墓地等的发掘，更是为红山文化晚期墓葬制度、埋葬习俗、社会结构等研究提供了新的线索。尤其是在大凌河中上游进行的红山文化遗存调查，发现了300余处红山文化遗址（墓地），为研究红山文化分布范围、内涵、聚落布局等奠定了坚实基础，更加重要的是，在建平地区还发现了数处兴隆洼文化和赵宝沟文化的聚落址，为研究辽西地区新石器时代文化变迁等提供了重要线索。辽南地区主要围绕小珠山遗址开展工作，在之前小珠山文化三期的基础上，进一步将小珠山文化分为五期，为辽东半岛新石器时代考古学文化序列树立了标杆。辽北地区的工作主要是新乐下层文化的补充发掘，另外，在铁岭西丰地区开展的考古调查和发掘工作，也发现了新石器时代的文化因素，可以说填补了该地区考古学文化空白。

二是课题意识比较明显。如小珠山遗址、吴家村遗址的发掘以及在广鹿岛进行的考古调查，其目的就是在之前发掘和研究的基础上，进一步厘清小珠山遗址的内涵，在发掘过程中，结合分期研究建立系统的地层系列，并以此为基础采集了较多的样品进行^{14}C测年[15]。大凌河中上游红山文化考古工作以五年考古计划为牵引，确定了学术目标，制定了详细的工作计划，带着问题去工作，取得了阶段性成果。

三是跟国外考古机构合作较好。近年来，辽宁省文物考古研究所与美国匹兹堡大学、夏威夷大学合作开展的大凌河上游红山文化调查、“红山文化社区与分期”研究项目等，均取得了丰硕成果。与以色列希伯来大学合作开展的“中国东北地区农业与定居的起源”项目，考古调查发现了数处新石器时代遗址，尤其是调查中发现了大量的细石器和一般石器，是研究这一地区采集狩猎人群活动的重要依据。

尽管取得了一些成绩，但辽宁境内新石器时代考古工作仍存在不少薄弱环节。从整体上看，考古工作还是存在不平衡性。例如，辽西地区的考古工作不论在规模还是在发现上均强于其他地区，本溪、丹东、锦州等地区新石器考古工作仍相对欠缺。辽西地区虽近年来围绕红山文化开展系统工作，但重要遗址的发掘工作还很少，缺乏系统性考古资料。下一步，辽宁的新石器时代考古着重在以下几方面开展工作：首先考古调查等基础工作仍是未来一段时期内的工作重心。虽然经历了三次文物普查，实际上取得的效果很不理想。以红山文化为例，过去三次普查我们掌握的数量很少，而毗邻的内蒙古赤峰地区已发现红山文化遗址750余处，仅敖汉旗境内发现530余处[16]，作为核心区的朝阳地区发现的数量相对较少，直接影响了研究的进展。其次，要改变考古工作不平衡性状况，传统的辽西地区开展的工作相对多，而辽北地区和辽东半岛地区大规模的考古工作不多。另外，研究的力度还有待提高，对辽宁地区而言，红山文化一直是研究的重点，而对其他新石器时代考古学文化研究相对较少。最后，要加强周边地区比较研究，如红山文化研究，要关注内蒙古东部地区的材料。

注　释

[1] 腾铭予等：《辽宁阜新地区区域性考古调查阶段性报告（2012～2013）》，《北方文物》2014年3期。

[2] 《辽宁阜新发现距今约8000年的新石器时代早期古村落》，新华社沈阳分社，2018年3月14日。

[3] 李新全、王来柱：《凌源田家沟红山文化墓葬群》，《中国考古学年鉴2010年》，文物出版社，2011年；王来柱：《凌源市田家沟红山文化墓地群》，《中国考古学年鉴2012年》，文物出版社，2013年；辽宁省文物考古研究所：《辽海记忆——辽宁考古六十年重要发现（1954～2014）》，辽海人民出版社，2014年。

[4] 辽宁省文物考古研究所、朝阳龙城区博物馆：《辽宁朝阳市半拉山红山文化墓地的发掘》，《考古》2017年2期；辽宁省文物考古研究所、朝阳龙城区博物馆：《辽宁朝阳市半拉山红山文化墓地》，《考古》2017年7期。

[5] 辽宁省文物考古研究所、匹兹堡大学比较考古学中心：《大凌河上游流域红山文化区域性社会组织》，2014年。

[6] 吕学明等：《2014年牛河梁遗址系统性区域考古调查研究》，《华夏考古》2015年3期。
[7] 沈阳市文物考古研究所：《辽宁新乐遗址发现新石器时代房址》，《中国文物报》2014年11月25日。
[8] 郑俊夫、华玉冰：《西丰县城山新石器时代至隋唐时期遗址》，《中国考古学年鉴2017年》，文物出版社，2018年。
[9] 辽宁省博物馆等：《长海县广鹿岛大长山岛贝丘遗址》，《考古学报》1981年1期。
[10] 中国社会科学院考古研究所等：《辽宁长海县小珠山新石器时代遗址发掘简报》，《考古》2009年5期。
[11] 中国社会科学院考古研究所等：《大连广鹿岛区域考古调查报告》，文物出版社，2018年。
[12] 王强：《大连市旅顺口区王家村新石器时代东周及汉代遗址》，《中国考古学年鉴2012年》，文物出版社，2013年。
[13] 《大连鞍子山积石冢出土大量龙山文化陶器》，《光明日报》2018年2月27日。
[14] 大连市文物考古研究所：《辽宁长海县广鹿岛东水口遗址发掘简报》，《北方文物》2016年4期。
[15] 张雪莲等：《辽宁长海小珠山遗址考古学文化的年代序列》，《考古》2016年5期。
[16] 刘国祥：《敖汉旗红山文化聚落考古研究取得丰硕成果》，《红山古国——敖汉旗红山文化典型遗址》，内蒙古科学技术出版社，2017年。

21世纪以来大连地区考古发现述略

张翠敏

（大连市文物考古研究所）

自2000年至今近20年的时间里，大连地区考古发掘成果比较丰硕，内容较为丰富。到目前为止，经过考古发掘的遗存共有23处，包括遗址、墓地、城址和水下沉船等，其中新石器时代遗址5处、积石冢3处；青铜时代遗址4处、积石冢1处；战国至汉代遗址2处、汉代墓地5处；辽金遗址1处；清代瓮城址1处；甲午沉舰水下考古有重大发现。上述发掘获得一大批珍贵出土文物资料，大连地区考古学文化研究有了较大飞跃，尤其是史前考古和汉代考古发现与研究方面有了较重大突破。

一、新石器时代考古

（一）遗　址　类

1. 小珠山遗址

小珠山遗址位于长海县广鹿岛吴家村西小珠山东坡， 1978年辽宁省博物馆和旅顺博物馆曾进行过发掘[1]。2006、2008、2009年由中国社会科学院考古研究所、辽宁省文物考古研究所（2018年更名为“辽宁省文物考古研究院”，下文仍沿用旧称）、大连市文物考古研究所联合对小珠山遗址进行了三次发掘[2]，发掘面积600多平方米。

小珠山遗址南北长100、东西宽50米，面积为5000平方米，为典型贝丘遗址。共发现17座房址、33个灰坑、45个野外灶址。其中一期有房址10座、灰坑4个、野外灶址14个；二期有房址5座、灰坑4个、野外灶址9个；三期房址1座、灰坑5个、野外灶址20个；四期有灰坑10个、野外灶址2个；五期有房址1座、灰坑10个[3]。出土了陶器、石器、玉器、骨角牙器等若干。

一期和二期房址均为半地穴式，平面多为圆角方形，个别有圆形，房址面积较小，不足20平方米。内有圆形或椭圆形灶址，有的房址内发现石板灶，未发现门道。其中小珠山一期文化房址，为首次发现，均为圆角方形的半地穴式建筑，房址沿着小珠山东坡呈东北——西南排列。首次发现辽东半岛迄今为止年代最早的骨器作坊。小珠山三期和五期房址平面呈圆形或椭圆形，皆为半地穴式。房址较小，面积在10平方米以内。形成了成排分布的聚落模式。小珠山遗址一共发现了46座野外灶址，以第三期最多。一般平面呈圆形或椭圆形，多地面式，有些为浅坑式，说明短时间或临时使用。个别也有石块围起来的石灶。灰坑和柱洞发现较多。

经过三年发掘，细化小珠山考古学文化分期，将过去确立的小珠山上、中、下层三个文化，细化为五期考古学文化。小珠山一期、二期（原小珠山下层），与新乐下层文化相近或略晚，属于东北地区之字纹筒形罐系统；小珠山三期（原小珠山中层），山东大汶口文化因素进入辽南地区，形成土著文化和大汶口文化因素并存的局面；小珠山四期、五期（原小珠山上层）[4]，小珠山四期即三堂一期文化，与偏堡文化相当。小珠山五期与山东龙山文化相近，大量的龙山文化因素进入辽东半岛。

2. 门后遗址

门后遗址位于长海县广鹿岛塘洼村邹南屯门后山东坡，2012年由大连市文物考古研究所、辽宁师范大学历史文化旅游学院联合对该遗址进行发掘，发掘面积280平方米[5]。该遗址为贝丘遗址，发现房址和野外灶各1处，房址为圆角方形，不甚规则，野外灶为圆形，灰烬较薄。该遗址属小珠山一期文化，以压印之字纹筒形罐为主，复原2件，其余多为碎片。发现石器、玉器等25件，以打制石器为主。门后遗址^{14}C测年在距今4345～3965年范围内，测年数据与后洼下层相近。门后遗址测年数值与出土器物年代存在一定差异，出土器物时代偏早，与柳条沟东山遗址相近，而测年却略晚。

3. 吴家村遗址

吴家村遗址位于长海县广鹿岛中部吴家村西台地上，遗址面积为19000平方米，1978年曾进行过发掘。2008、2009、2010年由中国社会科学院考古研究所、辽宁省文物考古研究所、大连市文物考古研究所联合对吴家村遗址进行发掘[6]，发掘面积420平方米，为典型的贝丘遗址，文化层厚为50～130厘米。发现房址3座、灰坑39座、灶址11个、柱洞49个。文化堆积分上中下三层，下层遗存的年代相当于小珠山三期文化，发现有房址、灰坑、灶址、柱洞等遗迹和大量的陶器、石器、骨器、玉器等人工制品。房址均为半地穴，平面呈方形或圆形，内有灶址，柱洞较少，无门道，面积不足10平方米。野外灶址平面多呈椭圆形，绝大多数为坑穴土灶，仅一例为石灶。另外还有灰坑和柱洞。吴家村遗址中层为上马石上层，上层为辽金时期，2008年还发现了金代火坑遗存。

吴家村遗址下层与小珠山遗址既有共性，又有差异。小珠山遗址主要作为临时利用的加工场所使用，而吴家村遗址则主要居住使用。发掘区域内灰坑和柱洞较多，但房址发现不多。

4. 王家村遗址

王家村遗址位于旅顺北海街道王家村北台地上，为贝丘遗址，遗址分布面积2万平方米。1994年北京大学与大连市文物考古研究所联合对该址进行发掘[7]。2011年山东大学考古系、辽宁省文物考古研究所、大连市文物考古研究所联合对该遗址进行第二次发掘，发掘面积100余平方米[8]。发现了新石器、汉代和周代三个时期遗存，主要以新石器时代遗存最为丰富。

2011年发掘，共发现新石器时代房址2座、墓葬2座（包括婴儿和儿童）、灰坑和柱洞多个、灶址2个、烧烤面（野外灶）5个，出土陶器、石器、玉器和骨角牙器若干。属小珠山三期至五期文化[9]，未见小珠山一期、二期文化，未见明显的小珠山四期文化。经过浮选，王家村遗址发现了粟、黍、稻米、小麦等炭化农作物种子[10]，其中炭化稻米属于小珠山五期，为辽东半岛目前发现最早的水稻遗存，从而证实水稻东传“北路说”的可靠性。

5. 东水口遗址

东水口遗址位于长海县广鹿乡柳条沟村东水口屯东部海岸台地，1933年日本考古学者三宅俊成首次发掘了柳条沟东山遗址和东水口遗址。2012年因广鹿岛环岛公路二期工程穿过东水口遗址，5～6月大连市文物考古研究所对该遗址进行了抢救性发掘，发掘面积200平方米[11]。该遗址破坏严重，遗迹与遗物发现较少。遗址分两期，第一期没有发现遗迹，陶器全部为压印之字纹筒形罐，与小珠山一期文化相同。第二期仅发现一个平面灶址，出土陶器主要为刻划纹筒形罐，与小珠山三期文化相同。未发现小珠山四、五期堆积和遗物。

（二）墓　葬　类

1. 鞍子山积石冢

鞍子山积石冢位于甘井子区革镇堡街道鞍子山村南鞍子山主峰西侧，积石冢沿山脊分布，长约150米。2014、2015、2017年由中国社会科学院考古研究所、辽宁省文物考古研究所、大连市文物考古研究所、辽宁师范大学联合对该墓地进行发掘。发掘总面积约2700平方米，共清理墓室133座，整个墓地出土陶器156件、玉器82件、石器470件、骨器30件[12]。

鞍子山积石冢清理出的墓室平面呈长方形或方形，每个积石冢早期墓室均建在山脊上，其他墓室建造偏晚，沿着早期墓室向西坡续建而成，个别墓室续建在东坡。积石冢是沿着山脊从上到下、从早到晚顺序排列。多为单人墓葬，少数墓室发现有多人合葬或二次葬的现象。人骨朝向多为头西足东，少数头南足北。出土陶器以小珠山五期文化为主，既有大连本土夹砂红褐陶，也有磨光黑陶，如蛋壳陶、觚形杯、单把杯等具有浓厚山东龙山文化因素的陶器。在出土的玉器中，以牙璧和方璧最具特点。鞍子山积石冢与老铁山–将军山积石冢、四平山积石冢年代基本相近，有可能是双砣子遗址下层（相当于龙山时期）墓地。

2. 王宝山积石冢

王宝山，又名王山头，位于金普新区大魏家镇后石村西南深入渤海的一个砣子上。1992年曾试掘过3座积石冢[13]。2013年7～9月全部发掘[14]。共发现9座积石冢（含1992年发掘），除1、2号积石冢已损毁外，其余7座积石冢共发现墓室61个。墓室基本上呈东西向排列。墓室呈长方形，有的墓底为基岩，铺一层红土，有的铺一层鹅卵石。墓室内一般多为土石填充，有的用鹅卵石填充。最早墓室形成后，晚期墓室依其石台、墓壁接筑。出土陶器以夹砂黑褐陶、红褐陶为主，有少量黑陶。器形有罐、杯、器盖、三环足器、豆等；还出土石器、玉器、骨器等。

王宝山积石冢是继四平山积石墓地、老铁山积石墓地发掘之后又一处比较重要的新石器时代墓地，它的形制比较特殊，不同于以往发掘的同时期积石墓，出现了“阶坛或方坛”和中心墓室，墓室不是单排一次排列而是呈多排接筑，中心墓时代最早，越往外越晚。葬俗有一次葬、二次葬和火葬，又可分为单人葬、多人二次捡骨葬、火葬。火葬比例较高，既有合葬也有单人葬，火化程度较高。人骨做了检测，共鉴定出60个个体，男性比例较多，死亡年龄集中在中年和壮年期[15]，时代为小珠山五期，含有大量龙山文化因素。王宝山积石冢是附近台山遗址墓地。

3. 张家岚后山积石冢

2012年12月至2013年1月，大连市文物考古研究所、瓦房店市博物馆、金州博物馆联合对位于大连金普新区的张家岚后山积石塚进行了发掘[16]。该积石塚为单体积石塚，被破坏严重，塚内仅发现11个墓室，除M11保存较好外，其余墓室基本只残留痕迹。发现3排墓室，呈东西向排列。出土石器有斧、锛、剑、镞、纺轮、坠等。陶器均为残片，以夹砂红褐陶为主，有少量泥质黑陶，夹砂陶，制作粗糙，火候低，胎质疏松，厚重。可辨器形有罐、壶、豆、杯、器盖、盆等。时代相当于小珠山五期至双砣子一期。这是黄海沿岸首次发现的新石器时代积石冢。

二、青铜时代考古

（一）遗　址　类

1. 韩家坟遗址

韩家坟遗址位于甘井子区营城子街道后牧城驿村西南，2006年因修建大连土羊高速公路，大连市文物考古研究所对其进行抢救性发掘，发掘面积为350平方米，共发现房址7座、灰坑2个，石器25件，可复原陶器5件[17]。房址有椭圆形、圆角方形、圆角长方形等，均为半地穴式。房址内发现灶址，有的为石灶，有长方形、方形，均用石块简单围成，有的灶内有垫陶片的现象，与双砣子第三期文化有的灶址相同。出土石器有斧、锛、刀、杵、磨石、网坠等。出土陶器多为夹砂黑褐陶和红褐陶，未发现泥质陶。除了部分陶器烧制火候略高外，有相当一部分陶器胎质疏松，胎薄，含砂量极高，有的夹杂较大砂粒，陶器表面脱皮现象严重，陶器内外均有磨蚀现象，火候低且器表颜色不匀。器形有壶、罐、簋、豆、单把杯、钵、甗等，壶、罐以大型器物居多。纹饰不发达，主要以外贴竖条凸棱纹为主，其他还有少量刺点纹、划纹及组合纹饰。韩家坟遗址与渤海沿岸的双砣子、于家村、羊头洼等遗址共性要多一些，而与黄海沿岸的大嘴子等遗址差异相对要大一些。韩家坟遗址内涵比较单纯，与双砣子三期文化特征相同，属于双砣子三期文化。

2. 大王山遗址

大王山遗址位于甘井子区大连湾街道拉树房村西南的大王山（又名大旺山）南坡上，因大连新机场建设工程，2012年10月至2013年5月辽宁省文物考古研究所会同大连市文物考古研究所联合对大王山遗址进行抢救性发掘。发掘面积为 5925 平方米；共发掘房址 55 座、石砌平台 5 座、道路数条，出土陶器、石器、骨器等各类遗物和标本2000多件[18]。

大王山遗址可分为二期，第一期文化堆积分布面积较小，未发现遗迹，出土遗物数量较少。陶器以夹砂黑褐陶为主，器类单纯，以素面为主。还有红、黄、白三色彩绘陶。出土陶器以罐、壶、碗和豆为代表，石器主要有石斧、石刀和磨石等。属于双砣子一期文化，其中发现了少量蘑菇纽器盖，与双砣子二期文化相近（大王山遗址应与大嘴子、双砣子遗址一样，应该有三期文化。尽管二期文化出土物少，地层薄而少，应将双砣子二期文化遗物从一期文化中分离出来）。第二期文化堆积分布面积大，堆积厚，发现了遗迹、遗物众多。多座大型石砌平台是大王山二期具有独特建筑风格的设施，在各平台和各房屋之间又有错综复杂的道路。房址多建筑在石砌平台之上，就地取材，垒砌房屋墙体。房址多呈不规则的长方形，门道位于房址下山坡墙体的一角上，室内未发现灶址。很多房屋毁于火烧，在原址多次重建，叠压打破关系较复杂。出土陶器以夹砂灰褐陶为主，器类丰富，有壶、罐、盆等，体形变大，圈足器多见，纹饰种类增多，也有少量的彩绘陶。纹饰复杂，刻划纹居多，农业生产工具等大量出现，属于双砣子三期文化。大王山遗址的发掘是目前大连地区规模最大的一次青铜时代遗址考古发掘，遗址面积分布面积大、海拔高、文化内涵丰富，为研究辽东半岛青铜时代考古学文化提供了实物资料。

3. 洪子东遗址

位于长海县广鹿岛东洪子东岛西端，为贝丘遗址，南北140、东西80米，分布面积11200平方米。2010年12月至2011年4月由中国社会科学院考古研究所、辽宁省文物考古研究所、大连市文物考古研究所联合对其进行试掘，2011、2013年正式发掘，发掘面积为100平方米。出土遗物时代分别属于小珠山五期、双砣子三期、上马石上层（双房类型）[19]。

（二）墓　葬　类

土龙子积石冢，位于金州七顶山街道西土岗上（俗称土龙子），1992年吉林大学考古系、辽宁省文物考古研究所等对1号冢进行发掘[20]。2005年9月14日～10月19日，大连市文物管理委员会、大连市文物考古研究所、金州博物馆等联合对其他6座积石冢进行发掘。其中2、3、5、7四座积石冢破坏严重，残存少量石块，情况不详。4、6号冢保存相对较好[21]。

4号冢南北长21.25米，东西宽4～4.5米，共有7个墓室。墓室呈东西向，长方形，南北单排排列，均用扁平石灰岩砌成。墓室内人骨多碎片，个体数量几个至10几个不等，均为二次葬。6号冢南北长15.8米，残存最宽2米，墓室为长方形，东西向，南北排列，残存人骨多碎片，随葬品多陶片和贝珠，人骨多经过火烧。5、7号冢残存一两个墓室，人骨多经火烧。土龙子积石冢的葬俗主要有二次葬、多次葬和火葬。

土龙子积石冢随葬品有少量陶器、贝饰、石器等，陶器复原少，多为残片，器形有罐、壶、盆、钵等，以夹砂灰褐陶为主，其次为夹砂黑褐陶和二次火烧红褐陶。贝饰有珠、坠等。石器较少，只有石斧和纺轮。出土器物均为双砣子三期文化，该墓地为附近庙山上层人们的公共墓地。

三、战国至汉代考古

（一）遗　址　类

1. 楼上遗址

位于甘井子区后牧城驿村东约500米，东距青铜时代楼上墓地（20世纪70年代被毁）数十米，西北距岗上墓地约400米。因土羊高速公路特大桥从楼上遗址穿过，大连市文物考古研究所对楼上遗址进行了抢救性发掘。发掘从2006年9月10日开始至9月20日结束，发掘面积50平方米，共发现路基1条，房址1座，出土了一些遗物[22]。

楼上遗址发掘面积小，出土器物也不甚丰富。楼上遗址分为早晚两期，早期遗迹有房址1座，长方形，发现5个柱洞和1个椭圆形灶坑。出土的器物以泥质灰陶为主，另外有少量的夹粗砂和滑石粉的红褐陶，器形有罐、盆、豆、筒瓦和铁件等。陶器的纹饰主要为密集的细绳纹，并部分压抹形成宽弦纹。有罐、豆、盆等，时代为战国至西汉早期。晚期发遗迹有路基1条，地层出土遗物仍以泥质灰陶为主，另外出土了瓷器底。与金元时期的同类器物相近，推测晚期地层和遗迹形成的年代为金元时期。

2. 东马圈子遗址

2007年，因金七公路建设，大连市文化局组织金州博物馆对位于金州三十里堡的东马圈子城址（东汉—金元时期）进行抢救性发掘[23]。发现东汉时期房址、灶坑、灰坑、窖藏等，还发现了一座瓮棺墓。

（二）墓　葬　类

1. 营城子汉墓群

营城子汉墓群位于甘井子区营城子街道，以营城子村、沙岗子村为中心，东起牧城驿，西至双台沟村，分布面积较大。由于营城子工业园区开工建设，2003年秋至2005年夏，由大连市文物管理委员会、大连市文化局组织的考古工作队对营城子汉代墓地进行发掘[24]。发掘位置位于202国道北、营城子东的工业园区，共清理汉代墓葬198座（包括2002年清理的10座，仅存墓底），以第二地点A区最为集中，发掘的墓葬总数达152座。所发掘的墓葬，依其建筑材料，分为贝墓、贝瓦、贝瓦石、贝石、贝石砖加瓦、贝砖墓、石墓、砖墓、花纹砖墓、石板墓。贝墓以及贝石、贝瓦石、贝砖合筑墓多为单室。砖室墓除单室外，另有双室、三室和四室；花纹砖墓和石板墓以双室和三室居多。

贝墓63座，贝瓦墓、贝瓦石和贝石合筑墓24座，石墓8座，贝砖墓13座，砖室墓82座。花纹砖墓6座，石板墓2座。出土各类器物2300余件套，其中包括金带扣、铜承旋、玉剑璏、铜尊、铜鈪镂等一批重器。时代自西汉至汉魏之际，延续时间约300余年。其中，以东汉晚期和汉魏之际的墓葬居多。

2. 董家沟汉墓群

董家沟汉墓群位于金普新区董家沟，包括三个地点，即南茔顶，粮库和南大圈。2006年发掘，共发掘墓葬71座。其中，南茔顶发掘墓葬52座，粮库发掘墓葬14座，南大圈发掘墓葬5座[25]。墓葬主要两大类，一是砖室墓，二是石板墓，有单室也有双室，有少数墓葬使用花纹砖。随葬品主要为陶器，铜器多为小件装饰品或铜钱，时代为东汉至魏晋时期。

3. 姜屯汉墓群

姜屯墓地位于普兰店市铁西办事处西北山村姜屯南约300米处，因皮炮公路从墓地穿过，2010年辽宁省文物考古研究所对其进行抢救性发掘，共发掘汉墓212座，其中58座被破坏严重[26]。保存略好的154座墓中有积贝墓（贝墓）、积石片墓（石墓）、积贝石片墓（贝石墓）、积瓦墓（瓦墓）、积贝瓦墓（贝瓦墓）和土石回填六类82座；砖室墓72座，包括素面砖墓和绳纹砖墓以及B型花纹砖墓。砖室墓可分为单室、双室和多室三种。能够辨别使用葬具的共有81座墓，其中包括砖室墓23座。贝墓多有木质葬具，多为一棺，有的为一棺一椁，个别为一椁二棺。葬俗为并葬和单人葬，少数为双人合葬墓。砖室墓中的葬具多为砖砌棺床，葬式多为仰身直肢葬。砖室墓多为合葬墓，人骨保存较好的墓葬，墓室内多有两具或两具以上人骨，人骨大多摆放较规整，但也有墓中人骨相对凌乱或成堆放置，推测其应为捡骨二次葬。

陶器在随葬品中数量最多，共1723件，种类计有罐、壶、鼎、盒、瓮、仓、楼、井、灶、奁、樽、熏炉、灯、耳杯、案、盆、盘、碟、缸、钵、碗、长颈瓶、釜、斗、卮、鐙、俑、器座、篚、灶附件等。其他有铜器、金银器、铁器、石器、玉器、琉璃器、骨器等。

姜屯墓地墓葬分为六期：第一期为西汉早期；器物组合主要为壶-罐-钵组合；第二期为西汉中期，器物组合为壶-罐-鼎-钵-盒-奁-盆组合；第三期为西汉晚期，器物组合基本与第二期相同；第四期为王莽至东汉初期，新出现了瓮、井、仓、灶等器物组合；第五期均为砖室墓，器物组合中不见壶和盒，仓、井、灶数量增多，年代为东汉早期；第六期，墓葬使用花纹砖，时代为东汉中晚期。

4. 铁匠炉汉墓群

铁匠炉汉墓群位于普湾新区三十里堡街道四十里村北与沈大高速公路之间。因金普高铁新建工程计划通过铁匠炉汉墓群，2014年 5 月辽宁省文物考古研究所与大连市文物考古研究所联合对该墓地进行发掘。本次共发掘7座墓葬[27]，其中5座单室砖墓，2座双室砖室墓。2座墓使用了花纹砖。除2座保持较好之外，其他均被严重破坏，个别墓葬出现了棺床。除了被破坏墓葬未发现人骨外，其他墓葬多为夫妻合葬，其中6号墓为一男二女合葬。出土器物主要为陶器，有井、仓、灶、鼎等。年代为王莽至东汉时期。

5. 西礓坡墓地

西礓坡墓地位于大连长兴岛临港工业区西南部原蚊子嘴村北丘陵上，因修长兴岛铁路，西礓坡墓地遭到破坏。2010年5月24日至6月2日大连市文物考古研究所、瓦房店市博物馆对该墓地进行了抢救性发掘，共清理墓葬5座[28]，其中砖室墓1座，石板墓4座，均为单室墓，周围有多座石板墓已被完全破坏。西礓坡墓地规模小，墓葬普遍较小，形制简单，被破坏严重。以石板墓为主，仅发现一座砖室墓。墓葬分布比较随意，不整齐，墓向不一，未发现葬具。墓室内人骨保存普遍不好，头向不一致，从残存人骨分析，多为夫妻合葬。墓葬随葬品少而简单，随葬品以陶器为主，有白陶瓮、鼎、釜、扁壶、陶房等，有的墓葬仅随葬一件陶器，有的墓葬没有随葬品。时代为东汉末至魏晋时期。

6. 小朱家墓群

位于金州区七顶山街道小朱家社区（村）东，因金七公路建设，2005年大连市文管办对其进行抢救性发掘，发现东汉时期的砖室墓、石板墓十余座[29]，破坏十分严重。小朱家墓群位于西马圈子墓群范围，应是西马圈子墓群的一部分。

四、辽金考古

西甸子遗址位于前牧城驿村西北约500米，北与旅顺—大连铁路线相邻，俗称“西甸子”。2006年因大连土羊高速公路从中穿过，大连市文物考古研究所对其进行抢救性考古发掘。发掘时间从8月25日开始至9月6日结束，发掘面积为175平方米。未发现遗迹现象，出土大量布纹瓦、部分陶器和瓷器残片，复原白瓷碗1件，发现“元符通宝”铜钱1枚。西甸子遗址属于次生堆积，而不是原生堆积，但地层单一，出土遗物单纯，遗址形成的年代应是辽代晚期，可能延续到金代，但出土的陶器、瓷器、布纹瓦等要早于遗址形成的年代，应为辽代[30]。

五、明清考古

复州城城址，位于瓦房店市复州城镇内，2016年辽宁省文物考古研究所、大连市文物考古研究所、瓦房店市博物馆联合对复州城东城门瓮城城门进行清理，清理面积200平方米，确认了瓮城门的位置、规模和道路。2018年5月再次对瓮城内进行清理[31]。

六、水下考古

2019年7～9月，国家文物局水下文化遗产保护中心、辽宁省文物考古研究院、大连市文物考古研究所联合对位于庄河黑岛海域的甲午沉舰——经远舰进行了水下考古调查。经调查，经远舰倒扣沉没于海底，右舷后部木质鬃金“经远”二字清晰可见。共打捞各类遗物标本500余件，包括铁、木、铜、铅、玻璃、陶瓷、皮革等材质，种类十分丰富，既有锅炉、舷窗、舱门、铁甲堡等舰体残件，也有白铜水烟袋、算盘珠、铜钱、砚台、马扎等生活用品。特别是在船艏左侧提取了大量的毛瑟步枪子弹弹壳、37毫米炮弹、47毫米炮弹等武器装备。此外还发现了53毫米格鲁森炮弹和120毫米炮弹底火等[32]。

七、21世纪考古发现主要特点和相关研究

21世纪以来，大连地区考古发现以新石器时代、青铜时代和汉代遗存为主。发掘地点多、规模大，内涵丰富，特色鲜明，出土遗物多。收获颇丰：新石器时代遗存发掘，细化了辽东半岛南部新石器时代考古学文化分期，进一步确认了新石器时代积石冢的葬俗和内涵特征，同时对大连地区青铜时代文化特别是双砣子三期文化和社会性质有了更全面、更深刻的认识。汉代墓地大规模发掘，进一步确认了营城子和姜屯墓地分布范围，完善了汉代考古分期和内涵。水下考古调查确认了甲午战争沉舰—经远舰，被评为2018年全国十大考古发现。

新石器时代考古发掘主要集中于长海县广鹿岛，特别是小珠山遗址再度发掘，对细化辽东半岛南部新石器时代谱系和编年具有重要意义，由原来的下中上三层分期，细化为五期考古学文化分期。首次发现了小珠山一期的房址、聚落和制骨作坊。多学科考古研究成果使我们对辽东半岛南部新石器时代文化内涵、特征、聚落形式、生业模式等有了全新的认识。新石器时代积石冢的大规模发掘，为了解小珠山五期文化葬俗、文化内涵和特征、墓地的格局与建筑特点以及与山东半岛文化交流提供了更充分、更翔实的资料。首次发现了一次葬、二次葬和火葬在同一个积石冢并用。王家村上层发现炭化稻米，说明相当于龙山时期水稻由山东半岛传到辽东半岛，比大嘴子发现的青铜时代水稻提早了1000年。不同地域墓葬的建筑形式不同，王宝山积石冢与鞍子山积石冢、张家岚后山积石冢墓室建筑不同，王宝山积石冢首次出现了中心墓室，出现了方坛，然后向外接筑，越是外面的墓室时代就越晚。而鞍子山积石冢则与四平山积石冢相似，由山顶向山坡下接筑，越往下时代越晚。张家岚后山积石冢则是独立的积石冢，墓室呈排分布，时代最晚到了龙山晚期。这些积石冢有一个共同特点，出土陶器均相当于龙山早中期至龙山晚期，龙山文化因素占有较大比例。积石冢多分布于渤海沿岸，地点越往北，土著

文化因素约浓厚。

青铜时代大王山遗址的发掘具有重要意义，大王山遗址分布面积大、海拔高、聚落建筑特征鲜明，为名副其实的小山村。首次了发现了高山顶部居住的聚落和具有特色的建筑形式—建筑平台、山间小路、密集的房址，构成了这个聚落鲜明的特色，也为探讨双砣子三期文化性质、社会结构和生业模式增添了新资料。土龙子积石冢的发掘，让我们更加清晰地了解双砣子三期文化墓地的结构、内涵和葬俗，一次葬、二次葬和火葬同时并用以及填鹅卵石的做法与新石器时代积石冢一脉相承，从而为辽东半岛积石冢起源研究增加了新的证据。

魏晋时期考古发现，主要是营城子汉墓群、董家沟汉墓群和姜屯墓地的大规模发掘，除了董家沟汉墓为东汉至魏晋时期，其余两个墓地均为西汉至魏晋时期。发掘墓葬数量多、类型齐全、内涵丰富、时代特征鲜明、出土物极为丰富，特别是《姜屯墓地》报告出版，将辽南地区汉墓分期和器物组合细化，对深入研究辽东半岛汉文化特征、社会性质、社会关系以及葬俗等提供了更翔实资料。营城子汉墓出土的金带扣和铜承旋等重器，表明了营城子地区在汉代历史上的地位不容小觑。大连地区汉代遗存发现，表明大连地区与中原地区始终保持密切联系，大连在汉代历史上占有重要地位。

甲午战争沉舰——经远舰的确认，是大连地区水下考古调查最大的亮点，为研究甲午战争和近代历史提供了难得资料。

尽管大连地区考古发现取得了不少成果，但也有不足之处，许多发掘资料到目前尚没有整理，没有出发掘报告，尤其是汉代考古部分，对研究大连地区汉代历史与考古不利。

注　释

[1] 辽宁省博物馆、旅顺博物馆：《长海县广鹿岛大长山岛贝丘遗址》，《考古学报》1981年1期。

[2] 中国社会科学院考古研究所等：《辽宁省长海县小珠山新石器时代遗址发掘简报》，《考古》2009年5期。

[3] 见2009年“辽宁省文物考古研究所田野汇报会——小珠山遗址发掘汇报”。

[4] 本文暂采用五期分期法。

[5] 大连市文物考古研究所、辽宁师范大学历史文化旅游学院：《辽宁长海县门后新石器时代遗址的发掘》，《考古》2017年8期。

[6] 见2010年“辽宁省文物考古研究所田野汇报会——吴家村遗址发掘汇报”。

[7] 见大连市文物考古研究所1994年发掘资料。

[8] 王强：《大连市旅顺口区王家村新石器东周至汉代遗址》，《中国考古学年鉴2012年》，文物出版社，2013年，176、177页。

[9] 王强：《大连市旅顺口区王家村新石器东周至汉代遗址》，《中国考古学年鉴2012年》，文物出版社，2013年，177页。

[10] 马永超等：《大连王家村遗址炭化植物遗存研究》，《北方文物》2015年2期。
[11] 大连市文物考古研究所：《辽宁长海县广鹿岛东水口遗址发掘简报》，《北方文物》2016年4期。
[12] 见鞍子山积石冢发掘材料。
[13] 王冰、万庆：《辽宁大连市王宝山积石墓试掘简报》，《考古》1996年3期。
[14] 见大连市文物考古研究所王宝山积石冢发掘资料。
[15] 赵永生等：《大连王宝山积石墓地出土人骨的研究》，《边疆考古研究》（第21辑），科学出版社，2017年。
[16] 大连市文物考古研究所：《辽宁大连张家岚后山积石墓发掘简报》，《北方文物》2015年4期。
[17] 大连市文物考古研究所：《大连土羊高速公路发掘成果报告集》，科学出版社，2010年。
[18] 辽宁省文物考古研究所、大连市文物考古研究所：《辽宁大连市大王山青铜时代遗址发掘简报》，2014年2期。
[19] 中国社会科学院考古研究所、辽宁省文物考古研究所、大连市文物考古研究所：《大连广鹿岛区域考古调查报告》，文物出版社，2018年，31页。
[20] 华玉冰等：《辽宁大连市土龙子积石墓地1号冢》，《考古》1996年3期。
[21] 吴青云：《辽宁大连市土龙子青铜时代积石冢群的发掘》，《考古》2008年9期。
[22] 大连市文物考古研究所：《大连土羊高速公路发掘成果报告集》，科学出版社，2010年。
[23] 《大连抢救性发掘汉代城址和墓葬》，光明网，2007年5月21日。
[24] 吴青云：《大连营城子墓群考古获重要发现》，《中国文物报》2009年8月14日。
[25] 见大连市文物考古研究所董家沟汉墓群发掘资料。
[26] 辽宁省文物考古研究所：《姜屯汉墓》，文物出版社，2013年。
[27] 辽宁省文物考古研究院、大连市文物考古研究所：《辽宁大连市普湾新区铁匠炉汉墓发掘简报》，《北方文物》2019年1期。
[28] 大连市文物考古研究所：《大连长兴岛西礓坡墓地发掘简报》，《北方文物》2011年3期。
[29] 《大连抢救性发掘汉代城址和墓葬》，光明网，2007年5月21日。
[30] 见金州区“三普”资料。
[31] 于海明等：《大连瓦房店复州城东城门瓮城城门发掘初探》，《人类文化遗产保护》，2018年。
[32] 《经远舰水下考古调查获得重要发现》，央视网，2018年9月25日。

吉林双辽大金山遗址与长岭西凤凰岭遗址调查简报*

方　启[1]　孔祥梅[1]　丁伯涛[1]　刘　伟[2]　逯　军[2]　曲清海[2]
隽成军[3]　魏佳明[3]　井中伟[1]

（1. 吉林大学考古学院；2. 梨树县文物管理所；3. 四平市文物管理办）

2017年11月，吉林大学边疆考古研究中心、四平市文管办、梨树县文管所等单位对吉林双辽大金山与长岭西凤凰岭遗址进行了复查及试掘。下面对本次调查情况进行介绍（图一）。

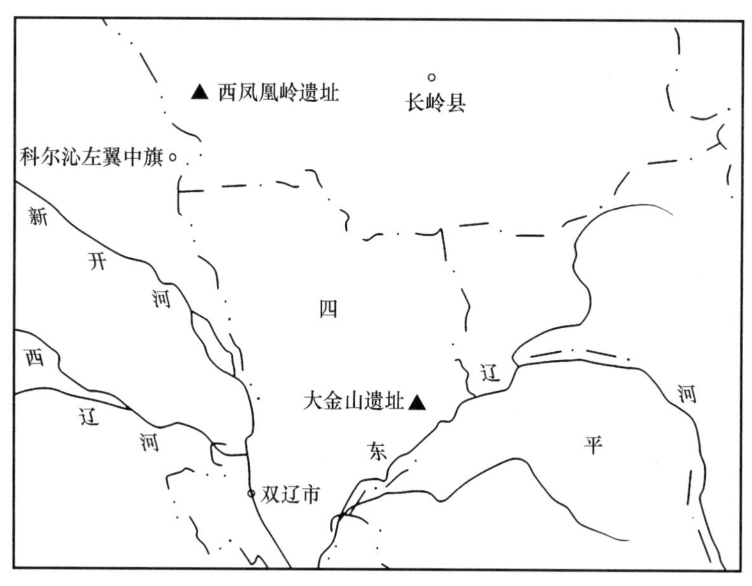

图一　大金山遗址与西凤凰岭遗址位置示意图

一、大金山遗址

大金山遗址位于吉林省四平市双辽市大金屯西北三百余米处的漫岗上，东南距东辽河约5千米，遗址坐标为东经123°56′，北纬43°41′，海拔132.4米。遗址周长约637米，整

*　本研究成果系国家社科基金青年项目（批准号：13CKG001）、国家社科基金重大项目（项目编号：15ZDBO55）、中央高校基本科研业务费（Supported by “the Fundamental Research Funds for the Central Universities, JLU”）、教育部人文社会科学重点研究基地重大项目（批准号：16JJD780007）。

体面积约为19961.2平方米。该遗址于1984年双辽县文物普查工作中首次发现，2007年，四平文物管理委员会办公室对该遗址进行复查与试掘工作，首次了解该遗址的堆积情况与文化面貌[1]。本次调查中大金山遗址地表情况与2007年基本相同，取土场处的断崖水土流失加剧，除之前所见半地穴房址与灰坑外，另显露一处堆积为蚌壳鱼骨的灰坑。

大金山遗址的调查采取地表踏查与试掘相结合的方法。对该遗址布设四个1米×2米规格探沟进行试掘（图二）。试掘结果表明，大金山遗址文化堆积保存较好，地层厚度在1.5米以上，可分五层：

第1层为褐色粉砂土，耕土层，厚约30厘米，仅出现在17SDTG3的剖面上，分布在遗址北部地势最高的区域，向南愈薄至消失。无遗物出土。此层下未见遗迹单位。

第2层为黄色粉砂土，耕土层，厚10～20厘米，遍布整个遗址区域，厚薄基本均匀分布。少量遗物出土。此层下未见遗迹单位。

第3层为灰褐色粉砂土，文化层，厚25～40厘米，遍布整个遗址区域。有遗物出土。

第4层为黑褐色粉砂土，文化层，厚50～70厘米，遍布整个遗址区域。遗物较丰富，有陶片、动物骨骼以及大量蚌壳出土。有疑似灰坑开口于此层下。

第5层为黄褐色粉砂土，文化层，夹杂少量黄色斑块，厚约60厘米，推测应遍布整个遗址区域（由于较深，出于安全考虑17SDTG3、17SDTG4未发掘至生土）。有遗物出土。此层下未见遗迹单位。

第5层下为生土。

本遗址地表遗物不甚丰富，仅散布若干陶片与动物骨骼。

试掘出土遗物较丰富，包括大量陶器残片、动物骨骼及蚌壳。该遗址陶片以夹砂红褐陶为主，另有夹砂灰褐陶与夹砂黑褐陶，均为手制，有慢轮修整现象，火候不匀，多素面，少量器表饰有麦粒状戳点纹。器表多打磨光滑，器形较大，器壁较厚。可辨器形

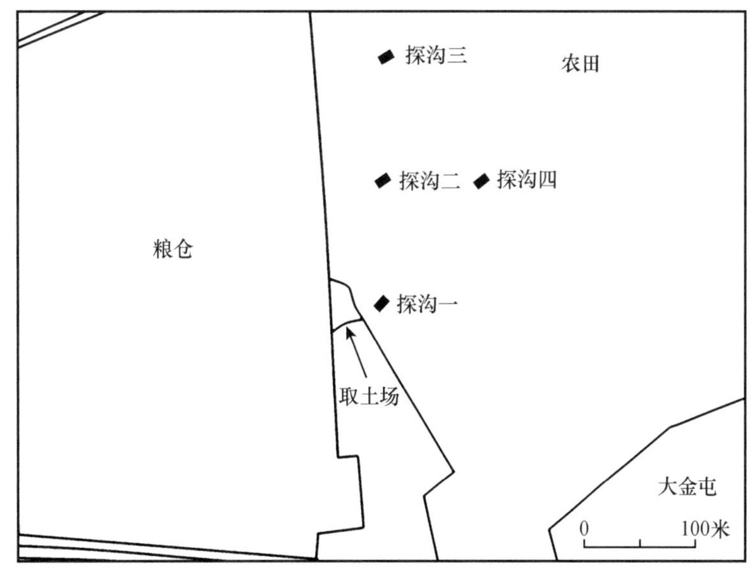

图二　大金山遗址试掘点分布示意图

有豆、壶、罐、盆等。部分器物有台底风格，器耳发达，均为横銴耳。

豆盘　3件。

17SDTG1③：2，夹砂红褐陶。手制。尖圆唇，敞口，斜弧壁。素面，器表磨光，局部泛黑似火烧或烟熏痕。口径22厘米，壁厚0.7厘米（图三，1）。

17SDTG1③：3，夹砂灰褐陶。手制。圆唇，敞口微敛，斜弧壁。素面，器表磨光。口径26厘米，壁厚0.6～0.9厘米（图三，2）。

17SDTG2③：2，夹砂红褐陶。手制。圆唇，敞口，斜直壁。素面，器表磨光。口径22厘米，胎厚0.8厘米（图三，3）。

豆柄　4件，均为夹砂红褐陶。可分二型。

A型　喇叭状圈足，3件。

17SDTG1③：21，手制。喇叭形，高圈足。器表磨光，局部泛黑。直径4.9厘米，残高3.9厘米，胎厚0.9厘米（图三，4）。

17SDTG1③：23，手制。喇叭形，高圈足。器表磨光，局部泛黑。直径5厘米，残高5.2厘米，胎厚0.8厘米（图三，5）。

17SDTG1③：24，手制。喇叭形，高圈足。器表残损严重，局部泛黑。直径6.9厘

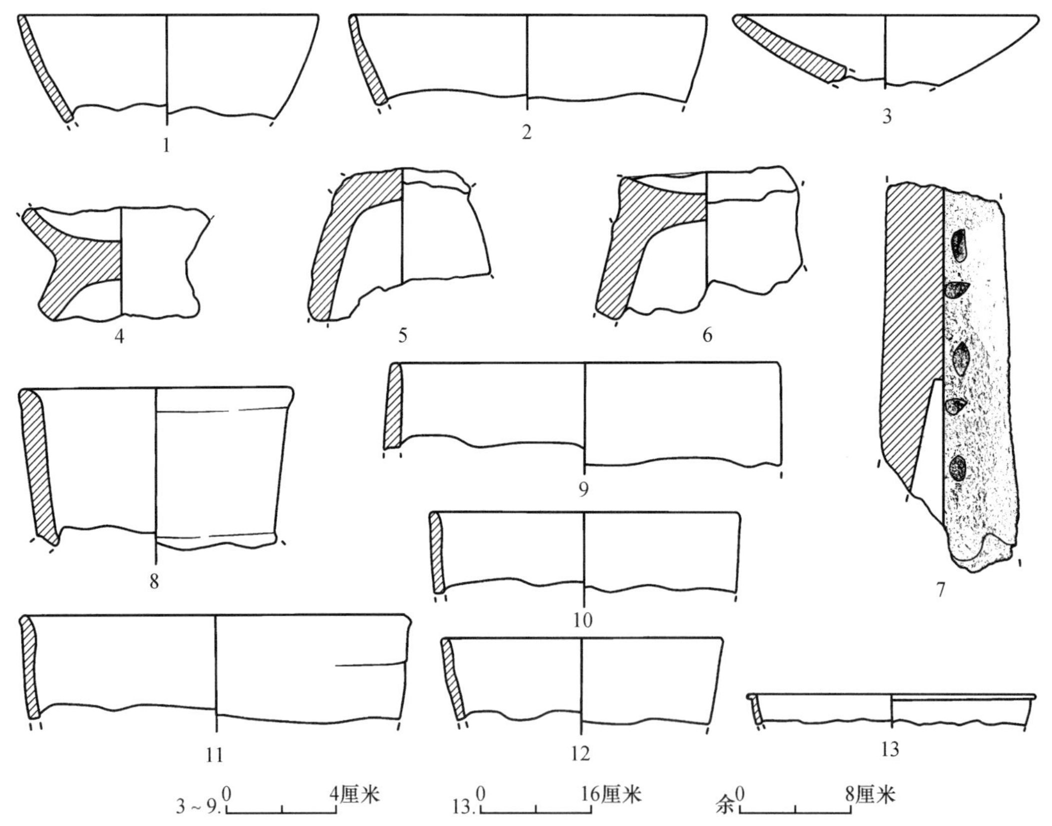

图三　大金山遗址出土陶器（一）

1～3. 豆盘（17SDTG1③：2、17SDTG1③：3、17SDTG2③：2）　4～6. A型豆柄（17SDTG1③：21、17SDTG1③：23、17SDTG1③：24）　7. B型豆柄（17SDTG1③：25）　8. 长颈壶口沿（17SDTG1③：4）　9～12. 罐口沿（17SDTG1③：8、17SDTG2③：8、17SDTG4③：5、17SDTG2③：4）　13. 盆口沿（17SDTG1③：10）

米，残高5.1厘米，胎厚1.1厘米（图三，6）。

B型　实心圆柱状，1件。17SDTG1③：25，夹砂红褐陶。手制。实心圆柱状，器表饰一竖排戳点纹，喇叭形足残。残高12.6厘米，柄径4厘米（图三，7）。

长颈壶口沿　1件。17SDTG1③：4，夹砂黑褐陶。手制。尖圆唇，侈口，斜直颈。素面，器表磨光。口径10厘米，壁厚0.7厘米（图三，8）。

罐口沿　4件。

17SDTG1③：8，夹砂黑褐陶。手制。圆方唇，直口。素面。口径14厘米，壁厚0.5厘米（图三，9）。

17SDTG2③：8，夹砂灰褐陶。手制。圆唇，直口微侈。素面。口径22厘米，胎厚0.8厘米（图三，10）。

17SDTG4③：5，夹砂黄褐陶。手制。素面，圆角方唇，直口微侈。器表有套接痕迹。口径28厘米，胎厚1厘米（图三，11）。

17SDTG2③：4，夹砂红褐陶。手制。圆唇，直口微敞。素面。口径20厘米，胎厚0.8厘米（图三，12）。

盆口沿　1件。17SDTG1③：10，夹砂灰褐陶。手制。圆唇，平折沿。素面，表面磨光。口径40厘米，胎厚0.7厘米（图三，13）。

陶器口沿　10件。

17SDTG1③：1，夹砂红褐陶。手制。尖圆唇，敞口，素面，器表磨光。口径20厘米，胎厚7.7厘米（图四，1）。

17SDTG1③：5，夹砂红褐陶。手制。圆唇，敛口，鼓腹，素面。口径14厘米，壁厚0.7厘米（图四，2）。

17SDTG1③：6，夹砂红褐陶。手制。尖圆唇，敞口，素面。胎厚0.8厘米（图四，3）。

17SDTG1③：7，夹砂红褐陶。尖圆唇，敞口，胎厚0.9厘米（图四，4）。

17SDTG1③：9，夹砂黑褐陶。圆唇，敞口，素面，器表磨光。胎厚0.9厘米（图四，5）。

17SDTG2③：1，夹砂红褐陶。叠唇，直口。残高2.3厘米，胎厚0.7厘米（图四，6）。

17SDTG2③：3，夹砂红褐陶。手制，圆唇，敞口，素面。胎厚0.7厘米（图四，7）。

17SDTG2③：9，夹砂红褐陶。圆唇，敞口，器表磨光。胎厚0.8厘米（图四，8）。

17SDTG4③：1，夹砂黑褐陶。素面，方唇，敞口，手制，器表磨光。胎厚0.9厘米（图四，9）。

17SDTG4③：2，夹砂灰褐陶。圆唇，敞口。胎厚0.9厘米（图四，10）。

陶器底　6件。

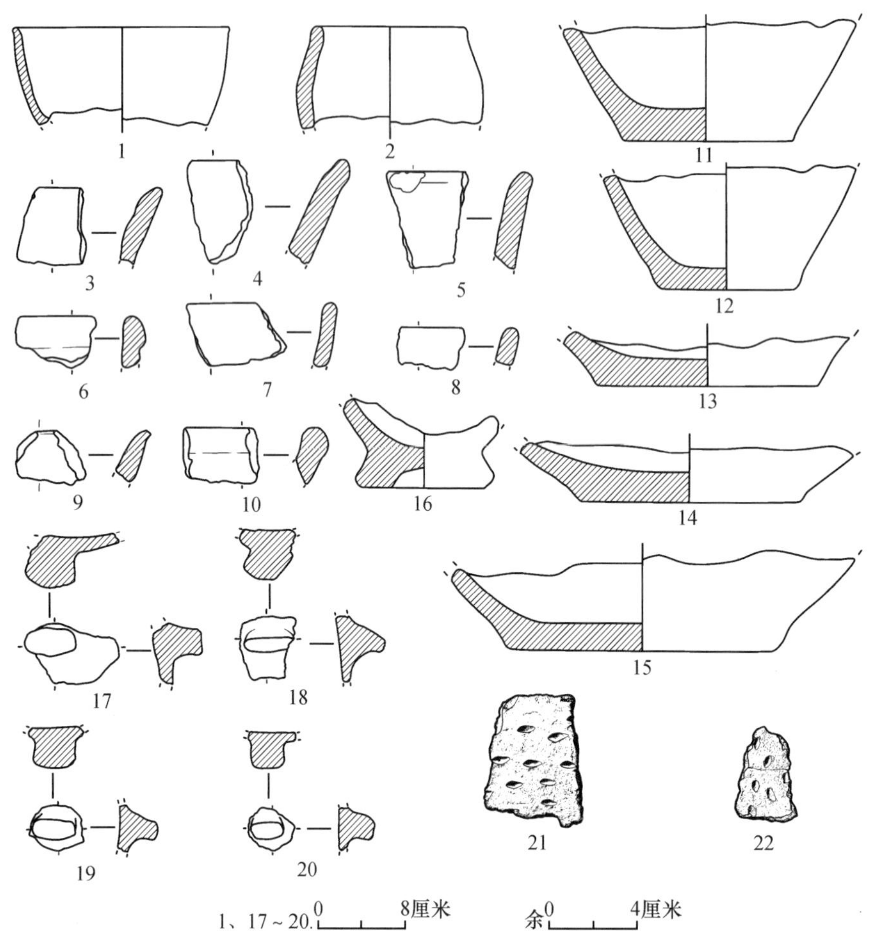

图四　大金山遗址出土陶器（二）

1～10. 陶器口沿（17SDTG1③：1、17SDTG1③：5、17SDTG1③：6、17SDTG1③：7、17SDTG1③：9、17SDTG2③：1、17SDTG2③：3、17SDTG2③：9、17SDTG4③：1、17SDTG4③：2）　11～16. 陶器底（17SDTG1③：11、17SDTG1③：12、17SDTG1③：13、17SDTG1③：20、17SDTG4③：4、17SDTG1③：22）　17～20. 陶器鋬耳（17SDTG1③：17、17SDTG4③：3、17SDTG1③：18、17SDTG1③：16）　21、22. 戳印纹陶片（17SDTG1③：26、17SDTG2③：10）

17SDTG1③：11，夹砂灰褐陶。手制，平底，底部出台，器底加厚。底径8厘米，残高5厘米（图四，11）。

17SDTG1③：12，夹砂灰褐陶。手制，平底，底部出台，器底加厚。底径6厘米，残高5.4厘米（图四，12）。

17SDTG1③：13，夹砂红褐陶。手制，平底，底部出台，器底加厚。底径10厘米，残高2.9厘米（图四，13）。

17SDTG1③：20，夹砂红褐陶。手制，平底，底部出台，器底加厚。底径10厘米，残高2.3厘米（图四，14）。

17SDTG4③：4，夹砂黄褐陶。手制，平底，底部出台，器底加厚。底径12厘米，残高4.3厘米（图四，15）。

17SDTG1③：22，夹砂灰褐陶。手制，圈足底。底径6.2厘米，残高4厘米（图四，16）。

陶器鋬耳　4件，均为夹砂红褐陶，舌状横鋬耳。

17SDTG1③：17，耳长2.5厘米，宽4.4厘米，厚2.2厘米（图四，17）。

17SDTG4③：3，耳长2.6厘米，宽4.3厘米，厚1.4厘米（图四，18）。

17SDTG1③：18，耳长2厘米，宽3.8厘米，厚1.4厘米（图四，19）。

17SDTG1③：16，耳长2.1厘米，宽2.9厘米，厚1.6厘米（图四，20）。

戳印纹陶片　2件，均为夹砂灰褐陶。

17SDTG1③：26，陶器腹片，手制，饰不规则分布的横向麦粒状戳点纹。胎厚0.7厘米（图四，21）。

17SDTG2③：10，陶器腹片，手制，饰不规则分布的纵向麦粒状戳点纹。胎厚0.9厘米（图四，22）。

大金山遗址中出土的陶器残片特征与宝山文化特征相似，年代基本为春秋战国时期。

二、西凤凰岭遗址

西凤凰岭遗址位于吉林省松原市长岭县西凤凰岭东南约1.5千米处的西北—东南走向的长条形固定沙丘上。遗址坐标为东经123°39′，北纬44°24′，海拔165.3米。西凤凰岭遗址所处长条形固定沙丘长约3千米，宽约70米，其上大片区域被辟为耕地，沙丘东西两侧各有一泡子，当地人称东、西泡子，遗址所处位置与泡子水平面高差近20米。沙丘西为一大型取土场，取土形成的断崖上分层清晰，零星可见遗物。

西凤凰岭遗址系2016年吉林省文物考古研究所与四平市文物管理办公室联合调查发现。遗址范围较大，故此次调查在多个分散地点进行地表踏查与试掘。

试掘布设八个1米×2米规格探沟（图五）。试掘结果表明，该区域文化层厚度分布

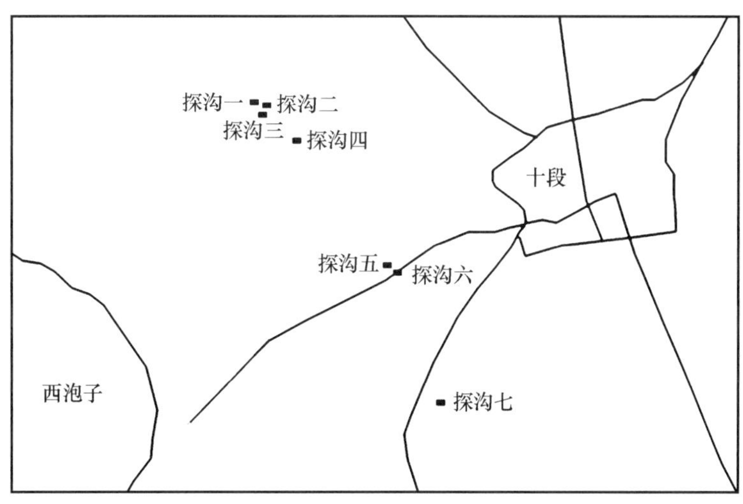

图五　西凤凰岭遗址试掘点分布示意图

不均匀，最浅处于0.8米到达生土，最深发掘至2.3米仍未到达生土（由于土质疏松，出于安全考虑未发掘至生土），该遗址地层可分为3层：

第1层为黄褐色粉砂土，耕土层，厚30～60厘米，遍布整个遗址区域，为风成淤沙层。无遗物出土。此层下未见遗迹单位。

第2层为黑褐色粉砂土，文化层，厚30～60厘米，遍布整个遗址区域，古土壤层。极少量遗物出土。有灰坑开口于此层下。

第3层为灰褐色粉砂土，文化层，厚度超过20厘米，遍布整个遗址区域，怀疑为风成淤沙层。无遗物出土。此层下未见遗迹单位。

第3层下为生土。

本遗址地表遗物分布不均。地势较高处地表仅有极少量蚌片；在由于取土、耕作等原因形成的低洼地区（与地势较高位置高差约1米以上），地表遗物较丰富。种类有骨角器及蚌器、铁器、石器以及陶器残片和动物骨骼。

试掘探沟中出土遗物极少，仅出土陶片1片，动物骨骼及蚌壳若干。

1. 骨角器及蚌器

角锥　1件。17XX采：2，利用狍子角分枝天然形制加工而成，尖部磨光，尾部残断，风化严重，表面有大量啮齿类啃咬痕迹。长11.6厘米，截面长径1.4厘米，短径1.2厘米（图六，1）。

穿孔蚌饰　1件。17XX采：5，蚌壳中部穿一圆孔，器表风化严重。残长5.2厘米，宽2.5厘米，孔径0.5厘米（图六，2）。

骨饰　1件。17XX采：4，残，采用骨管磨制而成，一端截面垂直于管壁，一端截面倾斜，截面均磨光，器表风化严重。残长6.8厘米，长径1.1厘米，短径0.9厘米（图六，3）。

2. 铁器

马掌　1件。17XX采：6，铁质，残，器身弧状，有两穿，均为方孔，两端均残。残长7.3厘米（图六，4）。

3. 石器

磨棒　1件。17XX采：1，残，采用石英砂岩制成，通体磨光，截面呈三角形，两端残断。残长7.3厘米（图六，5）。

砺石　1件。17XX采：3，残，采用石灰岩制成，平面形状不规则，截面近三角形，器表有明显使用痕迹（图六，6）。

4. 陶器

就地表采集的陶片来看，西凤凰岭遗址中夹砂红褐陶、夹砂黄褐陶及夹砂灰褐陶所占比重相当，夹砂红褐陶稍多，有少量辽金时期典型的泥质灰陶残片。除泥质灰陶之外均为手制，偶见磨光现象，火候不匀。陶片上纹饰繁缛，按照施纹方式可分为压印纹、刻划纹、附加堆纹、戳坑纹四种。仅见一件竖桥耳。由于陶片残损严重，可辨器形仅有筒形罐。

筒形罐口沿　1件。17XX采：19，夹砂黄褐陶。手制，尖圆唇，直口微侈，器表饰组合纹饰，口沿下部饰刻划斜向平行线纹条带，其下饰成组的竖压横带之字纹，器表风化严重。口径20厘米，胎厚0.5厘米（图六，7）。

戳坑纹陶器口沿　1件。17XX采：10，夹砂灰褐陶，手制，圆唇，平折沿，口沿下方饰密集的指甲纹，器表饰以戳坑纹与刻划直线纹结合组成的纹饰。口径24厘米，胎厚0.6厘米（图六，8）。

压印纹陶器口沿　1件。17XX采：7，夹砂红褐陶，手制，尖圆唇，直口微侈，器表饰成组的斜向平行线压印纹。胎厚0.5厘米（图六，9）。

刻划平行短斜线纹陶器口沿　1件。17XX采：11，圆唇，敞口，器表饰刻划平行短

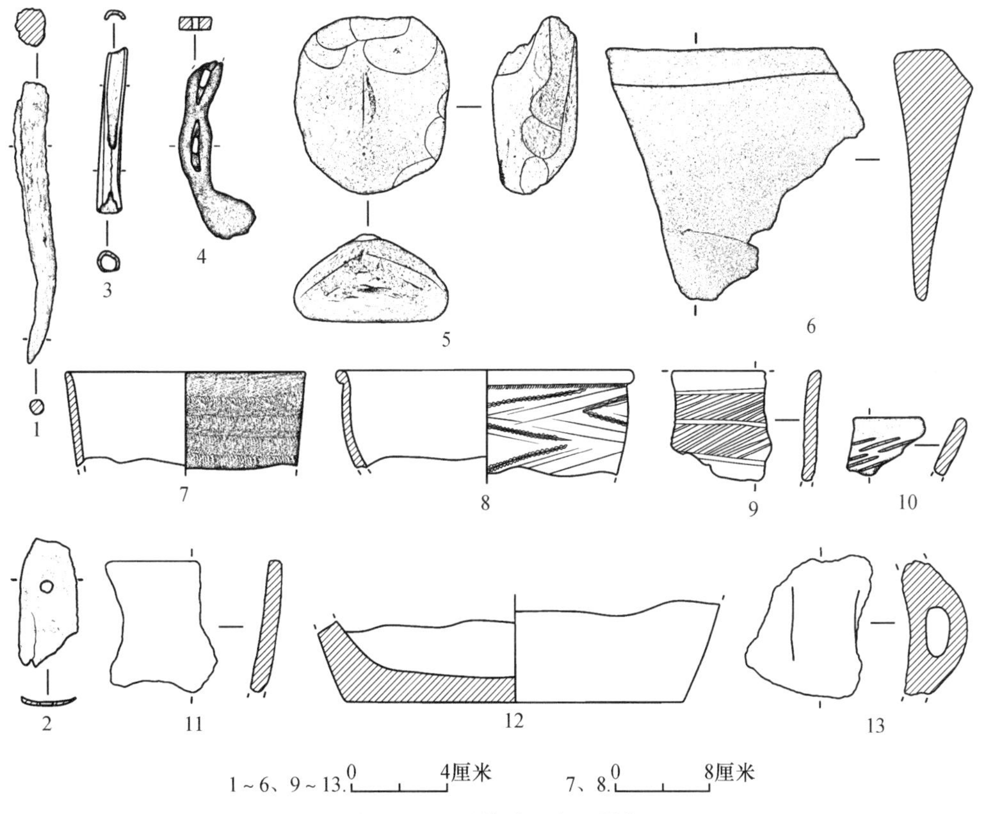

图六　西凤凰岭遗址出土器物

1. 角锥（17XX采：2）　2. 穿孔蚌饰（17XX采：5）　3. 骨饰（17XX采：4）　4. 铁马掌（17XX采：6）　5. 石磨棒（17XX采：1）　6. 砺石（17XX采：3）　7. 筒形罐口沿（17XX采：19）　8. 戳坑纹陶器口沿（17XX采：10）　9. 压印纹陶器口沿（17XX采：7）　10. 刻划平行短斜线纹陶器口沿（17XX采：11）　11. 陶器口沿（17XX采：16）　12. 陶器底（17XX采：17）　13. 陶器桥耳（17XX采：18）

斜线纹。胎厚0.6厘米（图六，10）。

陶器口沿　1件。17XX采：16，夹砂红褐陶。手制，方唇，直口微敞，素面。胎厚0.6厘米（图六，11）。

陶器底　1件。17XX采：17，夹砂红褐陶。器表磨光，素面。底径14厘米，胎厚0.9厘米（图六，12）。

陶器桥耳　1件。17XX采：18，夹砂红褐陶。手制，竖桥耳。耳宽2.7，厚0.8厘米（图六，13）。

刻划纹陶片　3件。

17XX采：20，夹砂红褐陶。腹片，手制，饰横向刻划平行弦纹。胎厚0.7厘米（图七，1）。

17XX采：12，夹砂灰褐陶。饰弧线之字纹及刻划平行细线纹。胎厚0.5厘米（图七，5）。

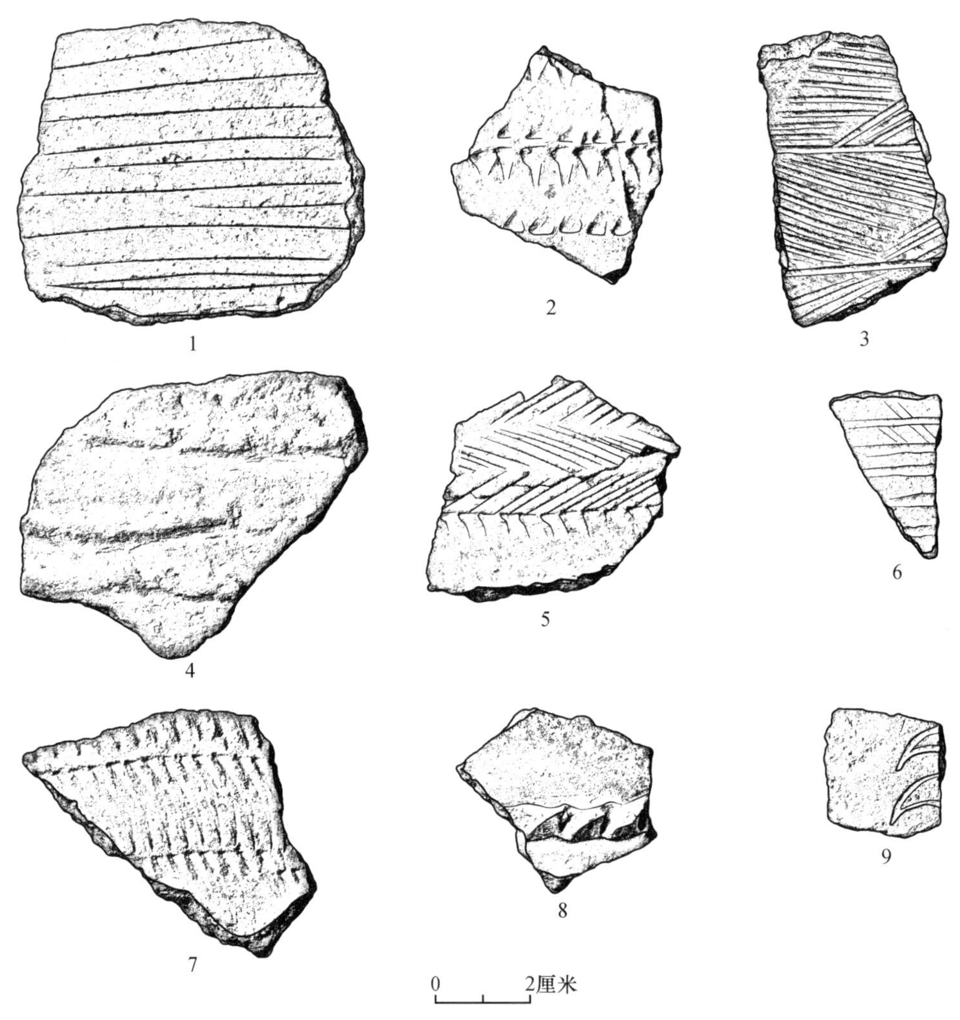

图七　西凤凰岭遗址出土陶器

1、5、9. 刻划纹陶片（17XX采：20、17XX采：12、17XX采：15）　2～4、6、7. 压印纹陶片（17XX采：13、17XX采：23、17XX采：22、17XX采：25、17XX采：21）　8. 附加堆纹陶片（17XX采：14）

17XX采：15，夹砂红褐陶。器表磨光，饰刻划弧线之字纹。胎厚0.6厘米（图七，9）。

压印纹陶片 5件。

17XX采：13，夹砂黄褐陶。饰多道平行的压印之字纹带，支点窝明显。胎厚0.6厘米（图七，2）。

17XX采：23，夹砂红褐陶。腹片，器表饰成组的压印平行线纹，胎厚0.6厘米（图七，3）。

17XX采：22，夹砂黄褐陶。腹片，手制，器表饰篮纹。胎厚0.7厘米（图七，4）。

17XX采：25，夹砂黄褐陶。器表饰多道平行的压印纹，同时有斜向压印纹。胎厚0.6厘米（图七，6）。

17XX采：21，夹砂灰褐陶。手制，器表风化严重，饰成排横向压印之字纹。胎厚0.5厘米（图七，7）。

附加堆纹陶片 1件。17XX采：14，夹砂灰褐陶。器表饰一道横向附加堆纹。胎厚0.5厘米（图七，8）。

由遗物情况可知，西凤凰岭遗址以新石器时代遗存为主体，地表偶见辽金时期陶片与铁质马具，说明辽金时代可能有人群在此活动，但不排除现代人为混入的可能。该遗址所处的科尔沁沙地东北边缘地区对气候变化敏感，生态环境脆弱，自全新世以来草原与沙地数次轮回交替，文化也在此影响下几经变迁，试掘探沟剖面反映出的情况与该地区气候与环境的变迁状况吻合[2]。

三、结　语

此次复查的双辽大金山遗址在之前已进行过试掘，对文化的基本性质也都有所了解。本次调查在前人工作的基础上，补充了一些新的认识：①对文化层的认识由原来的两层变为三层（第1、2层均为耕土层），可能是划分标准更细或文化层在遗址区域内分布不均；②出土了之前调查中未见的横鋬耳，且数量较多。

对于文化性质的判定仍延续前人看法，其手制素面，器胎较厚，器耳发达且偶见麦粒状戳点纹的特征与宝山文化较为相似，应为宝山文化在东辽河中下游分布的一个重要地点。

在科尔沁沙地东北部边缘区域，西凤凰岭遗址是新开河以北典型的固定沙丘与湖沼湿地相间的景观，该地区文化面貌较为复杂，包含多种类型的考古遗存，曾有过记录的如腰井子遗址[3]等都受到了多种考古学文化因素的影响。

对于西凤凰岭遗址来说，其陶片中弧度较小的横压竖排压印之字纹与纤细的平行线刻划纹与朱永刚先生在《近年科尔沁沙地新石器时代考古发现与研究的新进展》（下简称《近年》）中所提出的第三类遗存十分相像[4]，朱永刚先生根据其文化特征将其归入左家山二期文化，赵宾福先生在《左家山下层文化新探》中又将左家山二期文化更定为左家山下层文化的较晚阶段[5]，考虑到左家山下层文化发达的之字纹与左家山上层文化中之字纹消失与刻划纹的流行，西凤凰岭遗址的这部分遗存很可能体现为左家山下层文化到上层文化的过渡性特点。夹砂红褐陶刻划之字纹则明显为朱永刚先生文中所提第五类遗存[6]，与红山文化早期西水泉遗址十分接近。除此之外，器表纹饰两段式布局（如上段饰压划平行线，下段饰压印之字纹）的特点则与新乐下层文化特征相像[7]。而遗址所见的压印篮纹，戳坑纹等，与腰井子遗址的文化特征十分相似，不排除有文化交往的可能，是西辽河流域、下辽河流域与西流松花江流域文化特征在这一地区的碰撞与交流的生动体现。但由于遗物数量仍较少，遗迹情况不明，随着工作的深入，认识有很大提升空间。

注　释

[1] 金旭东等：《后太平——东辽河下游右岸以青铜时代遗存为主的调查与发掘》，文物出版社，2011年，17～24页。

[2] 朱永刚、郑钧夫：《科尔沁沙地东北部地区新石器时代遗存初探》，《边疆考古研究》（第11辑），科学出版社，2012年。

[3] 吉林省文物志编修委员会：《长岭县文物志》，白城市人民政府机关印刷厂，1987年，6～16页。

[4] 朱永刚、陈醉：《近年科尔沁沙地新石器时代考古发现与研究的新进展》，《内蒙古社会科学（汉文版）》，2016年1期。

[5] 赵宾福、于怀石：《左家山下层文化新探》，《边疆考古研究》（第19辑），科学出版社，2016年。

[6] 朱永刚、陈醉：《近年科尔沁沙地新石器时代考古发现与研究的新进展》，《内蒙古社会科学（汉文版）》2016年1期。

[7] 朱永刚、霍东峰：《从科尔沁沙地东部考古发现看下辽河流域新石器文化的向西传布》，《边疆考古研究》（第15辑），科学出版社，2014年。

沈阳北崴青铜时代遗址2016年调查与试掘简报

沈阳市文物考古研究所

一、工作背景与遗址概况

为理清下辽河平原地区青铜时代考古学文化的发展脉络与相互关系，尤其是辽河两岸高台山文化和新乐上层文化的相互关系，沈阳市文物考古研究所计划在新民市两大考古学文化交汇区选择一处青铜时代遗址进行主动性的考古发掘，结合第三次文物普查的材料，最后选定北崴遗址。

北崴遗址位于沈阳市属新民市法哈牛镇巴图营子村东900米的一处沙台地的北部，沙台地北部名为北崴子，遗址由此得名（图一）。北崴遗址发现于1981年的全国第二次文物普查期间，据《中国文物地图集·辽宁分册》记载，遗址面积约3万平方米，文化层厚0.2米。地表采集有磨制石刀、鼎足、鬲足、纺轮、网坠等遗物[1]。

2016年3月，国家文物局批准对北崴遗址进行1000平方米的考古发掘，为做好发掘准备工作，市考古所于2016年10～12月对遗址进行了调查、勘探并布置了探沟进行试掘。本文主要介绍此次调查、勘探及试掘工作收获。

二、遗址地貌及范围

北崴遗址是蒲河流域的一处青铜时代聚落遗址，位于蒲河左岸的一级台地上，北距蒲河直线距离为1.3千米，遗址北部和西部的低洼地带即蒲河沼泽地。据村民介绍，此地原为一处漫岗沙台地，由数个沙岗组成，地表植被茂密，树木郁郁葱葱。但自20世纪70年代以来，沙台地地貌被人为改变。由于村民拓荒，植被被大面积破坏，目前仅剩零星的数十颗树木作为一些土地的界标。村民从此地取沙垫房基、修建蔬菜大棚等将原来的沙岗几乎夷平，仅能看出些微起伏，极大地改变了原有的地貌。

从1998年辽宁省测绘局测绘的《巴图营子》地形图（1：10000）可看到20年前的地貌情况，遗址坐落在一个海拔23.3～27米的沙台地上，除东部有个海拔27米的沙包外，其余地方坡度平缓，海拔多在24.9～25米，沙台地周边水稻田的海拔在21.2～22.6米。

现沙台地已经全部开垦为农田，多种植地瓜，少量种植玉米，并有少量蔬菜大棚种植生菜、苦苣等。地表散落大量的夹砂陶片、少量的泥质灰陶、极少量的石器等，器形

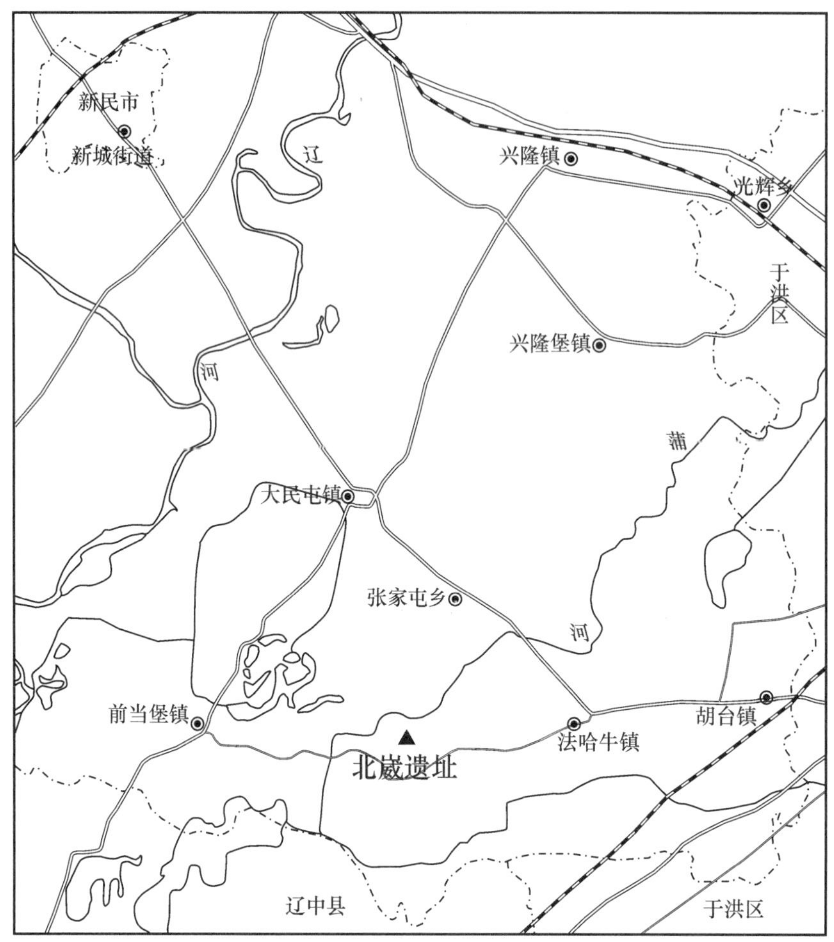

图一　北崴遗址地理位置示意图

有鼎、甗、鬲、壶、碗、纺轮、石刀等。

在调查的基础上，对遗址进行了15万平方米的考古勘探，初步确定了遗址的大致范围，面积约为10万平方米。北侧和西侧濒临蒲河沼泽地，现为水稻田，即为遗址的北界和西界。东界到东部沙坑的西部，而南界到沙台地的中部（图二）。

三、地层堆积

在遗址内布置了6条探沟进行试掘，基本了解了遗址的地层堆积，以探TG1的西壁为例介绍（图三）。

第1层：表土层，黄褐色粗沙土，土质疏松，厚0.24～0.3米，包含夹砂陶片、泥质陶片、白瓷片、现代生活垃圾等。

第2层：浅灰褐色粗沙土，土质疏松，厚约0.8米，系风成堆积，包含夹砂陶片、泥质灰陶片、白瓷片等。

第3层：黑褐色细沙土，土质较疏松，厚0.5～0.8米，包含大量夹砂陶片等。

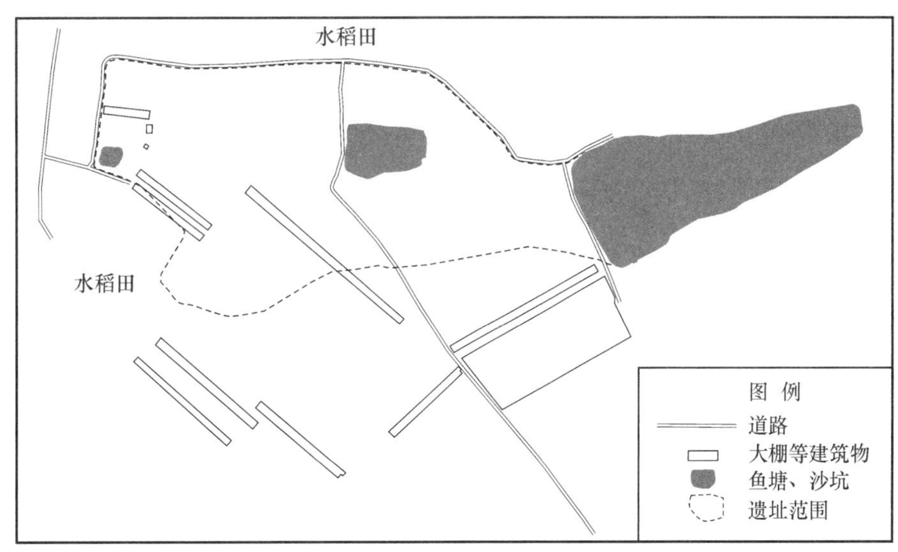

图二 北崴遗址大致范围示意图

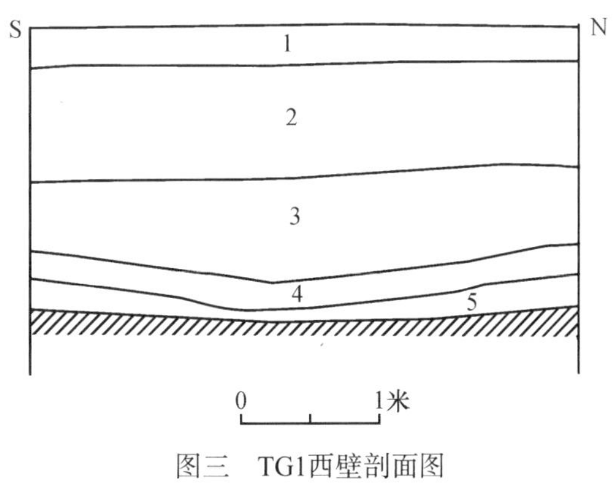

图三 TG1西壁剖面图

第4层：灰褐色细沙土，土质较致密，厚0.3～0.4米，包含大量的夹砂陶片等。

第5层：黄褐色黏土层，土质较致密，厚约0.2米，未见包含物。其下为黄褐色粗沙，未见包含物。

四、遗 物

通过地表采集、探沟试掘获得了大量的遗物，有陶器、石器、铁器等。

（一）陶 器

采集或出土了大量的陶片，多数是夹砂红陶片，有少量泥质灰陶等，器表多素面，有少量装饰条状堆纹、弦纹、戳刺纹等。器形有鼎、甗、罐、壶、陶拍、纺轮、陶球等。

鼎　8件。标本BWTG6：5，残，夹砂红褐陶，圆唇，弧腹。在上腹部有4个舌状錾耳。口径27、残高14.2厘米（图四，1）。鼎足剖面有椭圆形、近圆形、圆角梯形、圆角方形等。标本BW：38，残，夹砂红陶，足剖面呈椭圆形，直径1.8～2.6、残高7.4厘米（图四，4）。标本BWTG6：22，残，夹砂红陶，足剖面为近圆形，直径4.4、残高17.2厘米（图四，2）。标本BWTG1：6，残，夹砂红褐陶，足剖面呈圆角梯形。足由上至下斜收，弧形底。最宽处5.1、残高14.6厘米（图四，3）。

甗　4件。标本BWTG6：6，残，夹砂红陶。圆唇，敞口，斜直腹，上腹部中部装饰4个舌状錾耳。素面。口径30、残高13.8厘米（图四，5）。标本BWTG6：20，甗腰，残，夹砂红褐陶，腰部装饰压印窝状附加堆纹，在堆纹下可见1个残耳，系连接甗上腹部及足部的桥形耳。残高9厘米（图四，6）。

罐　3件。BW：33，残，夹砂红褐陶。尖唇，沿向外凸，剖面近三角形。口微敛。沿部装饰压印弦纹，腹部有竖向条状附加堆纹。残宽2.6、残高2.5厘米（图四，7）。BW：71，残，夹砂灰褐陶。尖唇，沿向外凸，剖面近三角形。沿部装饰压印弦纹。腹部装饰条状附加堆纹。残宽1.7、残高3.1厘米（图四，8）。BW：41，残，泥质灰陶。圆唇，敛口，弧腹。素面。残宽14.1、残高6.4厘米（图四，9）。

壶　3件。标本BWTG6：4，残，夹砂红陶。尖唇，口微敞，溜肩，弧腹。肩部对称装饰1对桥耳、1对盲耳。素面。口径13、残高27厘米（图四，10）。

碗　3件。标本BW：37，残，夹砂红陶。弧腹，圈足。底径6.6、残高4.4厘米（图四，11）。

甑　1件。BW：17，甑底，残，夹砂红陶。底部可残见3个甑孔。孔径0.7、残高2.5厘米（图四，13）。

网坠　1件。BW：16，完整。夹砂红褐陶。呈椭圆形，两条沟纹将网坠分为4部分。直径3～3.1、高1.5厘米（图四，14）。

器盖　2件。标本BW：35，残，夹砂红陶。可复原，近圆形，残剩一部分。侧面有压印窝纹。直径15、高2.5厘米（图四，12）。

纺轮　根据剖面形状，可分为二型。

A型　剖面呈圆角长方形，5件。标本BW：13，基本完整。夹砂红陶。平面近圆形，中部有1圆孔。孔径0.7、直径3.1厘米（图四，15）。标本BW：55，基本完整，夹砂红褐陶。平面近圆形，一面边缘微上凸，一面近平，两面皆有戳刺纹。中部有1圆孔。孔径0.8、直径6.6厘米（图四，16）。

B型　剖面呈梯形，5件。标本BW：58，基本完整。夹砂灰褐陶。平面近圆形，一面素面，一面有戳刺纹。中部有1圆孔。孔径0.7、直径4.6厘米（图四，17）。

陶球　2件。BW：43，基本完整。夹砂红褐陶。剖面呈椭圆形。中部有1个圆孔。孔径0.2、直径0.9～1.3厘米（图四，22）。BW：54，基本完整。夹砂红褐陶。剖面呈椭圆形。直径1.6～1.7厘米。

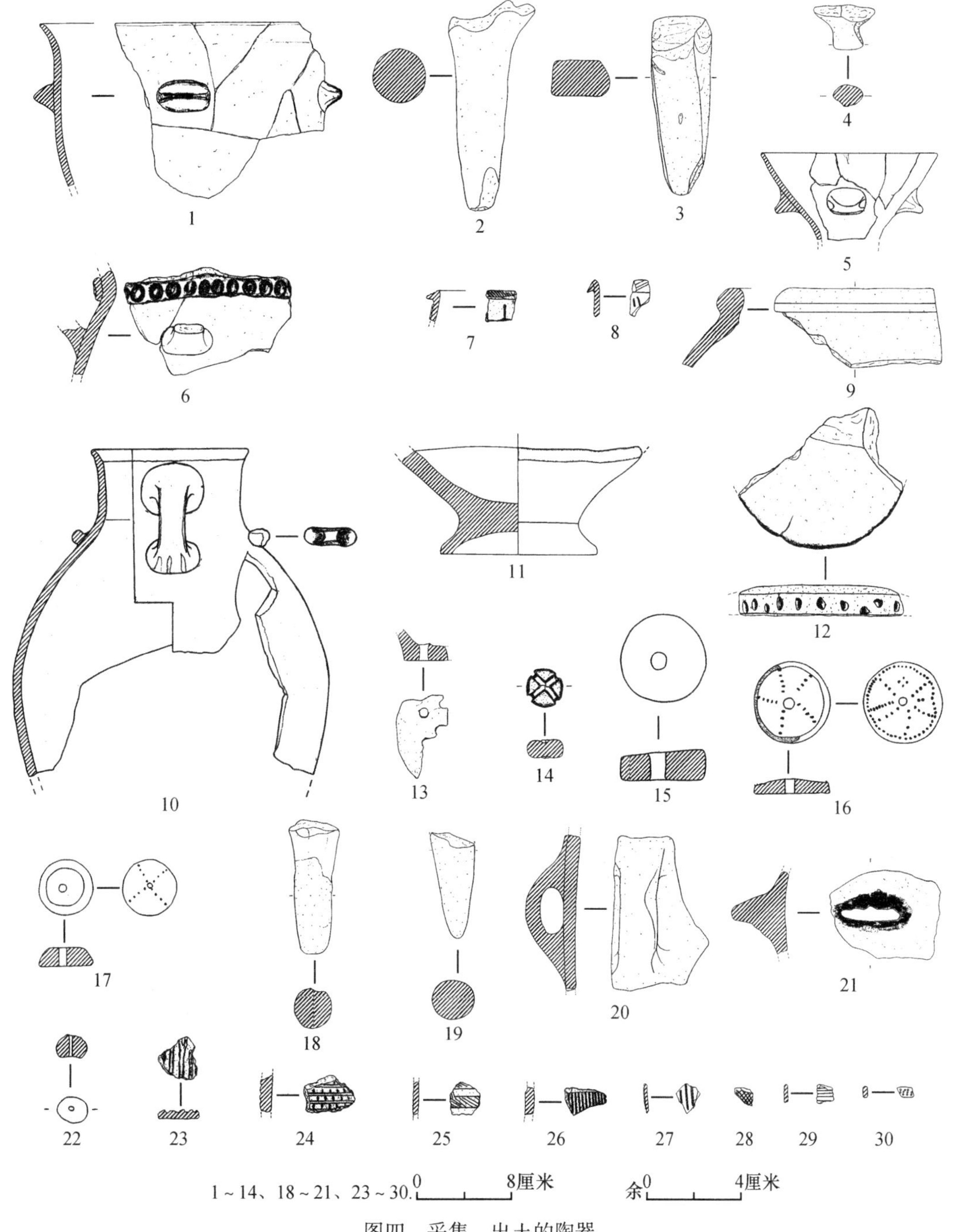

1～14、18～21、23～30. 0 8厘米　余 0 4厘米

图四　采集、出土的陶器

1. 鼎（BWTG6：5）　2～4. 鼎足（BWTG6：22、BWTG1：6、BW：38）　5. 甗（BWTG6：6）　6. 甗腰（BWTG6：20）　7～9. 罐（BW：33、BW：71、BW：41）　10. 壶（BWTG6：4）　11. 碗（BW：37）　12. 器盖（BW：35）　13. 甑（BW：17）　14. 网坠（BW：16）　15、16. A型纺轮（BW：13、BW：55）　17. B型纺轮（BW：58）　18、19. 器足（BW：1、BW：2）　20、21. 器耳（BWTG6：16、BWTG6：14）　22. 陶球（BW：43）　23～30. 纹饰陶片（BW：19、BW：18、BW：20、BW：21、BW：66、BW：67、BW：69、BW：70）

器足　7件。为鼎或鬲或甗足，有柱状、锥状等。标本BW：1，残，柱状，夹砂红陶，直径2.7～2.9、残高10.5厘米（图四，18）。标本BW：2，残，锥状，夹砂红陶，最大足径3.5、残高8.5厘米（图四，19）。

器耳　11件。有桥耳、盲耳等，多为素面，有少量装饰戳刺纹。标本BWTG6：16，残，桥耳，夹砂红陶，素面，残长12.6、残宽8.4厘米（图四，20）。标本BWTG6：13，残，桥耳，夹砂红陶，有3道戳刺纹。残长7.1、残宽7.6厘米。标本BWTG6：14，残，盲耳，夹砂红陶，舌状鋬耳。残长7.2、宽9.3厘米（图四，21）。

器底　4件。为壶或碗等底部。标本BWTG1：5，残，夹砂红陶，素面，平底。底径9.4、残高3.1厘米。

纹饰陶片　15件。有条状堆纹、弦纹、戳刺纹、网格纹、绳纹等。标本BW：19，残，夹砂红陶。装饰条状堆纹。残长3.5、宽3.2厘米（图四，23）。标本BW：18，残，夹砂红陶，装饰压印纹和戳刺纹。残长3.1、宽4.3厘米（图四，24）。标本BW：20，残，夹砂红陶，装饰压印弦纹。残长2.7、宽2.6厘米（图四，25）。标本BW：21，残，泥质灰陶，装饰绳纹。残长2.3、宽3.6厘米（图四，26）。标本BW：66，残，夹砂红褐陶，装饰条状堆纹及压印纹。残长4.3、宽4.2厘米（图四，27）。标本BW：67，残，夹砂红褐陶，装饰压印网格纹。残长2.9、宽3.3厘米（图四，28）。标本BW：69，残，夹砂红褐陶，装饰压印弦纹。残长3.1、宽3厘米（图四，29）。标本BW：70，残，夹砂灰褐陶，装饰戳刺纹，残长1.7、宽2.8厘米（图四，30）。

（二）石　器

发现的石器多为磨制石器，器形有石刀、纺轮、棍棒头、磨盘、磨石等。

石刀　7件。发现的皆直背弧刃，刀身皆有钻孔，多为2孔，亦发现有3孔。标本BW：44，残，直背弧刃，双面刃。刀身残存1个对钻圆孔。孔径0.7、残长7.4、宽4.5厘米（图五，1）。标本BWTG6：2，残，直背弧刃，双面刃。刀身残存3个对钻圆孔。孔径1.1、残长6.7、宽5厘米（图五，2）。

纺轮　2件。标本BW：47，基本完整，平面近圆形，剖面呈圆角长方形，中部有1个圆孔。孔径0.8、直径6.3～6.4厘米（图五，3）。

棍棒头　2件。标本BW：48，残，平面近圆形，中部有1个圆孔。表面磨制光滑。孔径2.2、外径7.6、高5.4.厘米（图五，4）。

磨盘　1件。BW：51，残，平面呈不规则形，一面经磨制稍内凹。残长7.8、残宽12.8厘米（图五，5）。

磨石　3件。标本BW：52，残，平面呈不规则形，一面经磨制稍平。残长8、宽8.8厘米（图五，6）。

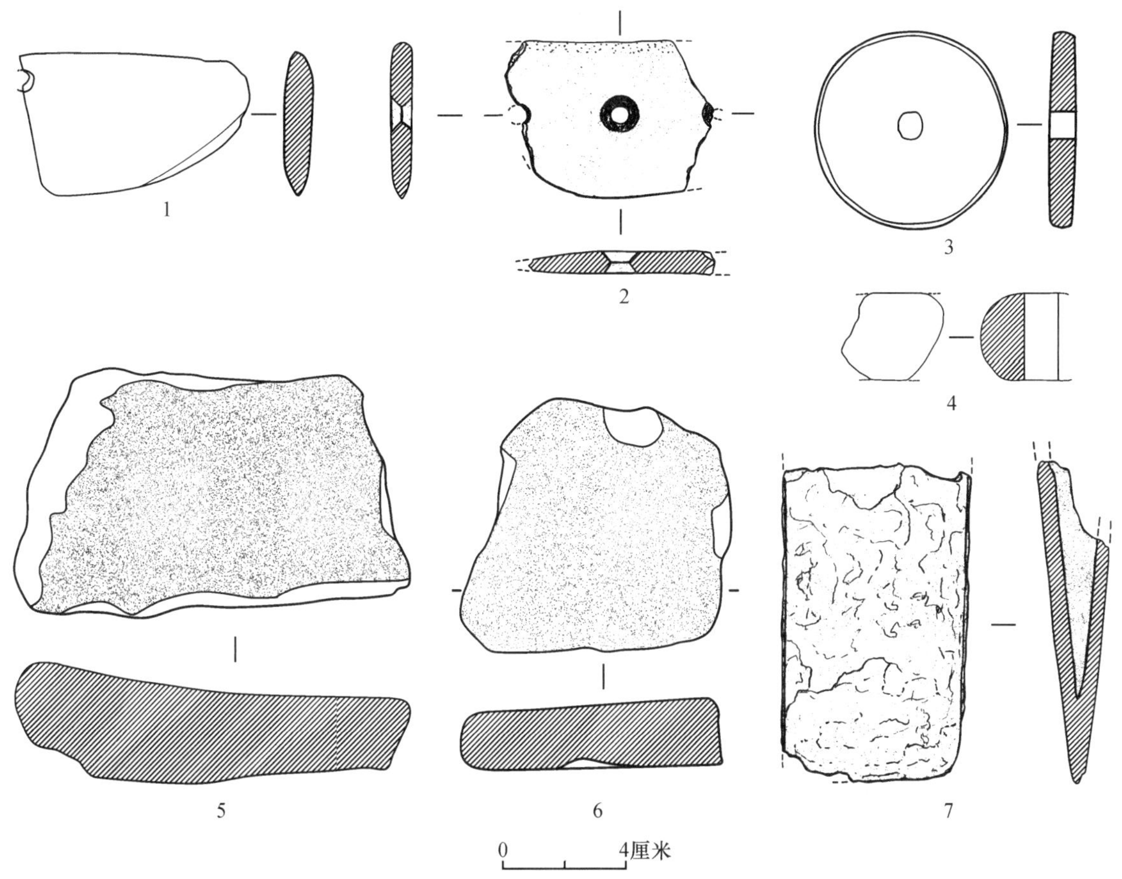

图五　采集、出土的石器、铁器

1、2. 石刀（BW：44、BWTG6：2）　3. 纺轮（BW：47）　4. 棍棒头（BW：48）　5. 磨盘（BW：51）　6. 磨石（BW：52）　7. 铁镬（BW：42）

（三）铁　器

发现1件。

铁镬　1件。BW：42，残，严重锈蚀。平面呈圆角长方形。残长10、宽6.1厘米（图五，7）。

五、相关认识

1. 文化性质、延续年代

从北崴遗址采集或出土的遗物来看，主要是青铜时代的遗物，有大量的夹砂红陶、红褐陶片，器形有鼎、甗、壶、碗、罐、甑等，多素面，也有少量的石刀、纺轮、棍棒头等磨制石器，其文化性质应是新乐上层文化，与高台山文化在陶质、器形上存有差异。

遗址也有新石器、汉代、辽金等时期的遗物。如采集的带条状堆纹的一些陶片则是新石器时期偏堡子文化的遗物；采集了少量汉代泥质绳纹灰陶片；有一些泥质灰陶、白瓷片等则是典型的辽金遗物。因此，在这块沙台地上曾长期有人类在此生活、繁衍，从新石器时期、青铜时代、汉延续至辽金时期。

同时，为了解各时期遗物分布密集程度，进而反映遗址的主要发展时期，我们在遗址的西北侧选定了1.37万平方米的区域进行了系统的地表调查，将地表采集到的遗物用全站仪全部标注在电子图上，共采集1880片陶片，其中新石器时期偏堡子时期1片，青铜时代1804片，汉代35片，辽金40片，可以看出青铜时代是北崴遗址的主要发展时期。从陶片分布的点状图来看，遗址可能存在着西侧年代早，东侧年代晚，由西向东扩展的现象（图六）。

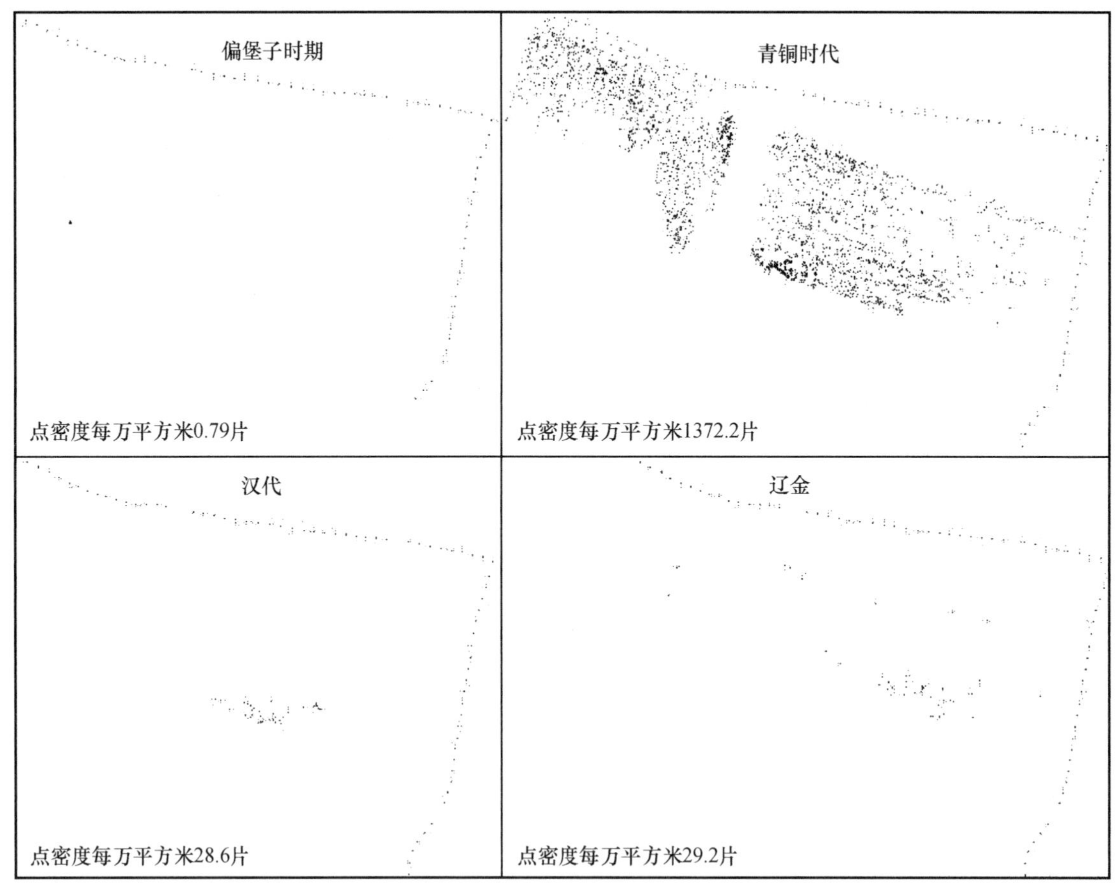

图六　采集陶片分布点状图

2. 北崴青铜时代遗址的范围

通过调查、勘探及试掘工作，初步认为北崴青铜时代遗址面积约为10万平方米，远大于《中国文物地图集·辽宁分册》记载的3万平方米。当然，调查、勘探工作具有一定的局限性，对遗址范围、面积的考证还需要借助进一步的考古发掘。

3. 工作意义

此次调查、勘探及试掘工作主要为北崴遗址的主动性考古发掘提供基础的考古学依据，明确2017年发掘区的主要位置，希望通过相关工作加深对遗址文化性质、内涵的认识，尽可能的揭示北崴青铜时代遗址的聚落布局，推动对蒲河流域新乐上层文化聚落布局研究，加强对下辽河流域青铜时代考古学文化间互动、演变关系的研究。

附记：参加本次工作的人员有市考古所李树义、韩玉岩、汤钰，新民文化馆孟祥颖、刘硕等，本文线图由韩玉岩、张宏涛、刘卫民等绘制。

执笔：李树义　李一鹏

注　释

［1］　国家文物局：《中国文物地图集·辽宁分册（下）》，西安地图出版社，2009年，28页。

沈阳辽宁大学百鸟公园遗址2005年考古发掘简报

沈阳市文物考古研究所

辽宁大学百鸟公园遗址位于沈阳市皇姑区中部，为一处青铜时代新乐上层文化遗址。自1973年在百鸟公园发现以来，先后在辽宁大学院内及家属区、“建赏欧洲”项目、“水木清华”项目、沈阳市委党校、皇姑文体中心等区域内发现多处新乐上层文化遗址和墓葬。通过多年的考古工作，基本上认定以上发现均属同一个遗址，即辽宁大学百鸟公园遗址，并确定了该遗址的分布范围。该遗址中心位于崇山中路南北两侧的百鸟公园和辽宁大学院内西南部，其北至新开河南岸，东至长江街，南至夹金山路，西至延河街，面积约126万平方米。该遗址东北距新乐遗址约1.5千米。

2005年6～8月，沈阳市文物考古研究所在配合“建赏欧洲”项目基本建设过程中，发现青铜时代新乐上层文化遗存，并布方发掘，清理出新乐上层文化墓葬2座、灰坑66座、灰沟3条，出土陶、石、骨、铜器共130余件。具体介绍如下。

壹　地理位置及地层堆积

1. 地理位置

“建赏欧洲”项目位于沈阳市皇姑区长江街134号，原沈阳电力高等专科学校院内，其东临长江街，北傍新开河，西、南接辽宁大学校园和电校社区，占地面积94871平方米。遗址主要分布于该项目范围内东、南、西部和西南部，面积约3万平方米（图一）。

2. 地层堆积

根据文物勘探及考古发掘情况，了解到该遗址西南部文化层堆积较厚，南、东部堆积次之，中、北部堆积较薄，几乎不见遗物分布。在西南部、南部堆积及遗存较为丰富区域布方进行发掘，依次编号为Ⅰ、Ⅱ区（图三）。

Ⅰ区：该区域地层堆积自上而下可分为3层，依次如下：

第1层：现代回填层，深0.4～0.6米，土色灰褐，土质较硬，包含物有青花瓷片、红砖块、现代建筑回填及植物根茎等；

第2层：深灰褐色黏土层，深0.7～1.0米，厚0.2～0.4米，土质较硬，黏性大，包含物

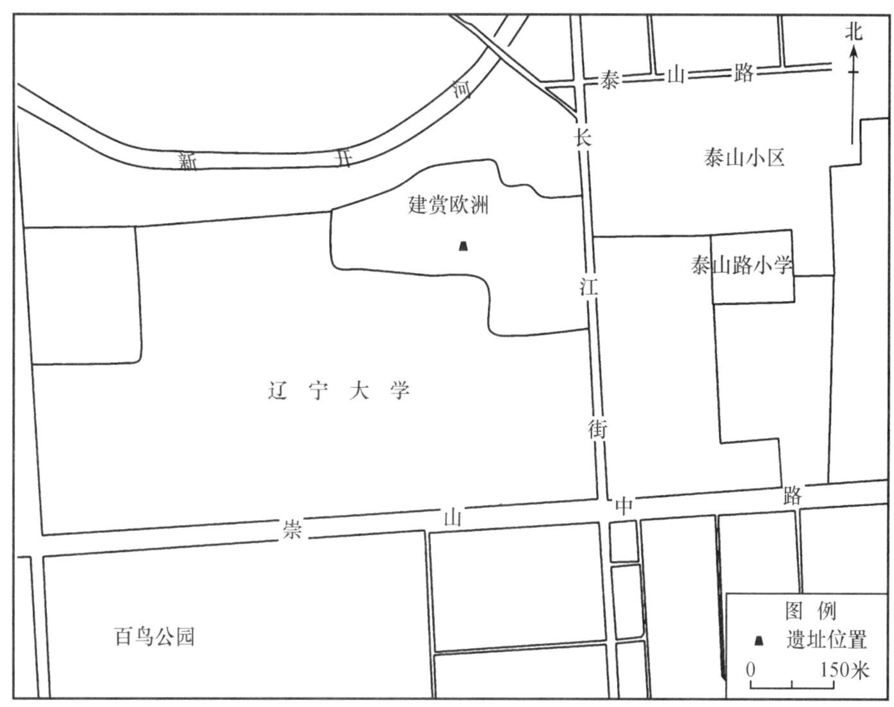

图一 建赏欧洲遗址点地理位置示意图

有泥质灰陶片、青花瓷片等物，推断该层年代为明清时期。在该层下发现新乐上层文化灰坑6座；

第3层：深黄褐色沙土层，深1.6～1.7米，厚0.3～0.6米，土质疏松，含沙量大，包含物有夹砂陶片、红烧土块、炭粒等物，推断该层为新乐上层文化层；

该层下即为黄色沙层，沙质纯净，应为生土。

Ⅱ区：该区域地层堆积自上而下可分为2层，依次如下：

第1层：现代回填层，深0.4～0.6米，土色黑褐，包含物有青花瓷片、红砖块、现代建筑回填及植物根茎等。在该层下发现新乐上层文化墓葬2座、灰坑60座、灰沟3条；

第2层：深黄褐色沙土层，深1～1.3米，厚0.4～0.7米，包含物有夹砂陶片、红烧土块、炭粒等，推断该层为新乐上层文化层；

该层下即为黄色沙层，沙质纯净，应为生土。

贰 遗迹与遗物

根据文物勘探情况，在Ⅰ区布设正方向5米×5米探方16个（编号2005HDJⅠT1～T16），发掘面积400平方米，发现并清理新乐上层文化灰坑6座（图二）；在Ⅱ区布设正方形5米×5米探方46个（编号2005HDJⅡT1～T46），发掘面积1150平方米，发现并清理新乐上层文化墓葬2座、灰坑60座、灰沟3条（图四）。

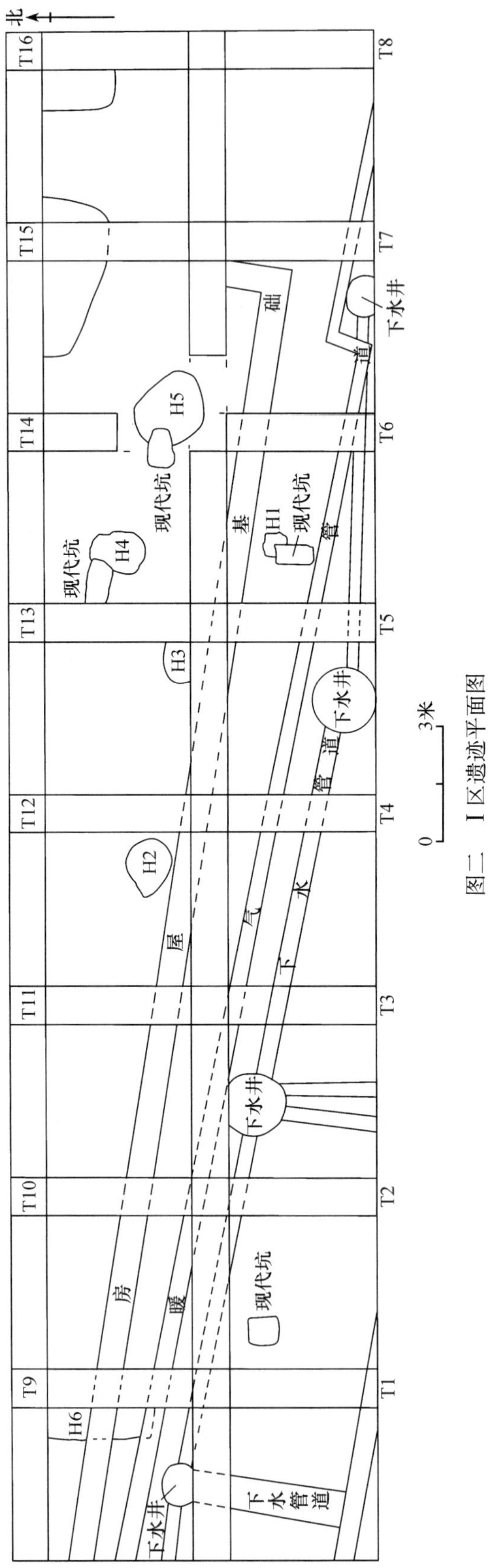
北
T16
T15
T14
T13
T12
T11
T10
T9
T8
T7
T6
T5
T4
T3
T2
T1
H1
H2
H3
H4
H5
H6
现代坑
下水井
下水管道
房屋基础
暖气管道
0
3米

图二　Ⅰ区遗迹平面图

一、Ⅰ　区

（一）灰　坑

Ⅰ区发现并清理灰坑6座，编号ⅠH1～H6，皆开口于第2层下，打破第3层及生土，灰坑平面近圆形、半圆形或长条形，为一次性堆积而成。

1. ⅠH1

（1）形制与结构

ⅠH1位于ⅠT6中部偏西，平面近圆形，圜底，被现代灰坑h1打破（图五）。平面直径约60、深20厘米。填土为灰黑色堆积。

（2）遗物

ⅠH1出土夹砂陶片146片，陶器器形有口沿、耳、底、腹片等，以腹片为主；可辨器类有罐；陶色以黄褐色为主，红褐色次之，再次为灰褐、黑褐色。

竖桥耳　ⅠH1：1，夹砂黄褐陶。通高10.7、宽5.6、耳高6.8、耳宽3.6厘米（图六，8）。

陶罐口沿　ⅠH1：2，夹砂黄褐陶，侈口，圆唇、束颈，溜肩，局部有烟炱。口径17、高3.4、厚0.8厘米（图六，1）。

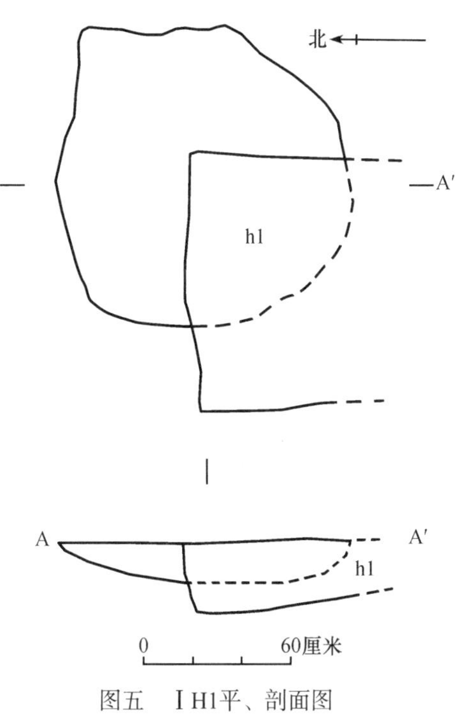

图五　ⅠH1平、剖面图

2. ⅠH2

（1）形制与结构

ⅠH2位于ⅠT12东南部，平面近圆形，圜底（图七）。平面直径约140、深20厘米。填土为灰黑色堆积，有一些暗红色红烧土。

（2）遗物

ⅠH2出土陶网坠1件，陶片32片，陶器器形有口沿、耳、底、腹片等；陶色以黄褐色为主，红褐、灰褐色次之。

陶网坠　ⅠH2：1，完整，橄榄形，夹砂红褐陶，通体磨光，中有穿孔。器表一端有3个呈倒三角形分布的刻划痕，似为微笑的人面形象。高5.9、穿孔径1.2、最大截面径4.2、最小截面径2厘米（图六，5；图版一，1）。

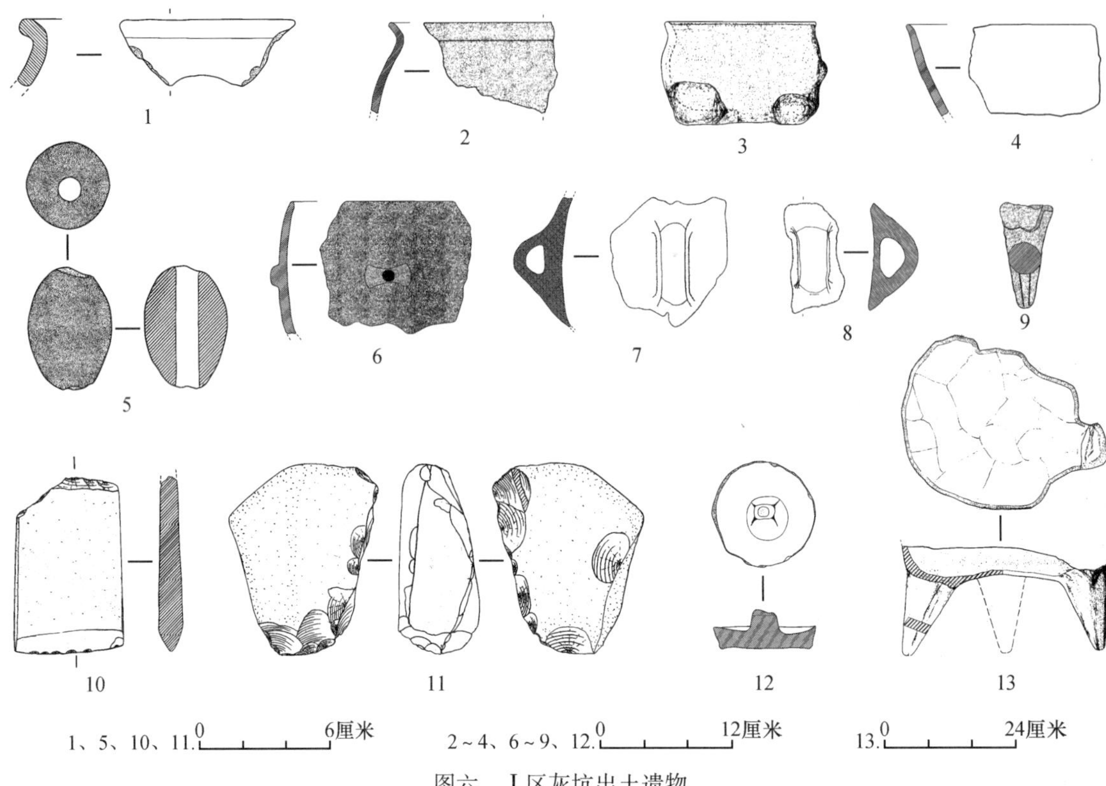

图六　Ⅰ区灰坑出土遗物

1. 陶罐口沿（ⅠH1：2）　2. 陶鬲口沿（ⅠH5：2）　3、13. 陶鼎（ⅠH5：3、ⅠH5：5）　4、6. 陶钵口沿（ⅠH6：2、ⅠH3：2）　5. 陶网坠（ⅠH2：1）　7、8. 竖桥耳（ⅠH5：4、ⅠH1：1）　9. 陶鬲足（ⅠH3：1）　10. 石斧（ⅠH5：1）　11. 石锤（ⅠH4：1）　12. 陶拍（ⅠH6：1）

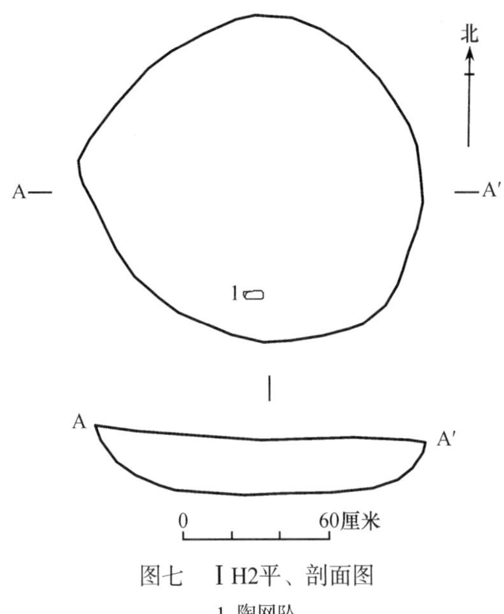

图七　ⅠH2平、剖面图

1. 陶网坠

3. ⅠH3

（1）形制与结构

ⅠH3位于ⅠT13东南角，局部压在探方隔梁下，暴露部分近半圆形，坑底较平（图八）。平面长80、宽50、深46厘米。填土为灰褐色堆积，土质疏松。

（2）遗物

ⅠH3出土陶片44片，陶器器形有口沿、腹片、足、耳等，以腹片为主；可辨器类有鬲、钵；陶色以黄褐色为主，黑褐、灰褐色次之，红褐色最少。

陶鬲足　ⅠH3：1，残，夹砂黄褐陶。圆锥状，器表有刀削痕。高10.4、最小截面径1.1、最大截面径5.4厘米（图六，9）。

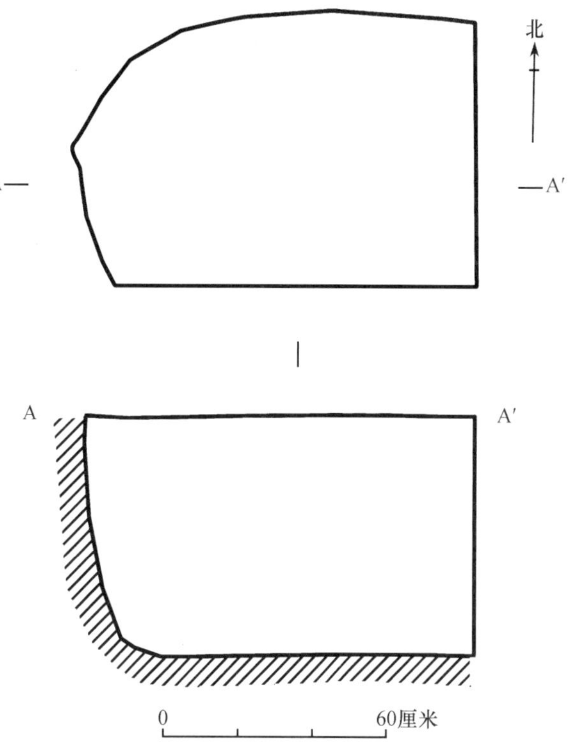

图八　ⅠH3平、剖面图

陶钵口沿　ⅠH3：2，残，夹砂黄褐陶。敞口，圆唇，斜腹，腹中部有一瘤状耳。口径22、高11.2、壁厚0.8、耳宽2、耳长4.2厘米（图六，6）。

4. ⅠH4

（1）形制与结构

ⅠH4位于ⅠT14中部偏西，距西壁75厘米，被现代坑h1打破。平面呈圆角方形，圜底（图九）。平面最长102、宽80、深18厘米。填土为灰褐色，土质疏松。

（2）遗物

ⅠH4出土石锤1件，陶片50片。陶器器形有口沿、腹片、足、底等；可辨器类有甑底、鬲足；陶色以红褐色为主，黄褐色次之。

石锤　ⅠH4：1，黄褐色角砾岩，平面近梯形，大部分保留砾石面。A面右下两侧有7个剥片疤，并有10个小修理疤。B面左、下、右共有5个大剥片疤，有5个小修理疤。高9.5、宽3.3～7.8、厚2.5～4.2厘米（图六，11）。

5. ⅠH5

（1）形制与结构

ⅠH5位于ⅠT1西南角，被现代回填坑打破。平面近圆形，坑壁较直，坑底较平（图一〇）。平面直径134～138、深47厘米。填土为黑褐色，土质疏松。

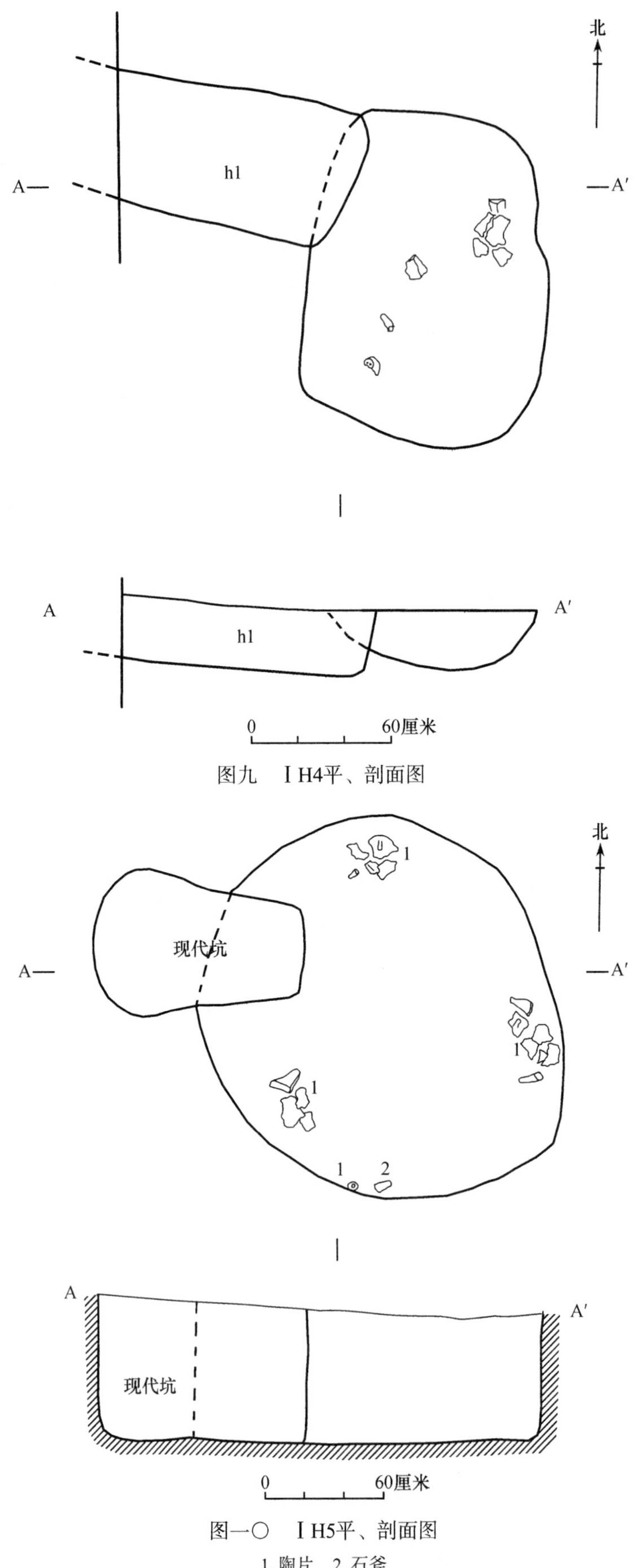

图九　ⅠH4平、剖面图

图一〇　ⅠH5平、剖面图
1. 陶片　2. 石斧

（2）遗物

Ⅰ H5出土石斧1件，陶片36片。陶器器形有口沿、腹片、耳、底等，以腹片为主；可辨器类有鼎、鬲；陶色以黄褐色为主，红褐色次之，再次为灰褐、黑褐色。

石斧　Ⅰ H5：1，灰色泥岩，形近长方形，通体磨制，顶端残断。双面弧刃，刃口有6个崩落疤。高9、宽5.6、厚1.4、刃长5.6、刃宽1.1厘米（图六，10）。

陶鬲口沿　Ⅰ H5：2，残，夹砂灰褐陶，局部有烟炱。侈口，圆唇，束颈，溜肩。口径37、高9.4、壁厚0.8厘米（图六，2）。

陶鼎　Ⅰ H5：3，残，可复原。夹砂灰褐陶，局部有烟炱。侈口，尖圆唇，溜肩，鼓腹，下腹弧收，平底。三足残缺，腹部原有4个盲耳，其中3个盲耳缺失。口径15.5、最大腹径16.4、高10.7、壁厚0.8、底厚1.2、盲耳高1.9、耳宽2.6、耳厚0.6厘米（图六，3）。

竖桥耳　Ⅰ H5：4，残，夹砂灰褐陶，局部有烟炱。高13.4、宽12.4、耳高8.5、耳宽3.5、耳厚1.3厘米（图六，7）。

陶鼎　Ⅰ H5：5，残，夹砂灰褐陶。口沿及上腹部残，下腹弧收，平底。扁方锥足，仅余2足。残高18.8、足高13、足宽1.7～8.3、足厚1.5～4.1、腹壁厚0.8、底厚0.8厘米（图六，13）。

6. Ⅰ H6

（1）形制与结构

Ⅰ H6位于Ⅰ T9东部，局部压在探方隔梁下，被煤气管道沟和现代回填坑打破。平面为长条形，坑壁较直，坑底较平（图一一）。平面长196、宽59、深18厘米。填土为灰褐色，土质疏松。

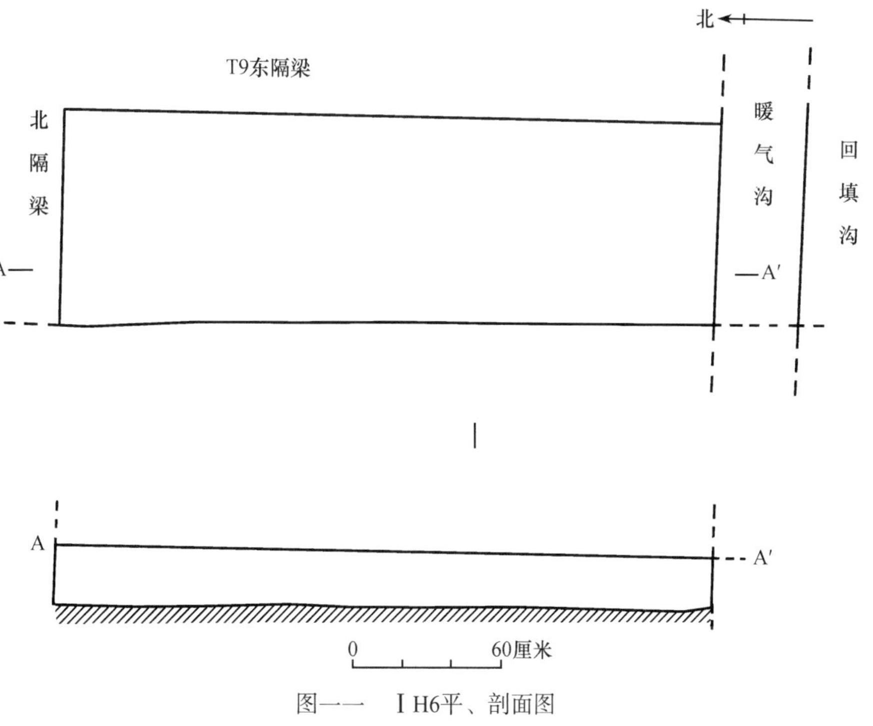

图一一　Ⅰ H6平、剖面图

（2）遗物

Ⅰ H6出土陶拍1件，陶片29片。陶器器形有口沿、腹片、底等，以腹片为主；可辨器类有钵；陶色以黄褐色为主，红褐色次之，再次为灰褐、黑褐色。

陶拍　Ⅰ H6：1，夹砂红褐陶。圆饼状，平底，外壁稍斜，内壁由外向内斜收，中间有圆柱状把手，把手末端中有椭圆形凹坑。最大径9.6、底径8.2、通高3.5、把手长2、宽2.6、底厚1.2～2.1厘米（图六，12）。

陶钵口沿　Ⅰ H6：2，残，夹砂黄褐陶。敞口，圆唇，斜腹。内外均抹光，并施红陶衣。口径27、通高8、壁厚0.8厘米（图六，4）。

（二）探　方

1. ⅠT1 出土遗物

Ⅰ T1②层出土石网坠1件，陶片353片。陶器器形有口沿、腹片、足、耳、底等，以腹片为主，瓷片最少；可辨器类有鬲、罐、钵；陶色以黄褐色为主，红褐色次之，再次为黑褐、灰褐色。

石网坠　Ⅰ T1②：1，青灰色泥岩，形近方形，大部分保留原砾石面，四个边中部有打击崩落疤、绳磨痕。A面有7个打击崩落疤，B面有6个打击崩落疤。长4.9、宽4.6、厚0.8厘米（图一二，1）。

陶罐口沿　Ⅰ T1②：2，残，侈口，尖圆唇，短直颈，溜肩。口径9、通高3.8、壁厚0.6厘米（图一三，1）。

陶鬲足　Ⅰ T1②：3，残，夹砂灰褐陶。锥状足。高9.7、最大截面径7.3、足跟径1.5厘米（图一四，8）。

陶钵口沿　Ⅰ T1②：4，残，夹砂灰褐陶。敞口，抹斜沿，尖圆唇，斜腹壁内收。口径22、高4.9、壁厚0.85厘米（图一三，2）。

陶罐底　Ⅰ T1②：5，残，夹砂灰褐陶。斜弧壁，平底。底径11、高3、底厚1.5厘米（图一三，10）。

2. ⅠT2 出土遗物

（1）第2层

Ⅰ T2②层出土铜环、细石叶石核、三类单凸刃刮削器、陶盅各1件，陶片11片。陶器器形有口沿、腹片，以腹片为主；可辨器类有罐、壶、甑；陶色以黄褐、黑褐色为主，红褐、灰褐色次之。

铜环　Ⅰ T2②：1，残，圆环状。外径2.4、内径1.8、截面长0.5、截面宽0.3厘米（图一二，5）。

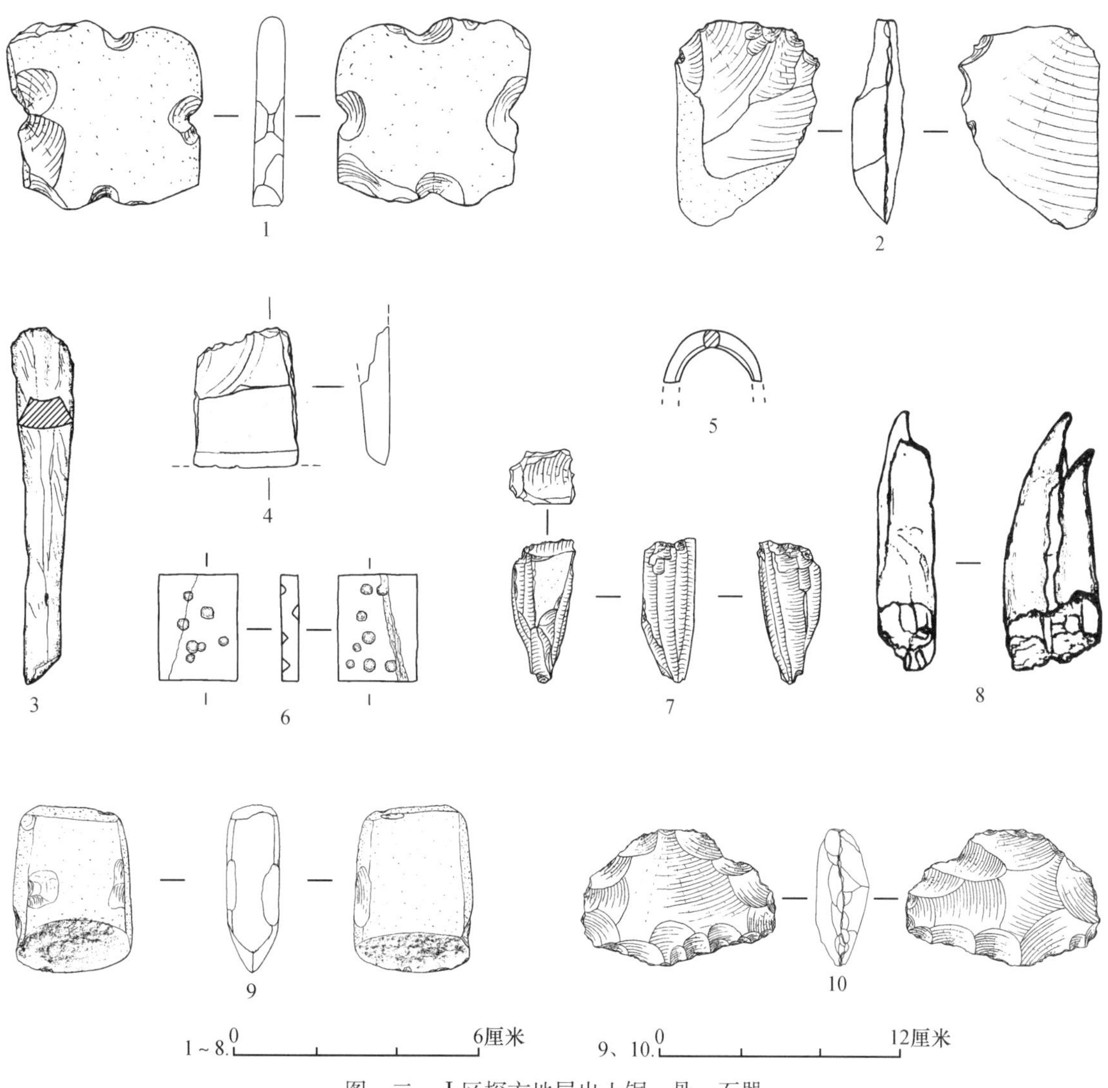

图一二 Ⅰ区探方地层出土铜、骨、石器

1. 石网坠（ⅠT1②：1） 2. 三类单凸刃刮削器（ⅠT2②：4） 3. 骨锥（ⅠT13②：1） 4. 石刀（ⅠT6②：1） 5. 铜环（ⅠT2②：1） 6. 骨牌（ⅠT15②：1） 7. 细石叶石核（ⅠT2②：3） 8. 马牙（ⅠT15③：1） 9. 石斧（ⅠT12③：1） 10. 三类盘状砍砸器（ⅠT13②：2）

陶盅 ⅠT2②：2，残，可复原。夹砂灰褐陶。口微敛，圆唇，弧腹内收，平底。口径5.8、底径4.4、高2.7、壁厚0.6～0.8、底厚0.5厘米（图一三，5）。

细石叶石核 ⅠT2②：3，青灰色角岩，块状毛坯，近楔形，压剥法。台面为打击台面，有1个大修理剥片疤。A面局部为砾石面，有8个压剥疤痕，3个修理疤，2个剥片疤。B面有6个压剥疤痕，3个修理疤，2个剥片疤。C面有5个压剥疤痕，4个修理疤，3个剥片疤。高3.5、台面长1.6、台面宽1.3厘米（图一二，7）。

三类单凸刃刮削器 ⅠT2②：4，灰色泥岩，形近三角形，片状毛坯。凸刃。A面有6个剥片疤、5个修理疤，其余为原砾石面。B面有1个剥片疤、4个修理疤。高5、宽3.6、厚1.4、刃长6.2厘米（图一二，2）。

甑底　ⅠT2②：5，残，夹砂灰褐陶。斜弧腹内收，平底，底部有11个穿孔。高3、壁厚0.9、底径6、底厚1.1、穿孔径0.3厘米（图一三，9）。

敛口罐口沿　ⅠT2②：6，残，夹砂黄褐陶。口微敛，圆唇，外有叠唇，斜弧腹外撇。口径12、高7.4、壁厚0.6厘米（图一三，4）。

陶壶口沿　ⅠT2②：7，残，夹砂灰褐陶。口微敛，抹斜沿，尖圆唇，斜弧腹微外撇。口径12、高5.4、壁厚0.7厘米（图一三，3）。

深腹罐　ⅠT2②：8，残，仅余腹及底部。夹砂灰褐陶，斜弧腹内收，平底。底径9、高10.4、壁厚0.7、底厚1厘米（图一三，15）。

（2）第3层

T2③层出土陶片9片。陶器器形有口沿、腹片、足、底、耳，以腹片为主；陶色以红褐、黑褐色为主，黄褐、灰褐色次之。

3. ⅠT3 出土遗物

ⅠT3②层出土陶片15片。陶器器形有口沿、腹片，以腹片为主；陶色以灰褐色为主，黄褐、黑褐色次之，红褐色最少。

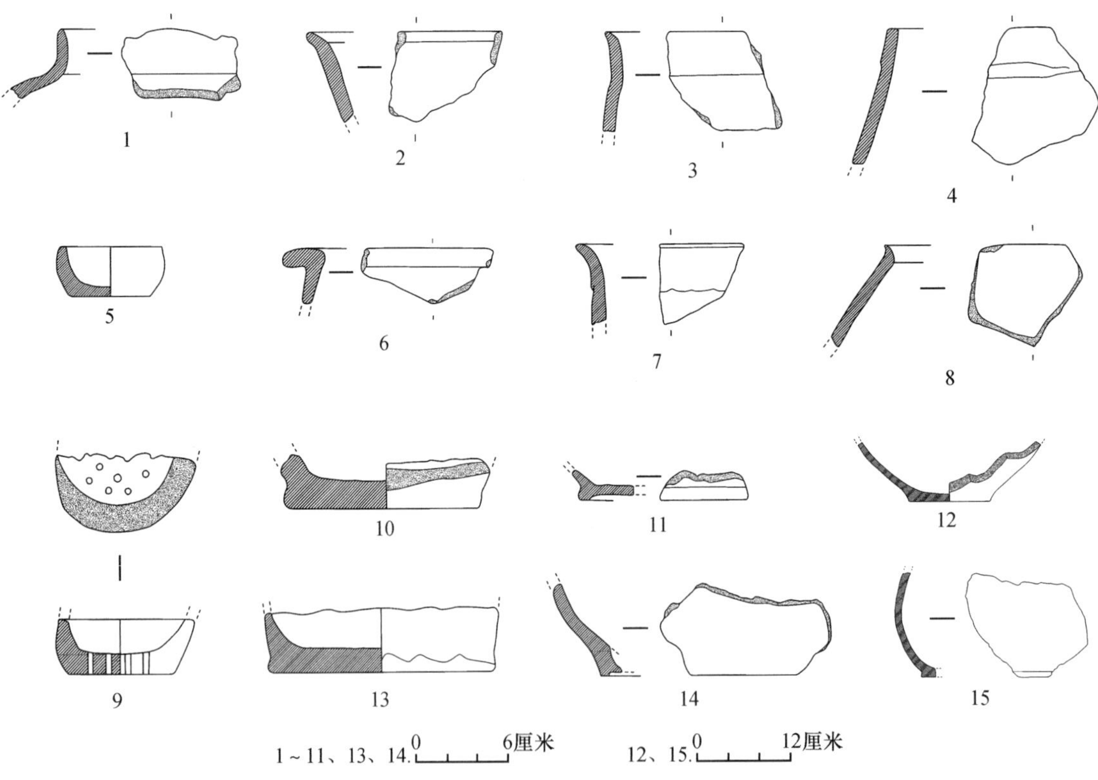

图一三　Ⅰ区探方地层出土陶器（一）

1. 陶罐口沿（ⅠT1②：2）　2. 陶钵口沿（ⅠT1②：4）　3. 陶壶口沿（ⅠT2②：7）　4. 敛口罐口沿（ⅠT2②：6）　5. 陶盅（ⅠT2②：2）　6. 陶盆口沿（ⅠT7②：1）　7. 陶鬲口沿（ⅠT11②：1）　8. 敛口钵口沿（ⅠT10③：1）　9. 甑底（ⅠT2②：5）　10、13. 陶罐底（ⅠT1②：5、ⅠT15②：4）　11、12. 陶壶底（ⅠT4②：1、ⅠT15②：5）　14. 陶壶腹片（ⅠT8②：1）　15. 深腹罐（ⅠT2②：8）

4. ⅠT4 出土遗物

ⅠT4②层出土陶片16片。陶器器形有口沿、腹片、耳、底、瓦片等，以腹片为主；可辨器类有壶；陶色以红褐、黄褐色为主，黑褐、灰褐色次之。

陶壶底　ⅠT4②：1，残，夹砂灰褐陶，夹滑石。矮圈足，外底较平。底径7、高1.6、壁厚0.4、底厚0.5厘米（图一三，11）。

竖桥耳　ⅠT4②：2，残，夹砂灰褐陶。高3.2、宽6.1、壁厚0.5、耳宽4.4、耳高1.4、耳厚0.7厘米（图一四，1）。

5. ⅠT5 出土遗物

ⅠT5②层出土陶片9片。陶器器形有口沿、腹片，以腹片为主；陶色以红褐色为主，黄褐、灰褐色次之。

6. ⅠT6 出土遗物

ⅠT6②层出土石刀1件，陶片29片。陶器器形有口沿、腹片、耳、瓦片等，以腹片为主；陶色以红褐、黄褐色为主，黑褐、灰褐色次之。

石刀　ⅠT6②：1，青灰色页岩，形近长方形，通体磨制。单面弧刃。残长2.6、残宽3.4、厚0.7、刃长2.6、刃宽0.4厘米（图一二，4）。

7. ⅠT7 出土遗物

ⅠT7②层出土陶片4片。陶器器形有口沿、腹片，以腹片为主；可辨器类有盆；陶色以黄褐色为主，黑褐色次之。

陶盆口沿　ⅠT7②：1，残，泥质灰陶。口微敛，平沿，方唇，斜弧腹外撇。口径25、高3、壁厚0.8厘米（图一三，6）。

8. ⅠT8 出土遗物

ⅠT8②层出土陶片175片。陶器器形有口沿、腹片、足、耳、底、瓦片等，以腹片为主；可辨器类有壶；陶色以黄褐色为主，红褐、灰褐色次之，再次为黑褐色。

陶壶腹片　ⅠT8②：1，残，夹砂灰褐陶，底部有烟炱。斜弧腹内收，假圈足，底缺失，为壁包底。底径10、残高5、壁厚0.7厘米（图一三，14）。

9. ⅠT9 出土遗物

ⅠT9②层出土陶片181片。陶器器形有口沿、腹片、足、耳、底等，以腹片为主；可辨器类有鼎、瓮；陶色以黄褐色为主，红褐色次之，再次为黑褐、灰褐色。

陶鼎足　ⅠT9②：1，残，夹砂黄褐陶，近锥状。高12.4、最大截面径5.5、足跟径1.6厘米（图一四，10）。

陶瓮底　Ⅰ T9②：2，残，夹砂灰褐陶，斜壁内收，底缺失，为底包壁。高5.5、最大径11.6、壁厚2.8厘米（图一四，7）。

横桥耳　Ⅰ T9②：3，残，夹砂黄褐陶。高10.2、宽12.8、壁厚0.8、耳宽9.5、耳高3.2、耳厚1.1厘米（图一四，4）。

陶瓮腹片　Ⅰ T9②：4，夹砂灰褐陶。高7.5、宽10.8、厚1.4厘米。

竖桥耳　Ⅰ T9②：5，残，夹砂灰褐陶。高6.3、宽4、壁厚0.8、耳宽2、耳高5、耳厚0.9厘米（图一四，2）。

陶鼎足　Ⅰ T9②：6，残，夹砂灰褐陶。近圆锥状，有两道刀削痕。高13.8、最大截面径5、足跟径2.2厘米（图一四，9）。

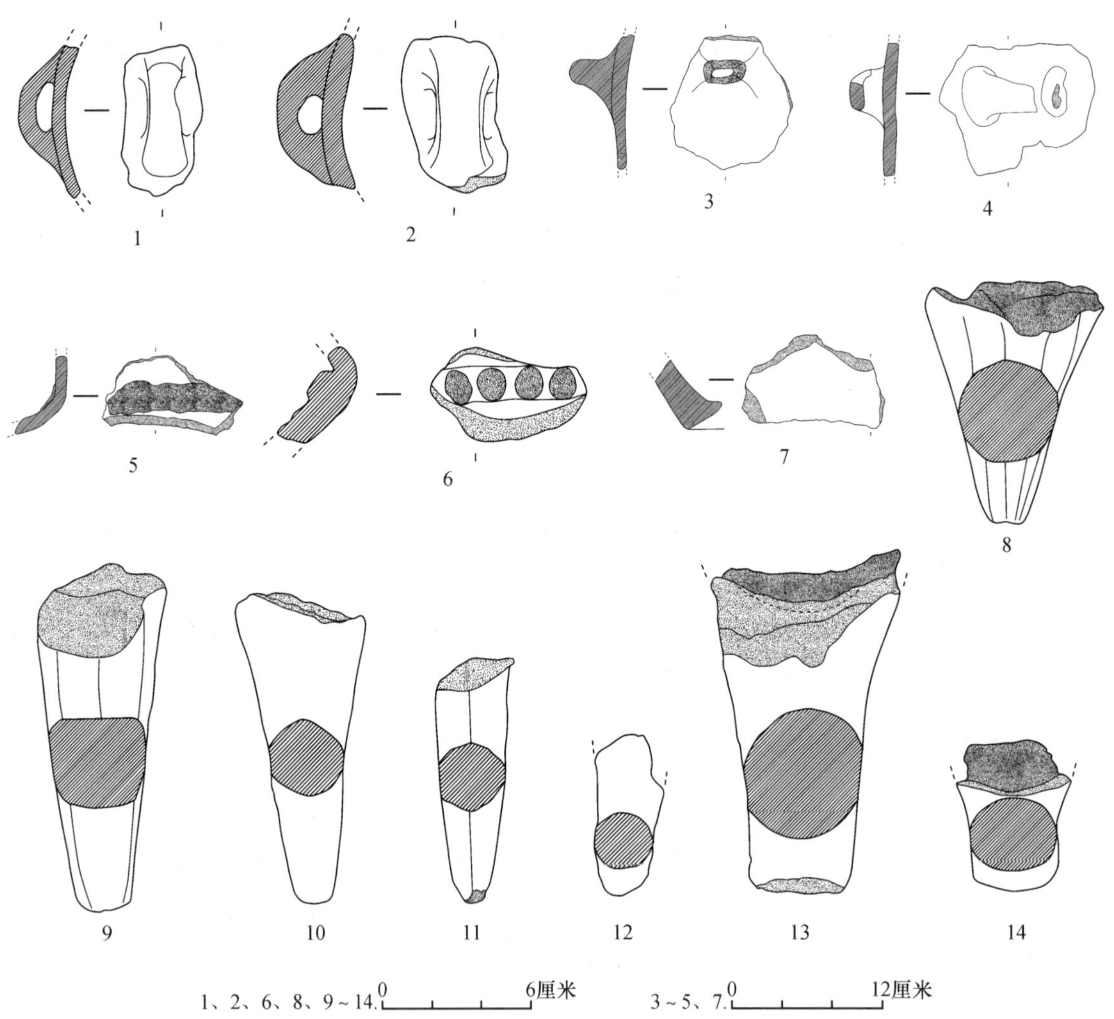

图一四　Ⅰ区探方地层出土陶器（二）

1、2. 竖桥耳（Ⅰ T4②：2、Ⅰ T9②：5）　3. 陶鬲腹片及鋬耳（Ⅰ T16②：2）　4. 横桥耳（Ⅰ T9②：3）　5、6. 陶甗腰（Ⅰ T16②：1、Ⅰ T15②：2）　7. 陶瓮底（Ⅰ T9②：2）　8. 陶鬲足（Ⅰ T1②：3）　9～14. 陶鼎足（Ⅰ T9②：6、Ⅰ T9②：1、Ⅰ T13②：3、Ⅰ T15②：3、Ⅰ T13②：5、Ⅰ T14②：1）

10. ⅠT10出土遗物

（1）第2层

ⅠT10②层出土陶片115片。陶器器形有口沿、腹片足、耳、底等，以腹片为主；可辨器类有甗；陶色以黄褐色为主，红褐、灰褐色次之，黑褐色较少。另有少量瓷片。

陶甗盆 ⅠT10②：1，残，夹砂红褐陶，口部残，斜弧腹内收，平底，为甑底，外腹上有2个鋬耳，底部有220个甑孔。底径7.6、高15.5、壁厚0.6、底厚1.2、孔径0.3、鋬耳长3、耳宽2.8、耳高3.3厘米。

（2）第3层

ⅠT10③层出土陶片65片。陶器器形有口沿、腹片、足、底、耳等，以腹片为主；可辨器类有钵；陶色以黄褐色为主，红褐、黑褐色次之，灰褐色最少。

敛口钵口沿 ⅠT10③：1，残，夹砂红褐陶，内外均抹光，外施红陶衣。敛口，抹斜沿，尖圆唇，斜弧腹外撇。口径13、高5.5、壁厚0.6厘米（图一三，8）。

11. ⅠT11出土遗物

ⅠT11②层出土陶片109片。陶器器形有口沿、腹片、足、耳、瓦片等，以腹片为主；可辨器类有鬲；陶色以黄褐、红褐色为主，黑褐、灰褐色次之。

陶鬲口沿 ⅠT11②：1，残，夹砂灰褐陶。侈口，尖圆唇，束颈，溜肩，肩部有一泥片贴塑痕。口径30、高4.4、壁厚0.8厘米（图一三，7）。

12. ⅠT12出土遗物

（1）第2层

ⅠT12②层出土陶片6片。陶器器形有口沿、腹片、瓦片等，以泥质陶为主；陶色有灰、黄、红褐色。

（2）第3层

ⅠT12③层出土石斧1件。

石斧 ⅠT12③：1，灰色泥岩，平面近梯形，横截面近长方形，通体磨制。A面有5个打击崩落疤，B面有3个打击崩落疤。双面弧刃，刃口A面有3个崩落疤，B面有5个崩落疤，均为使用所致。高8.1、宽6、厚2.6、刃长6、A面刃宽2.5、B面刃宽2厘米（图一二，9）。

13. ⅠT13出土遗物

ⅠT13②层出土骨锥、三类盘状砍砸器各1件，陶片49片。陶器器形有口沿、腹片、足、耳、底等，以腹片为主；可辨器类有鼎、瓮；陶色以黄褐、灰褐色为主，红褐、黑褐色次之。

骨锥　ⅠT13②：1，残，骨质，系动物长骨制成。平面为长条形，截面近梯形。一面为骨头表面；另一面两侧有刀削痕。长8.7、宽0.8～1.3、厚0.7厘米（图一二，3）。

三类盘状砍砸器　ⅠT13②：2，灰白色花岗岩，片状毛坯，形近扇形，边缘一周皆为刃。A面有7个剥片疤，边缘有14个修理疤。B面有5个剥片疤，边缘有16个修理疤。高6.6、宽9.9、厚2.8厘米（图一二，10）。

陶鼎足　ⅠT13②：3，残夹砂黄褐陶，近圆锥状。表面有刀削痕，足跟残。高9.7、最大截面径3.2、足跟径1.7厘米（图一四，11）。

瓮腹片　ⅠT13②：4，夹砂红褐陶，较平，疑为瓮底部。宽12.6、高9.4、壁厚1.5～2厘米。

陶鼎足　ⅠT13②：5，残，夹砂红褐陶，柱状足。高13.8、最大截面径7.3、足跟径4.3厘米（图一四，13）。

14. ⅠT14出土遗物

ⅠT14②层出土陶片78片。陶器器形有口沿、腹片、足、耳、底等，以腹片为主；可辨器类有鼎；陶色以黄褐、灰褐色为主，红褐色次之、再次为黑褐色。另有少量瓷片。

陶鼎足　ⅠT14②：1，残，夹砂灰褐陶，柱状，为壁包足。高6、截面径3.3厘米（图一四，14）。

15. ⅠT15出土遗物

（1）第2层

ⅠT15②层出土骨牌1件，陶片132片。陶器器形有口沿、腹片、足、耳、底等，以腹片为主；可辨器类有鼎、甗、罐、壶；陶色以黄褐、灰褐色为主，红褐色次之、再次为黑褐色。另有少量瓷片。

骨牌　ⅠT15②：1，残，平面为长方形，正、反面各有8个圆坑。长2.6、宽2、厚0.4～0.5厘米（图一二，6）。

陶甗腰　ⅠT15②：2，残，夹砂红褐陶。腰部有一圈压窝纹带。高3.8、宽6.5、壁厚1、压窝径1.1～1.3厘米（图一四，6）。

陶鼎足　ⅠT15②：3，残，夹砂灰褐陶，柱状足。高6.5、最大截面径2.7、足跟径2厘米（图一四，12）。

陶罐底　ⅠT15②：4，残，夹砂灰褐陶。外底平，内地凹，为壁包底。底径13、高3.5、底厚1.3厘米（图一三，13）。

陶壶底　ⅠT15②：5，残，夹砂黄褐陶，底和下腹部有烟炱。斜弧腹内收，平底。底径9、高6、壁厚0.7、底厚0.8厘米（图一三，12）。

（2）第3层

ⅠT15③层出土马牙1件。

马牙　ⅠT15③：1，残，有牙冠及牙根。高6.3、宽2.4、厚1.4厘米（图一二，8）。

16. ⅠT16出土遗物

ⅠT16②层出土陶片187片。陶器器形有口沿、腹片、足、耳、底等，以腹片为主；可辨器类有甗、鬲；陶色以黄褐色为主，红褐、灰褐色次之、再次为黑褐色。另有少量瓷片。

陶甗腰 ⅠT16②：1，残，夹砂红褐陶。腰部有一附加堆纹带，无纹饰。高5.5、宽11.6、壁厚0.8～0.9厘米（图一四，5）。

陶鬲腹片及錾耳 ⅠT16②：2，残，夹砂灰褐陶。高10.8、宽10.1、壁厚0.7、錾耳长5.6、耳宽3.4、耳厚1.9厘米（图一四，3）。

二、Ⅱ 区

（一）墓 葬

Ⅱ区发现墓葬2座，皆为近长方形竖穴土坑墓，开口于第1层下，打破第2层及生土。

1. ⅡM1

（1）形制与结构

ⅡM1位于ⅡT46中部，墓向为20°，墓室东壁被施工方挖基槽所破坏，打破ⅡH15（图一五）。平面长130、宽60～75、深60厘米。填土为灰褐色堆积。墓内人骨为侧身屈

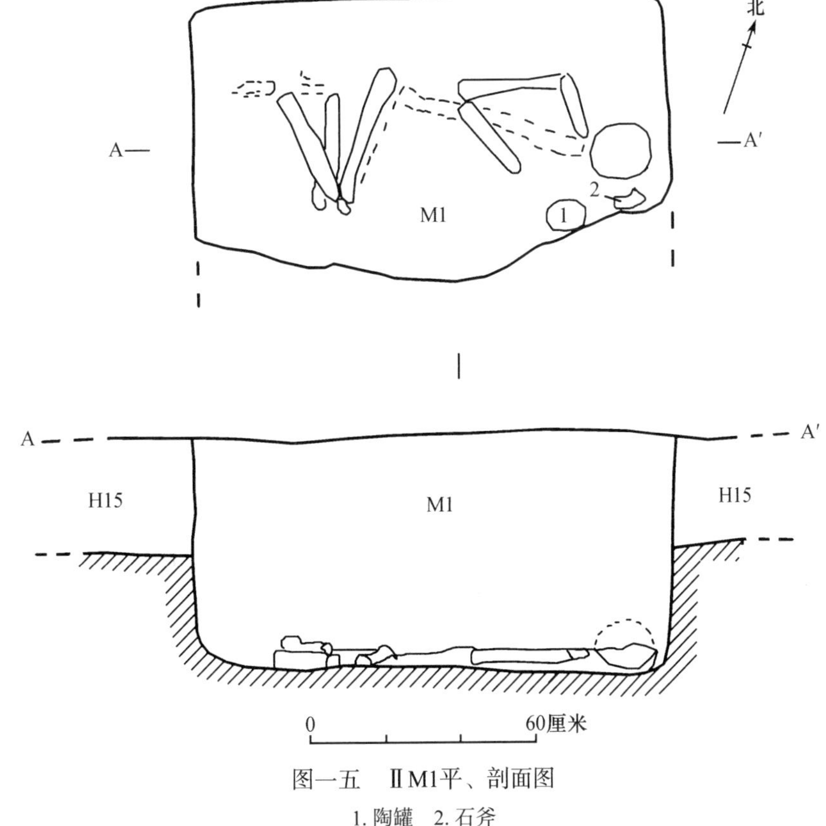

图一五 ⅡM1平、剖面图
1. 陶罐 2. 石斧

肢葬，保存较差，只能依稀辨出轮廓，无法提取。

（2）遗物

ⅡM1出土石斧、陶罐各1件。

陶罐　ⅡM1：1，残，可修复，夹砂红褐陶。口微侈，抹斜沿，尖圆唇，束颈，溜肩，鼓腹，下腹弧收，腹部有4个盲耳，平底内凹。口径9.3、底径7.2、最大腹径10.8、高9.5、壁厚0.6、底厚0.8、盲耳高1.8、耳宽2.1、耳厚0.4厘米（图一七，1；图版一，3）。

石斧　ⅡM1：2，灰色泥岩，形近梯形，通体磨制，双面弧刃。顶端及两侧有打击疤痕，下端残缺一角。顶端有2个剥片疤，6个打击崩落疤。左侧有5个剥片疤，6个打击崩落疤。右侧有2个崩落疤。高9、宽5.8、厚1.5、刃长3、刃宽1厘米（图一七，2）。

2. ⅡM2

（1）形制与结构

ⅡM2位于ⅡT35东北角，墓向为97°（图一六）。平面长220、宽100、深40厘米。填土为灰褐色堆积。墓内人骨为侧身屈肢葬，保存较差，只能依稀辨出轮廓，无法提取。

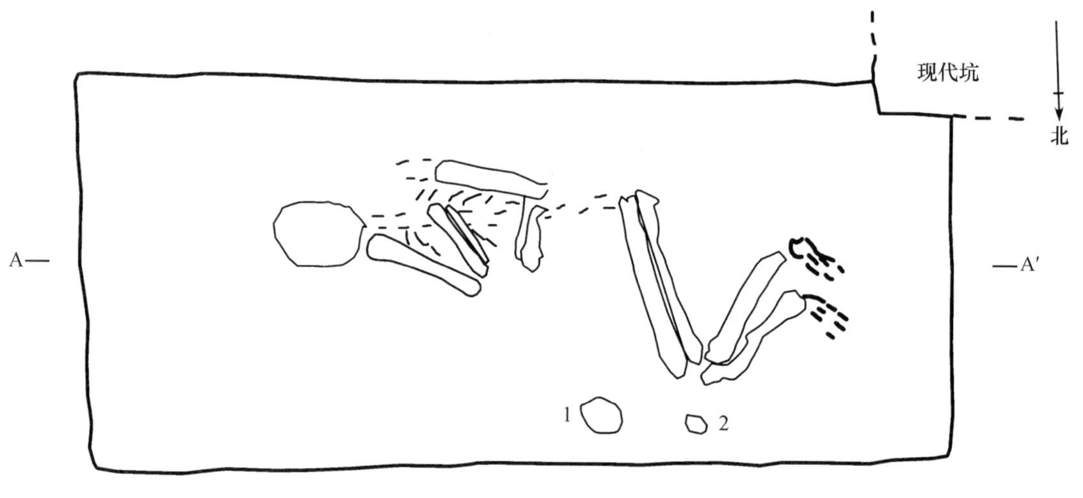

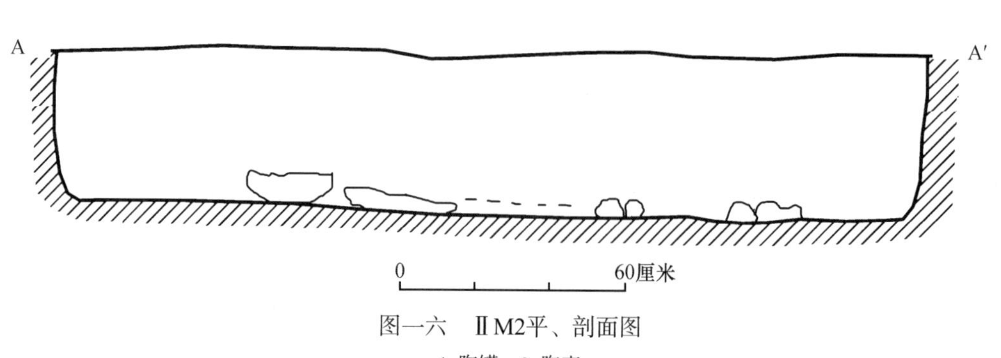

图一六　ⅡM2平、剖面图

1. 陶罐　2. 陶壶

（2）遗物

ⅡM2出土陶罐、陶壶、陶鬲足各1件。

陶罐　ⅡM2：1，残，可修复，夹砂灰褐陶。口微侈，圆唇，矮领，溜肩，深腹，下腹内收，平底。腹上有4个盲耳。口径9.7、底径7.2、最大腹径10.4、高8.8、领高1.4、壁厚0.7、底厚0.6、耳高1.6、耳宽2、耳厚0.5厘米（图一七，4；图版一，4）。

陶壶　ⅡM2：2，残，可修复，夹砂黄褐陶，局部有烟炱。侈口，圆唇，高直颈内收，溜肩，鼓腹，下腹弧收，平底。口径5、底径6、最大腹径7.9、高13.2、壁厚0.6、底厚1.1厘米（图一七，5；图版一，5）。

陶鬲足　ⅡM2：3，残，夹砂灰白陶，为鬲足上部，下半部残缺。高5.6、最大截面径9.7、最小截面径8厘米（图一七，3）。

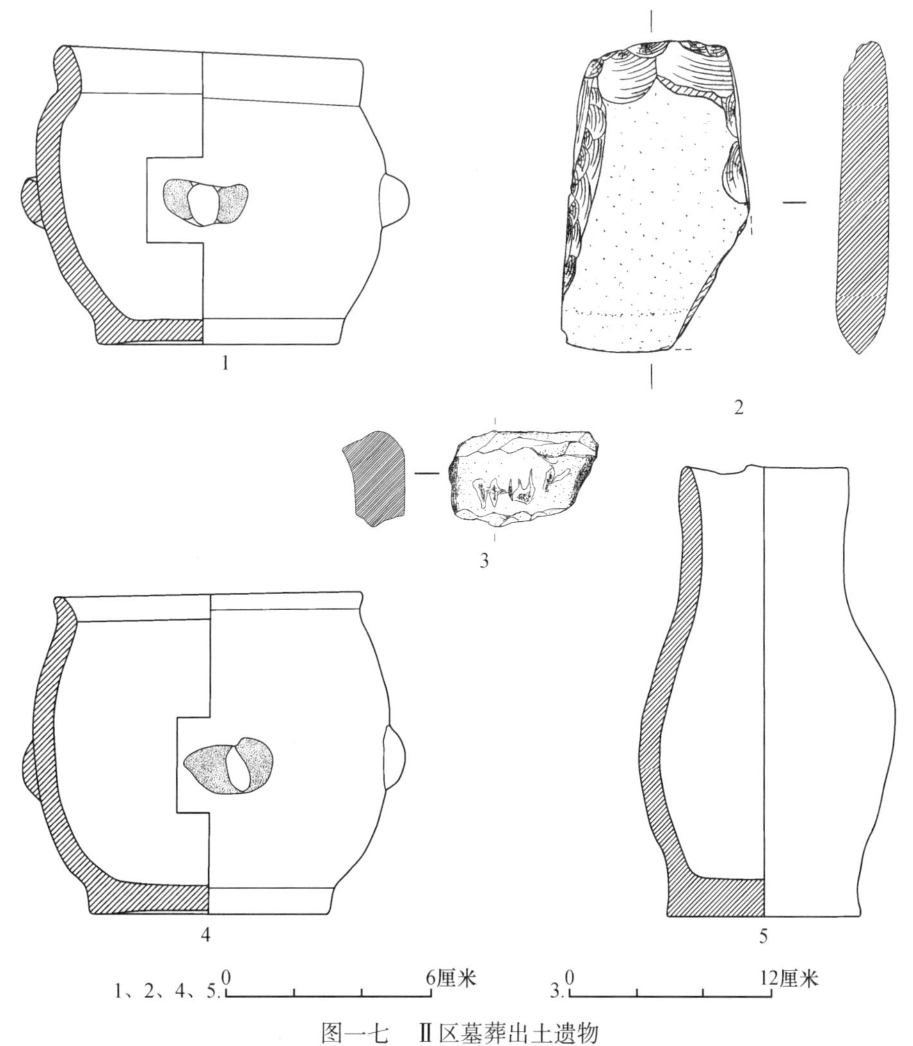

图一七　Ⅱ区墓葬出土遗物

1、4. 陶罐（ⅡM1：1、ⅡM2：1）　2. 石斧（ⅡM1：2）　3. 陶鬲足（ⅡM2：3）　5. 陶壶（ⅡM2：2）

（二）灰　　坑

Ⅱ区发现灰坑60座，平面近圆形、半圆形、椭圆形、长方形、不规则形等，皆开口于第1层下，打破第2层及生土。

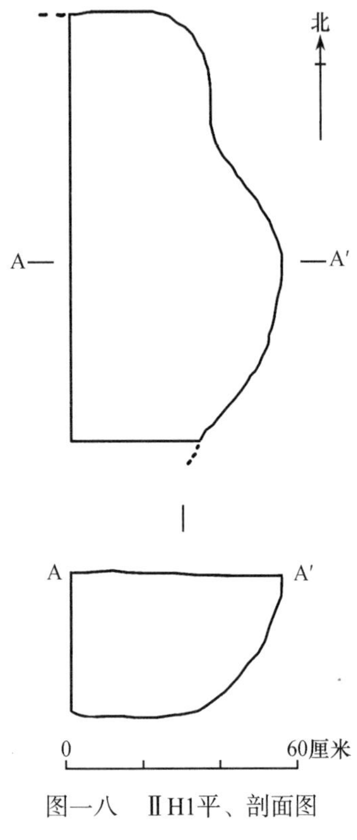

图一八　ⅡH1平、剖面图

1. ⅡH1

（1）形制与结构

ⅡH1位于ⅡT6西南角，局部压在探方隔梁下，暴露部分平面近椭圆形，锅底状（图一八）。平面长108、宽54、深36厘米。灰坑内填土为一次性堆积形成，灰黑色，沙质土。

（2）遗物

ⅡH1出土夹砂陶片46片，陶器器形有口沿、底、腹片等，以腹片为主；可辨器类有壶、鬲；陶色以黄褐色为主，红褐色次之，再次为灰褐、黑褐色。

陶壶口沿　ⅡH1：1，残，夹砂红褐陶。侈口，尖圆唇，斜弧腹，内外均抹光。口径10、高4.3、壁厚0.6厘米（图二三，1）。

陶鬲口沿　ⅡH1：2，残，夹砂灰褐陶。侈口，尖圆唇，束颈，溜肩。口径40、高5.3、壁厚0.75厘米（图二三，2）。

2. ⅡH2

（1）形制与结构

ⅡH2位于ⅡT9的东北部，局部压在探方隔梁下，被现代坑打破，暴露部分平面长条状，下部收缩，两边的中下部有台，平底（图一九）。平面长157、上宽113、下宽67、深78厘米。灰坑内填土为一次性堆积形成，黑褐色，土质较硬。

（2）遗物

ⅡH2出土夹砂陶片118片，陶器器形有口沿、足、底、腹片等，以腹片为主；可辨器类有罐、壶、鬲；陶色以黄褐色为主，红褐、黑褐色次之。

陶罐底　ⅡH2：1，残，夹砂灰褐陶。斜弧腹内收，台型底，底较平。底径10.6、高3.8、壁厚0.6、底厚1.5厘米（图二三，10）。

陶壶底　ⅡH2：2，残，夹砂黄褐陶。内底微凸，外底微内凹，底外壁有一圈压窝痕。底径6.5、厚1、残高1.3、压窝径0.7～0.8厘米（图二三，8）。

陶罐口沿 ⅡH2：3，残夹砂灰褐陶。口微侈，尖圆唇，斜弧腹。口径10.3、高2.8、壁厚0.6厘米（图二三，4）。

陶壶口沿 ⅡH2：4，残，夹砂灰褐陶。侈口，叠唇，束颈，溜肩。口径13、高3.8、壁厚1厘米（图二三，3）。

陶鬲口沿 ⅡH2：5，残，夹砂黄褐陶，器表有烟炱。侈口，圆唇，束颈，溜肩。口径29、高4.1、壁厚0.9厘米（图二三，7）。

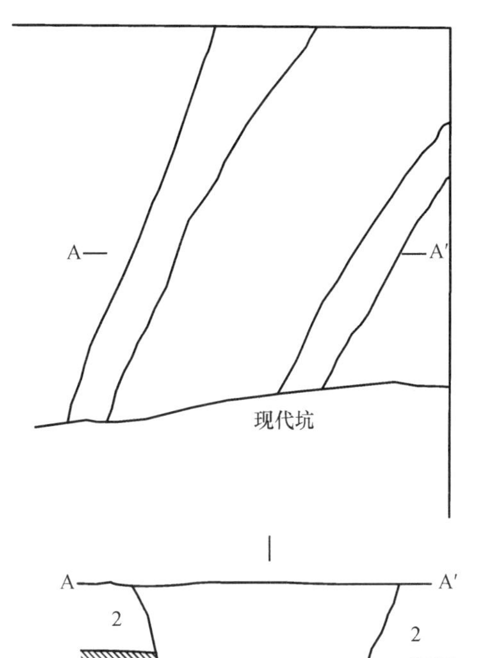

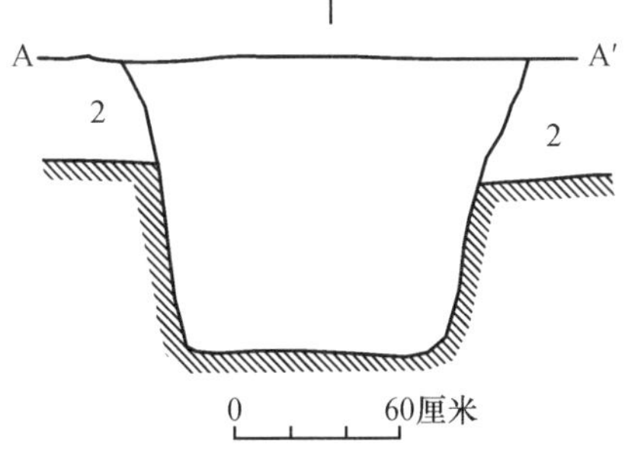

图一九 ⅡH2平、剖面图

3. ⅡH3

（1）形制与结构

ⅡH3位于ⅡT26东北部，西北部延至T35西南，局部压在探方隔梁下，暴露部分平面亚腰形，弧壁，平底（图二〇）。平面长255、宽127、深36厘米。灰坑内填土为一次性堆积形成，灰褐色，土质疏松。

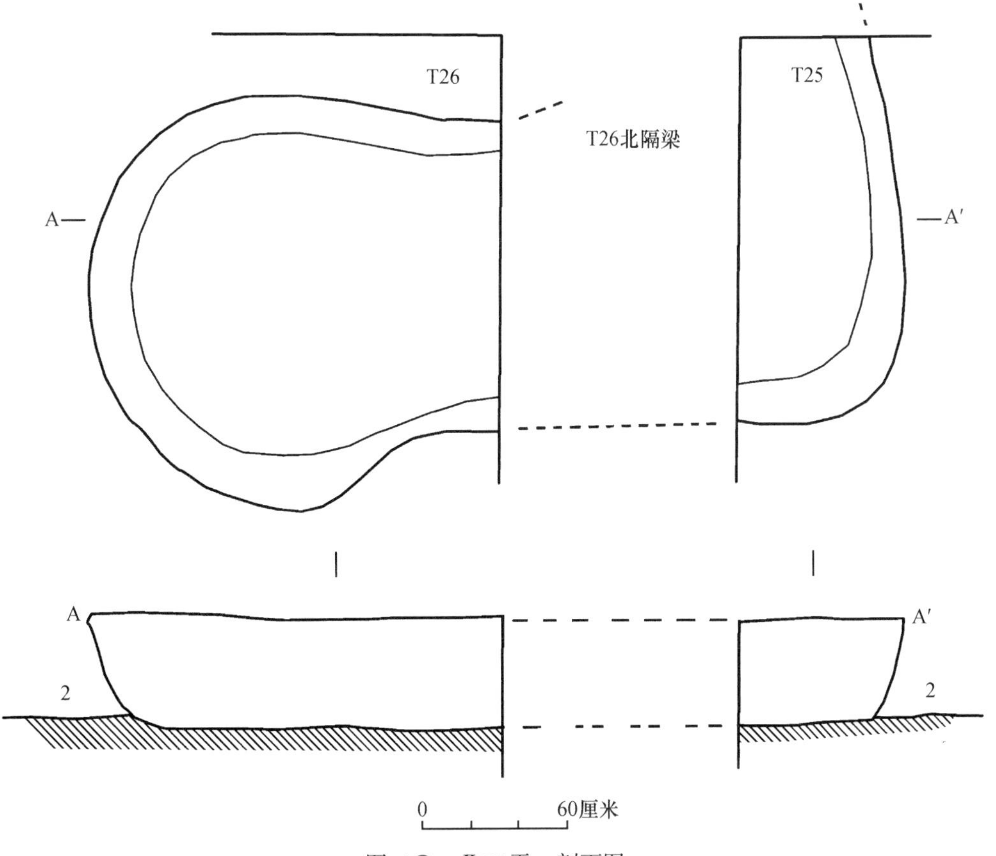

图二〇 ⅡH3平、剖面图

（2）遗物

ⅡH3出土多面磨石1件，夹砂陶片69片，陶器器形有口沿、足、底、腹片等，以腹片为主；可辨器类有罐、壶、钵；陶色以黄褐、红褐色为主，黑褐色次之，有少量灰褐色和施红陶衣。

多面磨石　ⅡH3：1，残，赭红色砂岩，斜四边形，大部分磨制。A面稍内凹，有磨痕，边缘有2个剥片疤。B面较平，边缘有4个剥片疤。C面有2个剥片疤，有6条磨沟痕。D面较平。残长10.5、宽7.5、厚1.4～2.1厘米（图二三，15）。

陶壶底　ⅡH3：2，残，夹砂灰褐陶，斜弧腹内收，平底，外底内凹，假圈足。底径7、高2.2、壁厚0.6、底厚1厘米（图二三，13）。

叠唇罐口沿　ⅡH3：3，残，夹砂灰褐陶。敛口，抹斜沿，尖圆唇，外有一叠唇，其上有5道压印斜线纹，溜肩，鼓腹。高6.2、壁厚0.7厘米（图二三，9）。

陶钵口沿　ⅡH3：4，残，侈口，尖圆唇，折颈，斜肩，内外均抹光，外施红陶衣。口径16、高3、壁厚0.7厘米（图二三，6）。

4. ⅡH4

（1）形制与结构

ⅡH4位于ⅡT6西南角，局部被现代沟及现代坑打破，暴露部分平面近半椭圆形，弧壁，平底（图二一）。平面长223、宽124、深64厘米。灰坑内填土为一次性堆积形成，

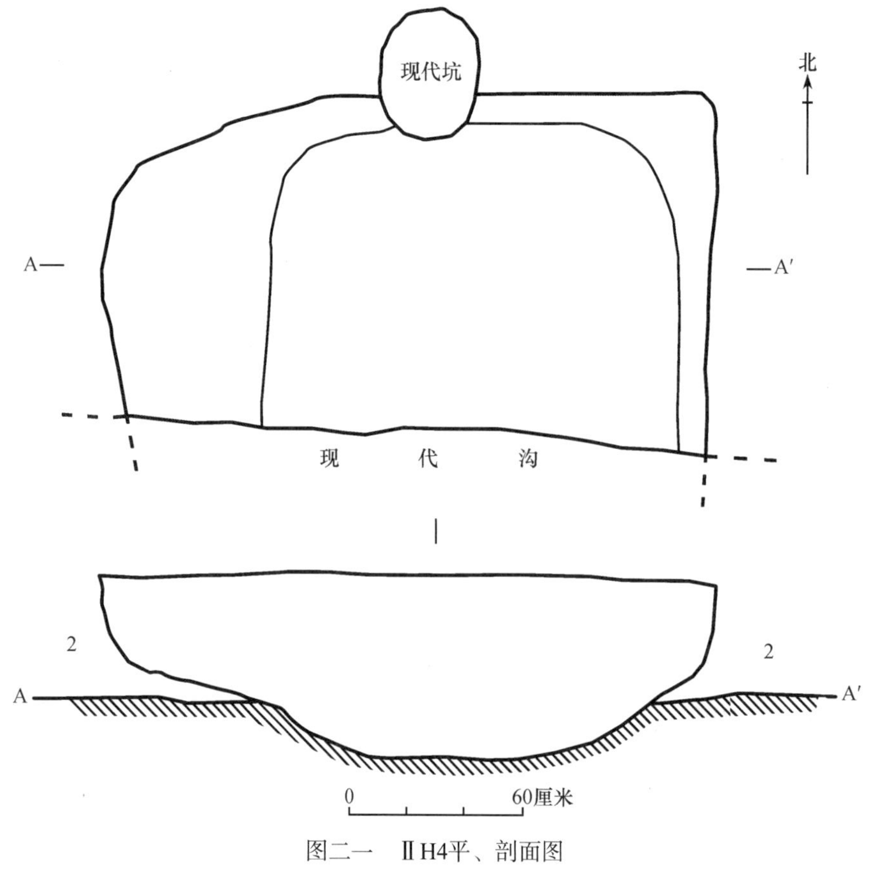

图二一　ⅡH4平、剖面图

灰黑色，土质疏松，中部及下部有红烧土块，分布集中。

（2）遗物

ⅡH4出土三类直凸刃刮削器1件，夹砂陶片36片，陶器器形有口沿、耳、腹片等，以腹片为主；可辨器类有罐；陶色以黄褐、黑褐色为主，红褐色次之。

三类直凸刃刮削器 ⅡH4：1，青色板岩，片状毛坯，形近长条形，截面近长方形。A面大部分为砾石面，左侧有4个剥片疤，12个修理疤，右侧有3个剥片疤，12个修理疤。B面局部有磨制痕，有6个剥片疤，左侧有15个修理疤，右侧有6个修理疤。AⅠ刃为直刃，刃长9厘米；AⅡ刃为凸刃，刃长10.5厘米。高10.9、宽7.6、厚1.9厘米（图二三，14）。

陶鼎盆 ⅡH4：2，残，夹砂灰褐陶。侈口，尖圆唇，束颈，斜弧腹内收，上腹部有一瘤状耳。口径15.4、高9、壁厚0.6、耳高3.4、厚1.4、耳宽2.7厘米（图二三，5）。

5. ⅡH5

（1）形制与结构

ⅡH5位于ⅡT27东北角，局部压在探方隔梁下，暴露部分平面近半圆形，弧壁，平底（图二二）。平面长127、宽113、深42厘米。灰坑内填土为一次性堆积形成，黑褐色，土质较硬，夹杂少量红烧土块及炭粒。

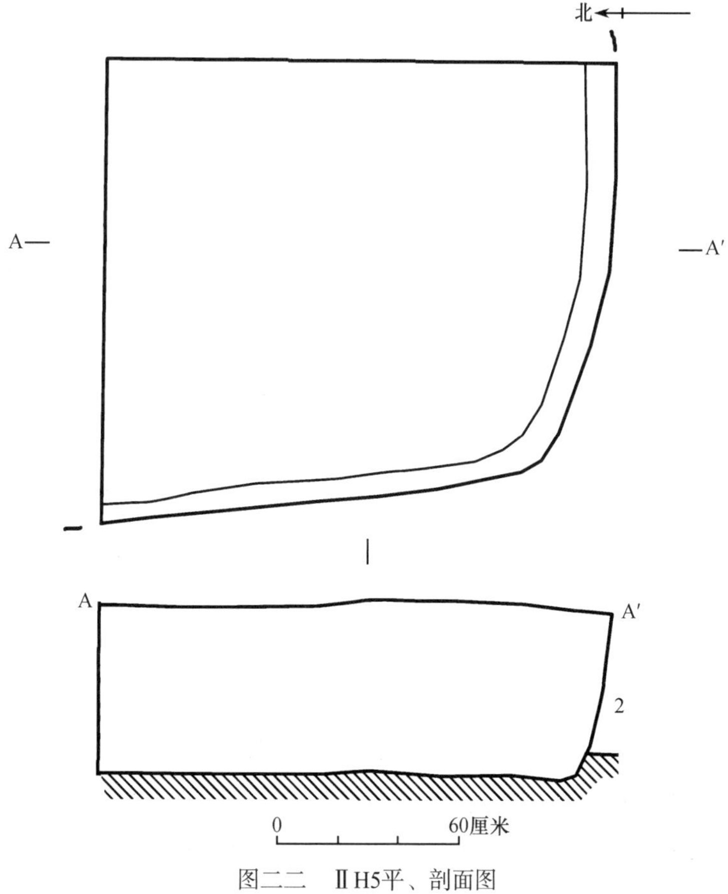

图二二 ⅡH5平、剖面图

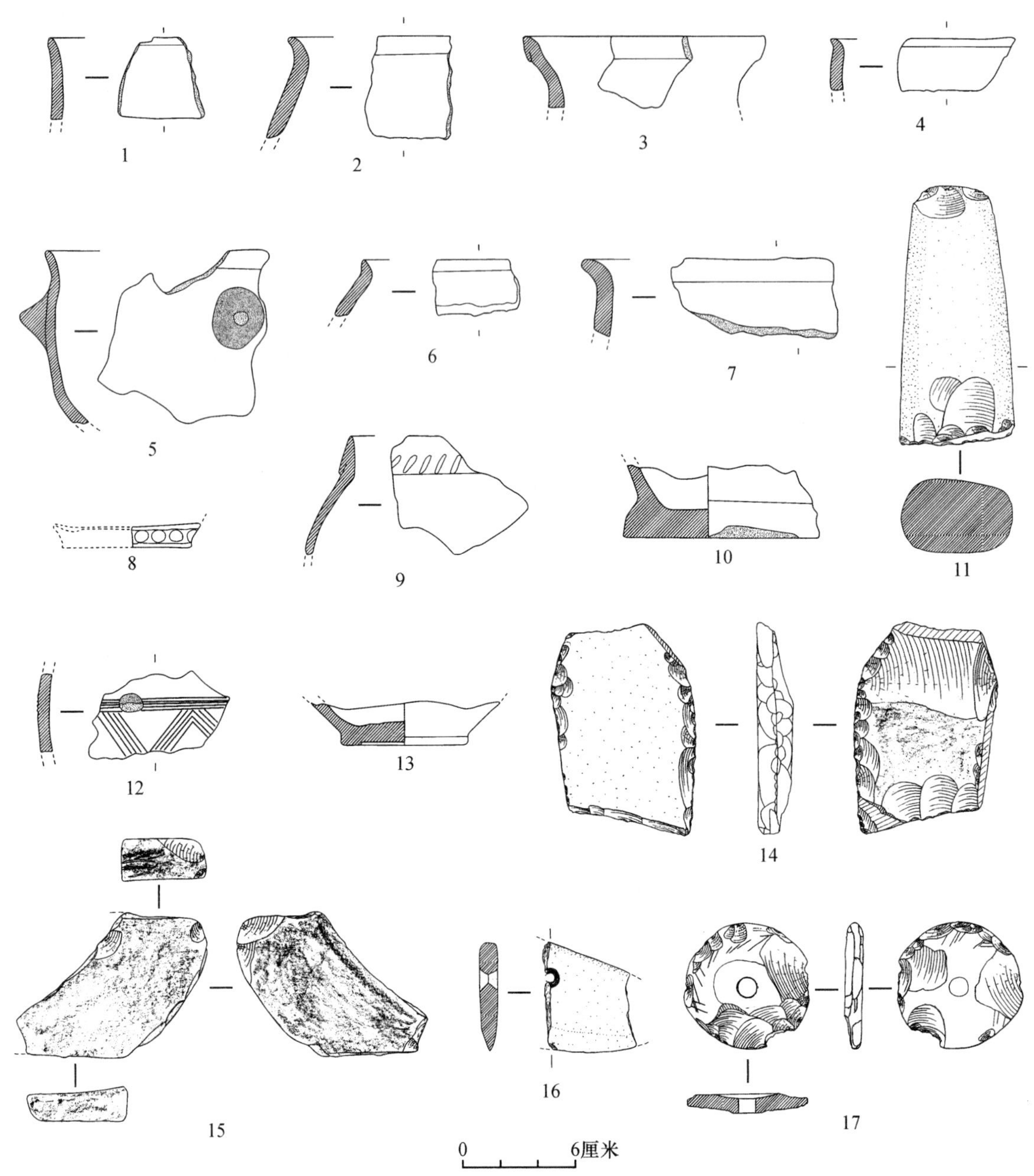

图二三　Ⅱ区灰坑出土遗物（一）

1、3. 陶壶口沿（ⅡH1：1、ⅡH2：4）　2、7. 陶鬲口沿（ⅡH1：2、ⅡH2：5）　4. 陶罐口沿（ⅡH2：3）　5. 陶鼎盆（ⅡH4：2）　6. 陶钵口沿（ⅡH3：4）　8、13. 陶壶底（ⅡH2：2、ⅡH3：2）　9. 叠唇罐口沿（ⅡH3：3）　10. 陶罐底（ⅡH2：1）　11. 石斧（ⅡH5：3）　12. 陶罐腹片（ⅡH5：1）　14. 三类直凸刃刮削器（ⅡH4：1）　15. 多面磨石（ⅡH3：1）　16. 石刀（ⅡH5：2）　17. 石纺轮（ⅡH5：4）

（2）遗物

ⅡH5出土石刀、石斧、石纺轮各1件，夹砂陶片29片，陶器器形有口沿、耳、腹片、底等，以腹片为主；可辨器类有罐；陶色以黄褐、黑褐色为主，红褐色次之。

陶罐腹片　ⅡH5：1，残，夹砂灰褐陶。腹片上有一盲耳，腹部刻有4道弦纹和5道斜线波折纹组成的几何纹饰。高4.6、宽7.6、厚0.7厘米（图二三，12）。

石刀　ⅡH5：2，残，青灰色细砂岩，通体磨制。形近梯形，两端残断，截面近三角形。双面弧刃，刀身上部有一圆形穿孔，两面对钻。残长5.1、宽3.9～5.6、厚1、穿孔径0.4厘米（图二三，16）。

石斧　ⅡH5：3，残，青灰色安山岩，形近长条形，截面近椭圆形，通体磨制。顶端有3个打击崩落疤，底端有5个剥片疤，7个崩落疤。残高13.5、宽4.3～6.2、厚3.8厘米（图二三，11）。

石纺轮　ⅡH5：4，残，灰褐色角岩。有打击疤痕。圆饼形，中有穿孔，为单面钻孔。两侧面均磨制。A面为钻孔面，有5个大剥片疤，边缘有14个小修理疤。B面有4个大剥片疤，边缘有12个小修理疤。A、B面均有细小划痕。外直径6.6、穿孔径1、厚1厘米（图二三，17）。

6. ⅡH6

（1）形制与结构

ⅡH6位于ⅡT7东南角，局部被现代沟打破，暴露部分平面近椭圆形，直壁，斜平底（图二四）。平面长163、宽118、深22～32厘米。灰坑内填土为一次性堆积形成，黑褐色，土质较硬。

（2）遗物

ⅡH6出土石刀1件，夹砂陶片134片，陶器器形有口沿、耳、腹片、足、底等，以腹片为主；可辨器类有鼎、甗、罐、钵、杯；陶色以黄褐色为主，黑褐、红褐色次之，有少量灰褐色和施红陶衣。

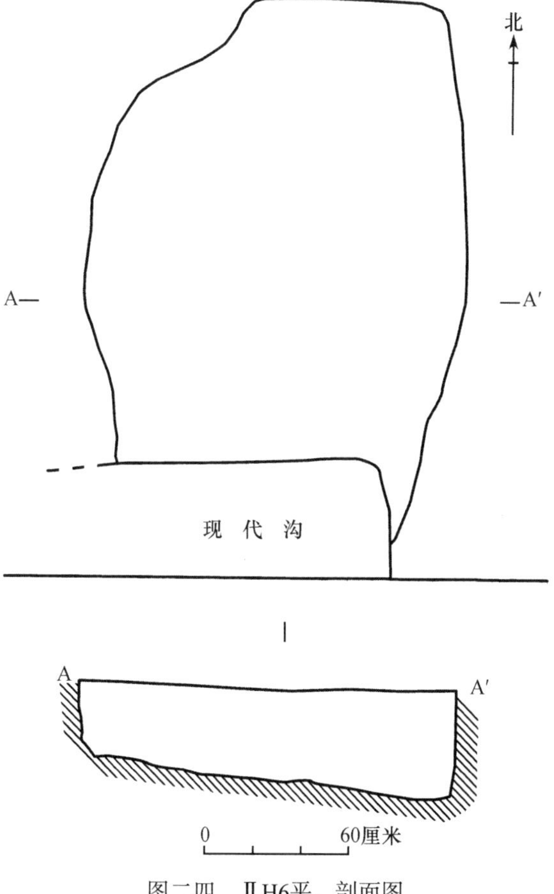

图二四　ⅡH6平、剖面图

石刀　ⅡH6：1，残，青灰色页岩，通体磨制，长条形，保留刀身前端，上有圆形穿孔，孔残断，单面斜刃。残长8.6、宽5.8、厚0.65、刃长8.6、刃宽0.5厘米（图二九，11）。

陶杯口沿　ⅡH6：2，残，夹砂黄褐陶，内外均抹光，外施红陶衣。口微侈，斜展沿，尖圆唇，弧腹，下腹内收，底部缺失，应为底包壁。口径9、高4、壁厚0.4～0.5厘米（图二九，4）。

陶鼎足　ⅡH6：3，残，夹砂黄褐陶，圆柱状。高9.8、上截面径3.1、下截面径2.3厘米（图二九，15）。

陶罐腹片及鋬耳　Ⅱ H6：4，残，夹砂红褐陶。口沿残缺，斜弧腹内收，上腹部有一鋬耳，为壁包底，底缺失。高6.2、宽6.1、壁厚0.6～0.8、鋬耳宽3、耳厚1.4厘米（图二九，9）。

陶钵口沿　Ⅱ H6：5，残，夹砂黄褐陶。敞口，尖圆唇，斜腹内收。口径14、高4.1、壁厚0.7厘米（图二九，2）。

陶折腹罐口沿及腹片　Ⅱ H6：6，残，夹砂灰褐陶。口部残，腹中部内折，下腹弧收。高8.1、最大腹径10、折腹径8.8、壁厚0.6厘米（图二九，5）。

横桥耳　Ⅱ H6：7，残，夹砂灰褐陶。耳下腹片外折。高5.5、宽11.2、壁厚0.6、耳宽6.8、耳高2.3、耳厚0.9厘米（图二九，7）。

陶甗盆口沿　Ⅱ H6：8，残，夹砂灰褐陶。侈口，圆唇，斜弧腹内收，外腹上有一鋬耳。口径38、高9.1、壁厚1.1、耳长4.2、耳宽2.3、耳高2.3厘米（图二九，6）。

7. Ⅱ H7

（1）形制与结构

Ⅱ H7位于Ⅱ T26东南部，局部被Ⅱ H13打破，暴露部分平面近圆形，斜弧壁，平底（图二五）。直径152、深38厘米。灰坑内填土为一次性堆积形成，黑褐色，土质较硬，内夹少许细沙。

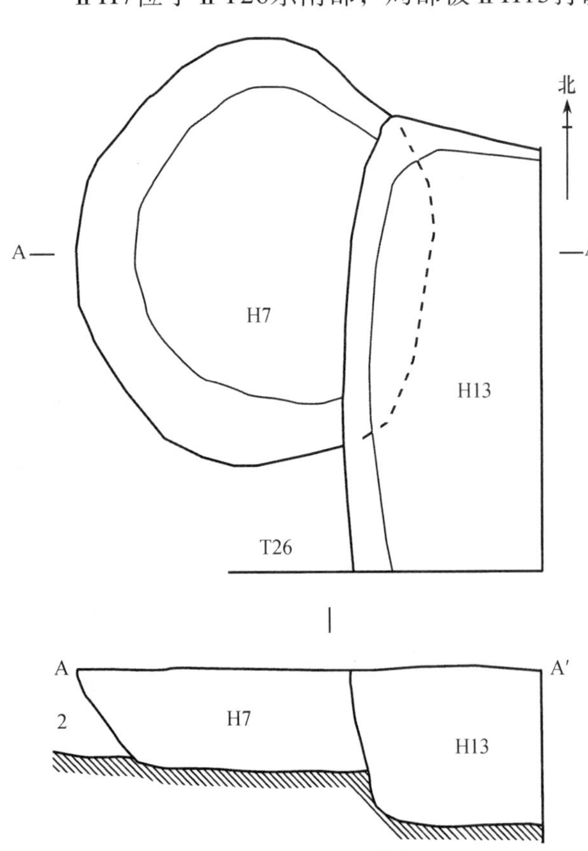

图二五　Ⅱ H7、Ⅱ H13平、剖面图

（2）遗物

Ⅱ H7出土石刀1件，夹砂陶片134片，陶器器形有口沿、腹片、底等，以腹片为主；可辨器类有罐、钵；陶色以黄褐色为主，黑褐色次之，有少量灰褐色和施红陶衣。

石刀　Ⅱ H7：1，残，青色泥岩，为石刀尾端，形近半椭圆形，截面近梭形，通体磨制。A面刃口有2个崩落疤，B面刃口有3个崩落疤。残长5.5、宽7、厚1.3、刃长7厘米（图二九，10）。

戳点纹腹片　Ⅱ H7：2，残，夹砂红褐陶，腹片上有戳点。高8.4、宽7.3、厚0.9厘米（图二九，12）。

陶罐底　Ⅱ H7：3，残，夹砂红褐

陶，内外均抹光，外施红陶衣，大部分脱落。斜弧腹内收，平底。底径10.8、高10.8、壁厚0.8、底厚1.1厘米（图二九，16）。

陶钵口沿　ⅡH7：4，残，夹砂黄褐陶。敞口，尖圆唇，斜腹内收，平底。口径27、底径11、高5.4厘米（图二九，1）。

8. ⅡH8

（1）形制与结构

ⅡH8位于ⅡT18西北部，局部压在探方隔梁下，暴露部分平面近半圆形，锅底状（图二六）。直径89、深63厘米。灰坑内填土为一次性堆积形成，黑褐色，土质较硬，夹杂有红烧土块。

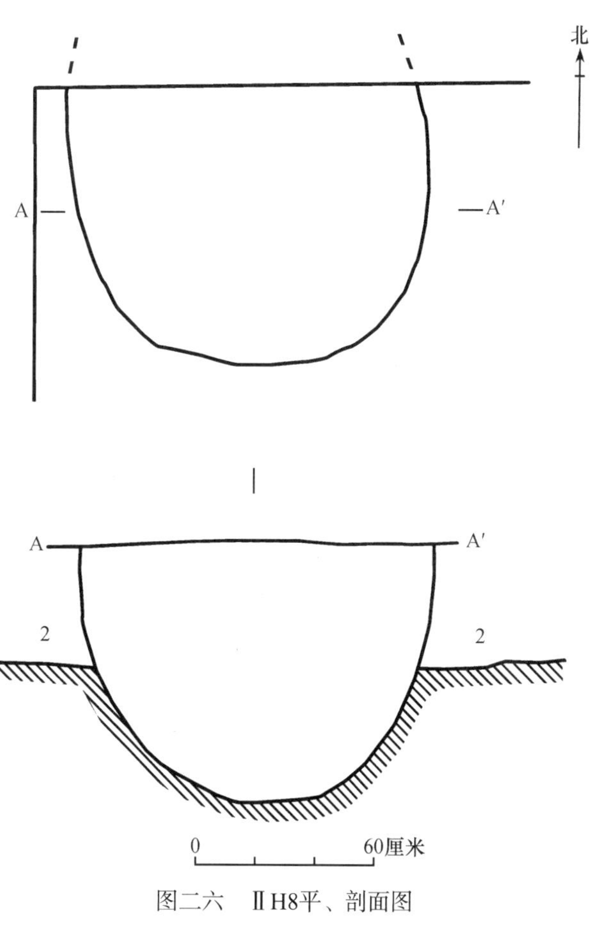

图二六　ⅡH8平、剖面图

（2）遗物

ⅡH8出土夹砂陶片19片，陶器器形有口沿、腹片，以腹片为主；可辨器类有鬲、杯；陶色以黄褐色为主，黑褐色次之，有少量红褐、灰褐色和施红陶衣。

陶鬲袋足　ⅡH8：1，残，夹砂灰褐陶，仅余两个袋足和鬲裆部分，袋足为圆锥状。高25.8、宽32.4、壁厚1.1、袋足内径11.7、足高10、足跟径1.1厘米（图二九，17）。

陶杯口沿　ⅡH8：2，残，夹砂黄褐陶。直口微侈，圆唇，斜直腹。口径18.8、高2.8、壁厚0.8厘米（图二九，3）。

9. ⅡH9

（1）形制与结构

ⅡH9位于ⅡT26东北角及ⅡT27西北角，局部压在探方隔梁下，暴露部分平面近半椭圆形，斜弧壁、平底（图二七）。平面长258、宽115、深45～54厘米。灰坑内填土为一次性堆积形成，黑褐色，土质较硬，夹杂有红烧土块、炭粒。

（2）遗物

ⅡH9出土夹砂陶片6片，陶器器形有口沿、腹片、耳、底等，以腹片为主；可辨器

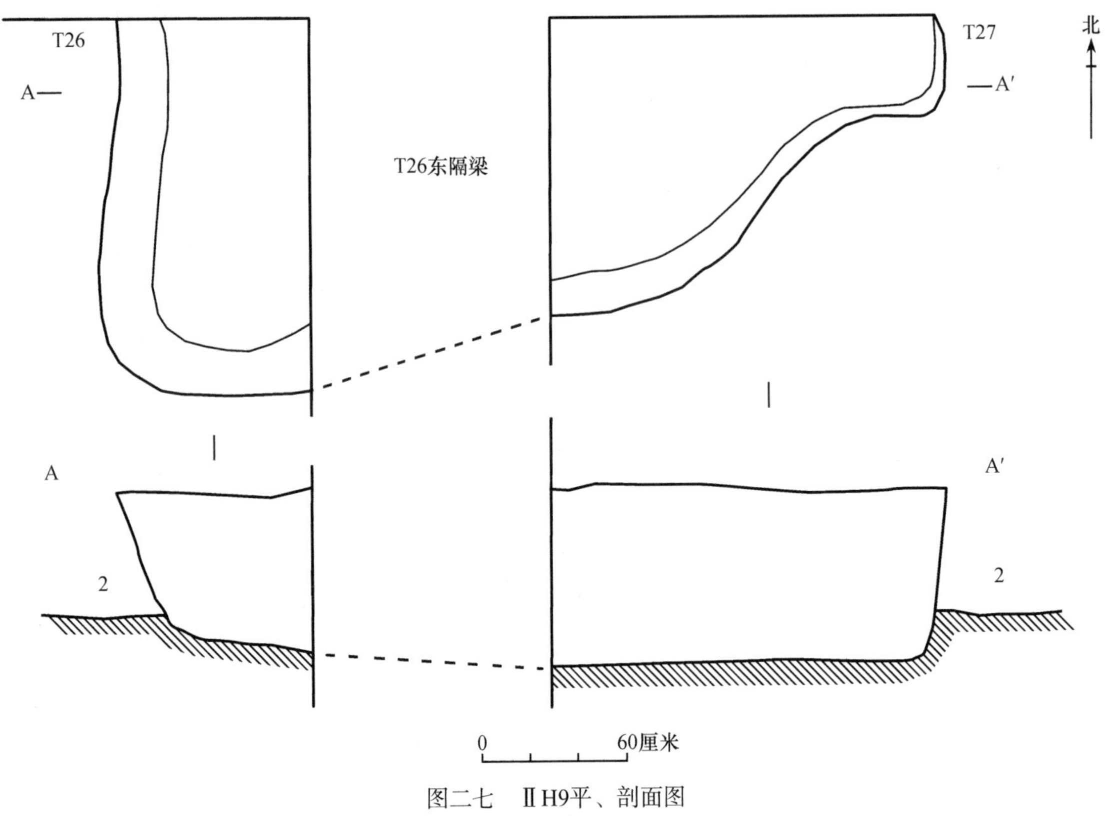

图二七　ⅡH9平、剖面图

类有甗；陶色以黄褐色为主，红褐、黑褐色次之。

陶甗腰　ⅡH9：1，残，夹砂红褐陶。腹部有一圈压窝纹带。高2.8、壁厚1.3、压窝径0.8～1.1厘米（图二九，13）。

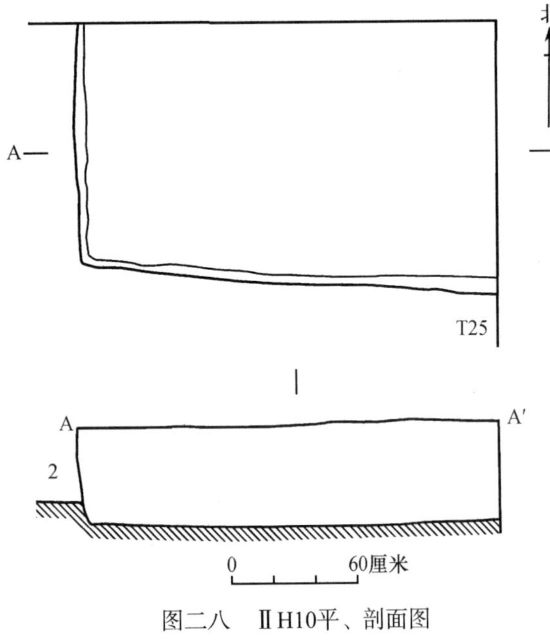

图二八　ⅡH10平、剖面图

10. ⅡH10

（1）形制与结构

ⅡH10位于ⅡT25东北部，局部压在探方隔梁下，暴露部分平面近梯形，斜弧壁，平底（图二八）。平面长151、宽84～95、深34～38厘米。灰坑内填土为一次性堆积形成，灰褐色，土质较疏松。

（2）遗物

ⅡH10出土磨石1件，夹砂陶片60片，陶器器形有口沿、腹片、耳、底等，以腹片为主；陶色以黑褐色为主，红褐、黄褐色次之，有少量灰褐色和施红陶衣。

磨石 ⅡH10：1，青灰色花岗细晶岩，块状毛坯（以石核为毛坯），截面近长方形。一面磨制，中间稍内凹，其余各面有打击剥片疤痕。高4.3、宽6.4、厚3.9厘米（图二九，14）。

竖桥耳 ⅡH10：2，夹砂红褐陶。高8.4、宽6.8、壁厚0.7、耳高6.6、耳宽3.1、耳厚1.2厘米（图二九，8）。

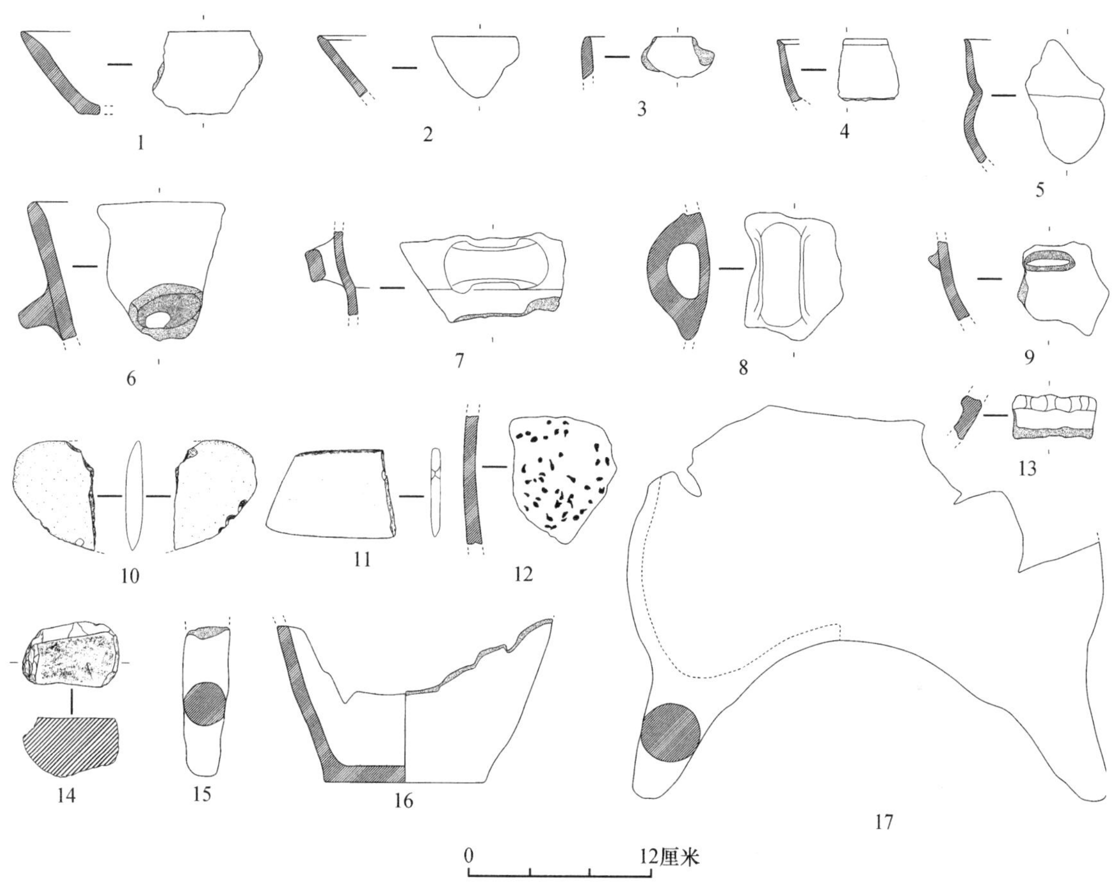

图二九 Ⅱ区灰坑出土遗物（二）

1、2. 陶钵口沿（ⅡH7：4、ⅡH6：5） 3、4. 陶杯口沿（ⅡH8：2、ⅡH6：2） 5. 陶折腹罐口沿及腹片（ⅡH6：6） 6. 陶甗盆口沿（ⅡH6：8） 7. 横桥耳（ⅡH6：7） 8. 竖桥耳（ⅡH10：2） 9. 陶罐腹片及鋬耳（ⅡH6：4） 10、11. 石刀（ⅡH7：1、ⅡH6：1） 12. 戳点纹腹片（ⅡH7：2） 13. 陶甗腰（ⅡH9：1） 14. 磨石（ⅡH10：1） 15. 陶鼎足（ⅡH6：3） 16. 陶罐底（ⅡH7：3） 17. 陶鬲袋足（ⅡH8：1）

11. ⅡH11

（1）形制与结构

ⅡH11位于ⅡT36、45东部，局部压在探方隔梁下，暴露部分平面为不规则长条形，斜弧壁，平底（图三〇）。平面长900、宽70～156、深50～52厘米。灰坑内填土为一次性堆积形成，黑褐色，土质较硬，夹杂有红烧土块、炭粒。

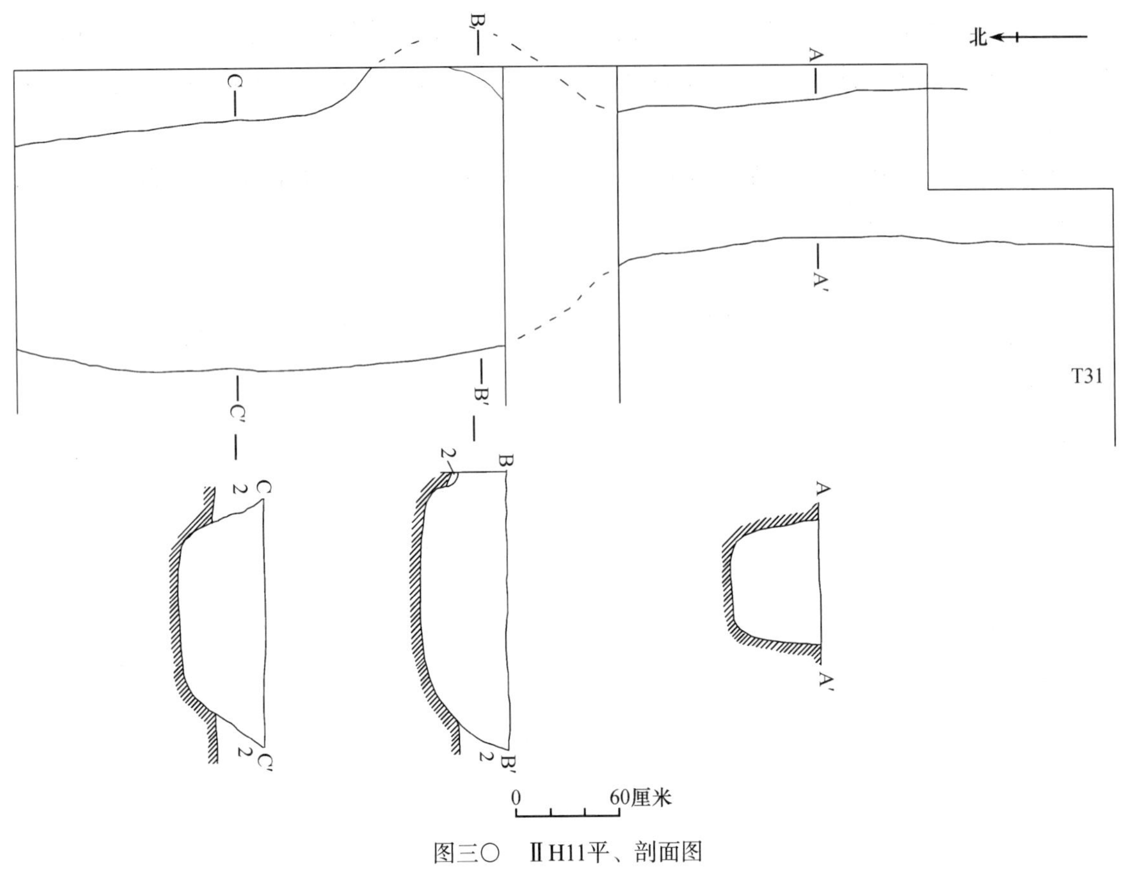

图三〇　Ⅱ H11平、剖面图

（2）遗物

Ⅱ H11出土陶拍1件，夹砂陶片236片，陶器器形有口沿、腹片、耳、足、底等，以腹片为主；可辨器类有罐；陶色以黄褐、黑褐色为主，红褐色次之，有少量灰褐色和施红陶衣。

筒形罐腹片　Ⅱ H11：1，残，夹砂红褐陶，腹部有3组横排竖压“之”字纹带。高4、宽4.2、厚0.7厘米（图三四，7）。

陶拍　Ⅱ H11：2，残，夹砂黄褐陶。斜腹内收，平底，内底有斜网格纹。高3、壁厚0.4、底厚1.8厘米（图三四，11）。

12. Ⅱ H12

（1）形制与结构

Ⅱ H12位于Ⅱ T43西部，局部压在探方隔梁下，暴露部分平面近半圆形，斜弧壁，平底（图三一）。平面直径207、深22～38厘米。灰坑内填土为一次性堆积形成，黑褐色，土质疏松，夹杂有炭粒。

（2）遗物

Ⅱ H12出土磨棒1件，夹砂陶片129片，陶器器形有口沿、腹片、耳、足、底等，以

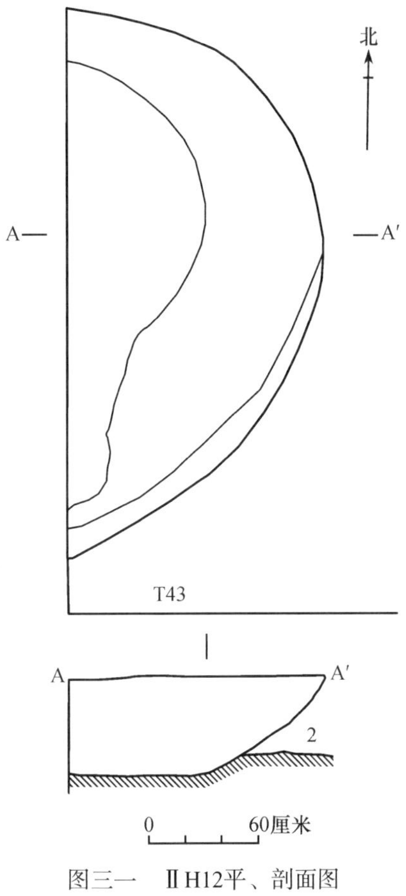

图三一 Ⅱ H12平、剖面图

腹片为主；可辨器类有鬲、壶；陶色以黄褐色为主，黑褐色次之，有少量红褐色和施红陶衣。

磨棒 Ⅱ H12：1，残，棕色砂岩，通体磨制。长条形，横截面近椭圆三角形，两端残断。残长6.3、宽5.5、厚4.3厘米（图三四，12）。

穿孔陶片 Ⅱ H12：2，残，夹砂灰褐陶。其上有一圆形穿孔，两面对钻。高7.7、宽10.7、壁厚0.9、穿孔径0.8～1.5厘米（图三四，9）。

陶鬲足 Ⅱ H12：3，残，夹砂灰褐陶。圆锥状，可见鬲窝，足跟略残。高9.5、最大截面径5.5、足跟径2.2厘米（图三四，10）。

陶壶底 Ⅱ H12：4，残，夹砂灰褐陶。斜弧腹内收，平底，外底微内凹，内底微凸。底径11、高2.9、壁厚0.7、底厚0.9厘米（图三四，8）。

13. Ⅱ H13

（1）形制与结构

Ⅱ H13位于Ⅱ T26东南部，部分压在T26东隔梁和T15北隔梁下，暴露部分近长方形，直壁平底（图二五）。长210、宽94～100、深74厘米。灰坑内填土为一次性堆积形成，黑褐色，土质疏松，夹杂有红烧土块、炭粒。

（2）遗物

ⅡH13出土夹砂陶片38片，陶器器形有口沿、腹片、耳、底等，以腹片为主；可辨器类有罐、瓮、壶；陶色以黄褐、红褐色为主，黑褐色次之，有少量施红陶衣。

筒形罐口沿　ⅡH13：1，残，夹砂红褐陶。直口，抹斜沿，尖圆唇，直腹，腹部有8道折棱。口径23、高9.3、壁厚0.6厘米（图三四，4）。

陶瓮口沿　ⅡH13：2，残，夹砂红褐陶。直口，尖圆唇，高直颈，颈上有5道折棱，折肩。口径40、高7.7、壁厚0.6厘米（图三四，1）。

陶壶腹片　ⅡH13：3，残，夹砂红褐陶。壶颈以上残缺，有一竖桥耳。高13.4、宽13.5、壁厚0.5、耳宽3.4、耳高7.7、耳厚1.2厘米（图三四，6）。

14. ⅡH14

（1）形制与结构

ⅡH14位于ⅡT46西南部，局部压在探方隔梁下，暴露部分平面近长方形，斜直壁，向下渐收，平底（图三二）。平面长134、宽34、深58厘米。灰坑内填土为一次性堆积形成，黑褐色，土质较硬，夹杂有炭粒。

（2）遗物

ⅡH14出土陶网坠1件，夹砂陶片12片，陶器器形有口沿、腹片，以腹片为主；可辨器类有杯；陶色皆为黄褐色。

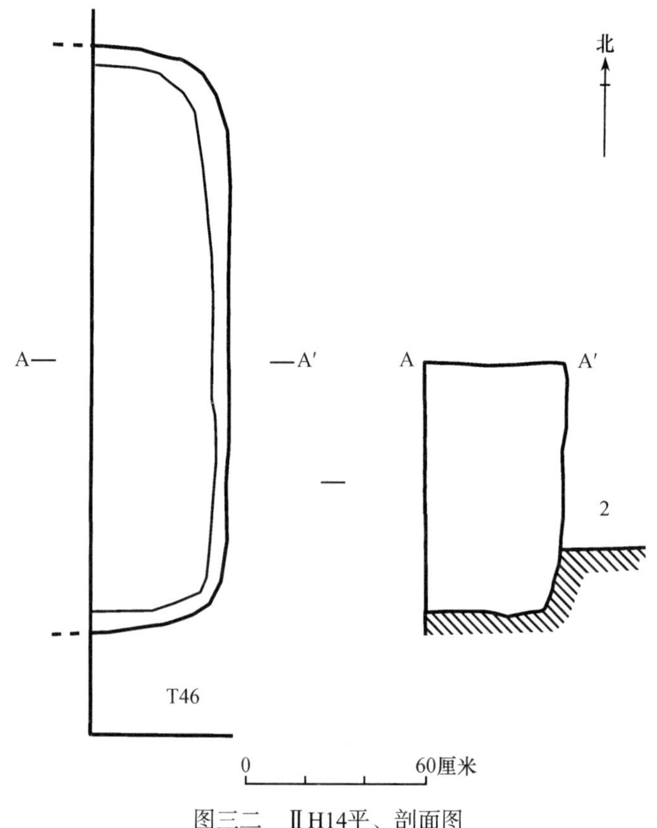

图三二　ⅡH14平、剖面图

陶网坠　ⅡH14：1，完整，夹砂黄褐陶。平面近椭圆形，两端有沟槽，表面经磨光。宽3.6、高2.3、厚0.7厘米（图三四，3）。

陶杯口沿　ⅡH14：2，残，夹砂灰褐陶。直口微侈，尖圆唇，直腹。口径14.5、残高4.2、壁厚0.7厘米（图三四，2）。

15. ⅡH15

（1）形制与结构

ⅡH15位于ⅡT46东部，局部被基槽施工破坏，被M1打破，暴露部分平面近梯形，斜直壁，平底（图三三）。平面长160、宽146、深48厘米。灰坑内填土为一次性堆积形成，黑褐色，土质较硬。

（2）遗物

ⅡH15出土夹砂陶片21片，陶器器形有口沿、腹片、底等，以腹片为主；可辨器类有壶；陶色以黄褐色为主，红褐、黑褐色次之。

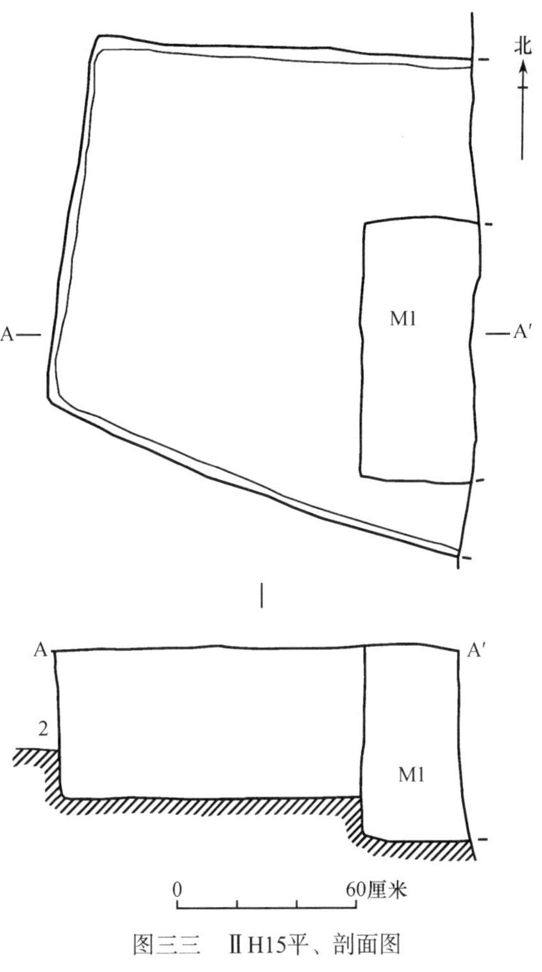

图三三　ⅡH15平、剖面图

陶壶底　ⅡH15：1，残，夹砂红褐陶，外壁经抹光，斜弧腹，平底。底径6、残高1.2厘米（图三四，5）。

16. ⅡH16

（1）形制与结构

ⅡH16位于ⅡT44西南角，部分压在T43东隔梁和T35北隔梁下，暴露部分平面近长方形，斜弧壁平底（图三五）。平面长330、宽110～114、深60厘米。灰坑内填土为一次性堆积形成，黑褐色，土质疏松，夹杂有红烧土块和炭粒。

（2）遗物

ⅡH16出土石片远端断片1件，夹砂陶片167片，陶器器形有口沿、腹片、耳、底等，以腹片为主；可辨器类有罐、甗；陶色以黑褐色为主，黄褐、红褐色次之，有少量灰褐色和施红陶衣。

筒形罐口沿　ⅡH16：1，残，夹砂红褐陶。口微侈，圆唇，直腹，腹上刻有3道弦纹和11道斜线纹组成的几何纹饰，其下有1组横排竖压“之”字纹带。口径19、高7.2、壁厚0.5厘米（图三八，1）。

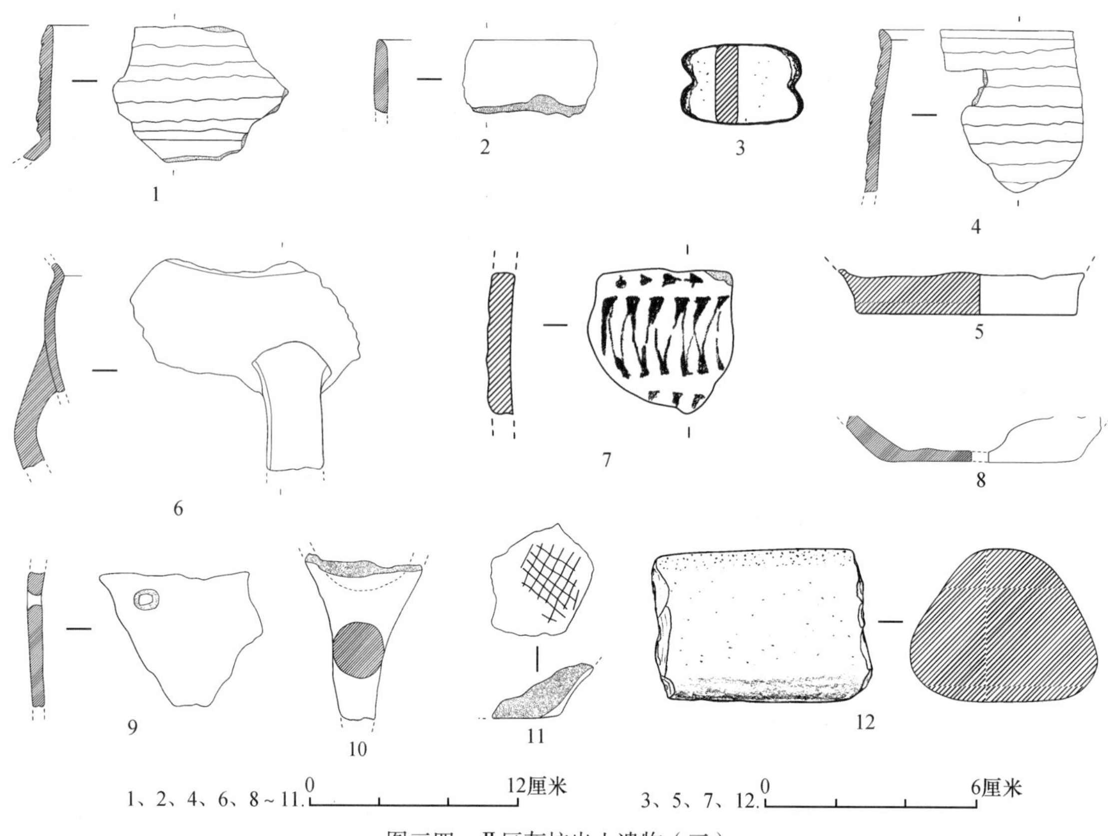

图三四　Ⅱ区灰坑出土遗物（三）

1. 陶瓮口沿（ⅡH13：2）　2. 陶杯口沿（ⅡH14：2）　3. 陶网坠（ⅡH14：1）　4. 筒形罐口沿（ⅡH13：1）　5、8. 陶壶底（ⅡH15：1、ⅡH12：4）　6. 陶壶腹片（ⅡH13：3）　7. 筒形罐腹片（ⅡH11：1）　9. 穿孔陶片（ⅡH12：2）　10. 陶鬲足（ⅡH12：3）　11. 陶拍（ⅡH11：2）　12. 磨棒（ⅡH12：1）

筒形罐口沿　ⅡH16：2，残，夹砂黄褐陶。口微侈，圆唇，直腹，腹上刻有6道弦纹和4道斜线纹组成的几何纹饰，其下有2组横排竖压“之”字纹带。口径30、高8.8、壁厚0.7厘米（图三八，2）。

筒形罐口沿　ⅡH16：3，残，夹砂灰褐陶。口微侈，圆唇，直腹，腹上刻有8道弦纹和4道斜线纹组成的几何纹饰。口径42、高5.5、壁厚0.7厘米（图三八，3）。

筒形罐腹片　ⅡH16：4，残，夹砂黄褐陶，腹部有3组横排竖压“之”字纹带，压印较松散。高6.6、宽18.8、壁厚0.8厘米（图三八，10）。

筒形罐腹片　ⅡH16：5，残，夹砂黄褐陶，腹部有1组横排竖压“之”字纹带，接近下腹部，为底包壁。高6.4、宽8.9、壁厚0.8厘米（图三八，12）。

筒形罐腹片　ⅡH16：6，残，夹砂红褐陶，腹部有3组横排竖压“之”字纹带，压印较松散。高8.2、宽9.6、壁厚0.6厘米（图三八，11）。

筒形罐口沿　ⅡH16：7，残，夹砂红褐陶。口微侈，圆唇，直腹，腹上刻有5道弦纹和5道斜线纹组成的几何纹饰，其下有2组横排竖压“之”字纹带。口径18、高7.5、壁厚0.5厘米（图三八，4）。

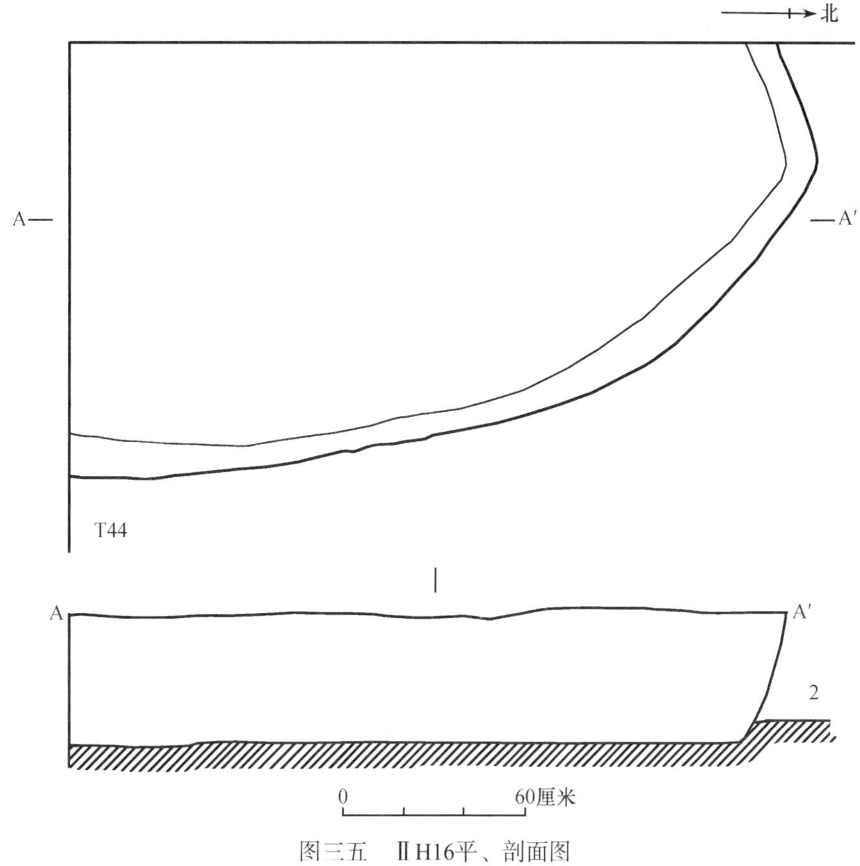

图三五 ⅡH16平、剖面图

筒形罐口沿 ⅡH16∶8，残，夹砂灰褐陶。口微侈，尖圆唇，直腹，腹上刻有6道弦纹和8道斜线纹组成的几何纹饰。口径22、高3.7、壁厚0.7厘米（图三八，5）。

筒形罐腹片 ⅡH16∶9，残，夹砂黄褐陶，腹部有2组横排竖压“之”字纹带。高5.1、宽8.8、壁厚0.7厘米（图三八，6）。

陶甗盆 ⅡH16∶10，残，夹砂红褐陶，局部有烟炱。侈口，斜沿、尖圆唇，溜肩，斜弧腹内收。腹部原有两横桥耳，现一个残缺，原有两盲耳，现残缺，甗腰处有一圈附加堆压窝纹带，局部残。口径27.2、高26、最大腹径26.2、壁厚1.2、耳高3.5、耳宽1、耳厚1.4、压窝径0.8～1.4厘米（图三八，15）。

筒形罐腹片 ⅡH16∶11，残，夹砂灰褐陶，腹上刻有5道弦纹和3道斜线纹组成的几何纹饰，其下有2组横排竖压“之”字纹带。高5.6、宽4.3、壁厚0.7厘米（图三八，13）。

石片远端断片 ⅡH16∶12，青灰色角岩，片状毛坯，形近扇形。A面有2个大剥片疤，2个小修理疤，其余为节理和砾石面。B面有5个剥片疤，3个修理疤。高2、宽3.4、厚0.9厘米（图三八，8）。

17. ⅡH17

（1）形制与结构

ⅡH17位于ⅡT34西北角，局部压在探方隔梁下，暴露部分平面近圆形，斜弧壁折收，平底（图三六）。平面直径112、深54厘米。灰坑内填土为一次性堆积形成，黑褐色，土质疏松，夹杂有炭粒。

（2）遗物

ⅡH17出土陶纺轮1件，夹砂陶片27片，陶器器形有腹片、底，以腹片为主；可辨器类有碗；陶色以黄褐色为主，红褐、黑褐色次之，有少量施红陶衣。

陶纺轮　ⅡH17∶1，残，仅余一半，夹砂黄褐陶。台型，中有圆形穿孔。底径4.7、面径3.9、高1.4、穿孔径0.5厘米（图三八，14）。

陶碗底　ⅡH17∶2，残，夹砂黄褐陶。斜弧腹内收，假圈足，平底。底径7.6、高4.4、壁厚0.9、底厚0.7厘米（图三八，9）。

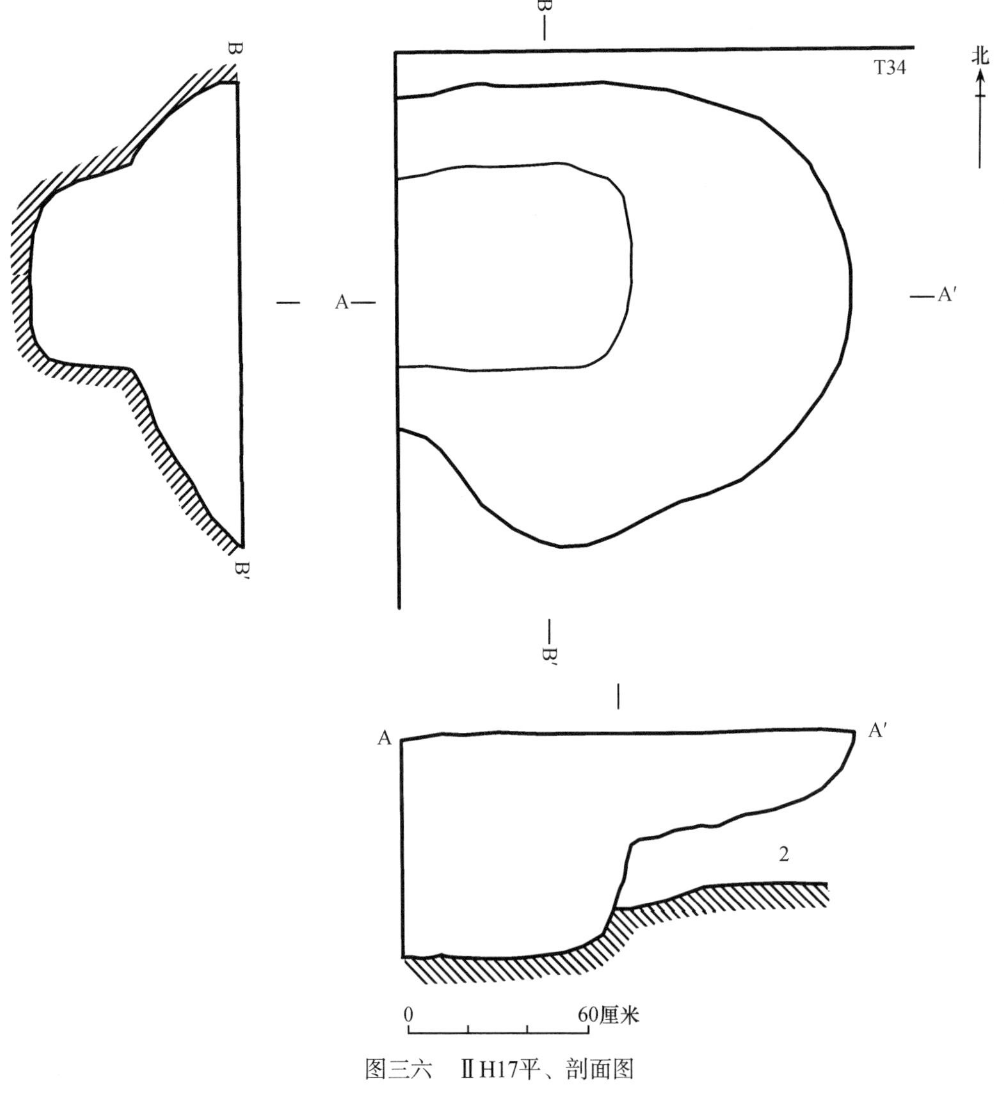

图三六　ⅡH17平、剖面图

18. ⅡH18

（1）形制与结构

ⅡH18位于ⅡT16东部，局部压在探方隔梁下，打破ⅡH27，暴露部分平面为圆角长方形，斜弧壁，平底（图三七）。平面长88、宽54、深31厘米。灰坑内填土为一次性堆积形成，灰褐色，土质疏松，夹杂有炭粒。

（2）遗物

ⅡH18出土石镞1件，夹砂陶片6片，陶器器形有口沿、腹片，以腹片为主；陶色以黄褐色为主，灰褐色次之。

石镞 ⅡH18∶1，残，青灰色页岩，形近三角形，截面近菱形，通体磨制。中有脊，两侧刃锋利，下端残。残高2.8、宽0.9、厚0.2厘米（图三八，7）。

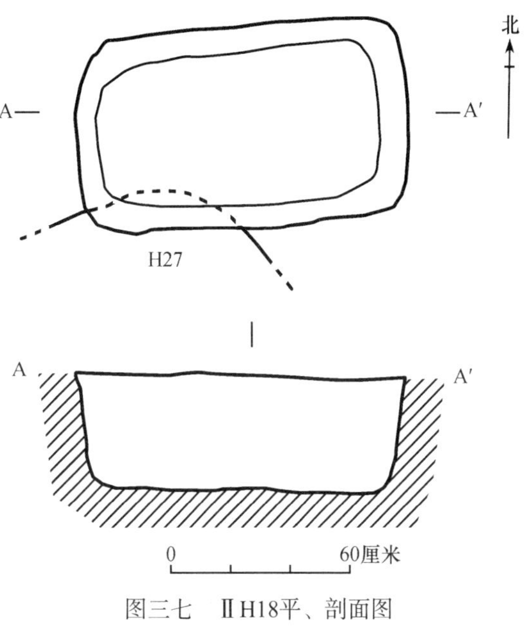

图三七 ⅡH18平、剖面图

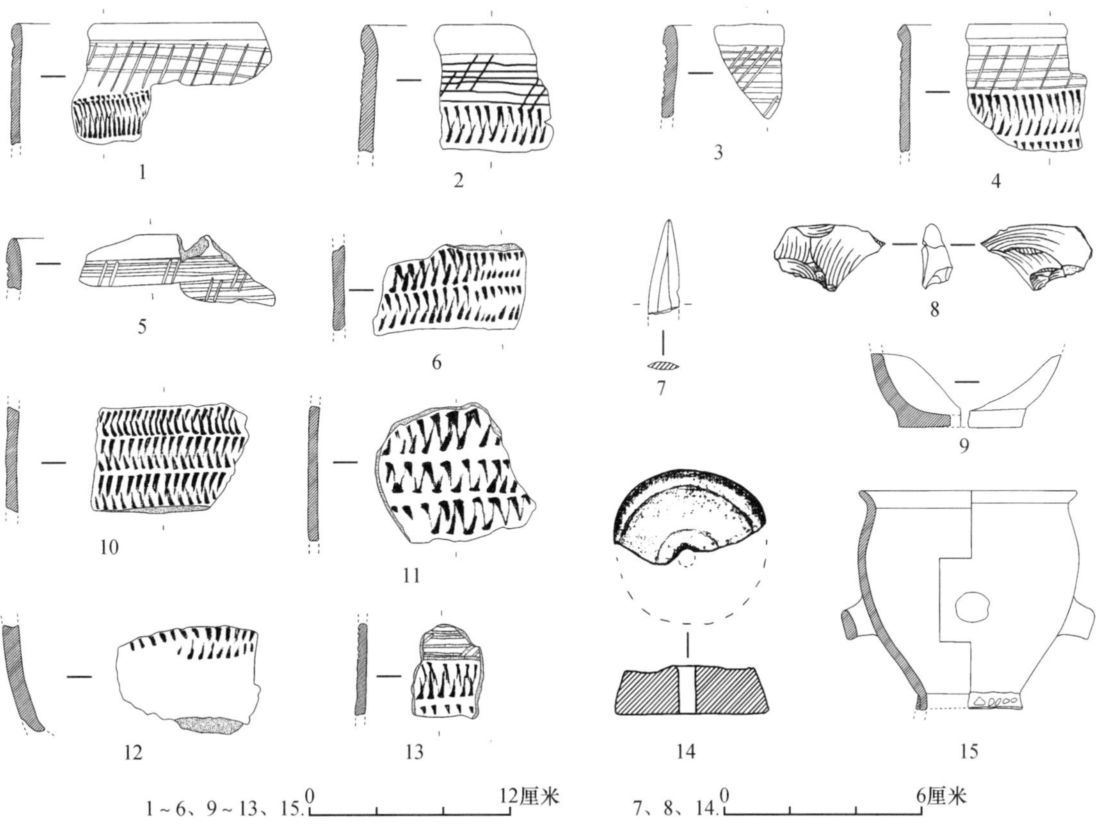

图三八 Ⅱ区灰坑出土遗物（四）

1～5. 筒形罐口沿（ⅡH16∶1、ⅡH16∶2、ⅡH16∶3、ⅡH16∶7、ⅡH16∶8） 6、10～13. 筒形罐腹片（ⅡH16∶9、ⅡH16∶4、ⅡH16∶6、ⅡH16∶5、ⅡH16∶11） 7. 石镞（ⅡH18∶1） 8. 石片远端断片（ⅡH16∶12） 9. 陶碗底（ⅡH17∶2） 14. 陶纺轮（ⅡH17∶1） 15. 陶甗盆（ⅡH16∶10）

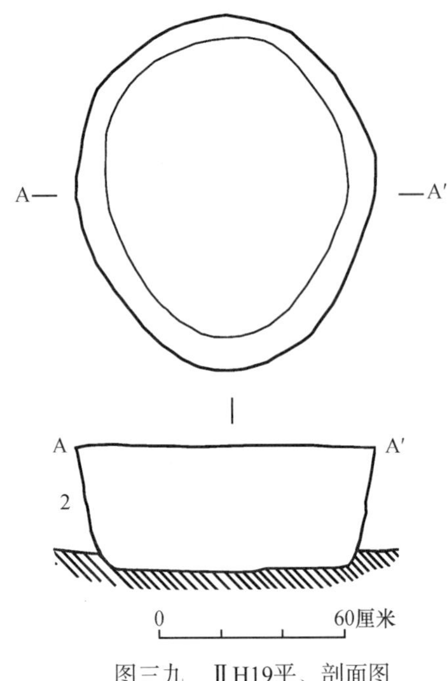

图三九　ⅡH19平、剖面图

19. ⅡH19

（1）形制与结构

ⅡH19位于ⅡT17西南角，局部压在探方隔梁下，打破ⅡH40，暴露部分平面近圆形，斜弧壁，平底（图三九）。平面直径96～110、深40厘米。灰坑内填土为一次性堆积形成，灰褐色，土质疏松。

（2）遗物

ⅡH19出土夹砂陶片51片，陶器器形有口沿、腹片、耳、底等，以腹片为主；可辨器类有甗；陶色以黄褐色为主，红褐、黑褐色次之，有少量灰褐色。

陶甗腰　ⅡH19：1，残，夹砂灰褐陶。上腹内收，袋足弧腹外撇。腰部有一周压窝纹带。高13.2、宽15、壁厚0.8、腰外径13.6、压窝纹带宽1.7～2、压窝径1.1～1.3厘米（图四六，11）。

横桥耳　ⅡH19：2，残，夹砂灰褐陶。腹片上有烟炱。高9.1、宽12.2、壁厚0.8、耳宽9.4、耳高4.3、耳厚1.2厘米（图四六，8）。

20. ⅡH20

（1）形制与结构

ⅡH20位于ⅡT17东北角，被现代坑打破，局部压在探方隔梁下，暴露部分平面近半圆形，斜弧壁，平底（图四〇）。平面直径86、深60～64厘米。灰坑内填土为一次性堆积形成，灰褐色，土质疏松。

（2）遗物

ⅡH20出土石刀1件，夹砂陶片57片，陶器器形有口沿、腹片、耳等，以腹片为主；陶色以黄褐色为主，红褐、黑褐色次之。

石刀　ⅡH20：1，残，青灰色页岩，保留石刀尾端。形近长条形，双面弧刃，刃偏于一侧。刀身上有2个圆形穿孔，两面对钻。残长9.8、宽5.6、厚0.6、刃长9.4、刃宽0.7厘米（图四六，13）。

竖桥耳　ⅡH20：2，残，夹砂灰褐陶。高8、宽6.3、耳高6、耳宽2.4、耳厚0.9厘米（图四六，7）。

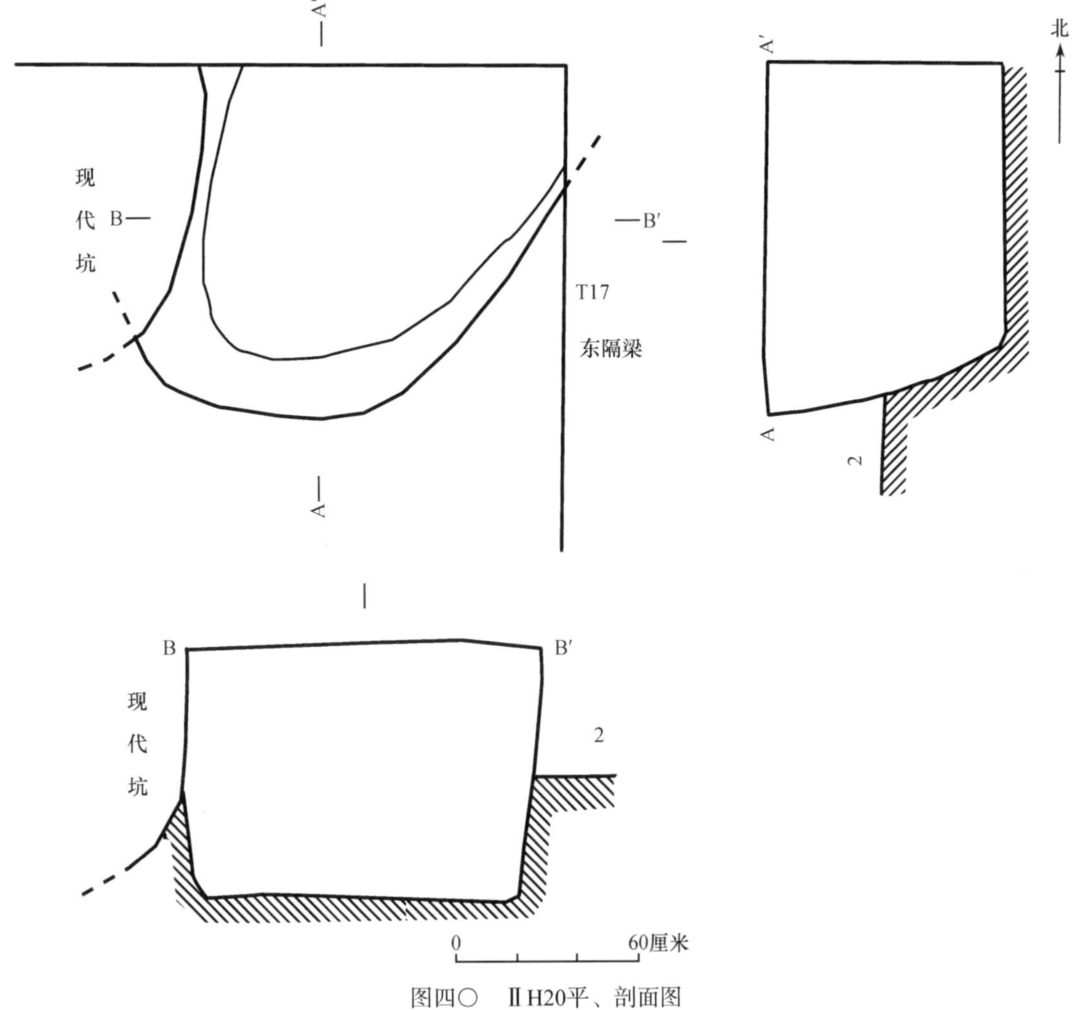

图四〇 ⅡH20平、剖面图

21. ⅡH21

（1）形制与结构

ⅡH21位于ⅡT23中部，暴露部分平面近椭圆形，斜弧壁，平底（图四一）。平面长202、宽100、深35厘米。灰坑内填土为一次性堆积形成，灰褐色，土质疏松。

（2）遗物

ⅡH21出土夹砂陶片10片，陶器器形有口沿、腹片、耳、底等，以腹片为主；陶色以黄褐色为主，红褐、黑褐色次之。

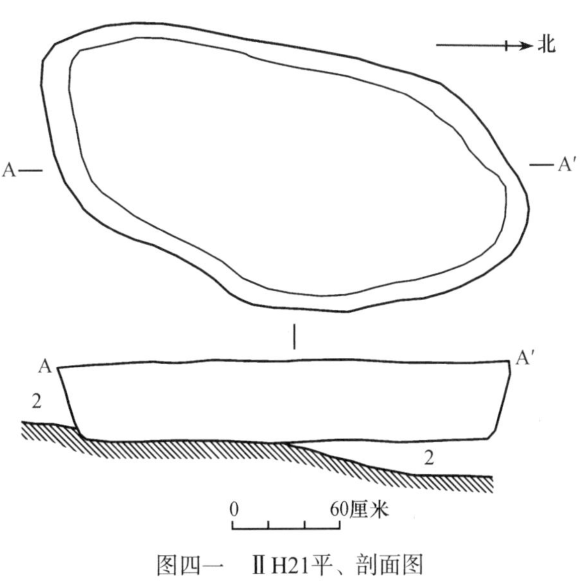

图四一 ⅡH21平、剖面图

22. ⅡH22

（1）形制与结构

ⅡH22位于ⅡT32东南部，局部压在探方隔梁下，暴露部分平面近半圆形，斜弧壁，平底（图四二）。平面直径182、深30～32厘米。灰坑内填土为一次性堆积形成，灰褐色，土质疏松。

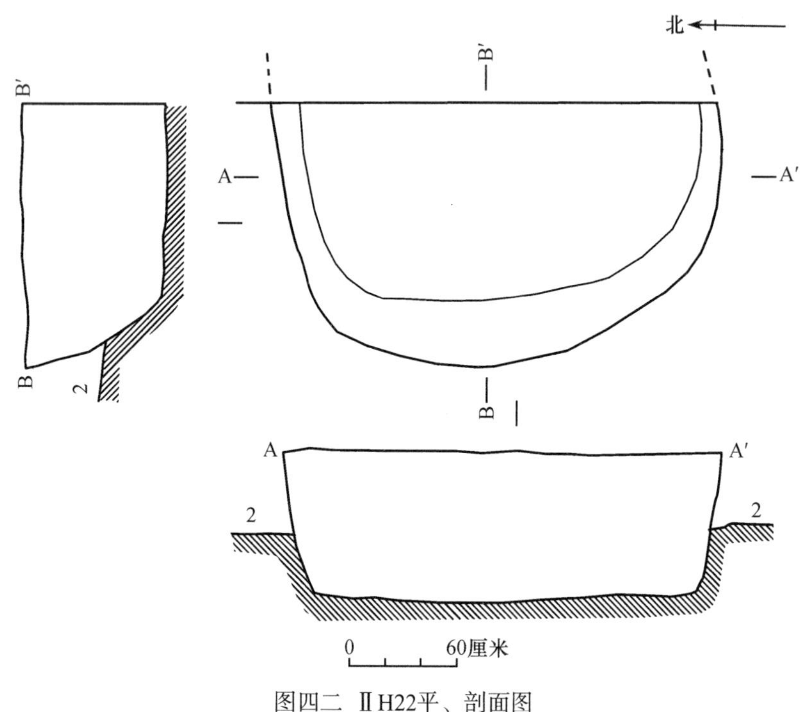

图四二 ⅡH22平、剖面图

（2）遗物

ⅡH22出土夹砂陶片63片，陶器器形有口沿、腹片、耳、底等，以腹片为主；陶色以黄褐、黑褐色为主，红褐色次之，有少量施红陶衣。

竖桥耳　ⅡH22：1，残，夹砂灰褐陶，局部有烟炱。高9.5、宽5.1、壁厚0.7、耳宽3.3、耳厚1.3厘米（图四六，6）。

陶圈足钵底　ⅡH22：2，残，夹砂黄褐陶。斜弧壁，圈足，平底内凹。内外均抹光，外施红陶衣。底径6.6、高2.4、壁厚0.8、底厚0.9厘米（图四六，3）。

陶壶底　ⅡH22：3，残，夹砂黄褐陶。斜弧腹内收，平底。内外均抹光。底径9、高10.4、壁厚0.6～0.8、底厚1厘米（图四六，5）。

陶壶底　ⅡH22：4，残，夹砂红褐陶。斜弧腹内收，平底，外底为内凹。底径7.2、高5.2、壁厚0.5～0.8、底厚0.8厘米（图四六，4）。

23. ⅡH23

（1）形制与结构

ⅡH23位于ⅡT33南部，局部压在探方隔梁下，暴露部分平面近圆形，斜弧壁，平底（图四三）。平面直径130、深64～66厘米。灰坑内填土为一次性堆积形成，黑褐色，土质疏松。

（2）遗物

ⅡH23出土夹砂陶片84片，陶器器形有口沿、腹片、耳、底等，以腹片为主；可辨器类有钵；陶色以红褐、黄褐色为主，有少量黑褐色和施红陶衣。

鋬耳　ⅡH23：1，残，夹砂灰褐陶。高4、宽4.8、耳厚0.7厘米（图四六，9）。

敛口钵口沿　ⅡH23：2，残，夹砂红褐陶。敛口，抹斜沿，尖圆唇，斜腹外撇。内外均抹光。口径17.7、高4.1、壁厚0.5～0.7厘米。

24. ⅡH24

（1）形制与结构

ⅡH24位于ⅡT33北部，平面近圆形，斜弧壁，平底（图四四）。平面直径124、深76厘米。灰坑内填土为一次性堆积形成，黑褐色，土质疏松。

（2）遗物

ⅡH24出土环刃石器1件，夹砂陶片22片，陶器器形有口沿、腹片、耳、底等，以腹片为主；陶色以红褐、黄褐色为主，黑褐色次之。

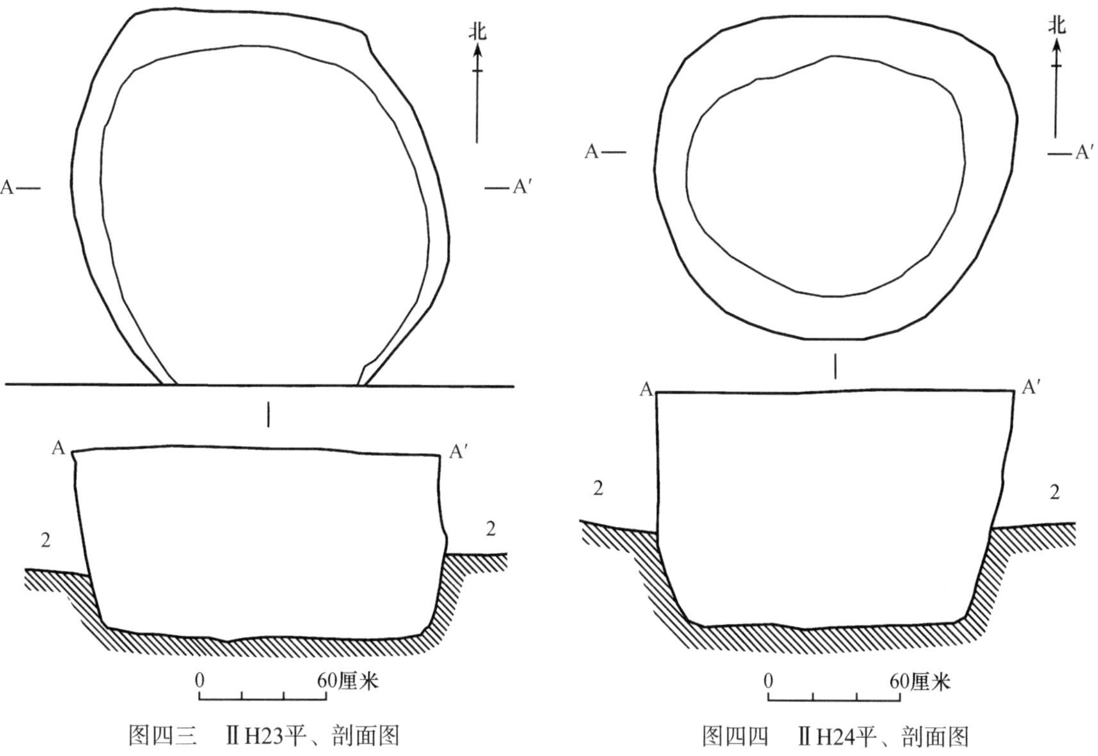

图四三　ⅡH23平、剖面图　　图四四　ⅡH24平、剖面图

环刃石器　ⅡH24：1，残，青灰色凝灰岩，通体磨制。圆形，横截面呈梭形，边缘为环形刃，中部有一圆形穿孔，两面对钻。A面边缘有16个使用崩落疤，B面边缘有17个使用崩落疤。直径12.4、厚0.3～2、穿孔径2.6厘米（图四六，1；图版一，2）。

25. ⅡH25

（1）形制与结构

ⅡH25位于ⅡT42西北角，局部压在探方隔梁下，暴露部分平面近半圆形，斜弧壁，底不平整，有不规则起伏（图四五）。平面直径142、深40～46厘米。灰坑内填土为一次性堆积形成，黑褐色，土质较硬，夹杂红烧土块和炭粒。

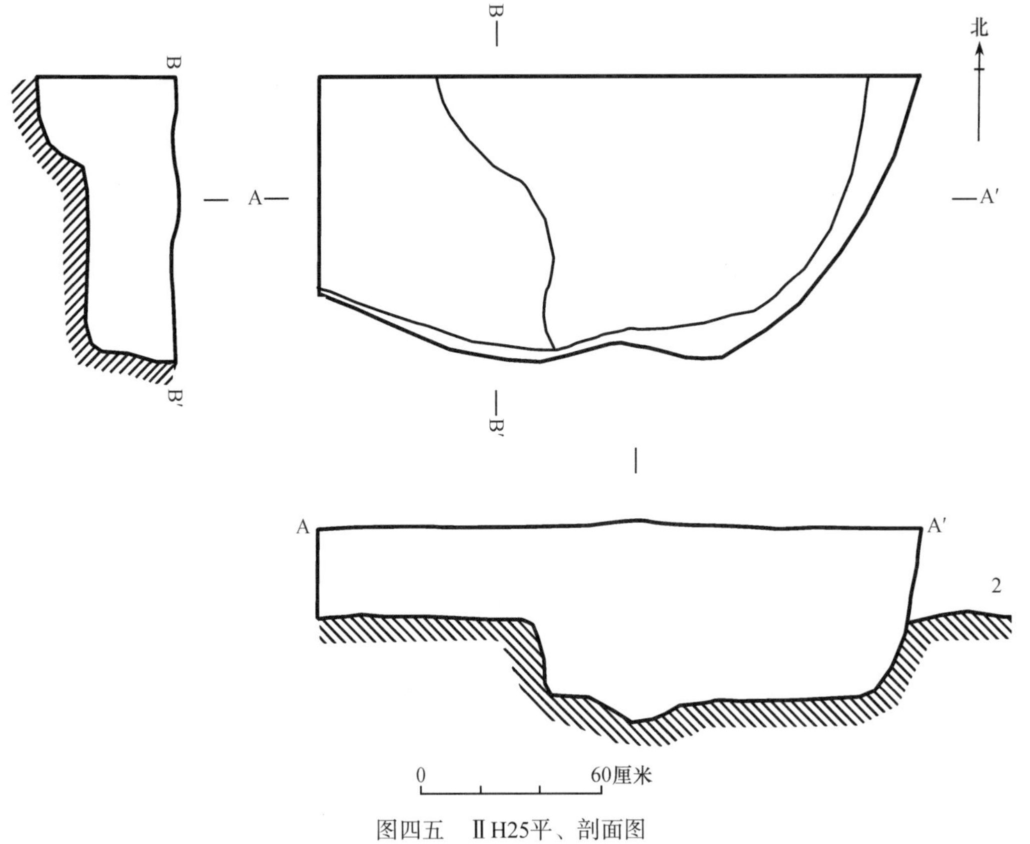

图四五　ⅡH25平、剖面图

（2）遗物

ⅡH25出土石刀、石片断片各1件，夹砂陶片35片，陶器器形有口沿、腹片、耳等，以腹片为主；可辨器类有钵；陶色以黄褐色为主，有少量黑褐色和施红陶衣。

石片断片　ⅡH25：1，青灰色板岩，形近梯形片状毛坯。A面为石片断片，B面大部分保留砾石面，有1个崩落疤。高6.4、宽4.3、厚1厘米（图四六，12）。

石刀　ⅡH25：2，残，青灰色泥岩。长条形，通体磨制，单面弧刃。残长2.7、宽4.2、厚1、刃长2.4、刃宽1.3厘米（图四六，10）。

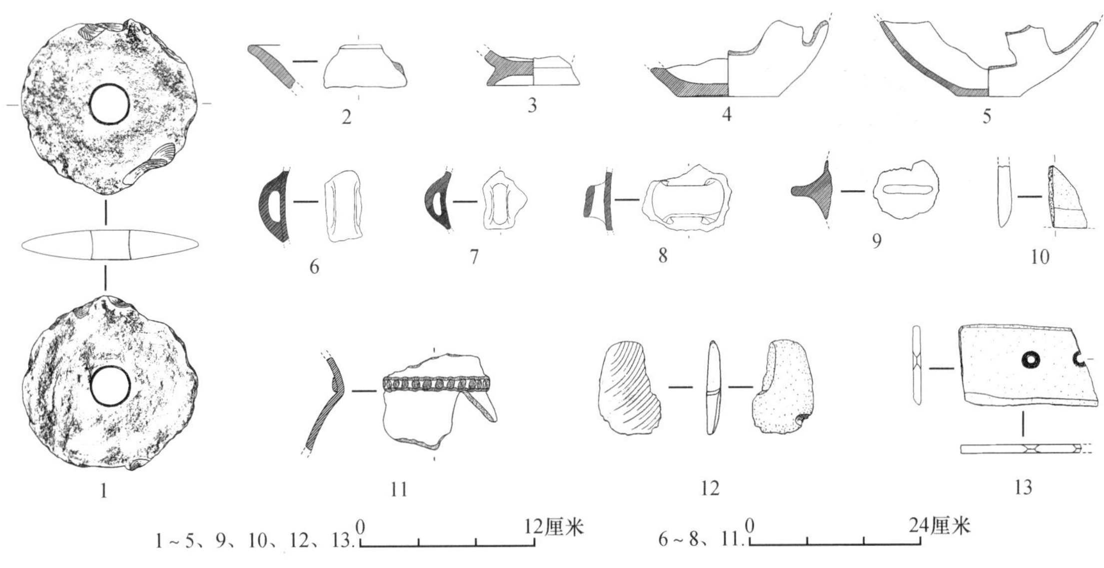

图四六 Ⅱ区灰坑出土遗物（五）

1. 环刃石器（ⅡH24：1） 2. 陶钵口沿（ⅡH25：3） 3. 陶圈足钵底（ⅡH22：2） 4、5. 陶壶底（ⅡH22：4、ⅡH22：3） 6、7. 竖桥耳（ⅡH22：1、ⅡH20：2） 8. 横桥耳（ⅡH19：2） 9. 鋬耳（ⅡH23：1） 10、13. 石刀（ⅡH25：2、ⅡH20：1） 11. 陶甗腰（ⅡH19：1） 12. 石片断片（ⅡH25：1）

陶钵口沿 ⅡH25：3，残，夹砂灰褐陶。敞口，圆唇，斜腹内收。内外均抹光。口径20、高3、壁厚0.8厘米（图四六，2）。

26. ⅡH26

（1）形制与结构

ⅡH26位于ⅡT41东南角，打破ⅡH32，局部压在探方隔梁下，暴露部分平面近半圆形，斜弧壁，平底（图四七）。平面长150、宽110～120、深94厘米。灰坑内填土为一次性堆积形成，黑褐色，土质疏松，夹杂红烧土块和炭粒。

（2）遗物

ⅡH26出土陶纺轮、石锤各1件，夹砂陶片19片，陶器器形有腹片、底等，以腹片为主；陶色以黑褐色为主，黄褐色次之。

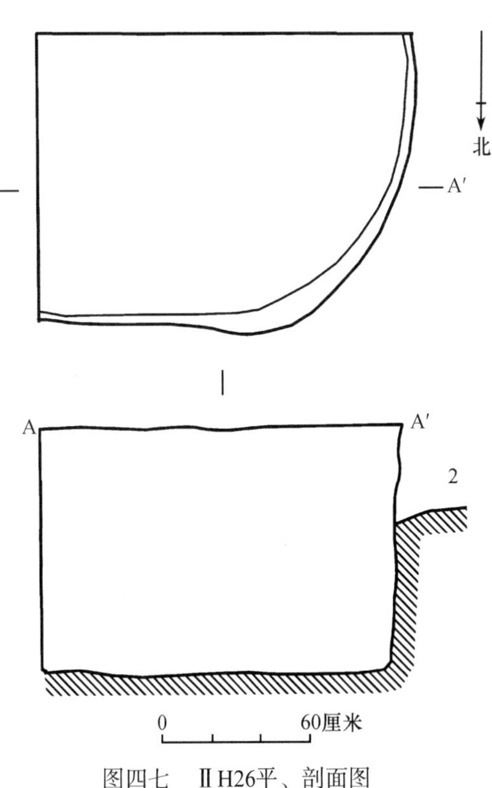

图四七 ⅡH26平、剖面图

纺轮 ⅡH26：1，残，仅余一半，夹砂黄褐陶，通体磨制。圆台形，中有一圆形穿孔，两面对钻。顶面中间微凹，底面较平。底面有3组由6个月牙形刻划纹组成的纹饰。

面径5.9、厚1.6、穿孔径0.9厘米（图五一，13）。

石锤　ⅡH26：2，赭红色板岩，形近梯形，扁平状，通体大部分保留原砾石面。A面左、右两侧各有2个崩落疤，下端有2个剥片疤，6个崩落疤。B面有3个崩落疤。高13.2、宽3.4～6.9、厚1.8厘米（图五一，7）。

27. ⅡH27

（1）形制与结构

ⅡH27位于ⅡT16东部，局部压在探方隔梁下，被ⅡH18打破，暴露部分平面近圆形，斜弧壁，平底（图四八）。平面直径138、深65厘米。灰坑内填土为一次性堆积形成，灰褐色，土质疏松。

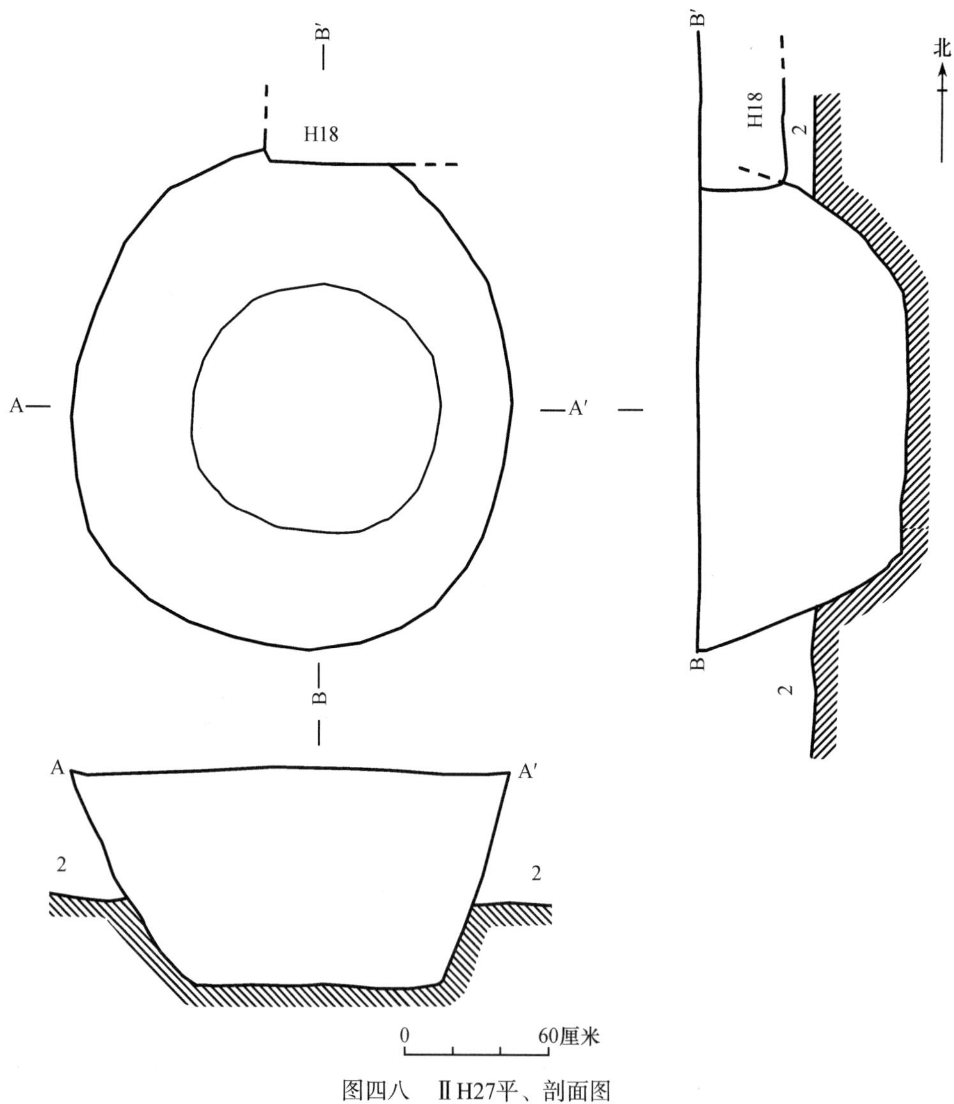

图四八　ⅡH27平、剖面图

（2）遗物

ⅡH27出土夹砂陶片90片，陶器器形有口沿、腹片、耳、底等，以腹片为主；可辨器类有壶、钵；陶色以红褐色为主，黄褐、黑褐色次之。

陶壶底 ⅡH27：1，残，夹砂红褐陶。内底微凸，外底微凹。底径7、高1.5、壁厚0.7、底厚0.8厘米（图五一，10）。

陶钵口沿 ⅡH27：2，残，夹砂黄褐陶。敞口，尖圆唇，斜腹内收。内外均抹光，并施红陶衣。口径12.2、高2.6、壁厚0.45厘米（图五一，2）。

28. ⅡH28

（1）形制与结构

ⅡH28位于Ⅱ41中北部，平面近圆角长方形，斜弧壁，平底（图四九）。平面长144、宽106、深24～26厘米。灰坑内填土为一次性堆积形成，黑褐色，土质疏松，夹杂红烧土块和炭粒。

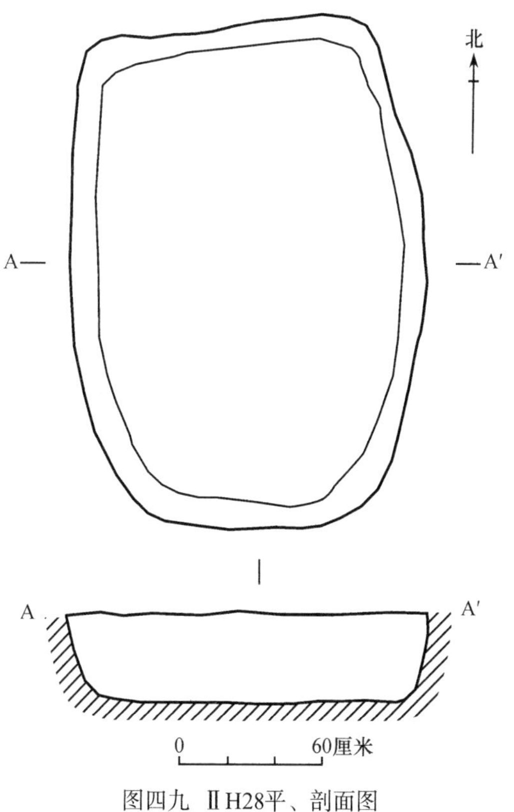

图四九 ⅡH28平、剖面图

（2）遗物

ⅡH28出土双面磨石、三类直凸刃刮削器、三类双凸刃刮削器共3件，夹砂陶片33片，陶器器形有口沿、腹片、底等，以腹片为主；可辨器类有钵；陶色以黄褐、黑褐色为主，红褐色和施红陶衣次之。

双面磨石 ⅡH28：1，残，青灰色砂岩，块状毛坯，双面磨制，形近五边形。残长5.9、宽5.4、厚2.8厘米（图五一，9）。

三类直凸刃刮削器 ⅡH28：2，青灰色板岩，片状毛坯，形近梯形。A面有7个剥片疤。AⅠ刃为凸刃，经修理，刃长4.1厘米；AⅡ刃为直刃，有磨制痕，未打击修理，刃长3.0厘米。B面有3个剥片疤，3个修理疤，其余为节理面和砾石面。高4.1、宽4.2、厚0.8厘米（图五一，11）。

三类双凸刃刮削器 ⅡH28：3，青灰色板岩，块状毛坯，形近长条形，截面近椭圆形。A面有5个剥片疤，5个修理疤，其余为砾石面。B面有4个剥片疤，5个修理疤，其余为节理和砾石面。AⅠ刃、AⅡ刃皆为凸刃，交互打击法，AⅠ刃长5.5、AⅡ刃长6.2厘米。高5.4、宽9.6、厚3.5厘米（图五一，15）。

陶钵口沿 ⅡH28：4，残，夹砂红褐陶，内外均细泥抹光。侈口，斜沿，尖圆唇，斜弧腹内收。口径18.2、高7.3、壁厚0.5厘米（图五一，1）。

“之”字纹陶片　ⅡH28：5，残，夹砂红褐陶，器表横排竖压2组“之”字纹带。高3.5、宽4.7、壁厚0.6厘米（图五一，5）。

刻划纹陶片　ⅡH28：6，残，夹砂灰褐陶，器表刻有由5道弦纹和3道斜线纹组成的几何纹饰。高3.7、宽4.2、厚0.4厘米（图五一，3）。

几何纹陶片　ⅡH28：7，残，夹砂灰褐陶，器表刻有由7道弦纹6道斜线组成的几何纹饰，其下横排竖压1组“之”字纹带。高4.3、宽4.4、壁厚0.7厘米（图五一，4）。

29. ⅡH29

（1）形制与结构

ⅡH29位于ⅡT28的西部，被现代坑打破，局部压在探方隔梁下，暴露部分平面为不规则形，斜弧壁，底较平（图五〇）。平面长400、宽136、深21～26厘米。灰坑内填土为一次性堆积形成，黑褐色，土质较硬，夹杂红烧土块和炭粒。

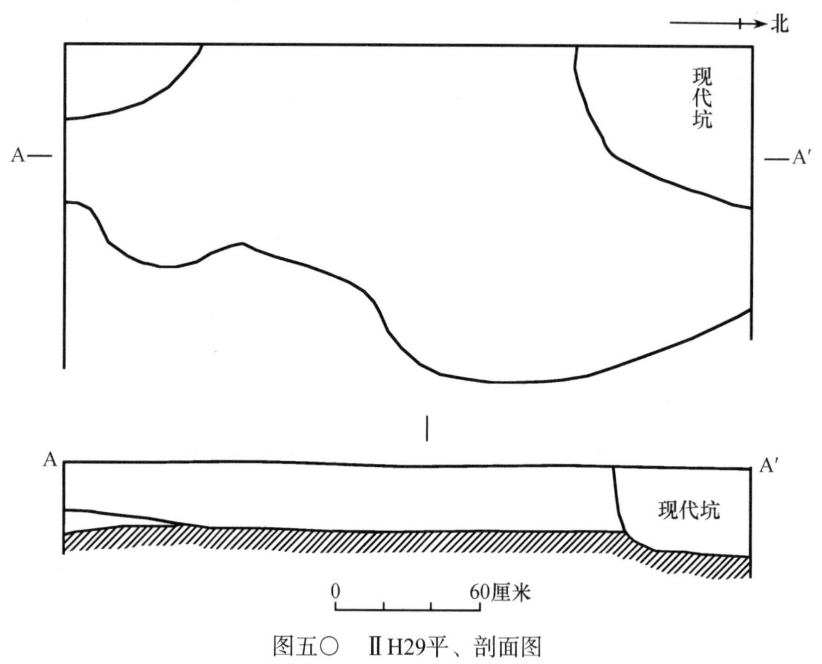

图五〇　ⅡH29平、剖面图

（2）遗物

ⅡH29出土多面磨石、双面磨石、石刀、石斧共4件，夹砂陶片124片，陶器器形有口沿、腹片、耳、底等，以腹片为主；陶色以黄褐色为主，黑褐色、施红陶衣次之，有少量红褐、灰褐色。

多面磨石　ⅡH29：1，残，青灰色砂岩，形近长条形，三面磨制，侧面有一沟磨痕。残长6.8、宽4.5、厚2.9厘米（图五一，14）。

双面磨石　ⅡH29：2，残，青灰色砂岩，形近长条形，双面磨制。残长5.8、宽1.9、厚3.1厘米（图五一，8）。

石刀 Ⅱ H29：3，残，青灰色泥岩，形近梯形，通体磨制，保留刀身前段，单面斜刃，刀身有一圆形穿孔。残长6.3、宽5.4、厚1、刃长4.1、刃宽0.5、穿孔径0.6厘米（图五一，12）。

石斧 Ⅱ H29：4，残，青灰色安山岩，形近长条形，截面近椭圆形，通体磨制。顶端有2个剥片疤。下端残断，有1个剥片疤，其余为节理。残高7.6、宽3.8～5.7、厚3.8厘米（图五一，6）。

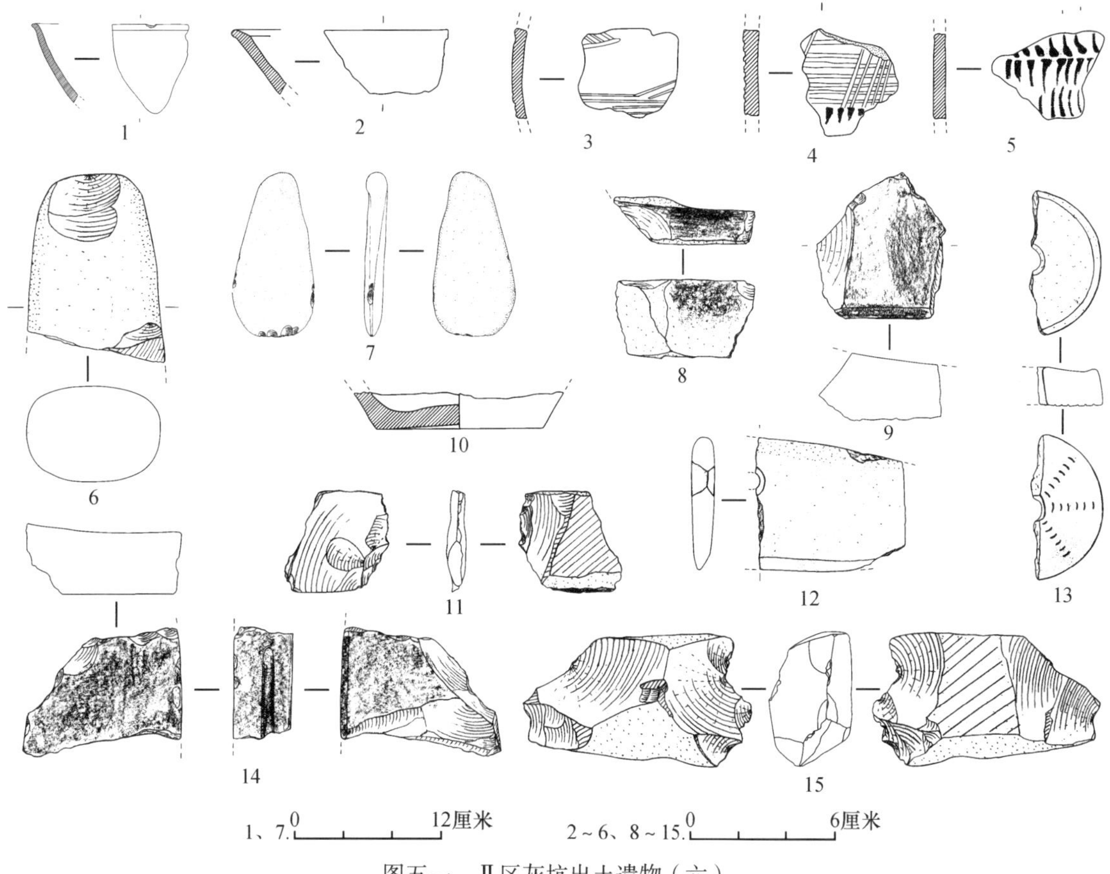

图五一 Ⅱ区灰坑出土遗物（六）

1、2. 陶钵口沿（Ⅱ H28：4、Ⅱ H27：2） 3. 刻划纹陶片（Ⅱ H28：6） 4. 几何纹陶片（Ⅱ H28：7） 5. “之”字纹陶片（Ⅱ H28：5） 6. 石斧（Ⅱ H29：4） 7. 石锤（Ⅱ H26：2） 8、9. 双面磨石（Ⅱ H29：2、Ⅱ H28：1） 10.陶壶底（Ⅱ H27：1） 11. 三类直凸刃刮削器（Ⅱ H28：2） 12. 石刀（Ⅱ H29：3） 13. 纺轮（Ⅱ H26：1） 14. 多面磨石（Ⅱ H29：1） 15. 三类双凸刃刮削器（Ⅱ H28：3）

30. Ⅱ H30

（1）形制与结构

Ⅱ H30位于Ⅱ T6东部、T7西部，被现代坑打破，局部压在探方隔梁下，暴露部分平面为不规则形，斜弧壁内折，底较平（图五二）。平面长360、宽262、深26～49厘米。灰坑内填土为一次性堆积形成，黑褐色，土质疏松，夹杂红烧土块和炭粒。

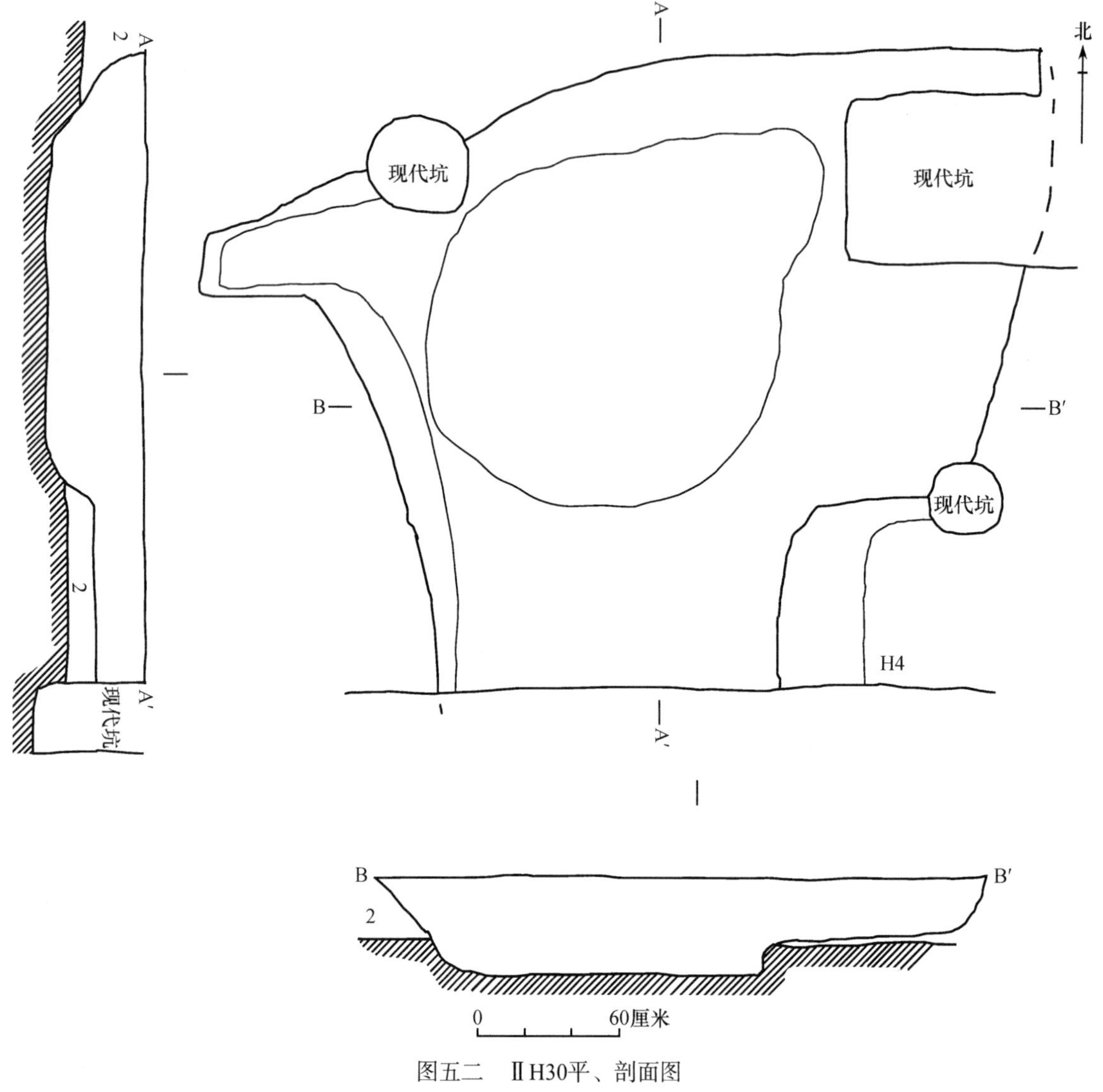

图五二　ⅡH30平、剖面图

（2）遗物

ⅡH30出土三类双直刃刮削器、三类单凸刃刮削器、石刀、完整石片共4件，夹砂陶片162片，陶器器形有口沿、腹片、耳、底等，以腹片为主；可辨器类有碗、钵；陶色以黑褐色为主，黄褐、红褐色、施红陶衣次之。

三类双直刃刮削器　ⅡH30：1，青灰色板岩，片状毛坯。形近长条形，横截面近半圆形。A面有3个剥片疤，顶、底端各有4个修理疤。B面大部分为砾石面，顶端有2个剥片疤，3个修理疤，底端有6个修理疤。AⅠ刃、AⅡ刃皆为直刃，AⅠ刃长1.7、AⅡ刃长2厘米。高9.7、宽3 、厚2.1厘米（图五四，13）。

三类单凸刃刮削器　ⅡH30：2，青灰色板岩，形近长方形，片状毛坯，凸刃。A面有9个剥片疤，刃部有3个修理疤，把手有7个修理疤。B面大部分为砾石面，有3个剥片疤，其余为节理面。高4.2、宽8.5、厚1.6、刃长4.3厘米（图五四，14）。

石刀　ⅡH30：3，残，青灰色页岩，长条形，通体磨制，两端残断，单面斜刃。刀身有3个圆形穿孔，两面对钻。残长5.2、宽3.6、厚0.7、刃长4.3、穿孔径0.55厘米（图五四，6）。

完整石片　ⅡH30：4，青灰色板岩，片状毛坯，形近方形。A面台面、打击点、放射线、同心波纹明确。B面有一个剥片疤，7个崩落疤。高2.3、宽2.6、厚0.8厘米（图五四，12）。

陶碗底　ⅡH30：5，残，夹砂红褐陶，内外均细泥抹光。斜弧腹内收，假圈足，平底。底径7.2、高4.3、壁厚0.5、底厚1.3厘米（图五四，11）。

筒形罐口沿　ⅡH30：6，残，夹砂红褐陶，内外均细泥抹光。直口，尖圆唇，直腹，腹外壁有人工抹痕。口径23、高4.8、壁厚0.6厘米（图五四，3）。

陶钵口沿　ⅡH30：7，残，夹砂红褐陶，内外抹光，施红陶衣。敞口，尖圆唇，斜弧腹内收。口径25、高5.2、壁厚0.8厘米（图五四，2）。

陶碗　ⅡH30：8，残，可复原，夹砂灰褐陶。敞口，尖圆唇，斜弧腹内收，平底。内外均细泥抹光，内、外均施红陶衣，陶衣大部分脱落。口径17.2、底径7.8、高7.6、壁厚0.45～1.25、底厚1.5厘米（图五四，1）。

31. ⅡH31

（1）形制与结构

ⅡH31位于ⅡT24西北部，局部压在探方隔梁下，暴露部分平面为不规则形，斜弧壁内折，底较平（图五三）。平面长218、宽214、深48～74厘米。灰坑内填土为一次性堆积形成，灰褐色，土质疏松。

（2）遗物

ⅡH31出土石镞、陶纺轮、石叶、磨制石器半成品共5件，夹砂陶片195片，陶器器形有口沿、腹片、耳、底等，以腹片为主；可辨器类有壶、罐；陶色以黑褐色为主，黄褐、红褐色次之，有少量施红陶衣。

石镞　ⅡH31：1，残，灰色页岩，形近三角形，截面近棱形，通体磨制。残长1.6、宽0.9、厚0.15厘米（图五四，7）。

纺轮　ⅡH31：2，残，夹砂红褐陶，形近圆形，通体磨制，中有圆形穿孔。直径2.8、厚1、穿孔径0.55厘米（图五四，4）。

磨制石器半成品　ⅡH31：3，青灰色角岩，形近梯形，扁平状，大部分为砾石面，一面磨制光滑。高7、宽7.3、厚1.2厘米（图五四，9）。

纺轮　ⅡH31：4，残，仅余一半，泥质夹细砂红褐陶。圆台形，截面近梯形，中有圆形穿孔，单面钻孔。台面径4.8、底径5.9、厚1.3、穿孔径0.8厘米（图五四，15）。

石叶　ⅡH31：5，青灰色燧石，压剥法制成，形近长条形，截面近三角形，两侧刃有使用崩落疤。高2、宽0.8、厚0.25厘米（图五四，8）。

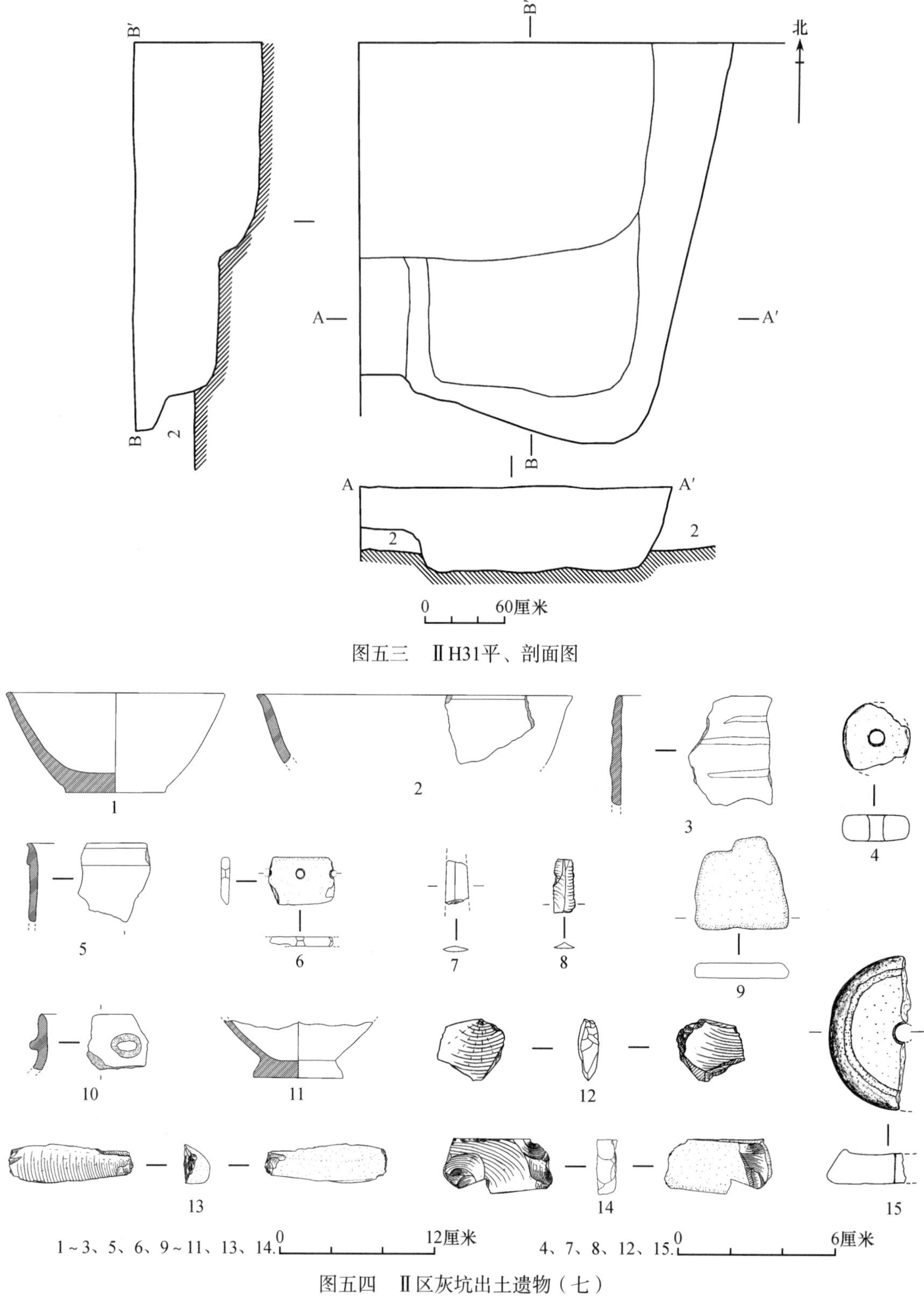

图五三　ⅡH31平、剖面图

图五四　Ⅱ区灰坑出土遗物（七）

1. 陶碗（ⅡH30：8）　2. 陶钵口沿（ⅡH30：7）　3. 筒形罐口沿（ⅡH30：6）　4、15. 纺轮（ⅡH31：2、ⅡH31：4）　5. 叠唇罐口沿（ⅡH31：7）　6. 石刀（ⅡH30：3）　7. 石镞（ⅡH31：1）　8. 石叶（ⅡH31：5）　9. 磨制石器半成品（ⅡH31：3）　10. 陶壶口沿（ⅡH31：6）　11. 陶碗底（ⅡH30：5）　12. 完整石片（ⅡH30：4）　13. 三类双直刃刮削器（ⅡH30：1）　14. 三类单凸刃刮削器（ⅡH30：2）

陶壶口沿　ⅡH31：6，残，夹砂灰褐陶。口微侈，尖圆唇，颈内收，颈部有一鋬耳，溜肩。内外均抹光。口径11.6、高4.2、壁厚0.8、耳高0.8、耳宽1.6厘米（图五四，10）。

叠唇罐口沿　ⅡH31：7，残，夹砂灰褐陶。口微侈，尖圆唇，唇下有一叠唇，直腹。口径27、高6、厚0.5厘米（图五四，5）。

32. ⅡH32

（1）形制与结构

ⅡH32位于ⅡT41南部，被ⅡH26打破，局部压在探方隔梁下，暴露部分平面近半圆形，斜弧壁，底较平（图五五）。平面长95、宽66、深26厘米。灰坑内填土为一次性堆积形成，黑褐色，土质疏松，夹杂红烧土块和炭粒。

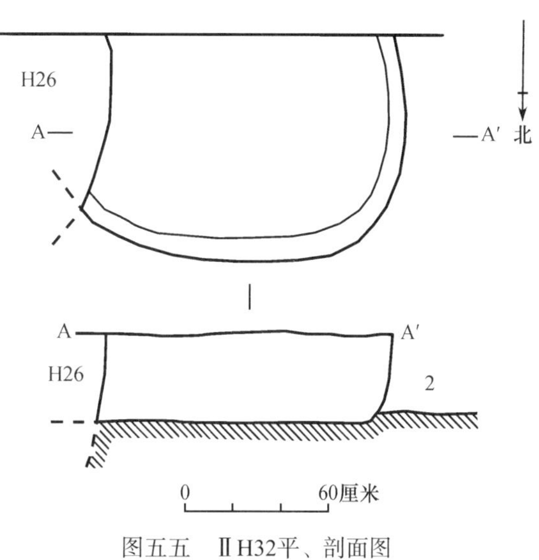

图五五　ⅡH32平、剖面图

（2）遗物

ⅡH32出土夹砂陶片15片，陶器器形有口沿、腹片等，以腹片为主；陶色以黄褐色为主，红褐色次之。

几何纹陶片　ⅡH32：1，残，夹砂黄褐陶，器表刻有1组弦纹和斜线纹组成的几何纹饰，其下横排竖压3组“之”字纹带。高6.9、宽5.3、壁厚0.6厘米（图六〇，13）。

戳刺纹陶片　ⅡH32：2，残，夹砂红褐陶，器表有1组米粒状戳刺纹。高5.6、宽3.8、厚0.7厘米（图六〇，15）。

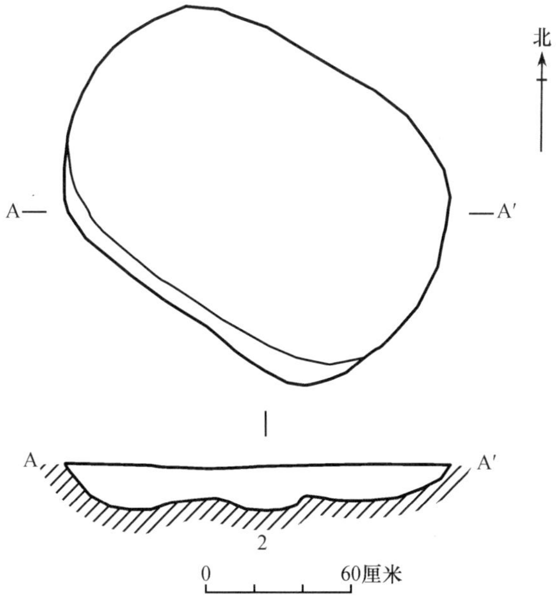

图五六　ⅡH33平、剖面图

33. ⅡH33

（1）形制与结构

ⅡH33位于ⅡT14东北部，平面为圆角长方形，斜弧壁，底不平整（图五六）。平面长129、宽70、深9～12厘米。灰坑内填土为一次性堆积形成，黑褐色，土质较硬。

（2）遗物

ⅡH33出土夹砂陶片53片，陶器器形有口沿、腹片、耳、足、底等，以腹片为主；可辨器类有鬲、罐；陶色以黄褐色为主，黑褐色次之，有少量红褐色、施红陶衣。

陶罐口沿　ⅡH33：1，残，夹砂灰褐陶。敛口，斜沿，尖圆唇，斜弧腹微外撇。口径21.4、高3.3、壁厚0.9厘米（图六〇，4）。

陶鬲口沿　ⅡH33：2，残，夹砂灰褐陶。侈口，斜沿，尖圆唇，斜弧腹微外撇。口径26、高5、壁厚0.8厘米（图六〇，1）。

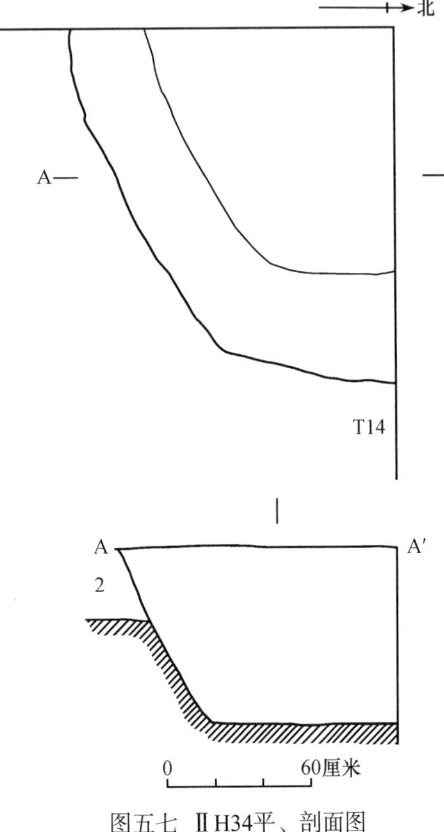

图五七　ⅡH34平、剖面图

34. ⅡH34

（1）形制与结构

ⅡH34位于ⅡT14西北角，局部压在探方隔梁下，暴露部分平面近半圆形，斜弧壁，底较平（图五七）。平面长143、宽136、深72厘米。灰坑内填土为一次性堆积形成，黑褐色，土质较硬。

（2）遗物

ⅡH34出土石叶、三类单直刃刮削器各1件，夹砂陶片56片，陶器器形有口沿、腹片、耳、底等，以腹片为主；可辨器类有壶；陶色以黄褐色为主，红褐色次之。

石叶　ⅡH34：1，青灰色角岩，片状毛坯，压剥法制成，形近梯形，截面近三角形。A面有4个剥片疤，B面有1个剥片疤。高2.2、宽1.3、厚0.4厘米（图六〇，6）。

三类单直刃刮削器　ⅡH34：2，青灰色板岩，片状毛坯，形近长条形，两端把手经修理。A面有8个剥片疤，顶端有3个修理疤，刃为直刃。B面顶端有3个剥片疤，1个修理疤，底端有7个修理疤，刃上有10个修理疤。高6.2、宽2.6、厚1.6、刃长3.5厘米（图六〇，8）。

陶壶口沿　ⅡH34：3，残，夹砂灰褐陶。敛口，尖圆唇，高直颈，溜肩，颈肩上原有一竖桥耳，现缺失。口径16、高9.2、壁厚0.7厘米（图六〇，5）。

“之”字纹陶片　ⅡH34：4，残，夹砂红褐陶，器表横排竖压2组“之”字纹带。高2.8、宽4.7、壁厚0.6厘米（图六〇，14）。

35. ⅡH35

（1）形制与结构

ⅡH35位于ⅡT14东南部，被现代坑打破。平面近圆形，斜弧壁，底较平（图五八）。平面长149、宽142、深68～71厘米。灰坑内填土为一次性堆积形成，黑褐色，土质较硬，夹杂有炭粒。

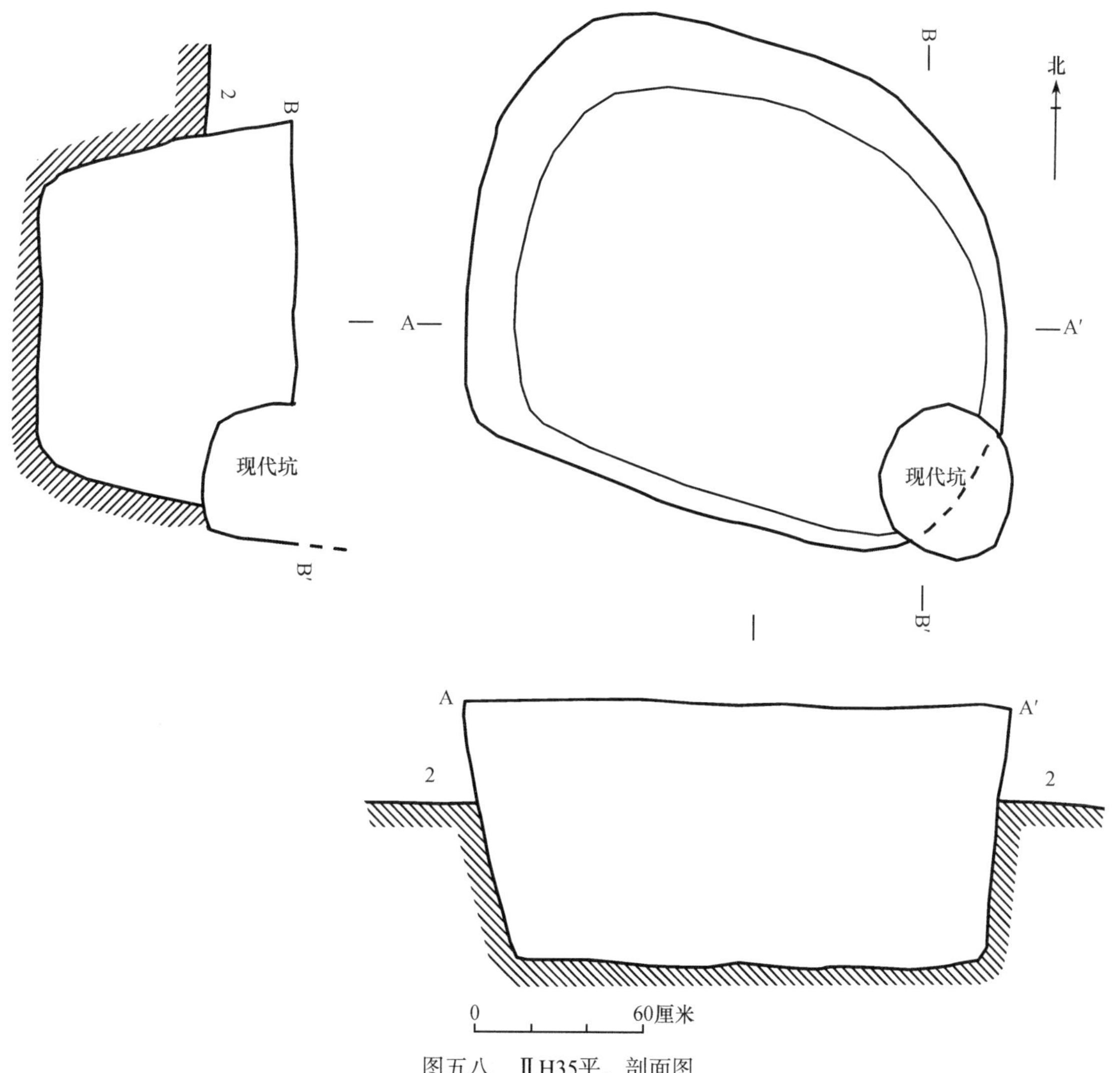

图五八　ⅡH35平、剖面图

（2）遗物

ⅡH35出土夹砂陶片36片，陶器器形有口沿、腹片、耳等，以腹片为主；可辨器类有鬲；陶色以黑褐色为主，黄褐、红褐、灰褐色次之。

陶鬲口沿　ⅡH35∶1，残，夹砂红褐陶。侈口，斜沿，尖圆唇，斜弧腹微外撇。口径11.4、高3.8、壁厚0.7厘米（图六〇，2）。

36. ⅡH36

（1）形制与结构

ⅡH36位于ⅡT15西南部，被现代坑打破，局部压在探方隔梁下，暴露部分平面近椭圆形，斜弧壁，底较平（图五九）。平面长188、宽98、深82厘米。灰坑内填土为一次性堆积形成，灰褐色，土质疏松。夹杂红烧土块和炭粒。

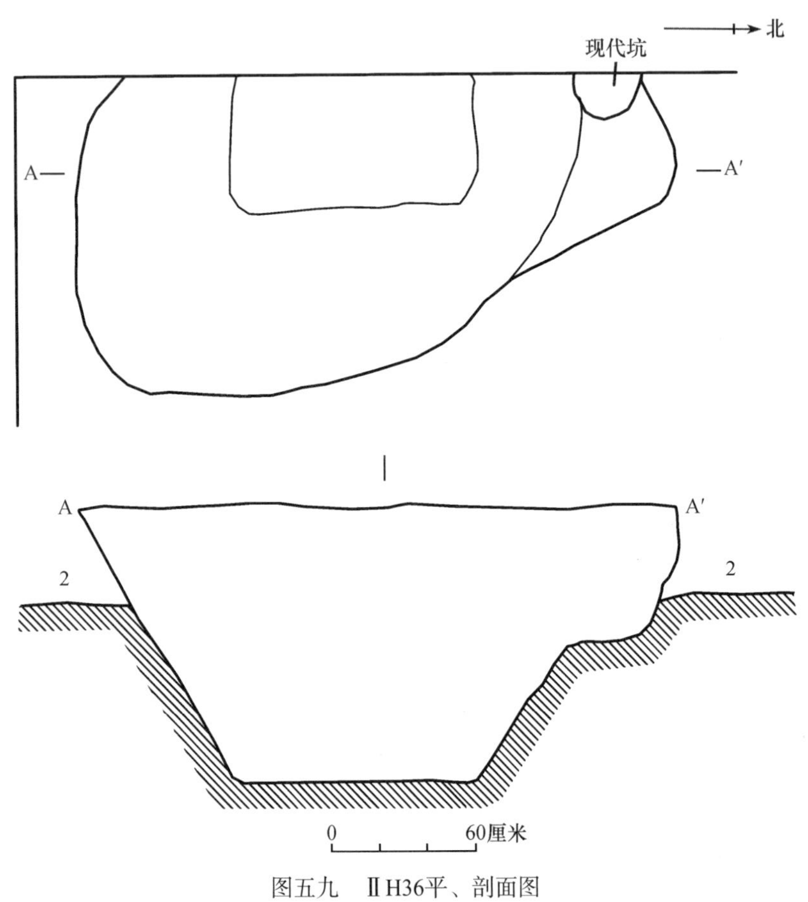

图五九　ⅡH36平、剖面图

（2）遗物

ⅡH36出土磨棒、二类单凸刃刮削器、完整石片、三类盘状刮削器共4件，夹砂陶片125片，陶器器形有口沿、腹片、耳、足、底等，以腹片为主；可辨器类有鼎、壶、钵；陶色以黄褐、黑褐色为主，红褐色次之。

陶壶口沿　ⅡH36：1，残，夹砂灰褐陶。口微敛，斜沿外展，尖圆唇，斜弧腹内收。口径14.2、高3.5、壁厚0.5厘米（图六〇，3）。

磨棒　ⅡH36：2，残，赭红色砂岩。平面近长方形，表面经磨制，一端有一剥片疤痕，另一端残断。残长9、宽7.2、厚2.5厘米（图六〇，12）。

二类单凸刃刮削器　ⅡH36：3，灰色板岩，片状毛坯，形近椭圆形。A面大部分为砾石面，有1个剥片疤，3个崩落疤。刃为凸刃，刃口有不连续使用疤痕，刃长4.5厘米。B面有2个剥片疤，1个修理疤。高3.4、宽3.1、厚0.8厘米（图六〇，10）。

陶钵 ⅡH36：4，残可复原，夹砂黄褐陶。敞口，尖圆唇，斜弧腹内收，平底。口径12.3、底径5.6、高3.3、壁厚0.5、底厚0.5厘米（图六〇，9）。

完整石片 ⅡH36：5，青灰色板岩，片状毛坯，形近梯形。A面台面、打击点、放射线、同心波纹明确。B面有6个剥片疤。高2、宽1.6、厚0.4厘米（图六〇，7）。

三类盘状刮削器 ⅡH36：6，青灰色板岩，形近圆形，片状毛坯，边缘一周皆为刃。A面有6个剥片疤，边缘刃口有18个修理疤。B面有3个剥片疤，边缘刃口有16个修理疤，中间凸起部分有砸击鱼鳞状疤，其余为砾石面。高3.9、宽3.7、厚2厘米（图六〇，16）。

陶鼎足 ⅡH36：7，残，夹砂红褐陶，圆柱状，足跟较平。高6.9、最大截面径4.3、足跟径2.5厘米（图六〇，11）。

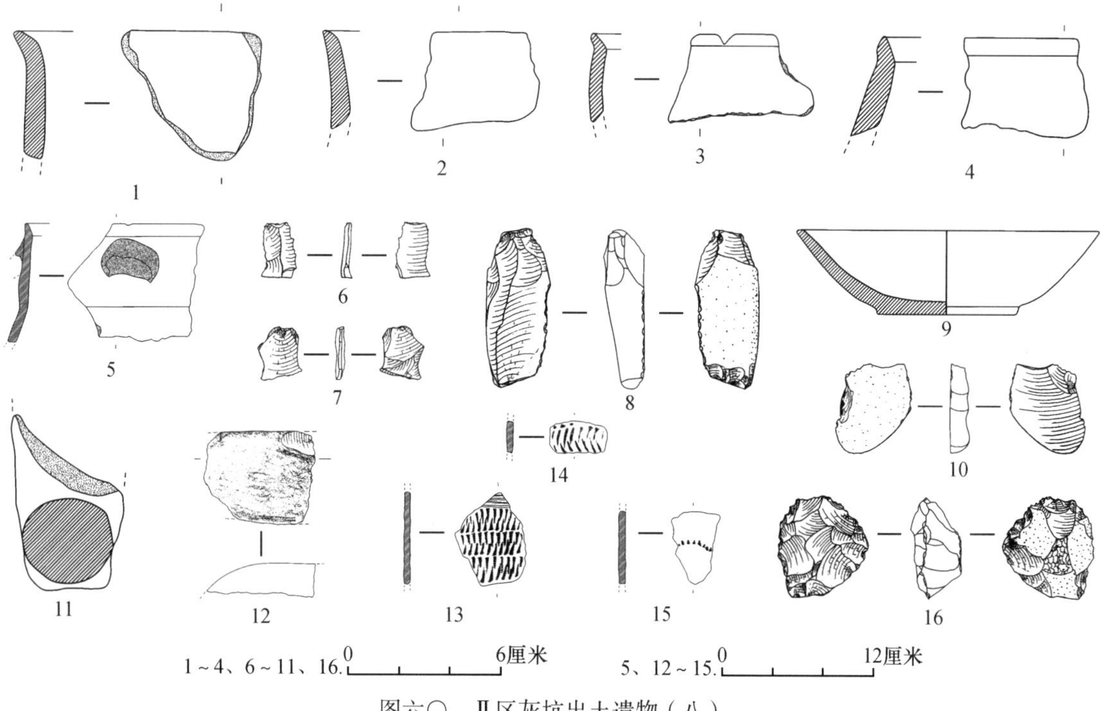

图六〇 Ⅱ区灰坑出土遗物（八）

1、2. 陶鬲口沿（ⅡH33：2、ⅡH35：1） 3、5. 陶壶口沿（ⅡH36：1、ⅡH34：3） 4. 陶罐口沿（ⅡH33：1） 6. 石叶（ⅡH34：1） 7. 完整石片（ⅡH36：5） 8. 三类单直刃刮削器（ⅡH34：2） 9. 陶钵（ⅡH36：4） 10. 二类单凸刃刮削器（ⅡH36：3） 11. 陶鼎足（ⅡH36：7） 12. 磨棒（ⅡH36：2） 13. 几何纹陶片（ⅡH32：1） 14. “之”字纹陶片（ⅡH34：4） 15. 戳刺纹陶片（ⅡH32：2） 16. 三类盘状刮削器（ⅡH36：6）

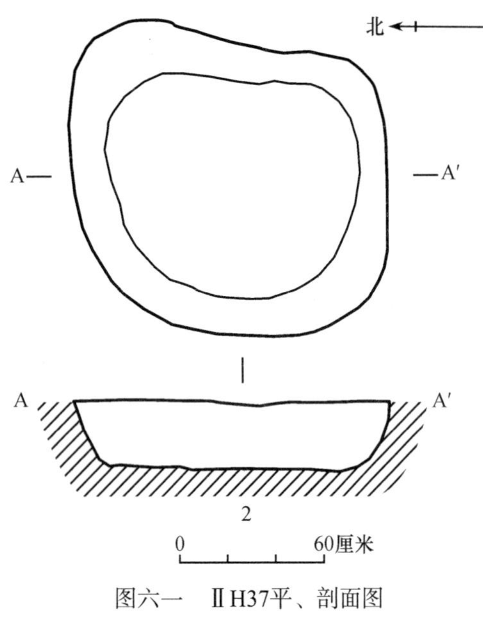

图六一　ⅡH37平、剖面图

37. ⅡH37

（1）形制与结构

ⅡH37位于ⅡT15北部，平面近圆形，斜弧壁，底较平（图六一）。平面直径110～130、深28厘米。灰坑内填土为一次性堆积形成，灰褐色，土质疏松，夹杂有红烧土块和炭粒。

（2）遗物

ⅡH37出土夹砂陶片15片，陶器器形有口沿、腹片、足等，以腹片为主；可辨器类有鬲、壶；陶色以黄褐色为主，黑褐、施红陶衣次之。

陶壶　ⅡH37：1，残，夹砂灰褐陶。口微侈，抹斜沿，尖圆唇，高直颈，溜肩，鼓腹，腹部有一横桥耳。口径10、高7.8、壁厚0.7、耳高1.4、耳宽4、耳厚0.7厘米（图六四，3）。

陶鬲足　ⅡH37：2，残，夹砂红褐陶。圆锥状，足跟较平。高7.6、最大截面径4.7、足跟径2.8厘米（图六四，8）。

38. ⅡH38

（1）形制与结构

ⅡH38位于ⅡT15东北角，局部压在探方隔梁下，暴露部分平面近长方形，袋状壁，底较平（图六二）。平面160、宽106～108、深76厘米。灰坑内填土为一次性堆积形成，灰褐色，土质疏松，夹杂红烧土块和炭粒。

（2）遗物

ⅡH38出土石片、石凿各1件，夹砂陶片88片，陶器器形有口沿、腹片、耳、底等，以腹片为主；可辨器类有瓮、罐；陶色以黄褐、黑褐色为主，红褐、灰褐色次之。

石片　ⅡH38：1，青灰色角岩，片状毛坯。A面有2个剥片疤，其中一个台面、打击点、放射线、同心波纹明确。B面局部保留砾石面，局部经磨制。高3、宽2.6、厚1.3厘米（图六四，5）。

石凿　ⅡH38：2，残，青色角岩，长条形，截面近长方形，局部磨制，其余保留原砾石面，双面斜刃。高11.8、宽4、厚3.2厘米。A面磨制区域长7.7、宽3.7、刃长3.5、刃宽0.6厘米。B面刃长3.5、刃宽0.9厘米（图六四，9）。

敛口叠唇瓮口沿　ⅡH38：3，残，夹砂红褐陶。敛口，尖圆唇，斜弧腹外撇，外腹有3道叠唇。口径31、高4.8、厚0.8厘米（图六四，2）。

横桥耳　ⅡH38：4，残，夹砂红褐陶。高4.5、宽8、壁厚0.6、耳高2.4、耳宽6.1、

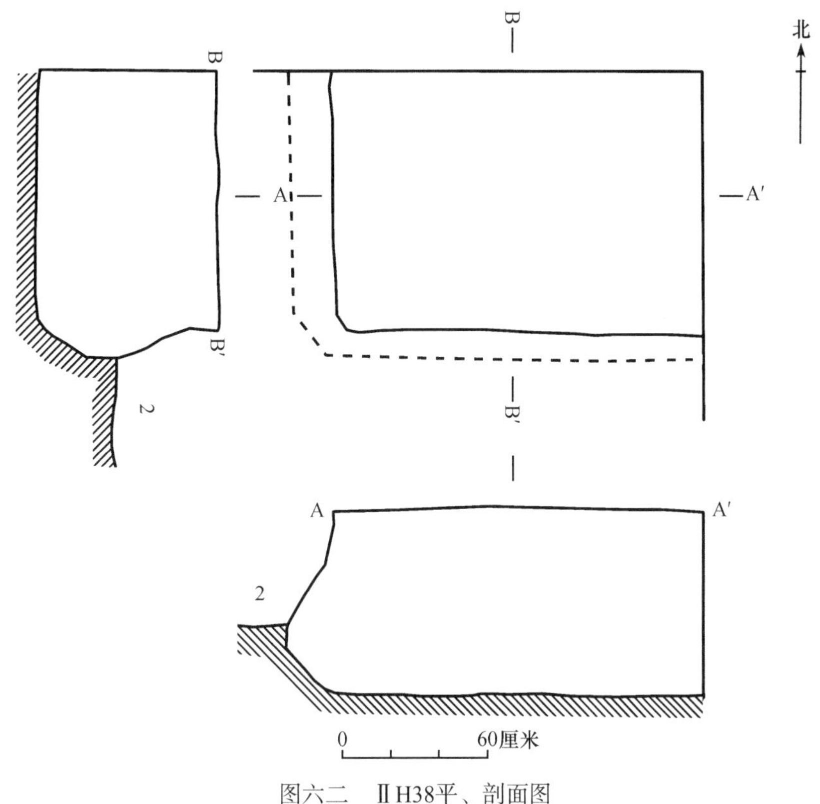

图六二 ⅡH38平、剖面图

耳厚0.9厘米（图六四，6）。

竖桥耳 ⅡH38：5，残，夹砂灰褐陶。高6.2、宽4.2、壁厚0.7、耳高5.6、耳宽1.8、耳厚1厘米（图六四，4）。

叠唇筒形罐口沿 ⅡH38：6，残，夹砂红褐陶。侈口，尖圆唇，斜弧腹内收，外腹有3道叠唇。口径17、高5.3、厚0.7厘米（图六四，1）。

39. ⅡH39

（1）形制与结构

ⅡH39位于ⅡT8西北角，被现代坑打破，局部压在探方隔梁下，平面为圆角长方形，斜弧壁，底较平（图六三）。平面长122、宽82、深22～24厘米。灰坑内填土为一次性堆积形成，灰褐色，土质疏松。

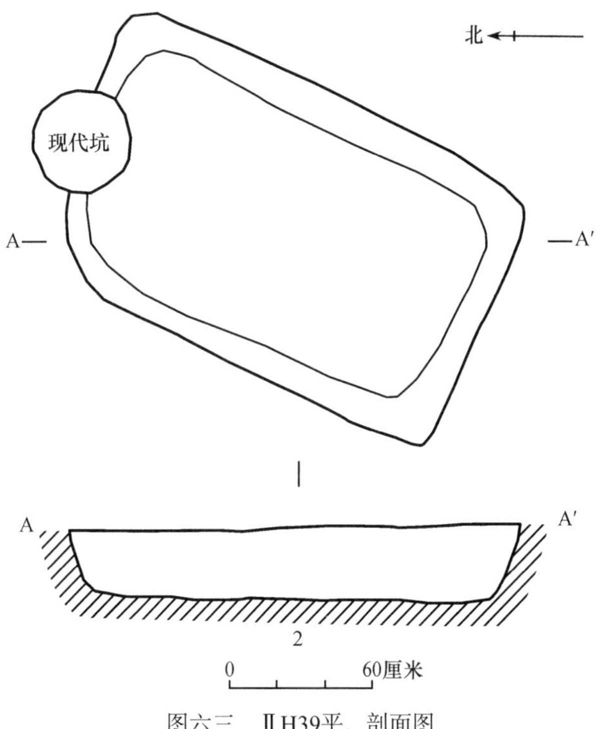

图六三 ⅡH39平、剖面图

（2）遗物

ⅡH39出土夹砂陶片21片，陶器器形有腹片、耳等，以腹片为主；陶色以黄褐色为主，黑褐色次之。

竖桥耳　ⅡH39：1，残，夹砂红褐陶。高10、宽5.9、耳宽4、耳厚1.4厘米（图六四，7）。

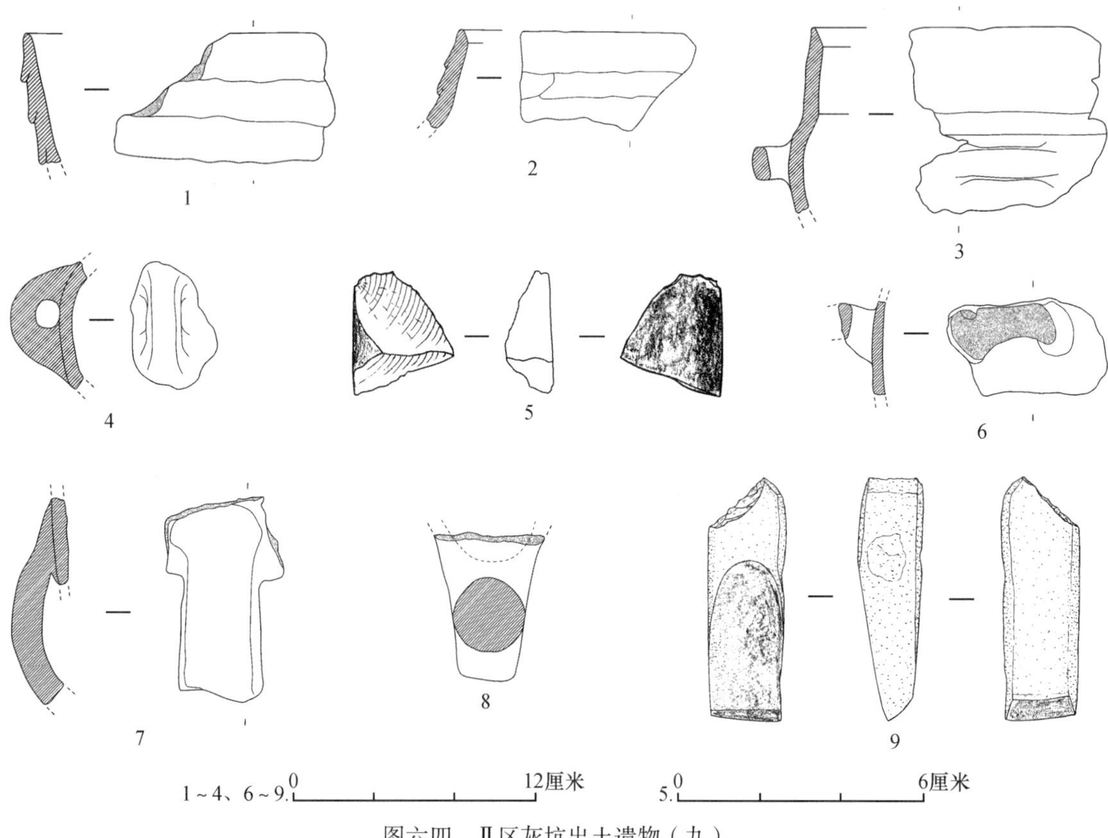

图六四　Ⅱ区灰坑出土遗物（九）

1. 叠唇筒形罐口沿（ⅡH38：6）　2. 敛口叠唇瓮口沿（ⅡH38：3）　3. 陶壶（ⅡH37：1）　4、7. 竖桥耳（ⅡH38：5、ⅡH39：1）　5. 石片（ⅡH38：1）　6. 横桥耳（ⅡH38：4）　8. 陶鬲足（ⅡH37：2）　9. 石凿（ⅡH38：2）

40. ⅡH40

（1）形制与结构

ⅡH40位于ⅡT7东北角、T8西北角，被ⅡH19及现代坑打破，局部压在探方隔梁下，暴露部分平面近圆形，斜弧壁，底较平（图六五）。平面直径198～216、深84厘米。灰坑内填土为一次性堆积形成，灰黑色，土质疏松，夹杂红烧土块和炭粒。

（2）遗物

ⅡH40出土磨石、完整石片、二类凸凹刃刮削器、石楔、三类单凸刃刮削器、陶纺轮共6件，夹砂陶片275片，陶器器形有口沿、腹片、耳、底等，以腹片为主；可辨器类有鬲、罐、壶、钵；陶色以黄褐色为主，黑褐、红褐色次之。

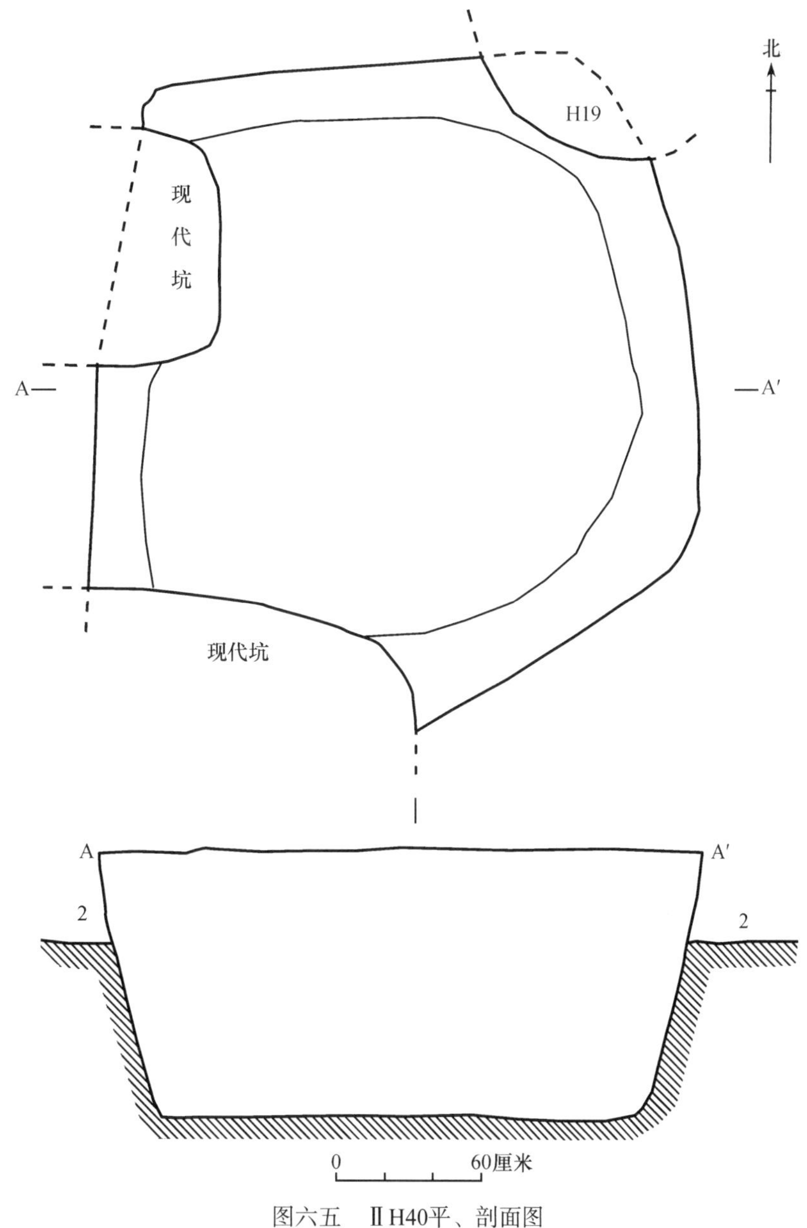

图六五　ⅡH40平、剖面图

磨石　ⅡH40：1，残，棕灰色砂岩，形近长条形，截面近长方形，通体磨制。残长6.5、宽4.2、厚1.3厘米（图六六，12）。

完整石片　ⅡH40：2，青灰色角岩，形近圆形，片状毛坯。A面台面、打击点、半椎体、放射线、同心波纹明确，B面有20个剥片疤。高2、宽2.1、厚0.5厘米（图六六，7）。

二类凸凹刃刮削器　ⅡH40：3，青灰色板岩，片状毛坯，形近扇形。A面有3个剥片疤，4个修理疤。凹刃有使用崩落形成的不连续崩落疤，凹刃长2.5厘米。B面有1个大剥片疤，3个修理疤，其余为砾石面。凸刃上有11个使用形成的不连续崩落疤，凸刃长3.3厘米。高3.7、宽3.1、厚0.7厘米（图六六，6）。

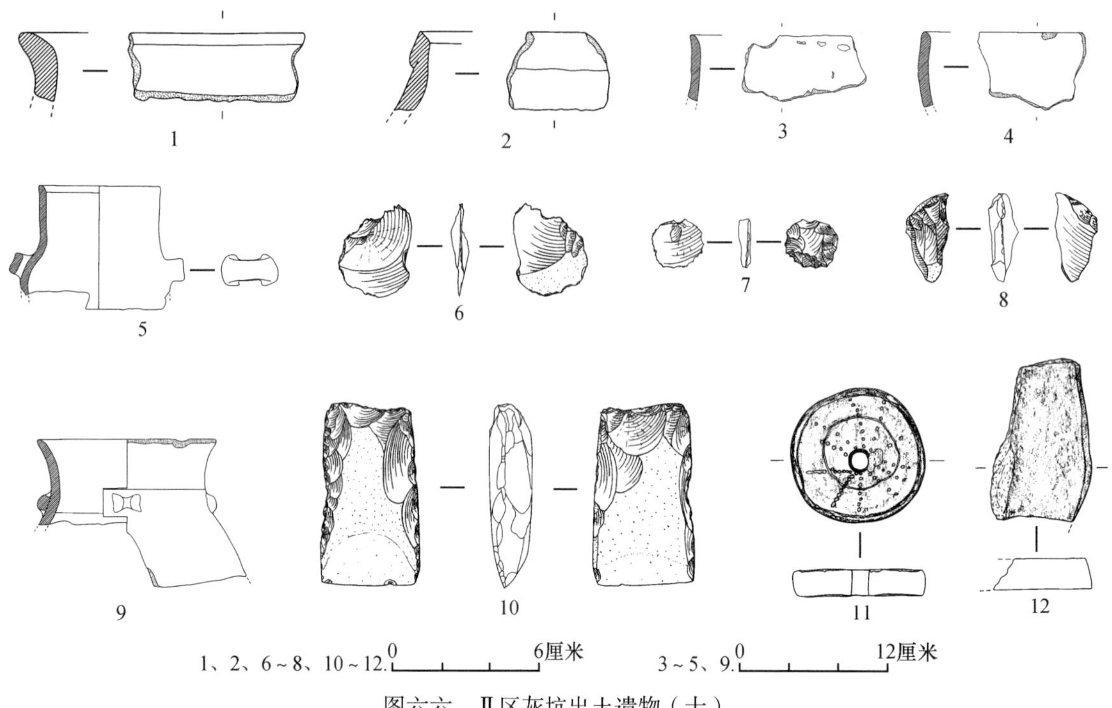

图六六　Ⅱ区灰坑出土遗物（十）

1、3. 陶鬲口沿（ⅡH40：9、ⅡH40：11）　2. 叠唇罐口沿（ⅡH40：12）　4. 陶钵口沿（ⅡH40：10）　5、9. 陶壶（ⅡH40：7、ⅡH40：8）　6. 二类凸凹刃刮削器（ⅡH40：3）　7. 完整石片（ⅡH40：2）　8. 三类单凸刃刮削器（ⅡH40：5）　10. 石楔（ⅡH40：4）　11. 纺轮（ⅡH40：6）　12. 磨石（ⅡH40：1）

石楔　ⅡH40：4，青灰色板岩，片状毛坯，形近长方形，横截面近长方形，通体磨制，局部有打击疤痕，双面弧刃，刃偏于一侧。A面有12个剥片疤，29个崩落疤，刃长4、刃宽2.2厘米。B面有5个剥片疤，15个崩落疤，刃宽1.2厘米。高7.3、宽4.2、厚1.8厘米（图六六，10）。

三类单凸刃刮削器　ⅡH40：5，青灰色板岩，片状毛坯，形近三角形。A面平面有4个剥片疤，刃口有3个修理疤，5个崩落疤。B面有1个剥片疤，4个修理疤。高3.6、宽1.7、厚1.2、刃长2.9厘米（图六六，8）。

纺轮　ⅡH40：6，泥质夹细沙灰褐陶。圆饼状，边有廓。一面素面，另一面有11条戳点线纹，呈太阳光芒状，中有圆形穿孔。面径5.4、厚1.1、穿孔径0.7厘米（图六六，11）。

陶壶　ⅡH40：7，残，夹砂灰褐陶。直口，抹斜沿，尖唇，高直颈，溜肩，鼓腹，肩、腹之间有两个横桥耳。内外均抹光，外施红陶衣，陶衣大部分脱落，局部有烟炱。口径10.1、最大腹径12、颈高5、壁厚0.6、耳高1.7、耳宽4、耳厚0.8厘米（图六六，5）。

陶壶　ⅡH40：8，残，夹砂黄褐陶。侈口，尖圆唇，高领内收，束颈，颈部有4个盲耳，溜肩。口径15、高12、壁厚0.6～0.8、盲耳高1.7、耳宽2.6、耳厚0.7厘米（图六六，9）。

陶鬲口沿　ⅡH40：9，残，夹砂灰褐陶。侈口，圆唇，斜弧腹。口径32、高2.7、壁厚1厘米（图六六，1）。

陶钵口沿　ⅡH40：10，残，夹砂红褐陶。敞口，尖圆唇，斜弧壁内收。口径20、高6.3、壁厚0.8厘米（图六六，4）。

陶鬲口沿　ⅡH40：11，残，夹砂灰褐陶。侈口，尖圆唇，斜弧腹内收，外腹上部有一圈压窝痕。口径33、高5.4、壁厚0.7厘米（图六六，3）。

叠唇罐口沿　ⅡH40：12，残，夹砂黄褐陶。口微侈，尖圆唇，外壁有叠唇。口径18.6、高2.2、厚0.7厘米（图六六，2）。

41. ⅡH41

（1）形制与结构

ⅡH41位于ⅡT17东南角，被现代坑打破，局部压在探方隔梁下，平面为半圆形，斜弧壁，底较平（图六七）。平面长80、宽39、深46厘米。灰坑内填土为一次性堆积形成，灰褐色，土质疏松。

（2）遗物

ⅡH41出土夹砂陶片11片，陶器器形有口沿、腹片，以腹片为主；可辨器类有罐；陶色以黄褐色为主，黑褐色次之。

筒形罐口沿　ⅡH41：1，残，夹砂黄褐陶。口微侈，尖圆唇，直腹，腹上刻有6道弦纹和8道斜线纹组成的几何纹饰。口径42、高6.1、厚0.7厘米（图七五，2）。

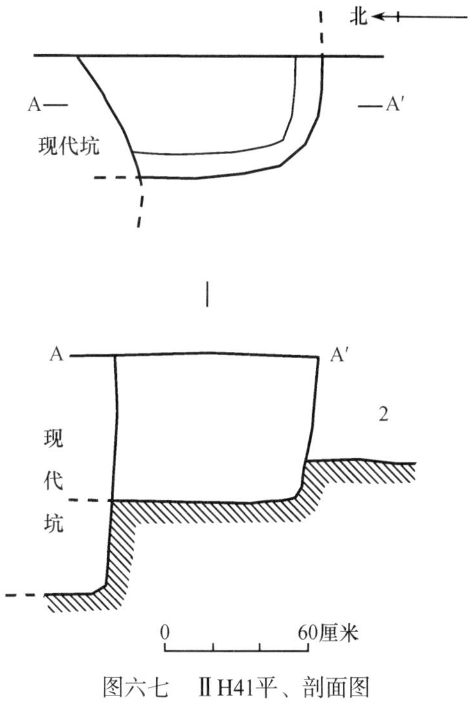

图六七　ⅡH41平、剖面图

42. ⅡH42

（1）形制与结构

ⅡH42位于ⅡT8东北部，被现代坑打破，局部压在探方隔梁下，平面近圆形，斜弧壁，圜底（图六八）。平面直径156、深36厘米。灰坑内填土为一次性堆积形成，灰褐色，土质疏松，夹杂炭粒。

（2）遗物

ⅡH42出土三类凸凹刃刮削器1件，夹砂陶片41片，陶器器形有口沿、腹片、耳、底等，以腹片为主；可辨器类有鬲；陶色以黄褐色为主，红褐色次之。

三类凸凹刃刮削器　ⅡH42：1，青灰色板岩，形近椭圆，片状毛坯。A面有4个剥片疤，6个修理疤，其余为砾石面。AⅠ刃为凹刃，刃长3.5厘米；AⅡ刃为凸刃，刃长

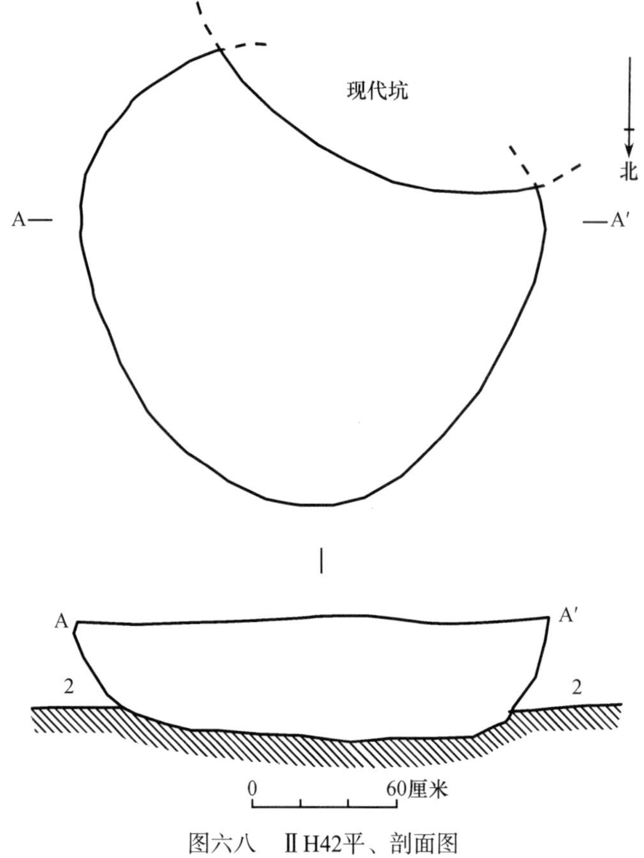

图六八　ⅡH42平、剖面图

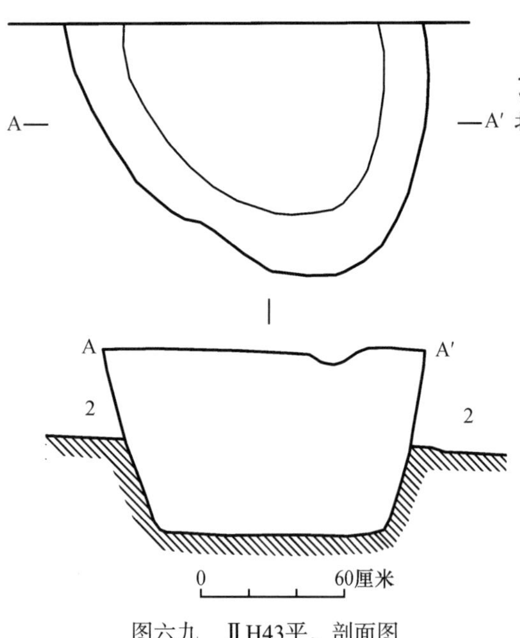

图六九　ⅡH43平、剖面图

4.5厘米。B面有6个剥片疤，4个修理疤，其余为节理面。高5.8、宽3.4、厚1.3厘米（图七五，9）。

陶鬲口沿　ⅡH42：2，残，夹砂黄褐陶。侈口，斜沿，尖圆唇，斜弧腹微外撇。局部有烟炱。口径30、高6.4、壁厚0.9厘米（图七五，1）。

43. ⅡH43

（1）形制与结构

ⅡH43位于ⅡT5南部，局部压在探方隔梁下，平面近半椭圆形，斜弧壁，平底（图六九）。平面长114、宽76、深56厘米。灰坑内填土为一次性堆积形成，黑褐色，土质较硬，夹杂红烧土块和炭粒。

（2）遗物

ⅡH43出土夹砂陶片17片，陶器器形有腹片、耳，以腹片为主；可辨器类有瓮；陶色以黄褐色为主，红褐、黑褐色次之。

陶瓮　ⅡH43：1，残，夹砂黄褐陶，仅余颈、肩、腹部。高直颈，溜肩，鼓腹，腹部有一横桥耳。残高17.6、宽25、壁厚0.7、耳高3.2、耳宽11.7、耳厚1.3厘米（图七五，3）。

44. ⅡH44

（1）形制与结构

ⅡH44位于ⅡT33西部，局部压在探方隔梁下，平面近半椭圆形，斜弧壁，平底（图七〇）。平面长136、宽40、深46厘米。灰坑内填土为一次性堆积形成，黑褐色，土质疏松。

（2）遗物

ⅡH44出土夹砂陶片11片，陶器器形有腹片、底，以腹片为主；可辨器类有壶；陶色以黑褐色为主，黄褐色次之。

陶壶底　ⅡH44：1，残，夹砂红褐陶。斜弧腹内收，平底。底径10.4、高2.3、壁厚0.8、底厚1.3厘米（图七五，11）。

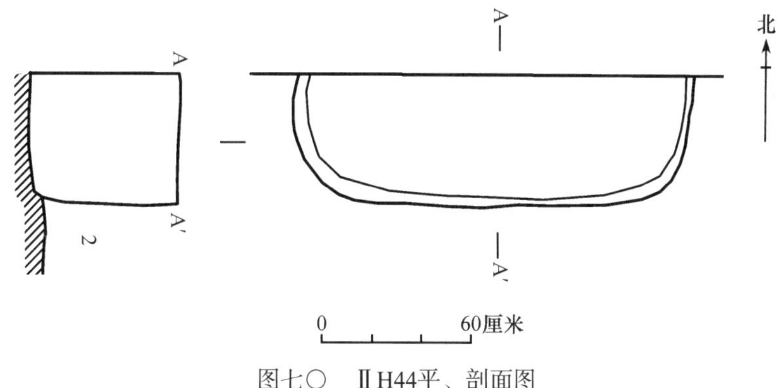

图七〇　ⅡH44平、剖面图

45. ⅡH45

（1）形制与结构

ⅡH45位于ⅡT5北部，打破ⅡH48，局部压在探方隔梁下，平面近半椭圆形，斜弧壁，平底（图七一）。平面长152、宽106、深66厘米。灰坑内填土为一次性堆积形成，黑褐色，土质较硬，夹杂有炭粒。

（2）遗物

ⅡH45出土夹砂陶片47片，陶器器形有口沿、腹片、耳、底等，以腹片为主；可辨器类有壶、钵；陶色以黑褐色为主，黄褐、红褐色次之，有少量灰褐色和施红陶衣。

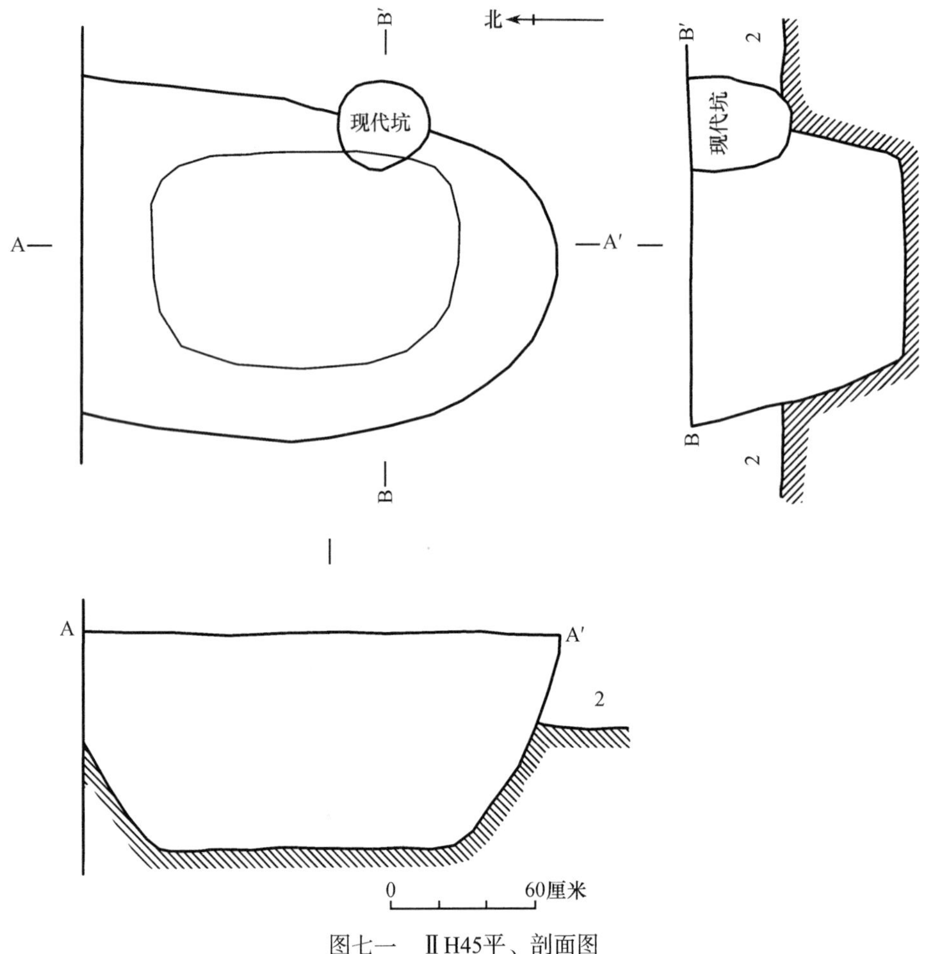

图七一　Ⅱ H45平、剖面图

陶壶底　Ⅱ H45：1，残，夹砂灰褐陶。平底，外底微内凹，内底微凸。底径10、高1.9、壁厚0.6、底厚1厘米（图七五，12）。

陶钵口沿　Ⅱ H45：2，残，夹砂黄褐陶。敞口，尖圆唇，斜弧腹内收。口下有一圆形穿孔，两面对钻。内外均抹光，施红陶衣，陶衣大部分脱落。口径17.7、高3.5、壁厚0.7、穿孔径0.2～0.75厘米（图七五，5）。

陶壶底　Ⅱ H45：3，残，夹砂灰褐陶。平底，外底微内凹，内底微凸，为壁包底。底径9.8、高1.8、底厚1.1厘米（图七五，13）。

46. Ⅱ H46

（1）形制与结构

Ⅱ H46位于Ⅱ T17东北部，被Ⅱ H20及现代坑打破，局部压在探方隔梁下，平面近半椭圆形，斜弧壁，平底（图七二）。平面长127、宽112、深45厘米。灰坑内填土为一次性堆积形成，灰褐色，土质疏松，夹杂炭粒。

（2）遗物

ⅡH46出土石刀1件，夹砂陶片116片，陶器器形有口沿、腹片、耳、底等，以腹片为主；陶色以黄褐色为主，黑褐、红褐色次之。

石刀 ⅡH46：1，残，为石刀尾端，前端残断。青灰色页岩，长条形，通体磨制，单面斜刃，刃口有3个崩落疤，刀身有2个圆形穿孔，双面对钻。残长3.8、宽4.3、厚0.6、刃长2.5、刃宽0.7、穿孔径0.65厘米（图七五，10）。

竖桥耳 ⅡH46：2，残，夹砂黄褐陶。高7.7、宽6、壁厚0.6、耳高5.4、耳宽2、耳厚0.9厘米（图七五，7）。

47. ⅡH47

（1）形制与结构

ⅡH47位于ⅡT13东部，局部压在探方隔梁下，平面近圆角长方形，斜弧壁，平底（图七三）。平面长98、宽76、深39厘米。灰坑内填土为一次性堆积形成，黑褐色，土质疏松，夹杂炭粒。

（2）遗物

ⅡH47出土陶塑动物1件，夹砂陶片5片，陶器器形有口沿、腹片，以腹片为主；可辨器类为壶；陶色以黄褐色为主，红褐色次之。

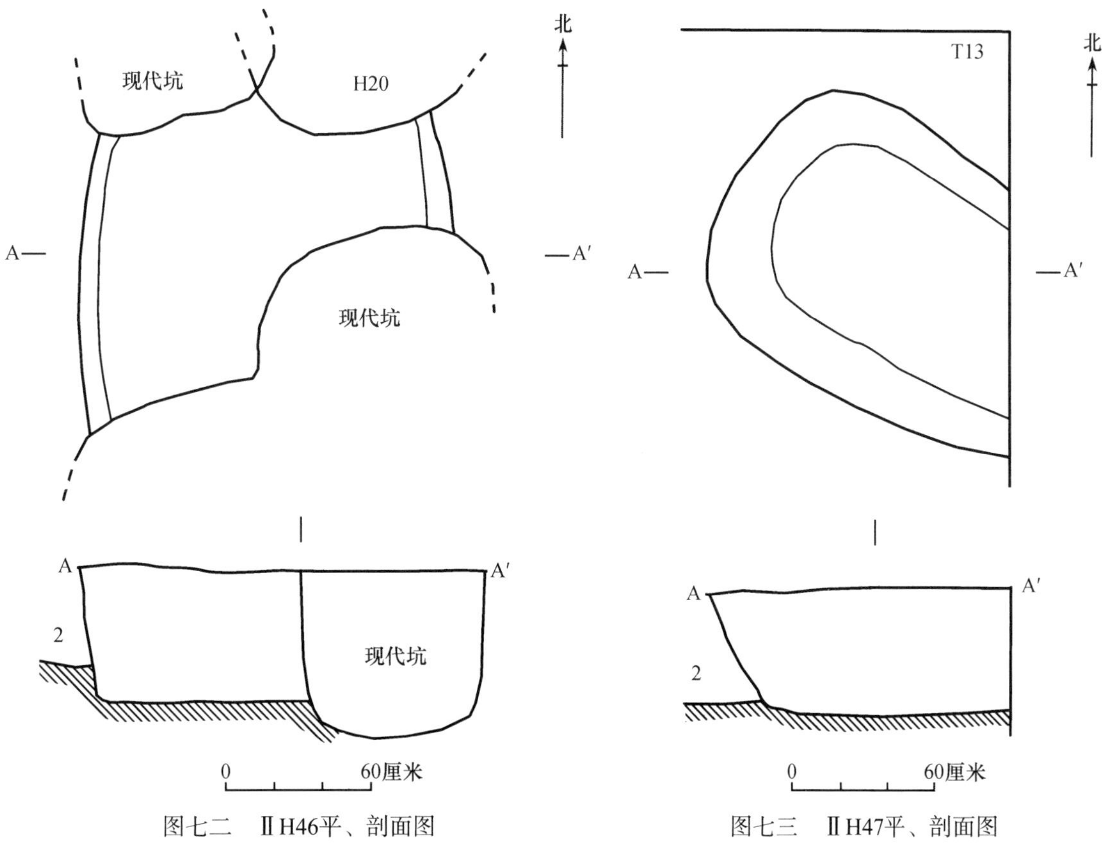

图七二 ⅡH46平、剖面图　　图七三 ⅡH47平、剖面图

陶塑动物　ⅡH47：1，残，夹砂灰褐陶。圆管状，中有圆孔，一端有2个圆形穿孔，形似动物的一双眼睛，整体形象似为陶塑乌龟形象。长5.5、壁厚0.7、截面径2.4、内孔径1、眼孔径0.3厘米（图七五，8）。

陶壶　ⅡH47：2，残，夹砂黄褐陶，仅余口及腹部。敛口，抹斜沿，尖圆唇，溜肩，鼓腹。腹部有2个竖桥耳。器表经抹光，施红陶衣，陶衣大部分脱落。口径12.8、高21.4、壁厚0.7、耳高10.4、耳宽2、耳厚1.2厘米（图七五，4）。

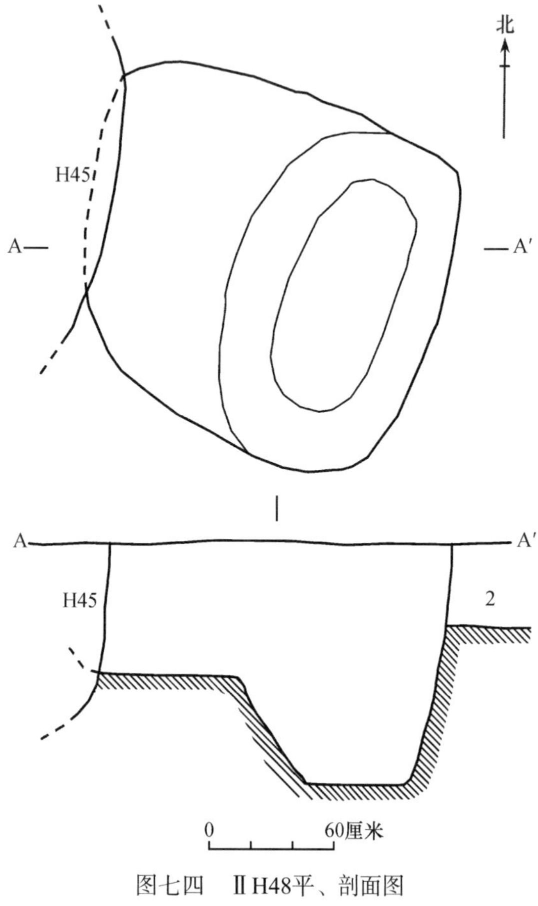

图七四　ⅡH48平、剖面图

48. ⅡH48

（1）形制与结构

ⅡH48位于ⅡT5中东部，被ⅡH45及现代坑打破，平面近圆角长方形，一侧壁斜弧、另一侧弧折，平底（图七四）。平面长128、宽116、深86厘米。灰坑内填土为一次性堆积形成，黑褐色，土质较硬，夹杂有炭粒。

（2）遗物

ⅡH48出土夹砂陶片16片，陶器器形有口沿、腹片、耳、底等，以腹片为主；可辨器类有罐、壶；陶色以黄褐色为主，黑褐、红褐色次之。

筒形罐腹片　ⅡH48：1，残，夹砂红褐陶，腹上有3组横排竖压“之”字纹带。高4.2、宽5.9、壁厚0.6厘米（图七五，6）。

陶壶底　ⅡH48：2，残，夹砂灰褐陶。平底微内凹，为壁包底。底径9.5、高1.2、底厚0.7厘米（图七五，14）。

49. ⅡH49

（1）形制与结构

ⅡH49位于ⅡT30西北部，被现代沟打破，平面近半椭圆形，斜弧壁，平底（图七六）。平面长102、宽84、深38厘米。灰坑内填土为一次性堆积形成，黑褐色，土质疏松，夹杂有红烧土块和炭粒。

（2）遗物

ⅡH49出土石片断片1件，夹砂陶片57片，陶器器形有口沿、腹片、耳、底等，以腹片为主；可辨器类有壶；陶色以黄褐色为主，黑褐、红褐色次之，有少量灰褐色和施红

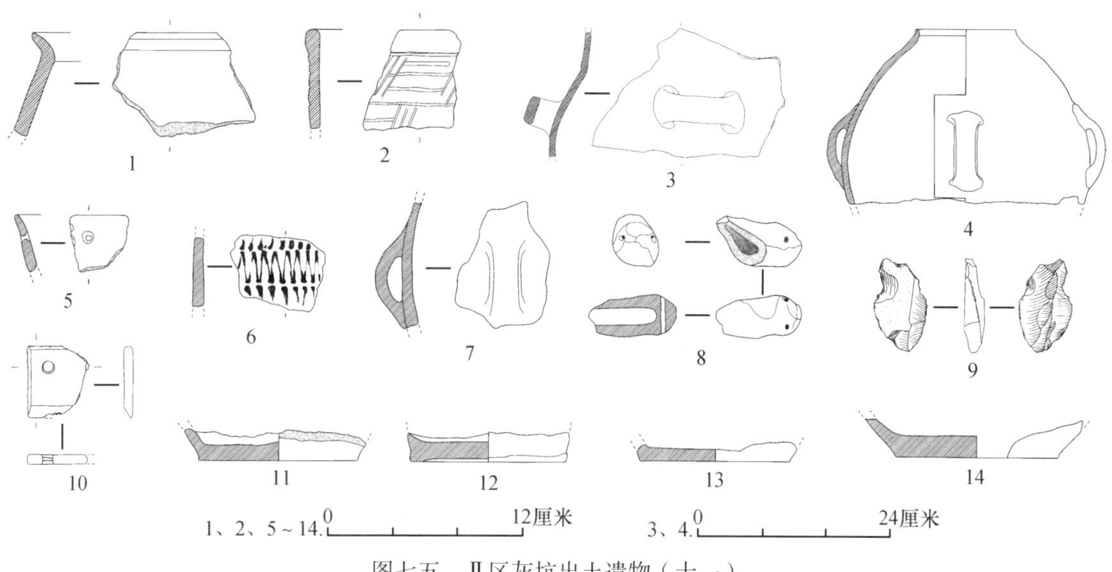

图七五 Ⅱ区灰坑出土遗物（十一）

1. 陶鬲口沿（ⅡH42：2） 2. 筒形罐口沿（ⅡH41：1） 3. 陶瓮（ⅡH43：1） 4. 陶壶（ⅡH47：2） 5. 陶钵口沿（ⅡH45：2） 6. 筒形罐腹片（ⅡH48：1） 7. 竖桥耳（ⅡH46：2） 8. 陶塑动物（ⅡH47：1） 9. 三类凸凹刃刮削器（ⅡH42：1） 10. 石刀（ⅡH46：1） 11～14. 陶壶底（ⅡH44：1、ⅡH45：1、ⅡH45：3、ⅡH48：2）

陶衣。

石片断片 ⅡH49：1，青灰色板岩，片状毛坯。有3个剥片疤，其中一个台面、打击点、放射线、同心波纹明确，其余局部保留砾石面。高3.7、宽1.7、厚0.65厘米（图八三，13）。

陶壶底 ⅡH49：2，残，夹砂灰褐陶。斜弧腹内收，平底微内凹，为壁包底。底径6.4、高2.1、底厚0.8厘米（图八三，12）。

陶壶底 ⅡH49：3，残，夹砂灰褐陶。斜弧腹内收，平底微内凹。内外均抹光。底径6.4、高3、壁厚0.9、底厚1厘米（图八三，11）。

“之”字纹陶片 ⅡH49：4，残，夹砂红褐陶，器表横排竖压“之”字纹带。高4.4、宽4.2、壁厚0.8厘米（图八三，4）。

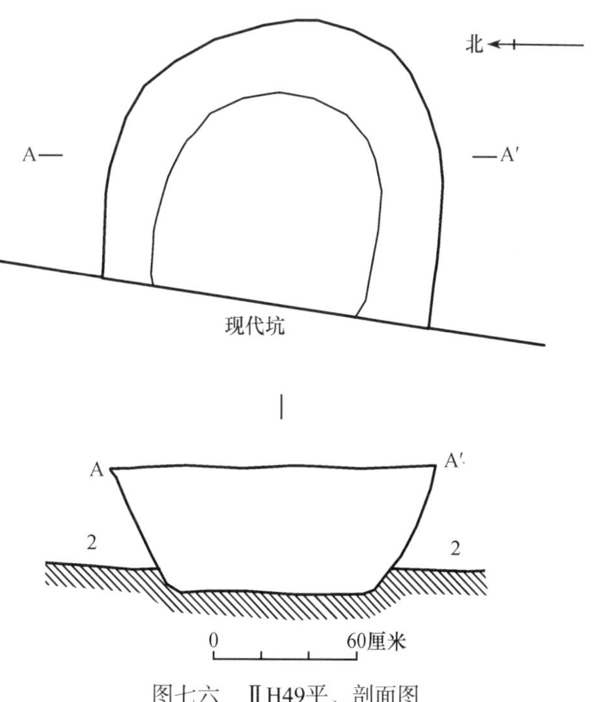

图七六 ⅡH49平、剖面图

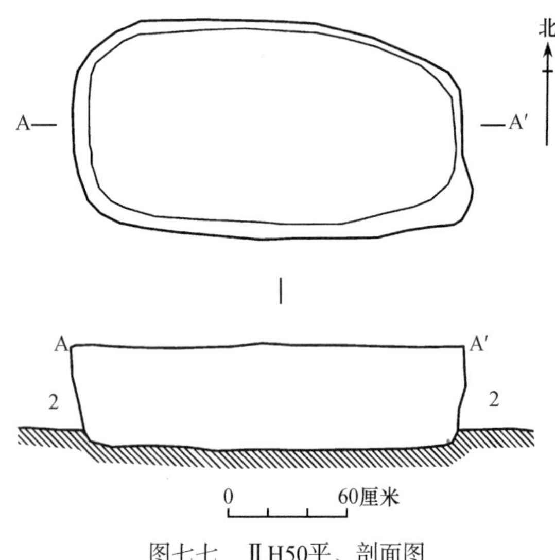

图七七　ⅡH50平、剖面图

50. ⅡH50

（1）形制与结构

ⅡH50位于ⅡT21中东部，打破ⅡG2，平面近圆角长方形，斜弧壁，平底（图七七）。平面长150、宽81、深38厘米。灰坑内填土为一次性堆积形成，灰褐色，土质疏松，夹杂有红烧土块和炭粒。

（2）遗物

ⅡH50出土夹砂陶片286片，陶器器形有口沿、腹片、耳、足、底等，以腹片为主；可辨器类有鬲、壶；陶色以黄褐色为主，黑褐、红褐色次之，有少量灰褐色和施红陶衣。

陶鬲口沿　ⅡH50：1，残，夹砂红褐陶。侈口，斜沿，尖圆唇，斜弧腹微外撇。口径29、高8、壁厚0.7厘米（图八三，2）。

横桥耳　ⅡH50：2，残，夹砂灰褐陶。高7.4、宽8、壁厚0.8、耳高2、耳宽6、耳厚1厘米（图八三，7）。

陶壶底　ⅡH50：3，残，夹砂灰褐陶。斜弧腹内收，平底内凹。底径6.6、高3.1、壁厚0.7、底厚1厘米（图八三，10）。

51. ⅡH51

（1）形制与结构

ⅡH51位于ⅡT12北部，被现代坑打破，局部压在探方隔梁下，平面近半圆形，斜弧壁，底部不平，有起伏（图七八）。平面长114、宽42、深20～36厘米。灰坑内填土为一次性堆积形成，灰褐色，土质疏松，夹杂有炭粒。

（2）遗物

ⅡH51出土夹砂陶片9片，陶器器形有腹片、耳、足、底等，以腹片为主；可辨器类有鼎；陶色以黄褐色为主，黑褐、灰褐色次之。

陶鼎足　ⅡH51：1，残，夹砂灰褐陶。弧腹内收，下腹有烟炱，底较平，柱状足，足跟残。高10.2、宽10.3、足最大截面径4.5、足跟径2.7厘米（图八三，9）。

52. ⅡH52

（1）形制与结构

ⅡH52位于ⅡT11西部，打破ⅡG3，局部压在探方隔梁下，平面近圆形，直壁，平底（图七九）。平面直径86、深52厘米。灰坑内填土为一次性堆积形成，黑褐色，土质较

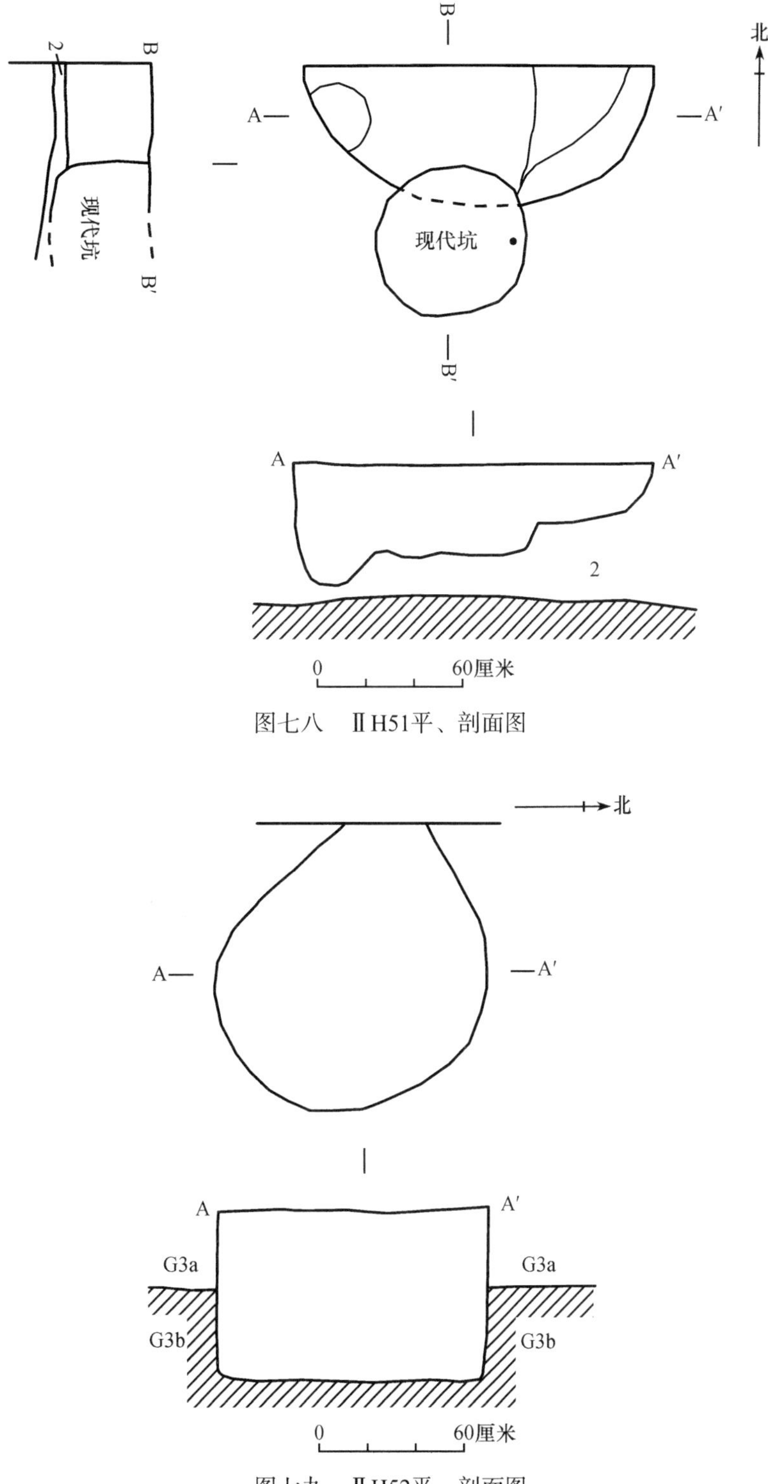

图七八　ⅡH51平、剖面图

图七九　ⅡH52平、剖面图

硬，夹杂有红烧土块和炭粒。

（2）遗物

ⅡH52出土夹砂陶片9片，陶器器形有口沿、腹片、耳等，以腹片为主；陶色以黄褐色为主，黑褐、施红陶衣次之。

横桥耳　ⅡH52：1，残，夹砂红褐陶，耳两侧有抹痕。高11.2、宽13.8、壁厚0.9、耳高3.1、耳宽7.5、耳厚1.1厘米（图八三，6）。

53. ⅡH53

（1）形制与结构

ⅡH53位于ⅡT11东南角，被现代坑打破，局部压在探方隔梁下，平面近半圆形，斜弧壁，平底（图八〇）。平面长110、宽44、深52厘米。灰坑内填土为一次性堆积形成，黑褐色，土质较硬，夹杂有红烧土块和炭粒。

（2）遗物

ⅡH53出土夹砂陶片23片，陶器器形有腹片、耳，以腹片为主；陶色皆为黄褐色。

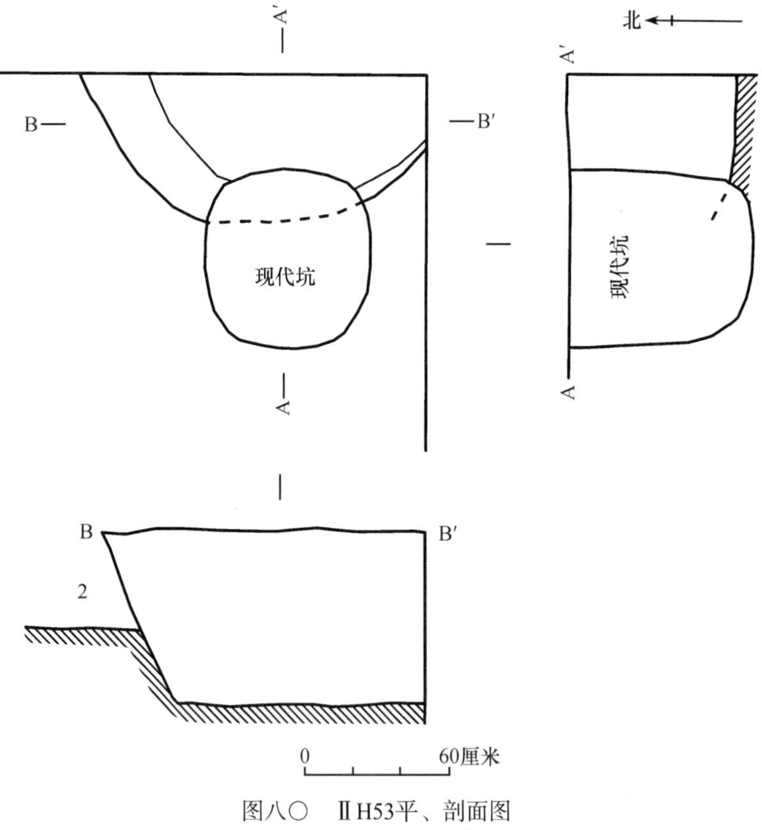

图八〇　ⅡH53平、剖面图

54. Ⅱ H54

（1）形制与结构

Ⅱ H54位于Ⅱ T10中西部，平面近椭圆形，一侧壁斜弧、另一侧袋状，底较平，近袋状壁一侧略下沉（图八一）。平面长196、宽138、深56～62厘米。灰坑内填土为一次性堆积形成，灰褐色，土质疏松，夹杂有炭粒。

（2）遗物

Ⅱ H54出土完整石片1件，夹砂陶片71片，陶器器形有腹片、足、耳、底等，以腹片为主；陶色以黄褐色为主，黑褐、红褐色次之，有少量灰褐色和施红陶衣。

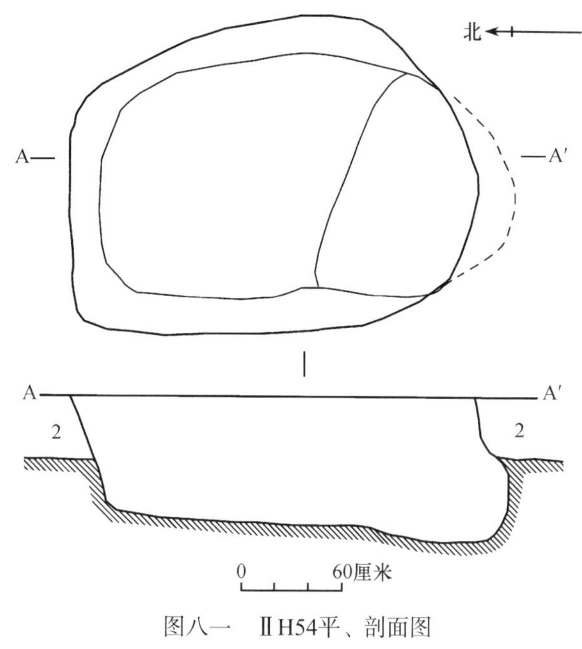

图八一　Ⅱ H54平、剖面图

完整石片　Ⅱ H54：1，青灰色板岩，片状毛坯，形近扇形。A面台面、打击点、放射线、同心波纹明确。B面有18个剥片疤。高3.3、宽4.1、厚1.2厘米（图八三，14）。

横桥耳　Ⅱ H54：2，残，夹砂灰褐陶。高6.1、宽9.4、壁厚0.6、耳高2.9、耳宽6.5、耳厚1.1厘米（图八三，8）。

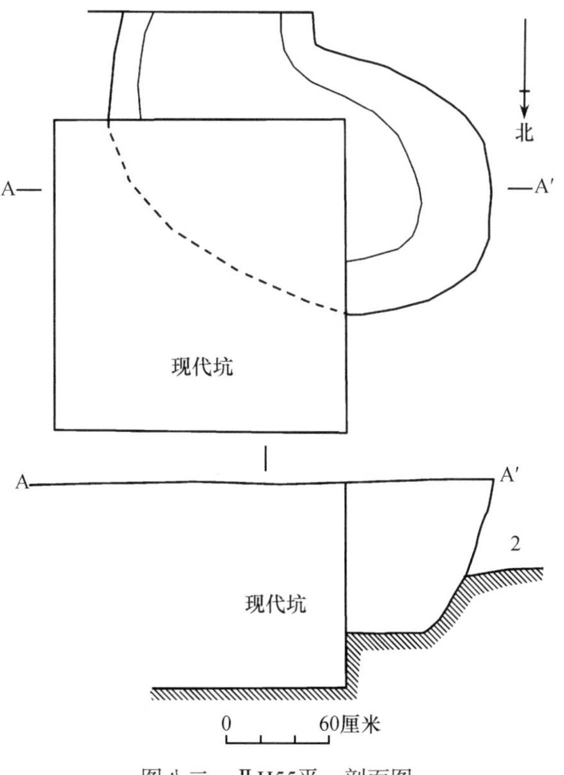

图八二　Ⅱ H55平、剖面图

55. Ⅱ H55

（1）形制与结构

Ⅱ H55位于Ⅱ T37南部，被现代坑打破，局部压在探方隔梁下，平面近椭圆形，斜弧壁，平底（图八二）。平面长160、宽100、深62厘米。灰坑内填土为一次性堆积形成，黑褐色，土质疏松，夹杂有红烧土块和炭粒。

（2）遗物

Ⅱ H55出土夹砂陶片30片，陶器器形有口沿、腹片、耳，以腹片为主；可辨器类有甗、鬲、罐；陶色以黄褐色为主，黑褐、红褐色次之，有少量施红陶衣。

陶甗口沿　Ⅱ H55：1，残，夹砂灰褐陶。口微侈，尖圆唇，斜腹弧收，腹部有一盲耳。口径19、高9.2、壁厚1.1、耳高2.9、耳宽3.1、耳厚1.3厘米（图八三，5）。

陶鬲口沿　ⅡH55：2，残夹砂灰褐陶。侈口，斜沿，圆唇，弧腹内收。口径22.8、高8、壁厚0.9厘米（图八三，1）。

陶罐口沿　ⅡH55：3，残，夹砂灰褐陶。侈口，斜沿微外卷，尖唇，束颈、溜肩。口径23.8、高2.9、壁厚0.7厘米（图八三，3）。

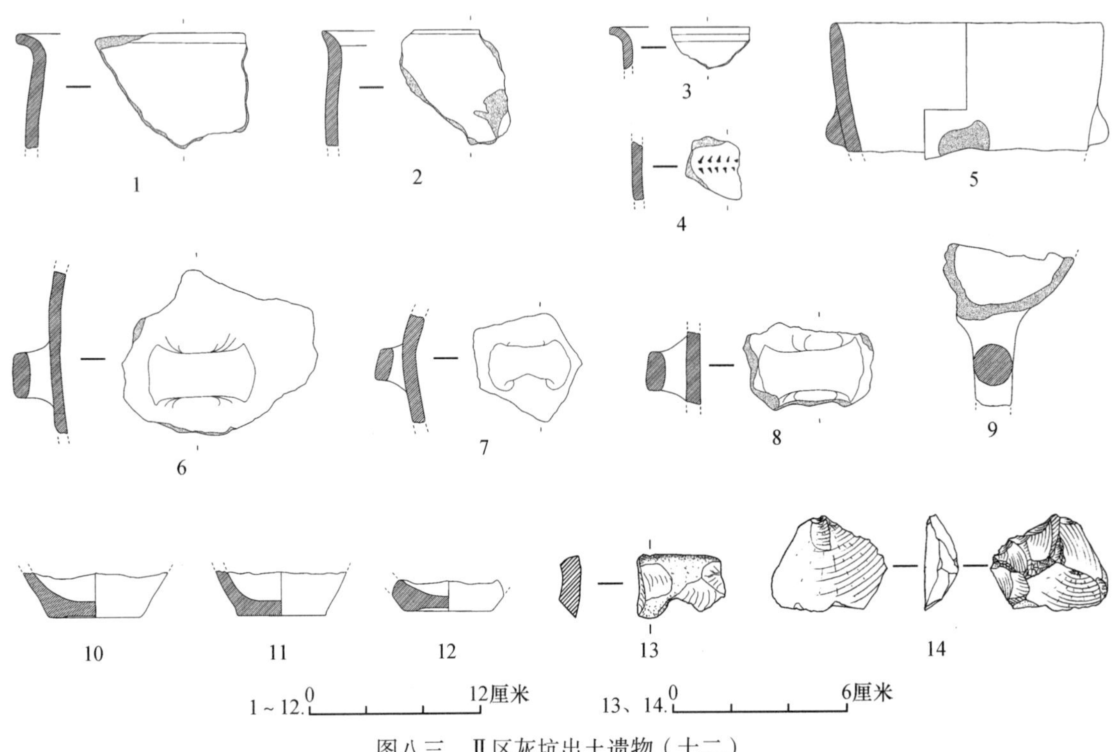

图八三　Ⅱ区灰坑出土遗物（十二）

1、2. 陶鬲口沿（ⅡH55：2、ⅡH50：1）　3. 陶罐口沿（ⅡH55：3）　4. "之"字纹陶片（ⅡH49：4）　5. 陶甑口沿（ⅡH55：1）　6～8. 横桥耳（ⅡH52：1、ⅡH50：2、ⅡH54：2）　9. 陶鼎足（ⅡH51：1）　10～12. 陶壶底（ⅡH50：3、ⅡH49：3、ⅡH49：2）　13. 石片断片（ⅡH49：1）　14. 完整石片（ⅡH54：1）

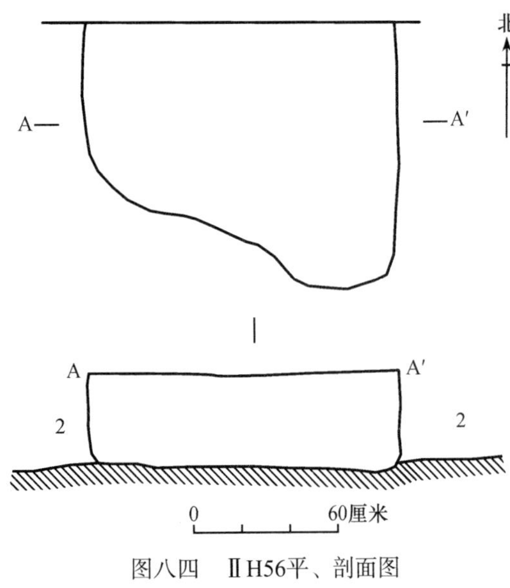

图八四　ⅡH56平、剖面图

56. ⅡH56

（1）形制与结构

ⅡH56位于ⅡT28西北部，打破ⅡH57，局部压在探方隔梁下，平面为不规则性，斜弧壁，平底（图八四）。平面长99、宽80、深31～33厘米。灰坑内填土为一次性堆积形成，黑褐色，土质较硬，夹杂有红烧土块和炭粒。

（2）遗物

ⅡH56出土夹砂陶片30片，陶器器形有口沿、腹片、耳，以腹片为主；可辨器类有钵；陶色以黄褐色为主，黑褐、红褐色次之。

陶钵　ⅡH56：1，残，可复原，夹砂红褐陶。敞口，尖圆唇，斜弧腹内收，假圈足，平底微内凹。外腹有2个盲耳，局部有烟炱。口径20、高5.4、底径7.4、壁厚0.7、底厚0.8、耳高2、耳宽3.1、耳厚0.8厘米（图八九，1；图版一，6）。

57. ⅡH57

（1）形制与结构

ⅡH57位于ⅡT28北部，被ⅡH56及ⅡH58打破，平面近椭圆形，斜弧壁，平底（图八五）。平面长120、宽92、深45厘米。灰坑内填土为一次性堆积形成，黑褐色，土质疏松，夹杂有红烧土块、动物骨骼残片、炭粒。

（2）遗物

ⅡH57出土夹砂陶片6片，陶器器形有口沿、腹片、耳，以腹片为主；陶色以黄褐色为主，黑褐、红褐色次之。

竖桥耳　ⅡH57：1，残，夹砂灰褐陶。高6.1、宽5.7、耳宽3.6、耳厚1.3厘米（图八九，2）。

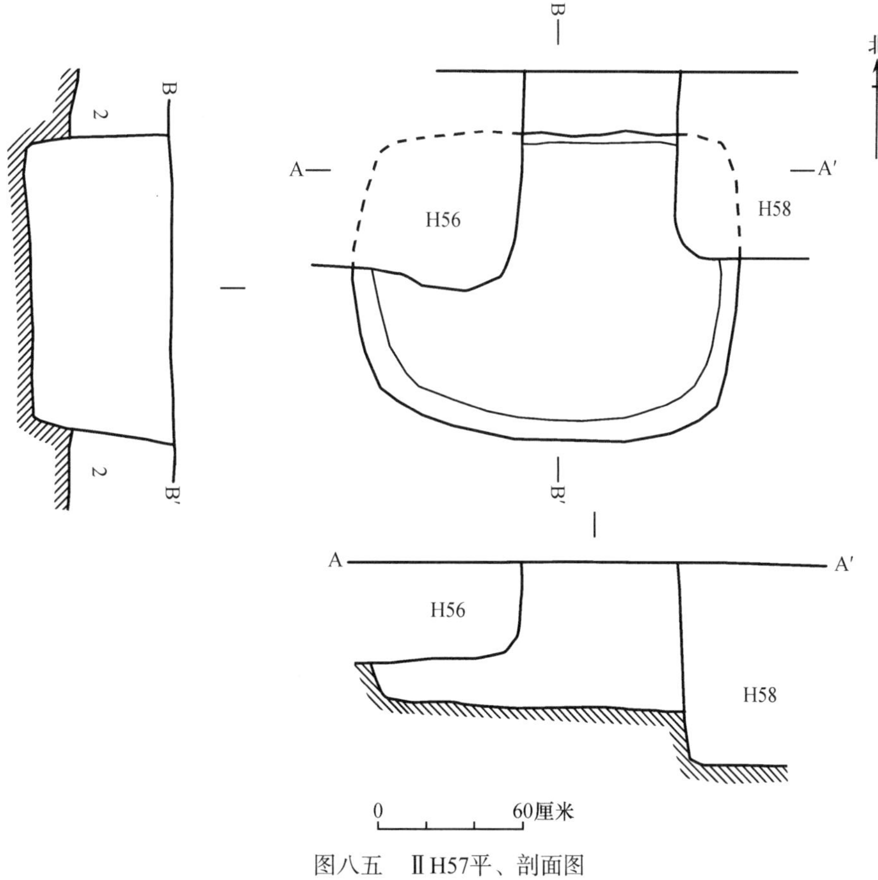

图八五　ⅡH57平、剖面图

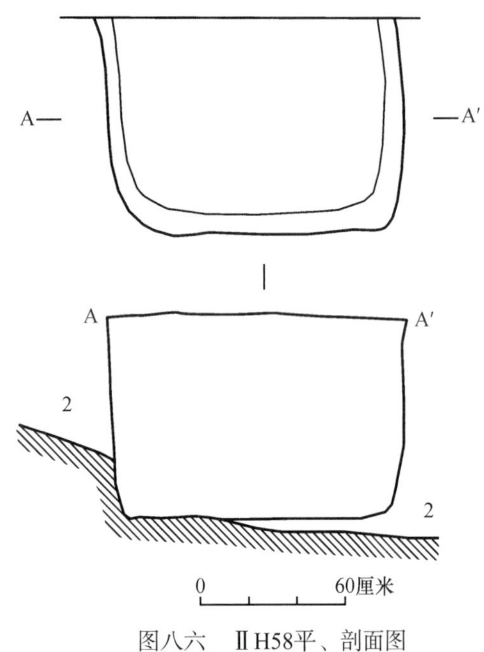

图八六　ⅡH58平、剖面图

58. ⅡH58

（1）形制与结构

ⅡH58位于ⅡT28东北部，打破ⅡH57，局部压在探方隔梁下，暴露部分平面为圆角长方形，斜弧壁，平底（图八六）。平面长94、宽66、深62厘米。灰坑内填土为一次性堆积形成，黑褐色，土质疏松，夹杂有红烧土块、动物骨骼残片、炭粒。

（2）遗物

ⅡH58出土三类盘状刮削器1件，夹砂陶片17片，陶器器形有口沿、腹片、耳，以腹片为主；可辨器类有罐；陶色以黄褐色为主，黑褐、红褐、灰褐色次之。

三类盘状刮削器　ⅡH58：1，青灰色板岩，片状毛坯，平面近菱形，边缘一周皆为刃。A面有2个剥片疤，11个修理疤。B面有4个剥片疤，4个修理疤。高3.6、宽2.2、厚0.5厘米（图八九，4）。

陶罐口沿　ⅡH58：2，残，夹砂红褐陶。侈口，尖圆唇，束颈，溜肩。口径16.9、高5.1、壁厚0.5厘米（图八九，3）。

59. ⅡH59

（1）形制与结构

ⅡH59位于ⅡT28东部，被现代坑打破，局部压在探方隔梁下，平面为不规则性，斜直壁，坡底（图八七）。平面长124、宽119、深42～56厘米。灰坑内填土为一次性堆积形成，黑褐色，土质疏松，夹杂有红烧土块、炭粒。

（2）遗物

ⅡH59出土夹砂陶片55片，陶器器形有口沿、腹片、耳、足，以腹片为主；陶色以红褐色为主，黑褐、施红陶衣次之。

60. ⅡH60

（1）形制与结构

ⅡH60位于ⅡT37东南角，局部压在探方隔梁下，暴露部分平面近半椭圆形，斜弧壁，平底（图八八）。平面长56、宽52、深44厘米。灰坑内填土为一次性堆积形成，黑褐色，土质疏松，夹杂有红烧土块和炭粒。

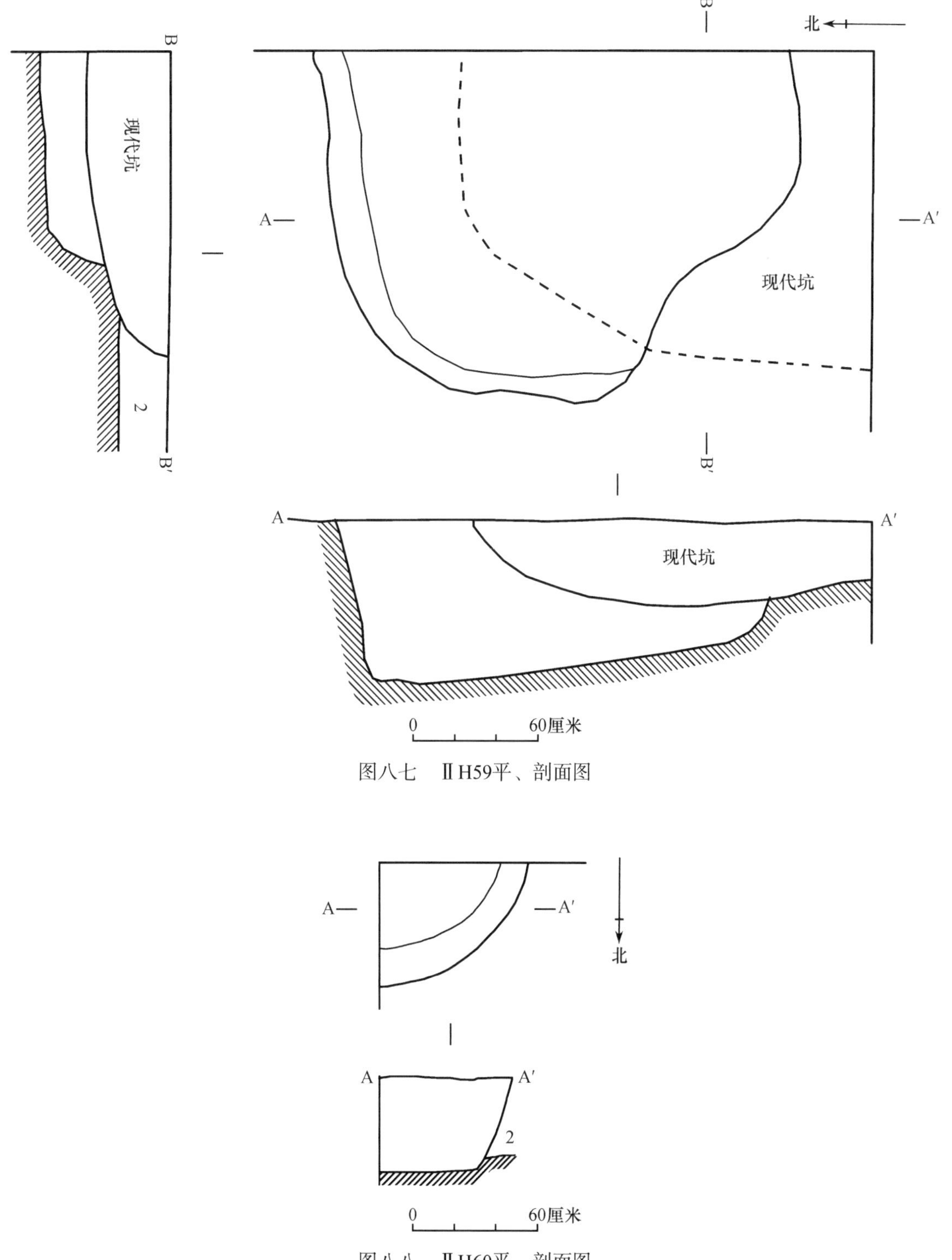

图八七　ⅡH59平、剖面图

图八八　ⅡH60平、剖面图

（2）遗物

ⅡH60出土夹砂陶片34片，陶器器形有口沿、腹片、底，以腹片为主；陶色以黄褐色为主，黑褐、红褐色次之。

61. Ⅱh1

（1）形制与结构

Ⅱh1位于ⅡT1中部，平面近半椭圆形，斜弧壁，平底。开口于第1层下，打破第2层，为晚期灰坑。

（2）遗物

Ⅱh1出土绿釉陶盆1件。

绿釉陶盆　ⅡT1h1：1残，可修复，泥质红陶，内外施绿釉。侈口，外卷沿，圆唇，外有一叠唇，斜弧腹内收，平底。口径42、底径26、高21、壁厚0.6、底厚1～1.5厘米（图八九，5）。

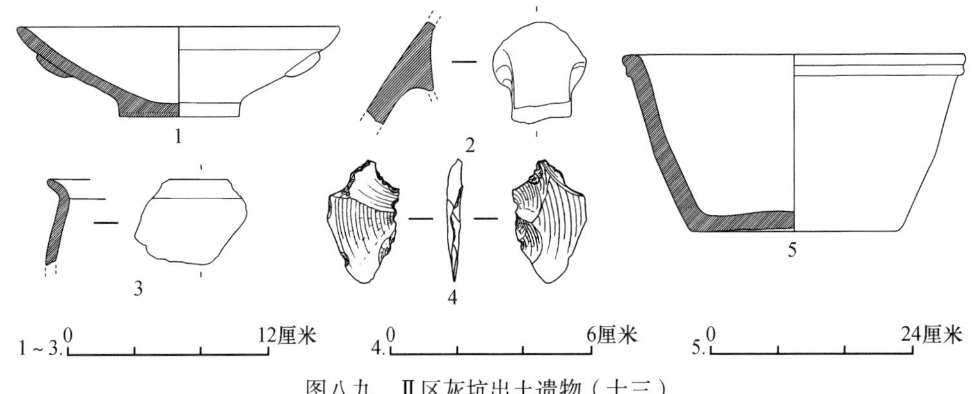

图八九　Ⅱ区灰坑出土遗物（十三）

1. 陶钵（ⅡH56：1）　2. 竖桥耳（ⅡH57：1）　3. 陶罐口沿（ⅡH58：2）　4. 三类盘状刮削器（ⅡH58：1）　5. 绿釉陶盆（ⅡT1h1：1）

（三）灰　　沟

Ⅱ区灰沟共发现3条，编号ⅡG1、ⅡG2、ⅡG3，介绍如下。

1. ⅡG1

（1）形制与结构

ⅡG1位于ⅡT4、T13、T22、T31中部，局部压在探方隔梁下，开口于1层下，打破2层。平面呈长条形，横截面近“U”形（图九〇）。平面长2000、宽40、深30～32厘米。灰沟内填土为一次性堆积形成，黑褐色，土质疏松，夹杂有炭粒。

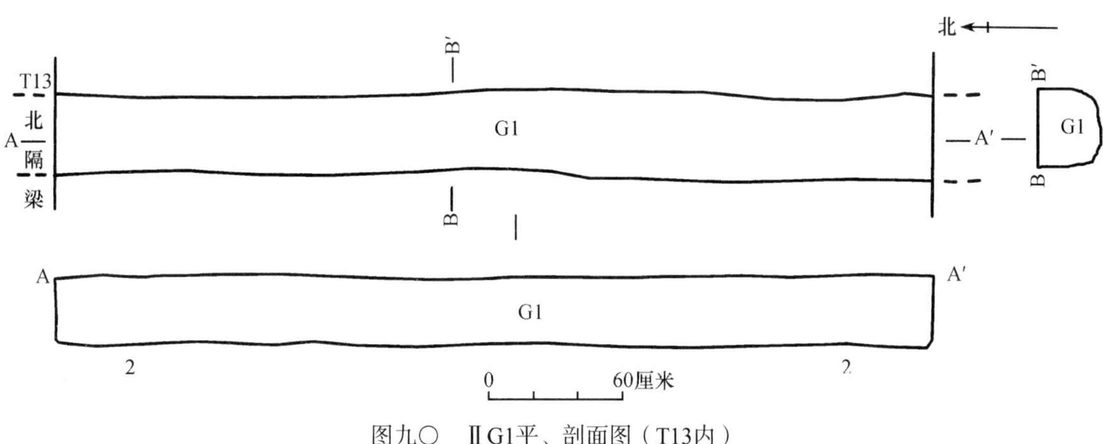

图九〇　ⅡG1平、剖面图（T13内）

（2）遗物

ⅡG1出土夹砂陶片9片，陶器器形有口沿、腹片、耳、底，以腹片为主；陶色以红褐色为主，黄褐、黑褐色次之。

2. ⅡG2

（1）形制与结构

ⅡG2位于ⅡT3、T12、T21、T30、T39东部，ⅡT4、T13、T22、T31西部，局部压在探方隔梁下，开口于1层下，打破2层及生土。平面呈长条形，横截面近倒梯形（图九一）。平面长2500、宽272、底宽60、深148～152厘米。灰沟内填土为三次堆积形成，下层（G2c层）黑褐色，土质疏松，夹杂有炭粒；中层（G2b层）灰褐色，土质疏松；上层（G2a层）浅黄褐色，土质疏松。

（2）遗物

第1层：

ⅡG2①层出土夹砂陶片82片，陶器器形有口沿、腹片、耳、底，以腹片为主；可辨器类有罐；陶色以红褐色为主，黄褐、黑褐、灰褐色次之。

筒形罐口沿　ⅡG2①：1，残，夹砂红褐陶。口微侈，圆唇，直腹。腹部刻有2道弦纹和6道斜线纹组成的几何纹饰。口径29、高3.6、壁厚0.6厘米（图九三，1）。

第2层：

ⅡG2②层出土石斧、双台面石核、陶纺轮共3件，夹砂陶片193片，陶器器形有口沿、腹片、耳、足、底，以腹片为主；可辨器类有鼎、甗、壶；陶色以黄褐色为主，红褐、黑褐、灰褐色次之。

石斧　ⅡG2②：1，残，灰白色细砂岩，形近梯形，刃部残断，通体磨制。A面顶端有2个剥片疤，1个崩落疤，底端有6个剥片疤、10个崩落疤。B面顶端有2个剥片疤，底端有2个剥片疤，10个崩落疤。残高10.7、宽6.2、厚2.4厘米（图九三，5）。

双台面石核　ⅡG2②：2，青灰色板岩，块状毛坯，截面近长方形。A台面为人工

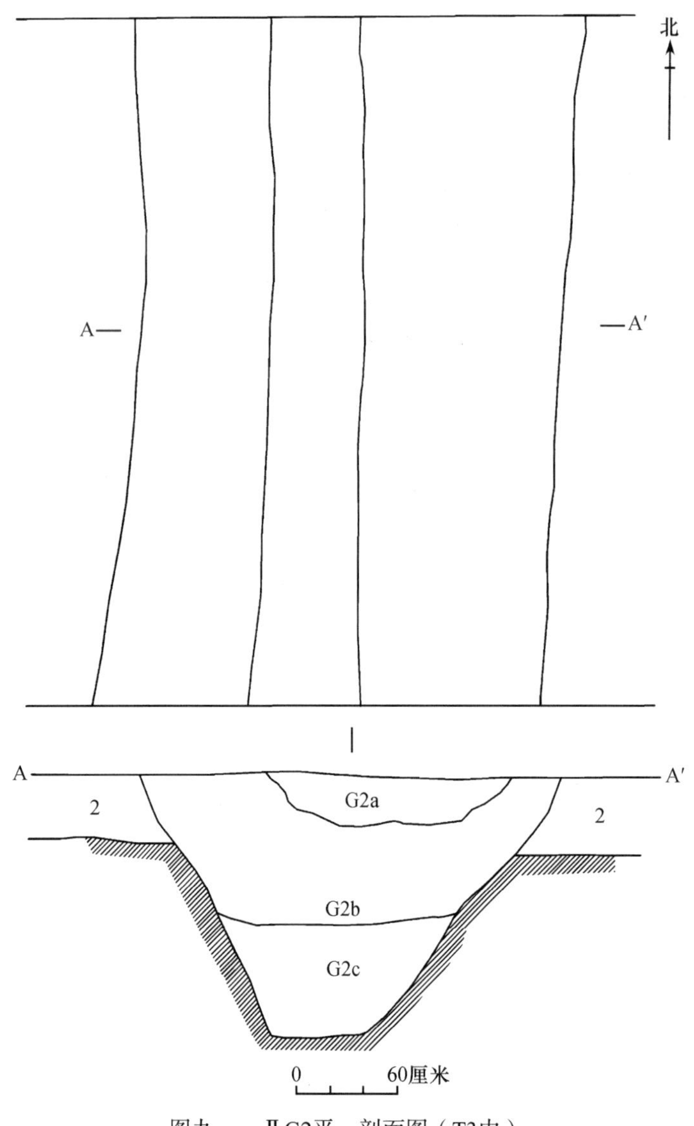

图九一　ⅡG2平、剖面图（T3内）

台面，有3个剥片疤，其余为节理。AⅠ面有6个剥片疤，11个修理疤；AⅡ面有6个剥片疤，5个修理疤。B台面为人工台面，有5个剥片疤。高3.3、宽2.4、厚1.9厘米（图九三，6）。

陶甗腰　ⅡG2②：3，残，夹砂灰陶。袋足弧腹外撇。腰部有一周压窝纹带。高6.8、宽9.5、壁厚0.95、压窝径0.8～1.2厘米（图九三，4）。

陶壶口沿　ⅡG2②：4，残，夹砂黄褐陶。口微敛，抹斜沿，尖圆唇，高直颈微外撇。内外均抹光，外施红陶衣。口径20、高4.1、壁厚0.6厘米（图九三，2）。

陶鼎足　ⅡG2②：5，残，夹砂灰褐陶。扁方足，截面近长方形。高10.8、宽2.5～4.9、厚1.4～2.9厘米（图九三，7）。

纺轮　ⅡG2②：6，泥质夹细砂灰陶，通体磨制，圆饼状，中有一圆形穿孔。面径3.4、厚1.1、穿孔径0.2厘米（图九三，3）。

3. ⅡG3

（1）形制与结构

ⅡG3位于ⅡT2、T11、T20、T29、T38西、中部，局部压在探方隔梁下，开口于1层下，打破2层及生土。平面呈长条形，横截面近倒梯形（图九二）。平面长2500、宽152、底宽36、深83～86厘米。灰沟内填土为两次堆积形成，下层（G3b层）黑褐色，土质较硬，夹杂有炭粒；上层（G3a层）灰褐色，土质较硬，夹杂红烧土块和炭粒。

（2）遗物

第1层：ⅡG3①层出土夹砂陶片224片，陶器器形有口沿、腹片、耳、底，以腹片为主；陶色以红褐色为主，黄褐、黑褐、灰褐色次之。

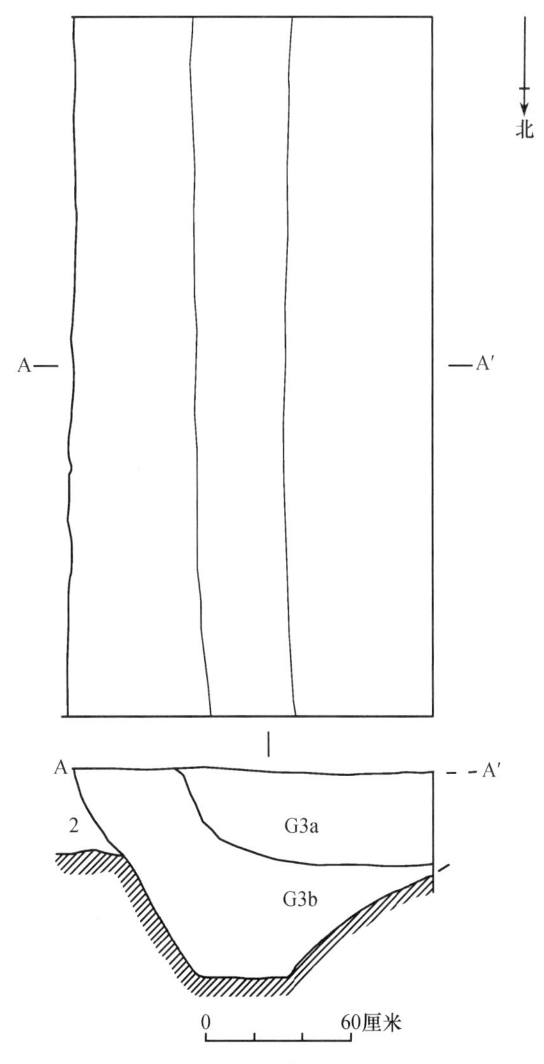

图九二　ⅡG3平、剖面图（T38内）

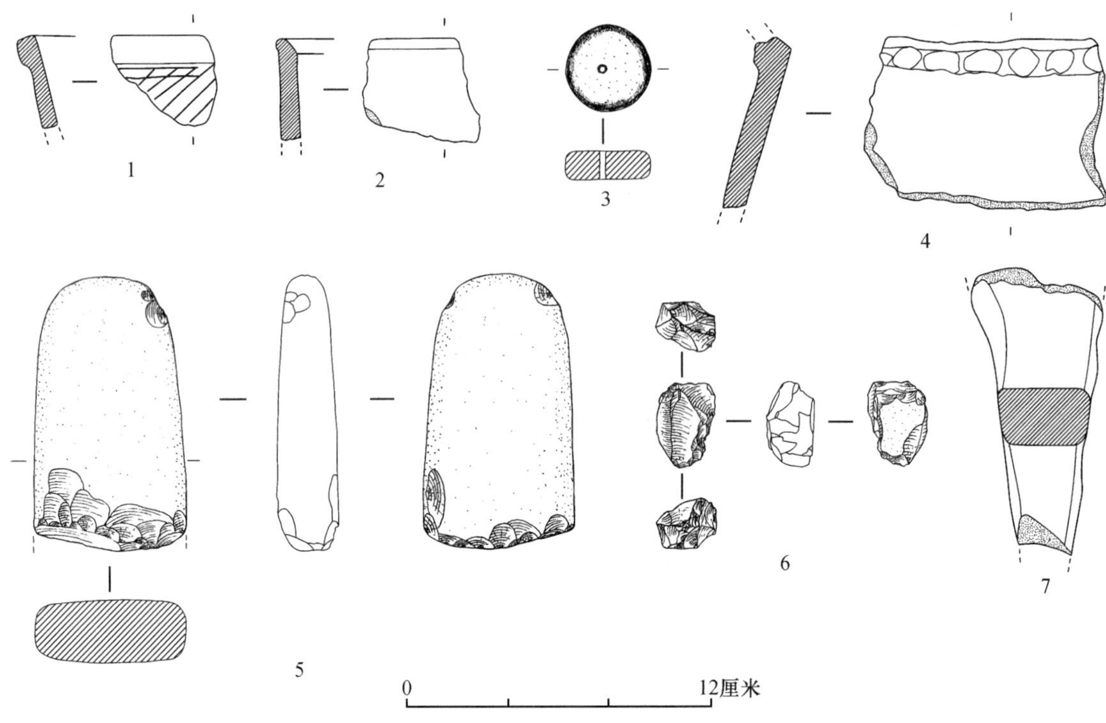

图九三　Ⅱ区灰沟出土遗物

1. 筒形罐口沿（ⅡG2②：1）　2. 陶壶口沿（ⅡG2②：4）　3. 纺轮（ⅡG2②：6）　4. 陶甗腰（ⅡG2②：3）　5. 石斧（ⅡG2②：1）　6. 双台面石核（ⅡG2②：2）　7. 陶鼎足（ⅡG2②：5）

第2层：ⅡG3②层出土夹砂陶片90片，陶器器形有口沿、腹片、耳、足、底，以腹片为主；陶色以黄褐色为主，红褐、黑褐色次之。

（四）探　　方

1. ⅡT1 出土遗物

ⅡT1②层出土完整石片、石锤、磨石、陶碗、陶钵共5件，陶片80片。陶器器形有口沿、腹片、足、耳、底等，以腹片为主；可辨器类有鬲、罐、碗、钵；陶色以红褐色为主，黄褐、黑褐色次之。

陶鬲足　ⅡT1②：1，残，夹砂灰褐陶。圆锥状，足跟略残。高12.5、最大截面径5.9、足跟径3厘米（图九四，8）。

陶碗　ⅡT1②：2，残，可复原，夹砂黄褐陶。侈口，尖圆唇，斜弧腹内收，平底，附上有4个盲耳。口径11.4、底径6.2、高5.3、壁厚0.6、底厚1.4、盲耳高1.2、耳宽2.3、耳厚0.4厘米（图九四，2）。

完整石片　ⅡT1②：3，青灰色板岩，片状毛坯，形近扇形。A面有3个剥片疤，其中一个台面、打击点、放射线、同心波纹明确，台面上有3个修理疤。B面有3个剥片

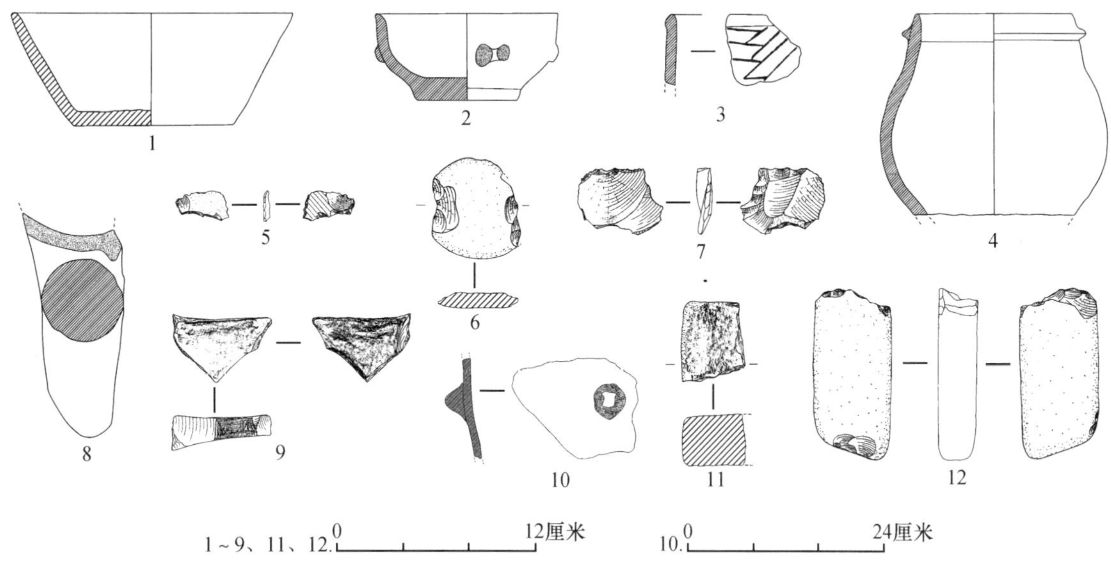

图九四 Ⅱ区探方出土遗物（一）

1. 陶钵（ⅡT1②：6） 2. 陶碗（ⅡT1②：2） 3. 筒形罐口沿（ⅡT4②：2） 4. 陶壶（ⅡT2②：1） 5. 三类单直刃刮削器（ⅡT7①：1） 6. 石网坠（ⅡT5②：1） 7. 完整石片（ⅡT1②：3） 8. 陶鬲足（ⅡT1②：1） 9. 多面磨石（ⅡT3②：1） 10. 带盲耳腹片（ⅡT4②：1） 11. 双面磨石（ⅡT1②：5） 12. 石锤（ⅡT1②：4）

疤，9个修理疤。高4、宽5.2、厚1厘米（图九四，7）。

石锤 ⅡT1②：4，残，青灰色板岩，块状毛坯，大部分保留原砾石面。A面顶端有8个崩落疤，底端有3个剥片疤，8个崩落。B面顶端有3个剥片疤，5个崩落疤，底端有2个崩落疤。高10.2、宽4.9、厚2.4厘米（图九四，12）。

双面磨石 ⅡT1②：5，残，赭红色砂岩，形近长方形，双面磨制。残长4.9、宽4、厚3.1厘米（图九四，11）。

陶钵 ⅡT1②：6，残，可复原，夹砂灰褐陶。敞口。尖圆唇，斜弧腹内收，平底，表面经抹光。口径17.6、底径9.8、高6.8、壁厚0.7、底厚0.9厘米（图九四，1）。

重唇罐 ⅡT1②：7，残，夹砂红褐陶。口微侈，尖圆唇，外有重唇，唇上有数个压窝痕，溜肩，鼓腹，下腹弧收。口径9.8、高12.2，壁厚0.7、最大腹径14.2厘米。

2. ⅡT2 出土遗物

ⅡT2②层出土陶片115片。陶器器形有口沿、腹片、足、耳、底等，以腹片为主；可辨器类有壶；陶色以黑褐色为主，黄褐、红褐色次之。

陶壶 ⅡT2②：1，残，夹砂黄褐陶。口微敛，尖圆唇，高直颈微外撇，颈上部外侧有一圈重唇，溜肩，鼓腹，下腹弧收。内外均抹光。口径13.8、最大腹径20.1、高17.1、壁厚0.9厘米（图九四，4）。

3. ⅡT3 出土遗物

ⅡT3②层出土多面磨石1件，陶片45片。陶器器形有口沿、腹片、足、耳、底等，以腹片为主；陶色以红褐色为主，黄褐、黑褐色次之。

多面磨石　ⅡT3②：1，残，赭红色砂岩，形近三角形，三面磨制，磨面内凹。残长6.1、宽4.1、厚2.1厘米（图九四，9）。

4. ⅡT4 出土遗物

ⅡT4②层出土陶片48片。陶器器形有口沿、腹片、足、耳、底等，以腹片为主；可辨器类有罐；陶色以红褐色为主，黄褐、黑褐色次之。

带盲耳腹片　ⅡT4②：1，残，夹砂黄褐陶。高12、宽15.4、壁厚0.8、耳高3.8、耳宽3.9、耳厚2.8厘米（图九四，10）。

筒形罐口沿　ⅡT4②：2，残，夹砂红褐陶。直口，圆唇，直腹，腹部刻有3道弦纹和4道斜线组成的几何纹饰。高4.2、宽4.4、壁厚0.7厘米（图九四，3）。

5. ⅡT5 出土遗物

ⅡT5②层出土石网坠1件，陶片25片。陶器器形有口沿、腹片、耳、底等，以腹片为主；陶色以黄褐色为主，红褐、黑褐色次之。

石网坠　ⅡT5②：1，残，绿色安山岩。形近圆形，一端残，有3个打击剥片疤，可见绳磨痕。另一端有3个打击剥片疤、绳磨痕，其余为砾石面。长5.4、宽6、厚0.9厘米（图九四，6）。

6. ⅡT6-T7 出土遗物

（1）第1层

ⅡT7①层出土三类单直刃刮削器1件。

三类单直刃刮削器　ⅡT7①：1，赭红色板岩，片状毛坯，形近梯形，直刃。A面为劈裂面，有1个大剥片疤，其余为节理，边缘有11个修理疤。B面大部分为砾石面，有1个大剥片疤，2个修理疤，其余为崩落所致。高1.8、宽3.3、厚0.4、刃长2.6厘米（图九四，5）。

（2）第2层

ⅡT6-T7②层出土石锤、完整石片、三类直凸刃刮削器、石球共5件，陶片202片。陶器器形有口沿、腹片、足、耳、底等，以腹片为主；可辨器类有甗、瓮、罐、壶、碗、钵等；陶色以灰褐色为主，黄褐、红褐、黑褐色次之，有少量施红陶衣。

石锤　ⅡT6-T7②：1，赭红色角岩，形近菱形。A面顶端有5个剥片疤，5个崩落疤，左侧有1个剥片疤，2个崩落疤，下端有3个剥片疤，7个崩落疤。B面顶端有2个崩落疤，下端有3个剥片疤，5个崩落疤。高20.5、宽2.2～10、厚3厘米（图九五，16）。

石锤　ⅡT6-T7②：2，青灰色角岩，形近梯形，大部分为砾石面。A面顶端有一剥片疤及3个小崩落疤，下端左侧有一剥片疤。B面顶端有一剥片疤，下端右侧有一剥片疤。高14.5、宽3.6～8.7、厚1.4～2.3厘米（图九五，8）。

完整石片　ⅡT6-T7②：3，青灰色板岩，形近扇形，片状毛坯。A面台面、打击点、放射线、同心波纹明确。B面为原砾石面。高1.5、宽1.4、厚0.5厘米（图九五，10）。

三类直凸刃刮削器　ⅡT6-T7②：4，青灰色板岩，平面近梯形。A面有11个大剥片疤，边缘有15个小修理疤。B面有8个大剥片疤，边缘有15个小修理疤。刃长3.1、凸刃长2.8厘米（图九五，5）。

石球　ⅡT6-T7②：5，青灰色花岗细晶岩，近半球形，劈裂面有1个打击疤痕，其余为磨制。直径5.2～5.7、高4.7厘米（图九五，9）。

敛口罐口沿　ⅡT6-T7②：6，残，夹砂黄褐陶。敛口，尖圆唇，溜肩。内外均抹光，外施红陶衣。口径18、高4.3、壁厚0.6厘米（图九五，2）。

陶壶底　ⅡT6-T7②：7，残，夹砂红褐陶，斜弧腹内收，平底微内凹。底径8.8、高3、壁厚0.6、底厚1.1厘米（图九五，19）。

陶钵口沿　ⅡT6-T7②：8，残，夹砂灰陶。敞口，抹斜沿，尖唇，斜弧腹内收。口

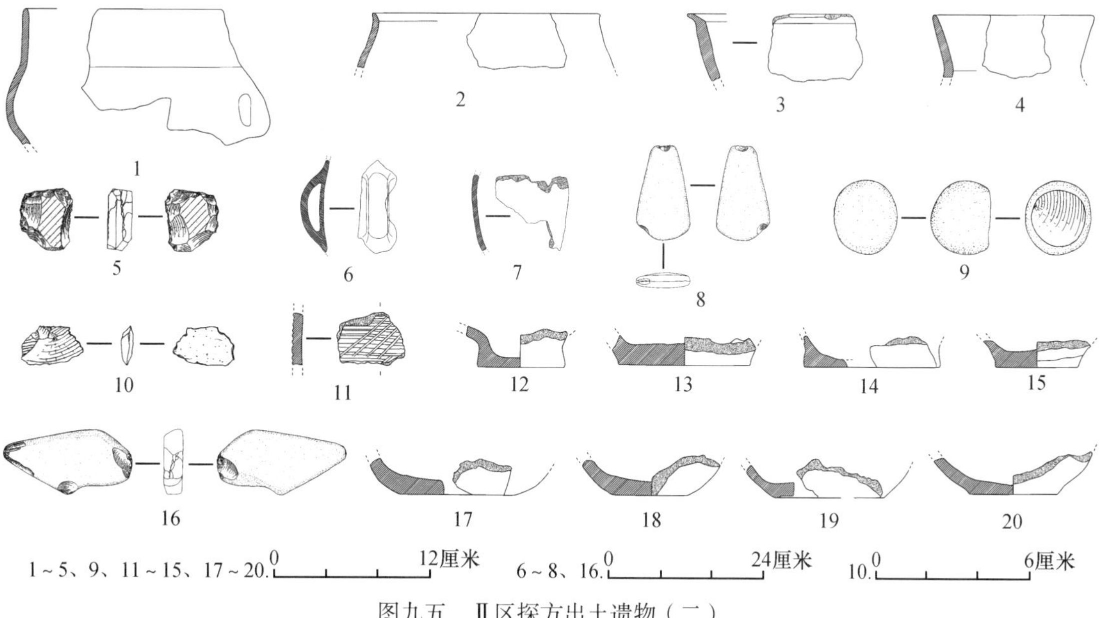

图九五　Ⅱ区探方出土遗物（二）

1. 陶壶口沿及腹部（ⅡT6-T7②：19）　2. 敛口罐口沿（ⅡT6-T7②：6）　3. 陶钵口沿（ⅡT6-T7②：8）　4. 陶壶口沿（ⅡT6-T7②：9）　5. 三类直凸刃刮削器（ⅡT6-T7②：4）　6. 竖桥耳（ⅡT6-T7②：20）　7. 陶甗袋足（ⅡT6-T7②：11）　8、16. 石锤（ⅡT6-T7②：2、ⅡT6-T7②：1）　9. 石球（ⅡT6-T7②：5）　10. 完整石片（ⅡT6-T7②：3）　11. 刻划纹陶片（ⅡT6-T7②：21）　12. 陶碗底（ⅡT6-T7②：17）　13、14. 陶罐底（ⅡT6-T7②：14、ⅡT6-T7②：13）　15、17～20. 陶壶底（ⅡT6-T7②：12、ⅡT6-T7②：18、ⅡT6-T7②：15、ⅡT6-T7②：7、ⅡT6-T7②：16）

径16、高5.2、壁厚0.5厘米（图九五，3）。

陶壶口沿　ⅡT6-T7②：9，残，夹砂灰褐陶。侈口，尖圆唇，高直颈微内收，溜肩。口径13、高4.8、壁厚0.6厘米（图九五，4）。

陶瓮口沿　ⅡT6-T7②：10，残，夹砂红褐陶。敛口，抹斜沿，尖圆唇，鼓腹。内外均抹光，施红陶衣，陶衣大部分脱落。口径32、高5、壁厚0.7厘米。

陶甗袋足　ⅡT6-T7②：11，残，夹砂灰褐陶。袋足上部边缘有刀切割，应为后期加工利用。袋足最大径12.2、高11.6、壁厚0.7厘米（图九五，7）。

陶壶底　ⅡT6-T7②：12，残，夹砂灰陶。平底，内底微凸，为壁包底，经抹光。底径6.5、高2.1、壁厚0.75、底厚1.4厘米（图九五，15）。

陶罐底　ⅡT6-T7②：13，残，夹砂黄褐陶。假圈足，平底，为壁包底。内外均抹光，均施红陶衣，陶衣大部分脱落。底径11、高2.4、壁厚0.9、底厚0.6厘米（图九五，14）。

陶罐底　ⅡT6-T7②：14，残，夹砂灰褐陶。平底，外底微内凹，内底微凸，为壁包底。内、外局部有烟炱。底径10.5、高2.1、底厚1.6厘米（图九五，13）。

陶壶底　ⅡT6-T7②：15，残，夹砂红褐陶，斜弧腹内收，平底。底径6、高2.8、壁厚0.7、底厚0.8～1厘米（图九五，18）。

陶壶底　ⅡT6-T7②：16，残，夹砂灰褐陶，斜弧腹内收，平底微内凹。内外均抹光，局部有烟炱。底径7、高3.3、壁厚0.7、底厚0.8厘米（图九五，20）。

陶碗底　ⅡT6-T7②：17，残，夹砂黄褐陶。斜弧腹内收，假圈足，平底。底径7、高3、壁厚0.7、底厚0.8厘米（图九五，12）。

陶壶底　ⅡT6-T7②：18，残，夹砂灰褐陶，斜弧腹内收，平底微内凹。底径9、高2.8、壁厚1、底厚1.1厘米（图九五，17）。

陶壶口沿及腹部　ⅡT6-T7②：19，残，夹砂灰褐陶。口微侈，尖圆唇，高直颈，溜肩，鼓腹内收，腹上原有一横桥耳，现缺失，局部有烟炱。口径14、高10.5、壁厚0.6厘米（图九五，1）。

竖桥耳　ⅡT6-T7②：20，残，夹砂灰褐陶。高14.3、宽6、壁厚0.6、耳高12.2、耳宽3.5、耳厚1.2厘米（图九五，6）。

刻划纹陶片　ⅡT6-T7②：21，残，夹砂红褐陶。腹片上刻有8道弦纹和5道斜线纹组成的几何纹饰。高3.9、宽5、壁厚0.75厘米（图九五，11）。

7. ⅡT8 出土遗物

ⅡT8②层出土磨石1件，陶片144片。陶器器形有口沿、腹片、耳、底等，以腹片为主；可辨器类有罐；陶色以灰褐色为主，黄褐、红褐、黑褐色次之。

磨石　ⅡT8②：1，残，赭红色泥岩，形近半圆形，双面磨制，每面均有内凹磨痕，边缘有8个崩落疤。残高5.6、宽5.4、厚1.6～2.7厘米（图九六，9）。

筒形罐口沿 ⅡT8②：2，残，夹砂红褐陶，直口，抹斜沿，尖圆唇，直腹，腹部刻有4道刻划弦纹。口径30、高6.1、壁厚0.7厘米（图九六，3）。

8. ⅡT9 出土遗物

ⅡT9②层出土陶片64片。陶器器形有口沿、腹片、足、底等，以腹片为主；可辨器类有钵；陶色以黄褐色为主，红褐、灰褐、黑褐色次之。

陶钵口沿 ⅡT9②：1，残，夹砂灰褐陶。侈口，抹斜沿，尖圆唇，斜弧腹内收，折肩。内外均抹光。口径18、高6、壁厚0.8厘米（图九六，2）。

9. ⅡT10 出土遗物

ⅡT10②层出土完整石片1件，陶片95片。陶器器形有口沿、腹片、耳、底等，以腹片为主；可辨器类有甑；陶色以红褐色为主，黄褐、黑褐、灰褐色次之。

完整石片 ⅡT10②：1，青灰色板岩，形近三角形，片状毛坯。A面台面、打击点、放射线、同心波纹明确，有3个剥片疤，1个崩落疤。B面有3个剥片疤，4个崩落疤，其余为砾石面。高2.9、宽1.2、厚0.9厘米（图九六，13）。

陶甑底 ⅡT10②：2，残，夹砂灰褐陶。斜弧腹，平底，底部可见4个圆形甑孔。底径8、高3.2、壁厚1.1、底厚0.9～1.1、甑孔径0.6厘米（图九六，10）。

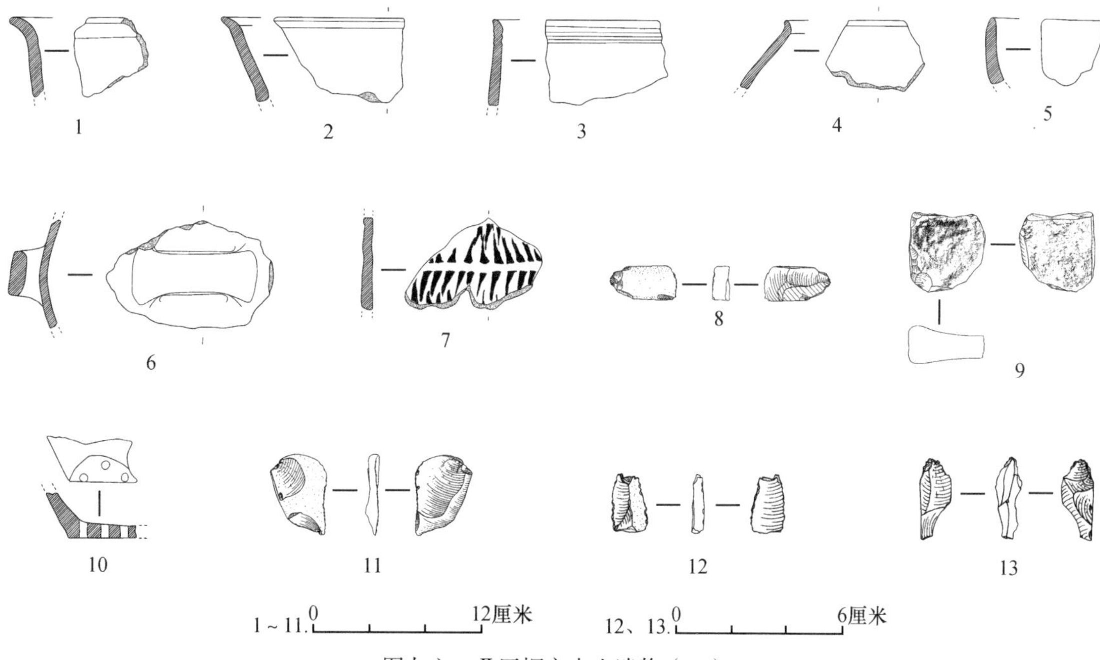

图九六 Ⅱ区探方出土遗物（三）

1. 陶鬲口沿（ⅡT13②：2） 2. 陶钵口沿（ⅡT9②：1） 3. 筒形罐口沿（ⅡT8②：2） 4. 敛口钵口沿（ⅡT15②：6） 5. 陶盅（ⅡT15②：5） 6. 横桥耳（ⅡT15②：4） 7. 筒形罐腹片（ⅡT13②：1） 8. 二类单凸刃刮削器（ⅡT15②：2） 9. 磨石（ⅡT8②：1） 10. 陶甑底（ⅡT10②：2） 11. 二类直凸尖刃刮削器（ⅡT15②：1） 12. 二类双直刃刮削器（ⅡT15②：3） 13. 完整石片（ⅡT10②：1）

10. ⅡT11 出土遗物

ⅡT11②层出土陶片36片。陶器器形有口沿、腹片、耳等，以腹片为主；陶色以黄褐色为主，红褐、灰褐、黑褐色次之。

11. ⅡT12 出土遗物

ⅡT12②层出土陶片40片。陶器器形有口沿、腹片、足、耳、底等，以腹片为主；陶色以黄褐色为主，灰褐、红褐、黑褐色次之。

12. ⅡT13 出土遗物

ⅡT13②层出土陶片63片。陶器器形有口沿、腹片、足、耳、底等，以腹片为主；可辨器类有鬲、罐；陶色以黄褐、红褐色为主，灰褐、施红陶衣次之。

筒形罐腹片　ⅡT13②：1，残，夹砂红褐陶，腹上有2组横排竖压“之”字纹带，压印较松散。高6.4、宽9.1、壁厚0.8厘米（图九六，7）。

陶鬲口沿　ⅡT13②：2，残，夹砂红褐陶。侈口，抹斜沿，尖圆唇，直腹。口径24、高5.7、壁厚0.9厘米（图九六，1）。

13. ⅡT14 出土遗物

ⅡT14②层出土陶片21片。陶器器形有口沿、腹片、耳，以腹片为主；陶色以黄褐、红褐色为主，灰褐、黑褐色次之。

14. ⅡT15 出土遗物

ⅡT15②层出土二类直凸尖刃刮削器、二类单凸刃刮削器、二类双直刃刮削器共3件，陶片224片。陶器器形有口沿、腹片、足、耳、底等，以腹片为主；可辨器类有壶、钵、盅；陶色以黑褐色为主，黄褐、红褐色次之，有少量灰褐色和施红陶衣。

二类直凸尖刃刮削器　ⅡT15②：1，青灰色角岩，片状毛坯，形近树叶形。A面有2个剥片疤，2个修理疤，其余为砾石面。AⅠ刃为凸刃，刃长5.2厘米；AⅡ刃为直刃，刃长2.8厘米。B面有2个剥片疤，其中一个台面、打击点、放射线、同心波纹明确，有4个修理疤。高5.7、宽4.2、厚0.9厘米（图九六，11）。

二类单凸刃刮削器　ⅡT15②：2，青灰色板岩，片状毛坯，形近长条形，一端把手经修理。A面有2个剥片疤，2个修理疤，其余为节理，刃为凸刃，刃长2.4厘米。B面大部分保留原砾石面，有3个剥片疤，3个修理疤。高2.4、宽4.9、厚1.3厘米（图九六，8）。

二类双直刃刮削器　ⅡT15②：3，青灰色板岩，片状毛坯，形近梯形。A面有4个剥片疤，局部保留原砾石面。AⅠ刃为直刃，刃长2厘米；AⅡ刃也为直刃，刃长1.9厘米。B面同心波纹明确，有1个剥片疤。高2、宽1.3、厚0.4厘米（图九六，12）。

横桥耳　ⅡT15②：4，残，夹砂灰褐陶。仅余腹部及横桥耳。内外均抹光，外施红陶衣。高7.5、宽12.1、壁厚0.6、耳高3.2、耳宽8.6、耳厚1.1厘米（图九六，6）。

陶盅　ⅡT15②：5，残，夹砂灰陶。口微敛，尖圆唇，弧腹内收，平底。内外均抹光。口径4.5、高4.7、壁厚0.8厘米（图九六，5）。

敛口钵口沿　ⅡT15②：6，残，夹砂灰褐陶。敛口，抹斜沿，尖圆唇，溜肩。内外均抹光，外施红陶衣。口径11、高5.6、壁厚0.5厘米（图九六，4）。

15. ⅡT16 出土遗物

ⅡT16②层出土双面磨石1件，陶片175片。陶器器形有口沿、腹片、耳、底等，以腹片为主；可辨器类有罐、钵；陶色以黑褐色为主，黄褐、红褐色次之，有少量灰褐色和施红陶衣。

双面磨石　ⅡT16②：1，残，青灰色砂岩，形近梯形，双面磨制。残长4.9、宽3.4、厚1.7厘米（图九七，9）。

筒形罐腹片　ⅡT16②：2，残，夹砂红褐陶，腹上刻有3道弦纹和3道斜线纹组成的几何纹饰，其下有1组横排竖压“之”字纹带。高3.7、宽5.9、壁厚0.7厘米（图九七，11）。

筒形罐腹片　ⅡT16②：3，残，夹砂红褐陶，腹上刻有3道斜线纹，其下有1组横排竖压“之”字纹带。高3.9、宽4.1、壁厚0.8厘米（图九七，12）。

叠唇罐口沿　ⅡT16②：4，残，夹砂灰陶。口微敛，尖唇，外有叠唇，斜腹微外撇。口径23、高4.7、壁厚0.8厘米（图九七，5）。

陶钵口沿　ⅡT16②：5，残，夹砂黄褐陶。敞口，抹斜沿，尖圆唇，弧腹内收。内外均抹光。口径23、高10.4、壁厚0.8～1.3厘米（图九七，1）。

16. ⅡT17 出土遗物

ⅡT17②层出土陶片149片。陶器器形有口沿、腹片、足、耳、底等，以腹片为主；可辨器类有瓮、罐；陶色以黑褐色为主，黄褐、红褐色次之，有少量灰褐色和施红陶衣。

陶瓮腹片　ⅡT17②：1，残，夹砂红褐陶，腹上有5道折棱。高13.8、宽15.1、厚0.8厘米（图九七，4）。

筒形罐腹片　ⅡT17②：2，残，夹砂红褐陶，腹上有2组横排竖压“之”字纹带。高3.8、宽5.8、壁厚0.5厘米（图九七，10）。

17. ⅡT18 出土遗物

ⅡT18②层出土石刀1件，陶片148片。陶器器形有口沿、腹片、足、耳、底等，以腹片为主；可辨器类有钵；陶色以黄褐色为主，黑褐、红褐、灰褐色次之。

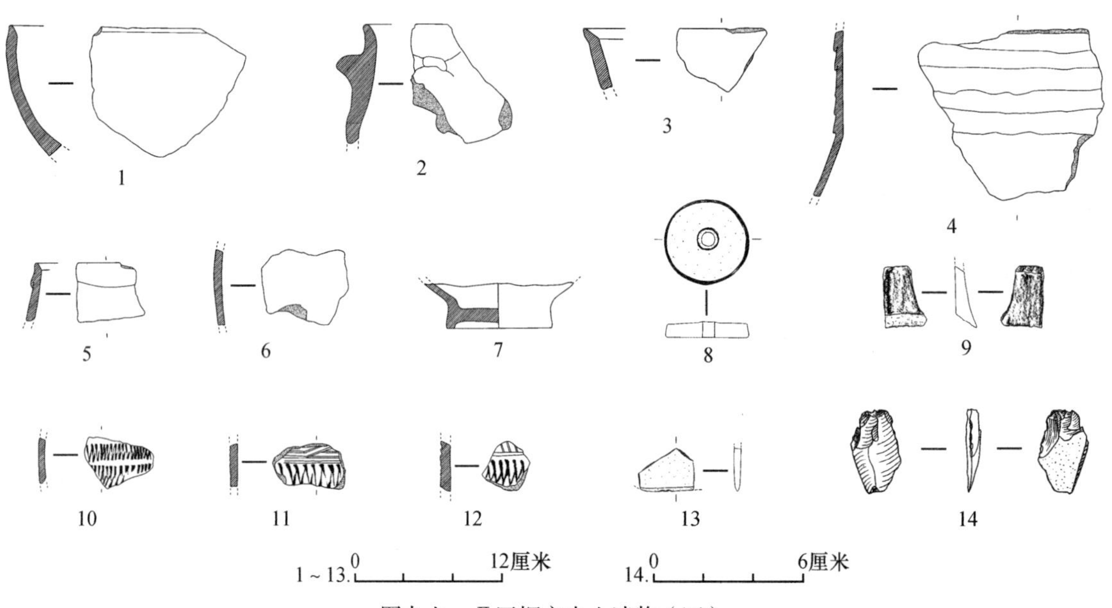

图九七　Ⅱ区探方出土遗物（四）

1、3. 陶钵口沿（ⅡT16②：5、ⅡT18②：2）　2. 陶鼎口沿（ⅡT22②：1）　4. 陶瓮腹片（ⅡT17②：1）　5. 叠唇罐口沿（ⅡT16②：4）　6. 夹滑石陶片（ⅡT21②：1）　7. 陶碗底（ⅡT22②：2）　8. 纺轮（ⅡT19②：1）　9. 双面磨石（ⅡT16②：1）　10～12. 筒形罐腹片（ⅡT17②：2、ⅡT16②：2、ⅡT16②：3）　13. 石刀（ⅡT18②：1）　14. 二类单凸刃刮削器（ⅡT20②：1）

石刀　ⅡT18②：1，残，青灰色页岩，形近五边形，通体磨制，双面弧刃，刃口有2个使用崩落疤。残长4.6、宽3.4、厚0.55厘米（图九七，13）。

陶钵口沿　ⅡT18②：2，残，夹砂红褐陶，夹滑石。侈口，抹斜沿，尖圆唇，斜弧腹内收。内外均抹光。口径12、高4.4、壁厚0.7厘米（图九七，3）。

18. ⅡT19 出土遗物

ⅡT19②层出土陶纺轮1件，陶片45片。陶器器形有口沿、腹片、足、耳、底等，以腹片为主；陶色以黄褐色为主，黑褐、红褐、灰褐色次之。

纺轮　ⅡT19②：1，夹砂红褐陶，圆饼状，通体磨制。中有一圆形穿孔，两面对钻。面径6.8、厚1.3、穿孔径1.1厘米（图九七，8）。

19. ⅡT20 出土遗物

ⅡT20②层出土二类单凸刃刮削器1件，陶片66片。陶器器形有口沿、腹片、足、耳、底等，以腹片为主；陶色以黄褐色为主，红褐、黑褐、灰褐色次之。

二类单凸刃刮削器　ⅡT20②：1，青灰色板岩，片状毛坯，凸刃。A面有3个剥片疤，4个修理疤。B面大部分为砾石面，有3个剥片疤，3个修理疤。高3.3、宽2、厚0.6、刃长3.5厘米（图九七，14）。

20. ⅡT21 出土遗物

ⅡT21②层出土陶片52片。陶器器形有口沿、腹片、底等，以腹片为主；陶色以黑褐色为主，黄褐色、施红陶衣次之，有少量红褐色。

夹滑石陶片　ⅡT21②：1，残，夹砂灰褐陶，夹滑石。高7、宽5.8、壁厚0.7厘米（图九七，6）。

21. ⅡT22 出土遗物

ⅡT22②层出土陶片125片。陶器器形有口沿、腹片、足、耳、底等，以腹片为主；可辨器类有鼎、碗；陶色以黄褐、黑褐色为主，红褐色次之，有少量灰褐色和施红陶衣。

陶鼎口沿　ⅡT22②：1，残，夹砂红褐陶。侈口，圆唇，斜弧腹微外撇，上腹有一鋬耳，下腹折收。器表有烟炱。口径18、高9.5、最大腹径21、壁厚1.1、耳宽4.3、耳高3.3、耳厚2.2厘米（图九七，2）。

陶碗底　ⅡT22②：2，残，夹砂灰褐陶。斜弧腹内收，圈足微外撇，平底微凸。内外均抹光，外施红陶衣。底径8.8、高3.6、壁厚0.5、底厚1.1厘米（图九七，7）。

22. ⅡT24 出土遗物

ⅡT24②层出土陶纺轮1件，陶片38片。陶器器形有口沿、腹片、足、耳等，以腹片为主；可辨器类有罐、壶、碗；陶色以黄褐色为主，灰褐、红褐色次之，有少量黑褐色和施红陶衣。

筒形罐腹片　ⅡT24②：1，残，夹砂红褐陶。腹上刻有12道弦纹，其上刻有3组三角纹（每组6道斜线）。高6.1、宽4.8、壁厚0.8厘米（图九八，5）。

陶碗底　ⅡT24②：2，残，夹砂红褐陶。斜弧腹内收，矮圈足，平底微凸。内外均抹光。底径8.2、高2.9、壁厚0.5、底厚0.9厘米（图九八，12）。

陶壶口沿　ⅡT24②：3，残，夹砂灰褐陶。口微敛，抹斜沿，尖圆唇，高直颈微外撇，折肩。内外均抹光，局部有烟炱。口径15、高9、壁厚0.7厘米（图九八，1）。

纺轮　ⅡT24②：4，残，夹砂灰褐陶，台形饼状，一面有边廓，局部残，另一面较平，其上有六组戳点放射线纹，呈太阳光芒状。中部有一圆形穿孔，两面对钻。面径4.8～5、厚1.1、穿孔径0.6厘米（图九八，9）。

23. ⅡT25 出土遗物

ⅡT25②层出土陶片17片。陶器器形有口沿、腹片、耳，以腹片为主；陶色以黑褐色为主，黄褐、红褐色次之，有少量施红陶衣。

24. ⅡT26 出土遗物

ⅡT26②层出土陶片203片。陶器器形有口沿、腹片、足、耳、底等，以腹片为主；可辨器类有罐；陶色以黄褐、红褐色为主，黑褐色次之，有少量施红陶衣。

筒形罐腹片　ⅡT26②：1，残，夹砂红褐陶。腹上刻有5道弦纹和7道斜线组成的几何纹样（每3道为1组，共3组），其下有1组横排竖压“之”字纹带。高5.4、宽8.3、壁厚0.6厘米（图九八，10）。

筒形罐口沿　ⅡT26②：2，残，夹砂红褐陶。口微侈，圆唇，直腹，腹部有2组由5道弦纹和14道斜线组成的几何纹样。口径29、高5、壁厚0.7厘米（图九八，4）。

25. ⅡT27 出土遗物

ⅡT27②层出土陶网坠1件，陶片218片。陶器器形有口沿、腹片、足、耳、底等，以腹片为主；可辨器类有鼎、钵；陶色以黄褐色为主，黑褐、红褐色次之，有少量施红陶衣。

陶网坠　ⅡT27②：1，夹砂灰褐陶，形近圆形。两面有“十”字形沟槽。直径3.9～4、厚2.4、沟槽宽0.6、深0.2厘米（图九八，8）。

竖桥耳　ⅡT27②：2，残，夹砂灰褐陶。高8.7、宽6.3、壁厚0.8、耳高5.7、耳宽2.4、耳厚1厘米（图九八，15）。

陶钵口沿　ⅡT27②：3，残，夹砂黄褐陶。敞口，抹斜沿，尖圆唇，斜直腹内收。内外均抹光，均施红陶衣。口径31、高5.2、壁厚0.6厘米（图九八，3）。

陶鼎口沿　ⅡT27②：4，残，夹砂灰褐陶。敞口，斜沿，圆唇，斜弧腹内收。内外均抹光。口径21、高4.1、壁厚0.7厘米（图九八，2）。

26. ⅡT28 出土遗物

ⅡT28②层出土陶片97片。陶器器形有口沿、腹片、足、耳、底等，以腹片为主；可辨器类有甗、壶；陶色以黄褐色为主，灰褐、红褐色次之，有少量黑褐色。

陶壶底　ⅡT28②：1，残，夹砂黄褐陶，斜弧腹内收，平底。底径5.6、高2.6、壁厚0.7、底厚1.1厘米（图九八，13）。

陶甗箅　ⅡT28②：2，残，夹砂灰褐陶。平底，中部有一圆状把手，把手上部略残，中有一圆形穿孔，箅身把手外侧有16个箅孔。底径9、把手截面径2.8、底厚1.3、箅孔径0.2～0.4厘米（图九八，11）。

27. ⅡT29 出土遗物

ⅡT29②层出土陶片146片。陶器器形有腹片、足、耳，以腹片为主；陶色以黑褐色为主，黄褐、红褐色次之，有少量灰褐色。

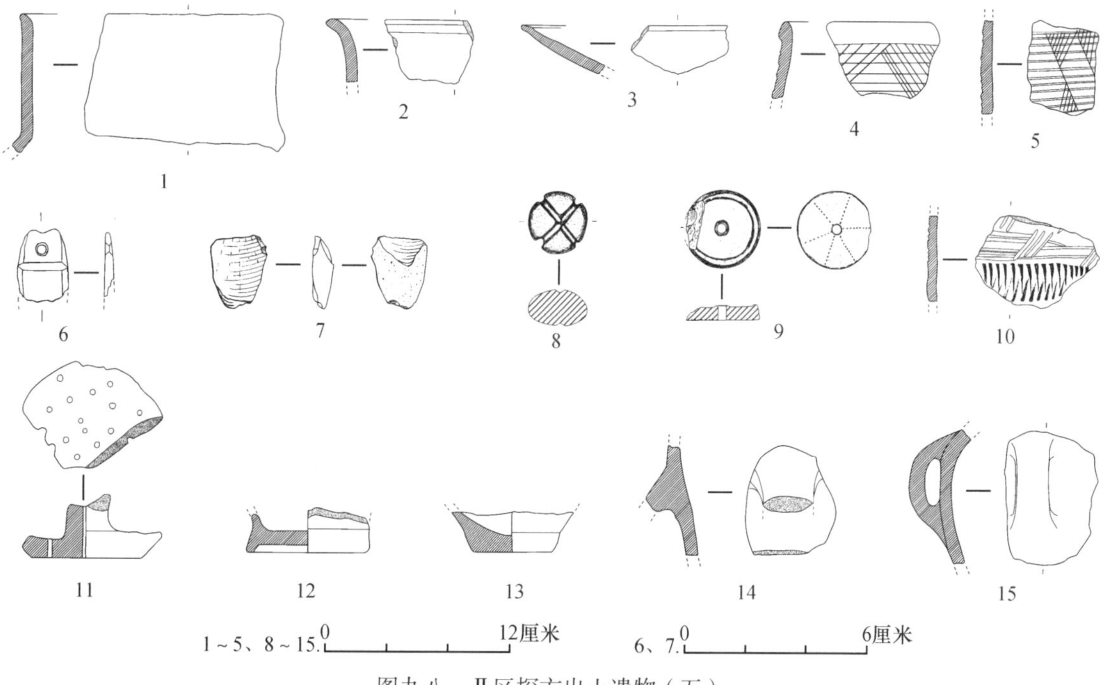

图九八　Ⅱ区探方出土遗物（五）

1. 陶壶口沿（ⅡT24②：3）　2. 陶鼎口沿（ⅡT27②：4）　3. 陶钵口沿（ⅡT27②：3）　4. 筒形罐口沿（ⅡT26②：2）　5、10. 筒形罐腹片（ⅡT24②：1、ⅡT26②：1）　6. 穿孔石器（ⅡT30②：2）　7. 石片远端断片（ⅡT30②：1）　8. 陶网坠（ⅡT27②：1）　9. 纺轮（ⅡT24②：4）　11. 陶甗箅（ⅡT28②：2）　12. 陶碗底（ⅡT24②：2）　13. 陶壶底（ⅡT28②：1）　14、15. 竖桥耳（ⅡT30②：3、ⅡT27②：2）

28. ⅡT30出土遗物

ⅡT30②层出土石片远端断片、穿孔石器各1件，陶片81片。陶器器形有口沿、腹片、足、耳等，以腹片为主；陶色以黄褐色为主，红褐、黑褐色次之，有少量施红陶衣。

石片远端断片　ⅡT30②：1，残，青灰色板岩，形近梯形，截面近三角形。A面放射线、同心波纹明确。B面大部分保留原砾石面，有1个剥片疤。高2.3、宽1.8、厚0.7厘米（图九八，7）。

穿孔石器　ⅡT30②：2，残，灰色页岩，形近梯形，通体磨制，顶端有凹坑，底端残，中有一圆形穿孔。高2.4、宽1.7、厚0.25、穿孔径0.3厘米（图九八，6）。

竖桥耳　ⅡT30②：3，残，夹砂灰褐陶。桥耳残，器表有烟炱。高7、宽6.1、壁厚0.8、耳宽3.6、耳厚1.2厘米（图九八，14）。

29. ⅡT31出土遗物

ⅡT31②层出土石刀、磨圆陶片各1件，陶片34片。陶器器形有口沿、腹片、耳、底等，以腹片为主；可辨器类有钵；陶色以红褐、黄褐色为主，黑褐、灰褐色次之，有少量施红陶衣。

石刀　ⅡT31②：1，残，为刀身一部分，青灰色页岩。半月形，通体磨制，单面斜刃。刃口有1个剥片疤，7个崩落疤。残长6.8、宽5.1、厚0.7、刃长5.8、刃宽0.7厘米（图九九，14）。

磨圆陶片 ⅡT31②：2，残，仅余一半，夹砂黄褐陶。平面近椭圆形，陶片外缘经磨制。高3.6、宽3.9、厚0.8厘米（图九九，8）。

陶钵口沿 ⅡT31②：3，残，夹砂红褐陶。敞口，抹斜沿，尖唇，斜弧腹内收。内外均抹光，均施红陶衣，陶衣大部分脱落。口径31、高6.9、壁厚0.8厘米（图九九，1）。

戳点纹陶片 ⅡT31②：4，残，夹砂灰褐陶，腹上有米粒状戳点。高7.6、宽10.7、厚0.8～1.3厘米（图九九，5）。

30. ⅡT32 出土遗物

ⅡT32②层出土石刀1件，陶片9片。陶器器形有口沿、腹片，以腹片为主；陶色以红褐、黄褐色为主，黑褐、灰褐色次之。

石刀 ⅡT32②：1，残，青灰色泥岩，仅余尾端。长条形，通体磨制，单面弧刃。尾端有3个崩落疤。残长4.6、宽5.1、厚0.9、刃长4.2、刃宽1.1厘米（图九九，9）。

31. ⅡT33 出土遗物

ⅡT33②层出土二类双凹刃刮削器1件，陶片95片。陶器器形有口沿、腹片、耳、足、底等，以腹片为主；可辨器类有鬲、罐、壶；陶色以黄褐色为主，红褐、黑褐色次之，有少量施红陶衣。

二类双凹刃刮削器 ⅡT33②：1，青灰色板岩，片状毛坯，形近梯形。A面有4个剥片疤，其余为节理和砾石面。AⅠ刃为凹刃，刃长4厘米；AⅡ刃也为凹刃，刃长2.8厘米。B面台面、打击点、放射线、同心波纹明确，有2个剥片疤。高4.4、宽3.7、厚0.9厘米（图九九，6）。

筒形罐腹片 ⅡT33②：2，残，夹砂红褐陶，腹上有2组横排竖压“之”字纹带，并有1圆形穿孔，单面钻孔。高3.1、宽5.4、厚0.7、穿孔径0.5厘米（图九九，11）。

陶鬲口沿 ⅡT33②：3，残，夹砂红褐陶。侈口，尖圆唇，斜弧腹内收。内外均抹光。口径34、高4.4、壁厚0.9厘米（图九九，4）。

陶壶底 ⅡT33②：4，残，夹砂灰褐陶，斜弧腹内收，平底，底部有切割痕。底径9、高2、壁厚0.7、底厚1厘米（图九九，13）。

32. ⅡT34 出土遗物

ⅡT34②层出土石斧、石刀、二类单直刃刮削器共3件，陶片122片。陶器器形有口沿、腹片、耳、足、底等，以腹片为主；陶色以红褐色为主，黄褐、黑褐色次之，有少量施红陶衣。

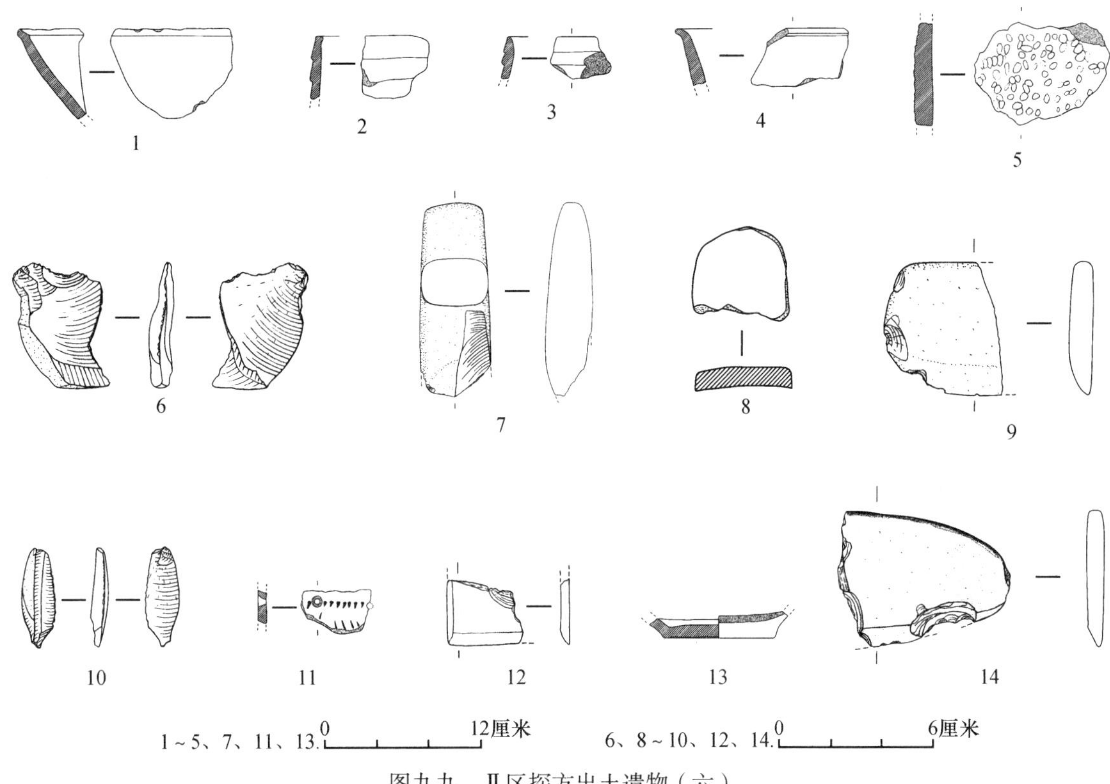

图九九 Ⅱ区探方出土遗物（六）

1. 陶钵口沿（ⅡT31②：3） 2、3. 叠唇罐口沿（ⅡT38②：2、ⅡT38②：1） 4. 陶鬲口沿（ⅡT33②：3） 5. 戳点纹陶片（ⅡT31②：4） 6. 二类双凹刃刮削器（ⅡT33②：1） 7. 石斧（ⅡT34②：1） 8. 磨圆陶片（ⅡT31②：2） 9、12、14. 石刀（ⅡT32②：1、ⅡT34②：1、ⅡT31②：1） 10. 二类单直刃刮削器（ⅡT34②：3） 11. 筒形罐腹片（ⅡT33②：2） 13. 陶壶底（ⅡT33②：4）

石斧 ⅡT34②：1，残，青灰色安山岩，形近长条形，截面近圆角长方形，通体磨制。下端残断，一侧有2个打击剥片疤，另一侧有磨制的刃部。残高14.7、宽5.6、厚3.5厘米（图九九，7）。

石刀 ⅡT34②：1，残，灰色页岩。形近长方形，通体磨制，单面斜刃，为刀身尾端。残长3、宽2.5、厚0.35、刃长2.8、刃宽0.5厘米（图九九，12）。

二类单直刃刮削器 ⅡT34②：3，青灰色角岩，形近长条形，截面近梯形。A面局部为砾石面，有3个剥片疤，刃为不连续使用崩落形成的直刃。B面有1个打击剥片疤，3个崩落疤。高3.8、宽0.3～1.3、厚0.7、刃长3.4厘米（图九九，10）。

33. ⅡT35出土遗物

ⅡT35②层出土陶片20片。陶器器形有口沿、腹片，以腹片为主；陶色以黄褐色为主，黑褐色次之。

34. ⅡT36 出土遗物

ⅡT36②层出土陶片273片。陶器器形有口沿、腹片、耳、足、底等，以腹片为主；陶色以黄褐色为主，红褐、黑褐色次之，有少量灰褐色和施红陶衣。

35. ⅡT38 出土遗物

ⅡT38②层出土陶片56片。陶器器形有口沿、腹片、耳、底等，以腹片为主；可辨器类有罐；陶色以黄褐色为主，黑褐、红褐色次之。

叠唇罐口沿　ⅡT38②：1，残，夹砂红褐陶。口微敛，抹斜沿，尖唇，外腹有两道叠唇，斜弧腹外撇。口径18、高3.3、壁厚0.5～0.8厘米（图九九，3）。

叠唇罐口沿　ⅡT38②：2，残，夹砂灰褐陶。口微敛，圆唇，斜弧腹微外撇，外腹有三道叠唇。口径19、高4.8、壁厚0.7～0.9厘米（图九九，2）。

36. ⅡT39 出土遗物

ⅡT39②层出土石镞1件，陶片116片。陶器器形有口沿、腹片、耳、足、底等，以腹片为主；可辨器类有罐；陶色以黄褐、黑褐色为主，红褐色次之，有少量灰褐色和施红陶衣。

石镞　ⅡT39②：1，残，青灰色页岩，形近三角形，截面近菱形，通体磨制。上端残断，右侧刃口有使用崩落疤痕。残高1.7、宽1.4、厚0.2厘米（图一〇〇，7）。

陶罐口沿　ⅡT39②：2，残，夹砂灰褐陶。侈口，圆唇，短直颈微内收，溜肩，鼓腹。口径21、高9.5、壁厚0.85厘米（图一〇〇，9）。

37. ⅡT40 出土遗物

ⅡT40②层出土石刀1件，陶片95片。陶器器形有口沿、腹片、耳、足、底等，以腹片为主；陶色以黄褐色为主，红褐、黑褐色次之，有少量灰褐色和施红陶衣。

石刀　ⅡT40②：1，残，青灰色页岩。形近梯形，通体磨制，单面弧刃。刃残长1.4、宽2.3、厚0.75、刃长1.4、刃宽0.4厘米（图一〇〇，8）。

筒形罐腹片　ⅡT40②：2，残，夹砂红褐陶。腹片上刻有6道凹弦纹，其下有1组横排竖压“之”字纹带。高5.7、宽4.1、厚0.7厘米（图一〇〇，6）。

38. ⅡT41 出土遗物

ⅡT41②层出土陶片16片。陶器器形有口沿、腹片；陶色以黄褐色为主，红褐、黑褐色次之，有少量施红陶衣。

筒形罐口沿　ⅡT41②：1，残，夹砂红褐陶。直口微侈，尖圆唇，直腹，腹部有5道右斜线和6道左斜线组成的交错菱格纹样。口径29、高4.4、壁厚0.8厘米（图一〇〇，2）。

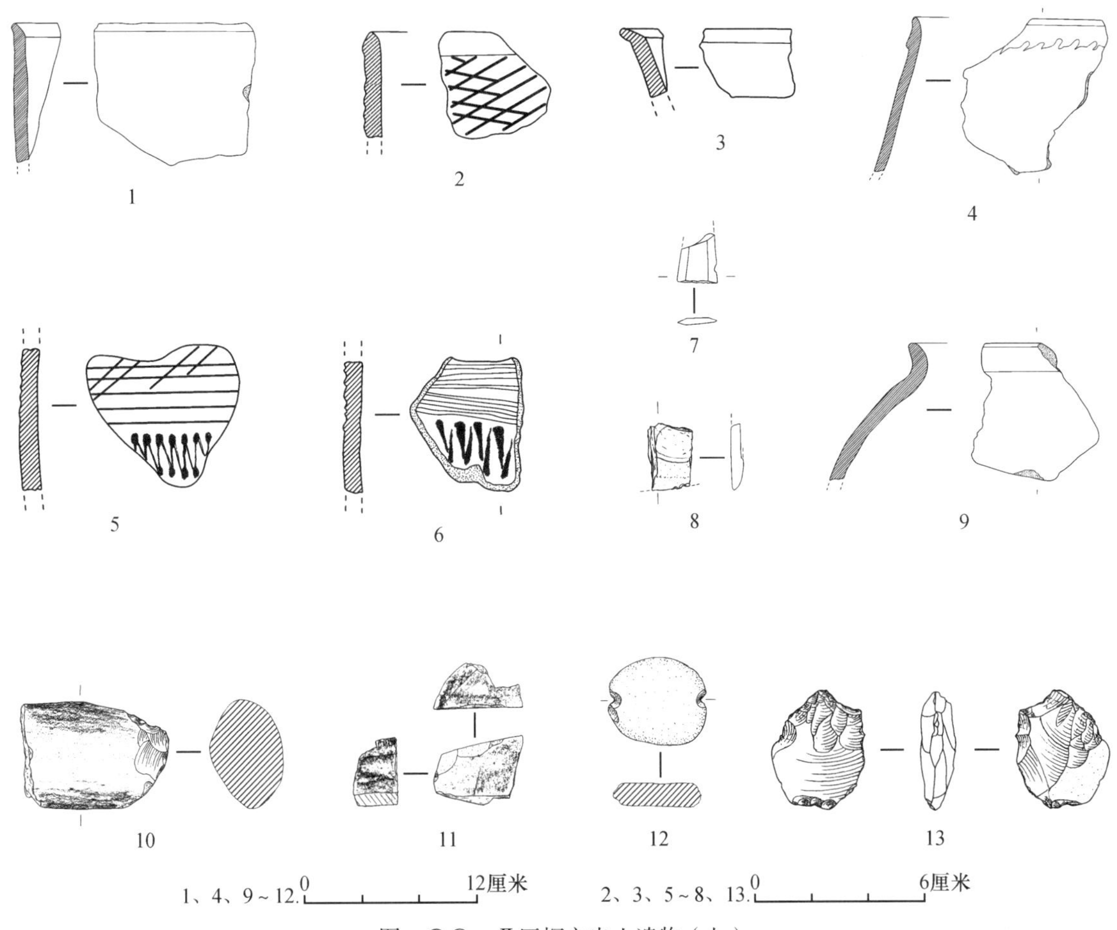

图一〇〇　Ⅱ区探方出土遗物（七）

1. 陶瓮口沿（ⅡT46②：3）　2. 筒形罐口沿（ⅡT41②：1）　3. 陶钵口沿（ⅡT43②：4）　4. 叠唇罐口沿（ⅡT46②：2）　5、6. 筒形罐腹片（ⅡT43②：3、ⅡT40②：2）　7. 石镞（ⅡT39②：1）　8. 石刀（ⅡT40②：1）　9. 陶罐口沿（ⅡT39②：2）　10. 磨棒（ⅡT43②：2）　11. 多面磨石（ⅡT44②：1）　12. 石网坠（ⅡT46②：1）　13. 三类盘状刮削器（ⅡT43②：1）

39. ⅡT42 出土遗物

ⅡT42②层出土陶片34片。陶器器形有口沿、腹片、耳、底等，以腹片为主；陶色以黄褐色为主，黑褐、红褐色次之。

40. ⅡT43 出土遗物

ⅡT43②层出土三类盘状刮削器、磨棒各1件，陶片18片。陶器器形有口沿、腹片、耳、足、底等，以腹片为主；可辨器类有罐、钵；陶色以黄褐色为主，红褐、黑褐色次之，有少量灰褐色和施红陶衣。

三类盘状刮削器　ⅡT43②：1，青灰色角岩，片状毛坯，形近椭圆形，边缘一周皆为刃。A面有9个剥片疤，边缘有14个修理疤。B面有6个剥片疤，其余为砾石面，边缘有10个修理疤。高4.1、宽2.1～3.4、厚1.2厘米（图一〇〇，13）。

磨棒　ⅡT43②：2，残，灰色砂岩夹白色石灰岩颗粒，形近长条形，截面近椭圆形，通体磨制。一端残断，另一端有3个剥片疤，9个崩落疤。残长10.6、宽7.4、厚5.2厘米（图一〇〇，10）。

筒形罐腹片　ⅡT43②：3，残，夹砂红褐陶，腹上刻有5道弦纹和5道斜线纹组成的几何纹饰，其下有一组横排竖压"之"字纹带。高4.9、宽5.4、壁厚0.7厘米（图一〇〇，5）。

陶钵口沿　ⅡT43②：4，残，夹砂红褐陶。敞口，抹斜沿，尖圆唇，斜腹内收。口径12、高2.4、厚0.6厘米（图一〇〇，3）。

41. ⅡT44 出土遗物

ⅡT44②层出土多面磨石1件，陶片135片。陶器器形有口沿、腹片、耳、足、底等，以腹片为主；陶色以黄褐色为主，黑褐、红褐色次之，有少量灰褐色和施红陶衣。

多面磨石　ⅡT44②：1，残，褐色砂岩，三面磨制，近长条形，截面为斜四边形，局部断裂。残长6.3、宽4.8、厚3.1厘米（图一〇〇，11）。

42. ⅡT45 出土遗物

ⅡT45②层出土陶片204片。陶器器形有口沿、腹片、耳、足、底等，以腹片为主；陶色以黄褐、黑褐色为主，红褐色次之，有少量灰褐色。

43. ⅡT46 出土遗物

ⅡT46②层出土石网坠1件，陶片433片。陶器器形有口沿、腹片、耳、足、底等，以腹片为主；可辨器类有瓮、罐；陶色以黄褐色为主，黑褐、红褐色次之，有少量灰褐色。

石网坠　ⅡT46②：1，安山玢岩，形近椭圆，通体大部分保留原砾石面，两端有打击及绳磨沟槽。长7、宽6.1、厚1.7厘米（图一〇〇，12）。

叠唇罐口沿　ⅡT46②：2，残，夹砂红褐陶。敛口，尖圆唇，外有一叠唇，叠唇下沿有一圈压窝纹带，斜弧腹微外撇，外腹局部有烟炱。口径22、高11.6、壁厚0.7厘米（图一〇〇，4）。

陶瓮口沿　ⅡT46②：3，残，夹砂灰褐陶。直口，抹斜沿，尖圆唇，高直颈。口径33、高10、壁厚0.7厘米（图一〇〇，1）。

叁　相关认识

（1）辽宁大学百鸟公园遗址分布范围较广，文化内涵丰富。20世纪70年代即在遗址西部的辽宁大学家属宿舍楼发现有青铜时代墓葬，其后在遗址南部的百鸟公园相继发现青铜时代灰坑及遗物。相关学者将之与新乐遗址上层出土遗存比较后，认为其属于同一文化，故将辽大百鸟公园遗址青铜时代文化命名为新乐上层文化。2004年对遗址中北部辽宁大学学生宿舍楼和研究生教学楼遗址点、2005年对遗址东北部建赏欧洲遗址点、2006年对遗址西南部水木清华遗址点、2008年对遗址西部的沈铁学府雅居遗址点，以及2014年对遗址东南部的皇姑文体中心遗址点的发掘，对于认识该遗址的文化面貌提供了翔实的资料。

目前，辽宁大学百鸟公园遗址仅发现墓葬、灰坑、灰沟等遗迹，尚未有明确的房址出现（也有可能发掘中未识别出来）。墓葬多为瓮棺墓和竖穴土坑墓。瓮棺墓以两个陶瓮对接成葬具，多埋葬夭折的儿童；竖穴土坑墓多为成年人墓葬，墓内人骨为仰身屈肢葬或侧身屈肢葬，墓内随葬陶器、石器，应为墓主生前日常所用器物。灰坑一般为填放生活垃圾，未发现窖穴一类的灰坑。灰沟大多规模较小，多为排水之用，个别规模稍大者或许可起到防御作用，但未见到同时期其他遗址的环壕聚落。

（2）本次发掘出土的陶器有炊器、盛食器、纺织渔猎工具，以及工艺品等。炊器包括鼎、鬲、甗一类的三足器，蒸煮实物之用；盛食器包括罐、壶、碗、钵、杯、盅一类的平底器；纺织渔猎工具主要为纺轮和网坠；工艺品发现较少，ⅡH47发现的陶塑动物，整体形象似为陶塑乌龟，活灵活现。ⅠH2发现的陶网坠，其上有倒三角形分布的刻划痕，似为微笑的人面形象，亦为难得的工艺品。陶器多为素面陶，火候较低，以黄褐、红褐色为主，黑褐、灰褐色次之，也有少量施红陶衣。

石器以磨制石器为主，也有打制石器。打制石器除存在于旧石器时代，在新石器时代、青铜时代的石质工具中亦占据较大比重。石器有斧、刀、锤、楔、凿、砍砸器、刮削器、石片、石叶一类生产工具，也有磨石、磨棒、纺轮、网坠一类生活工具，也有球、镞一类狩猎武器。

此外，本遗址还出土少量青铜器和骨器。ⅠT2②：1出土的青铜环，残存一半，应为铜锡铅合金，为迄今发现的为数不多的青铜时代青铜工艺制品。骨器为骨牌，由于出土在晚期地层中，其年代无法确定。

由此，可大致推测该遗址青铜时代人群的生业模式处于农业和渔猎采集经济并行，且从陶器数量和品类来看，此时农业应在生业模式中占据主要地位。结网捕鱼、围猎动物、采集蔬果、男耕女织，如同一幅田园生活的风景画卷。

（3）ⅡH24发现1件环刃石器，形制特殊。有学者认为其为实用工具，是复合用具的石质部分，装柄后才能使用[1]。也有不同学者认为其为装柄后做敲砸工具使用的环状石器[2]、砍伐类环状石斧[3]、纺织用的纺锤[4]、农作用的掘土棒[5]、棍棒头或最早的骨朵[6]、特殊身份人的军事“指挥棒”[7]、与宗教有关的装饰品[8]等，也有学者根据使用功能对环刃石器使用功能进行复原（图一〇一）。

东北地区早在距今8000多年前的查海文化就有玉器出现，近几年更是在黑龙江饶河小南山遗址发现距今9000年的玉器，可见我国玉器加工的历史悠久。有学者认为新石器时代就出现了制玉的砣具（图一〇二）。玉器加工的砣具一般较小，与本遗址发现的环

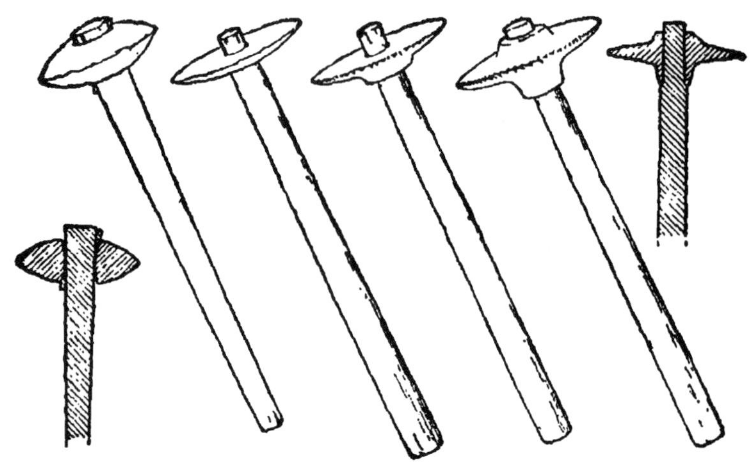

图一〇一　环刃石器复原图（据白云翔《我国发现的环刃石器及其相关问题》第542页图绘）

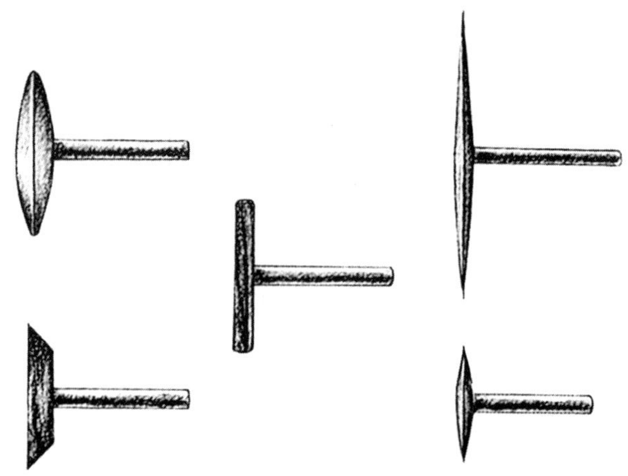

图一〇二　古代制玉的砣具（源自网络图片资料）

刃石器体量差距较大。因而，笔者认为，复原后装柄的环刃石器可能是一种砣具，其用途不是用来制玉，而是加工石器。新石器至青铜时代遗址中出土的磨制石器上出现的两端尖、中间宽深的沟槽可能就是这种砣具使用加工的痕迹。

（4）本次发掘虽未发现新石器时代的地层堆积和遗存，但在Ⅱ区个别探方第2层底部和灰坑中发现有少量陶器表面压印“之”字纹、刻划几何纹，或二者组成的复合图案，这批陶器以筒形罐、高圈足钵为代表器类。有学者研究认为，其与吉林农安左家山下层出土的陶器纹饰类似，也与沈阳新民高台山一期地层中出土的陶器纹饰相同，并具有某些新乐文化（新乐下层文化）晚期陶器纹饰特征，故将其归入高台山一期类型文化[9]。

本遗址发现的另一类具有叠唇、敛口的罐、钵类器，与阜新彰武平安堡二期、沈阳塔湾炮师千松原一期遗存发现的叠唇罐、敛口钵形制类似，应受到上述遗存文化因素影响。

勘探、发掘：赵晓刚　付永平　肖达顺　邵会秋
吴　敬　张敬雷　胡保华　戴　滨
韩玉岩　庞志辉　赵建学等
资 料 整 理：付永平　肖达顺　刘卫民
绘　　　图：刘卫民　韩玉岩　付永平
摄　　　影：付永平　张天琦
执　　　笔：付永平

注　释

[1] 白云翔：《我国发现的环刃石器及其相关问题》，《考古》1986年6期。
[2] 吉林省文物工作队：《吉林长蛇山遗址的发掘》，《考古》1980年2期，128页。
[3] 许玉林：《试谈辽宁出土的环状石器与石棍棒头》，《辽宁省考古、博物馆学会成立大会会刊》，1981年，58页。
[4] 张绍维：《我国东北地区的环状石器》，《黑龙江文物丛刊》1984年1期，49页。
[5] 京都府文化财保护基金会：《文化财用语辞典》，第一法规社，1976年，78页，“环状石斧”条。
[6] 陆思贤：《释骨朵》，《考古与文物》1982年5期，100页。
[7] 黄基德：《通过墓葬考察朝鲜青铜时代的社会关系》，《考古民俗》1953年四号。
[8] 王培新：《吉林延边出土的环状石器及其用途》，《文物》1985年4期，65页。
[9] 付永平：《试论东高台山一期类型》，《纪念新乐遗址发现41周年学术讨论会论文集》，海洋出版社，2015年。

辽中区偏堡子村汉魏墓群调查简报

郑玉金

（沈阳市辽中区文化旅游体育事业发展中心）

辽中区偏堡子村汉魏墓群发现于1981年全国第二次文物普查期间。该墓葬群位于偏堡子村周围，西南距辽中区约12千米，东距浑河大堤约4千米。2008年第三次全国文物普查时，我们于2009年4月2日至4月10日再次对偏堡子村汉魏时期墓葬群进行了调查。参加本次调查的有沈阳市考古研究所李晓忠研究员，辽中区文物管理所郑玉金副所长、王福强馆员，茨于坨镇文化站鲁丰站长。通过这次调查，初步认定了这一墓葬群的大致分布范围，同时还发现已被破坏的砖室墓葬多处。

偏堡子汉魏墓群以偏堡子村为中心，向东至前岭村西北与后岭村西南，向西至前边村东，分布范围东西长约1700米，南北约宽1300米。因这一区域水土流失比较严重，地表散见有粗绳方格纹砖，有泥质灰陶和泥质红陶两种。发现的墓葬多为砖室，有的砖室墓的墓矿已暴露于地表。在偏堡子村东的村路西侧新挖的宽2.5、长约200米的排水沟内，发现13座砖室墓，可见墓葬分布十分密集。调查时得知前岭村村民在村西部新建民宅挖地基时发现一座砖室墓葬，并将部分出土随葬品拿回家中（图一）。经我们实地调

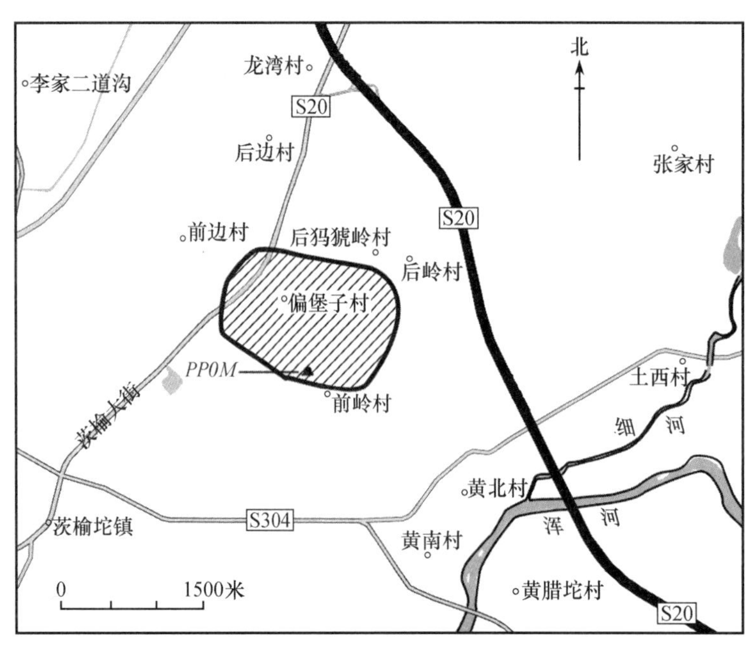

图一　偏堡子墓葬地理位置示意图

查，这座砖室墓葬已经被破坏，在现场采集到二件残陶耳杯、残陶灶片等遗物。修筑墓室用的砖可见有两种规格，我们采集两种完整砖作为标本，并走访了发现本座墓葬的村民，并征集了墓葬出土的遗物。

因该墓葬没有经过正式发掘故编号为PP0M。

墓砖有两种，均为泥质灰陶，一面有方格粗绳纹，其余为素面，砖形稍扭曲。

PP0M：1，长35.7、宽16.2、厚3.5厘米。

PP0M：2，长29.4、宽14.4、厚3.4厘米。

陶罐 2件，均为泥质灰陶，斜唇内尖，短直领，圆肩，圆腹，平底假圈足。火度稍低，仅肩或腹有两至三周弦纹，余素面。

图二 出土器物

1、2. 陶罐（PP0M：3、PP0M：4） 3. Ⅰ式陶釜（PP0M：5） 4、5. Ⅱ式陶釜（PP0M：6、PP0M：7） 6、7. 陶耳杯（PP0M：8、PP0M：9） 8. 陶砚（PP0M：10） 9. 五铢（PP0M：11-28）

PP0M：3，口径10.4、腹径17.6、底径9、高14.8厘米（图二，1）。

PP0M：4，口径10.4、腹径18.2、底径9、高14厘米（图二，2）。

陶釜　3件，均为泥质灰陶，素面。分二式。

Ⅰ式：1件。PP0M：5，圆唇，口稍内敛，腹直折，平底。折腹处有弦纹，腹下部有刀削痕迹，底内有弦棱纹。口径4.5、腹径6.2、底径1.2、高2.3厘米（图二，3）。

Ⅱ式：2件。圆唇，口稍内敛，圆折腹，平底。腹下部有刀削痕迹。

PP0M：6，口径4.1、腹径5.4、底径1.2、高2.5厘米（图二，4）。

PP0M：7，口径4、腹径5.2、底径1.2、高2.4厘米（图二，5）。

陶耳杯　2件。椭圆形，双长鋬耳，均残。

PP0M：8，泥质灰陶，平唇，敞口，圆腹，平底。外表素面，底内有印纹。口径10～12.5、底径8～4、高4厘米（图二，6）。

PP0M：9，泥质灰褐陶，平唇，敞口，圆腹，平底。内外素面。口径8～11、底径8.5~3.6、高3厘米（图二，7）。

陶砚　1件。PP0M：10，细泥灰陶，火度较高，圆角长方形，平底，表面光滑细腻。砚首阳刻一组以三叶花为中心的折枝花纹，为先刻纹后烧制。砚池呈椭圆形，近砚首处稍凹。砚池内有砚墨痕迹，为实用器。长11、宽8.9、厚1.4、池深0.4～0.7厘米（图二，8）。

五铢　18枚。标本PP0M：11-28，形式相同，“五”字稍长，交笔稍圆弧，“金”字金三角形，朱字头折，下笔方折，方孔，背有郭。直径2.5、孔径0.9、边厚0.2厘米（图二，9）。

前岭村村西发现的这座砖室墓，有明确的出土地点和出土遗物，虽墓室结构不详，仅就出土遗物或可对这偏堡子墓群的时代提供一些信息。这里所发现的两种墓砖，其中绳纹砖PP0M：1，从其规格特征看与沈阳沈州东汉墓葬中的M2[1]，红宝山汉墓M1[2]，辽阳青年大街M8[3]、姜屯汉墓M85和M87[4]所见墓葬砖规格特征相近，唯其更薄些。而绳纹砖PP0M：2，这类规格小而薄的绳纹砖实不多见。姜屯汉墓M85、M87在姜屯墓葬分期中被分在第四期，定于东汉时期[5]，所发现的五铢钱也属于东汉时期，出土的2件泥质灰陶PP0M：3、PP0M：4，火候稍低，斜唇内尖，短直领，圆肩，圆腹，平底假圈足，肩或腹有两至三周弦纹的特征仅与红宝山汉墓M5：2的Ⅰ式罐相似。红宝山汉墓的时代也属于东汉[6]，于此就偏堡子墓群目前调查发现所见，是一处以东汉时期考古文化为主要特征，分布面积较大的一处墓群，至于与之相对存在的生活生存方面的遗迹，其属性可能是座城址，抑或是村落址，有待今后的考古工作。

注　释

[1]　沈阳市文物考古研究所：《沈阳沈州东汉墓葬发掘简报》，《北方文物》2004年3期。

[2]　沈阳市文物管理办公室：《红宝山汉墓发掘简报》，《沈阳考古发现六十年》（报告卷转自《沈阳

文物》1993年1期），辽海出版社，2008年。

[3] 王来柱：《辽阳青年大街发现的两座汉墓》，《辽宁考古文集》辽宁民族出版社，2003年。

[4] 辽宁省文物考古研究所：《姜屯汉墓》，文物出版社，2013年。

[5] 辽宁省文物考古研究所：《姜屯汉墓》，文物出版社，2013年。

[6] 沈阳市文物管理办公室：《红宝山汉墓发掘简报》，《沈阳考古发现六十年》（报告卷转自《沈阳文物》1993年1期），辽海出版社，2008年。

沈阳市田义辽金遗址2018年发掘简报

沈阳市文物考古研究所

田义遗址位于沈阳市皇姑区陵东街道田义村北800米处，在配合“沈师南”商业住宅项目的建设过程中发现，是第三次全国文物普查以来的考古新发现。为配合“沈师南”商业住宅项目的建设，市考古所于2018年4月17日至4月28日对项目用地进行了考古勘探，在用地范围的南侧发现了一处辽金遗址，定名为田义遗址（图一、图二）。

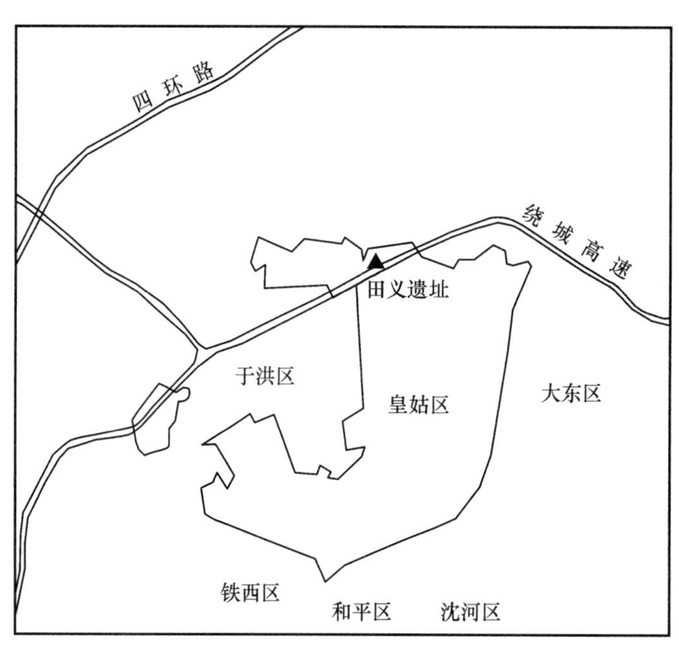

图一 田义遗址位置示意图

经过考古勘探及对项目用地外围的考古调查，初步确定田义遗址东西长260米，南北宽100米，面积约2.6万平方米。遗址西侧2.5千米处为北四台子辽金遗址，2012年市考古所曾对此进行过考古发掘[1]。田义遗址东南距前山嘴子城址约11千米，南距辽金沈州城约11千米，北距双州城城址约26千米。

为了解遗址的文化内涵、保存状况，市考古所于2018年4月29日至5月23日布置了1个10米×10米的探方对遗址进行了考古发掘，发现了2个辽金时期的灰坑，出土了少量辽金时期的陶质、瓷质等遗物（图三）。

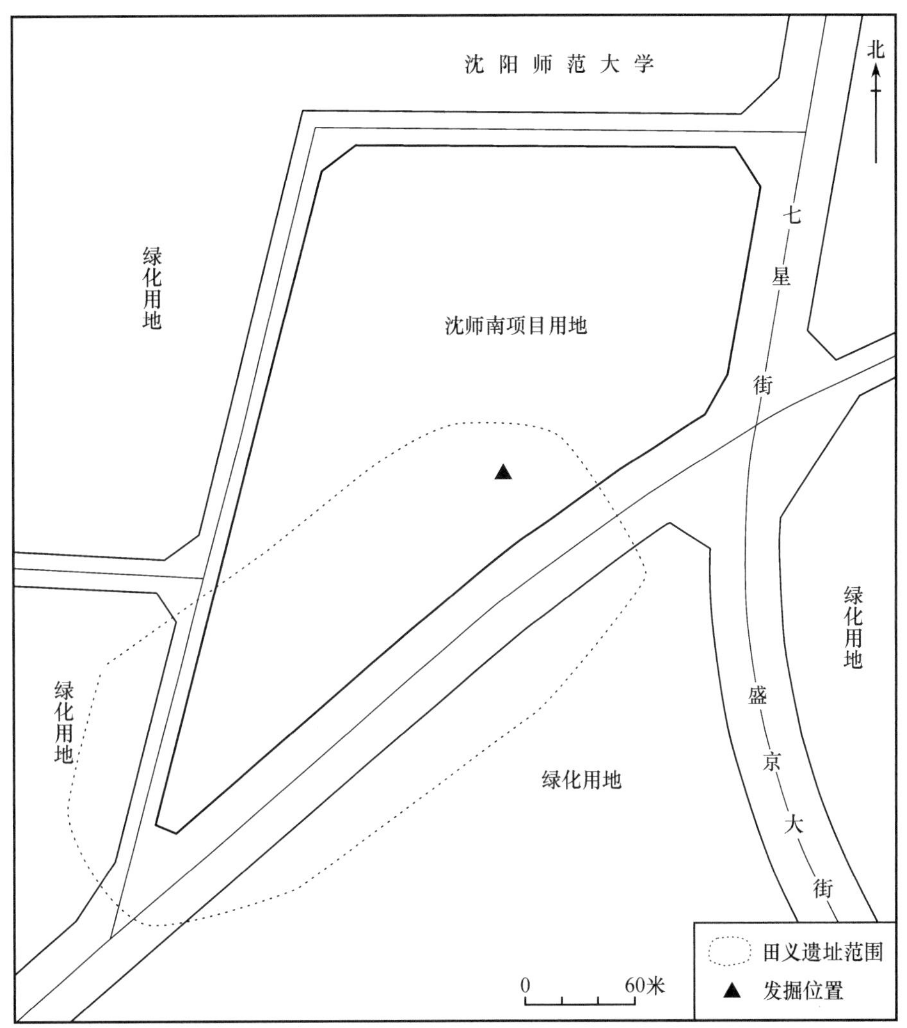

图二　沈师南项目用地范围、遗址范围及发掘位置示意图

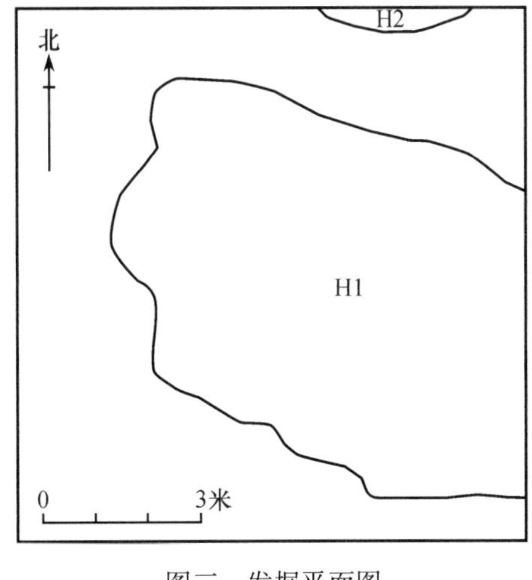

图三　发掘平面图

一、地层堆积

地层堆积较简单，普遍分布，以T1东壁为例，可分为2层（图四）。

第1层：耕土层，灰褐色黏土，厚0.2～0.3米，土质较致密，出土近现代遗物等。

第2层：深黄褐色黏土层，厚0.2～0.3米，土质较致密，出土泥质灰陶片、瓷片等。

2层下为生土层，黄黏土。

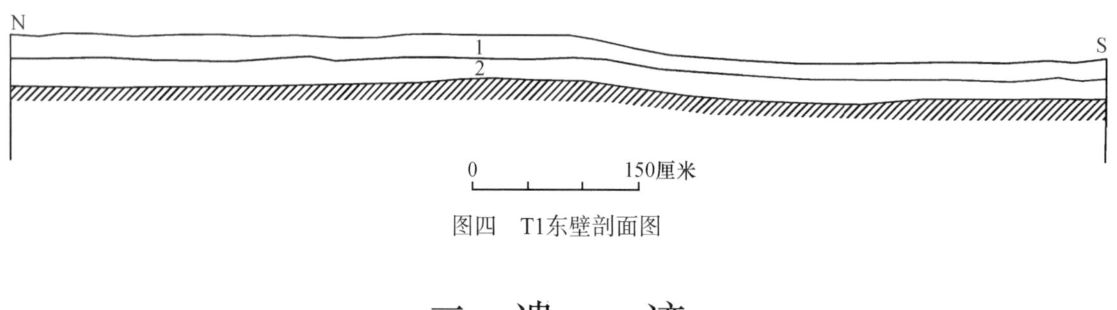

图四　T1东壁剖面图

二、遗　　迹

发现的遗迹较简单，仅有2个辽金时期的灰坑。

H1　位于T1的东南部，开口于1层下，打破2层及生土。未完全发掘，平面呈不规则形，壁稍斜，底部近平，东西长8、南北宽7.8、深0.7米。堆积为黑褐色黏土，土质较疏松，出土了少量的泥质灰陶片、青砖、布纹瓦等。

H2　位于T1的东部，开口于1层下，打破2层及生土，未完全揭露，呈半圆形，长径3.09、短径0.52、深0.54米，圜底。堆积为黑褐色黏土，土质较疏松，出土了极少量的泥质陶片等（图五）。

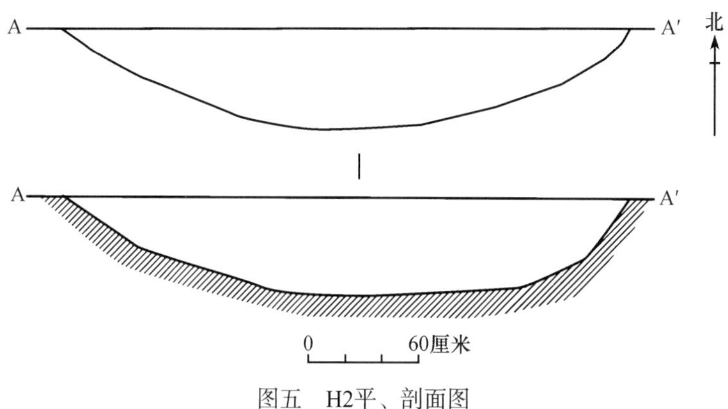

图五　H2平、剖面图

三、遗　　物

出土的遗物数量较少，有少量的泥质灰陶、红褐陶、白瓷、石器、铁器等。

1. 陶器

器形有盆、罐、瓮、板瓦、圆陶片等。

盆　根据口沿特征，可分二型。

A型　4件。折沿，根据口沿的翻折程度，可以分二亚型。

Aa型　3件。外沿近平。标本H1∶13，残，泥质灰陶，方唇，折沿，外沿近平，敞口，弧腹。口径约50、残高6.5厘米（图六，1）。标本H1∶24，残，泥质灰陶，圆唇，折沿，外沿近平，敞口，弧腹。唇部有一周波形附加堆纹，口沿处装饰刻划纹。口径39、残高11.4厘米（图六，2）。

Ab型　1件。外沿稍下垂。H1∶23，残，泥质红陶，圆唇，折沿，沿部稍下垂，弧腹。口径46、残高4.9厘米（图六，3）。

B型　1件。卷沿。T1②∶5，残，泥质灰陶，圆唇，卷沿。残高2.5厘米（图六，4）。

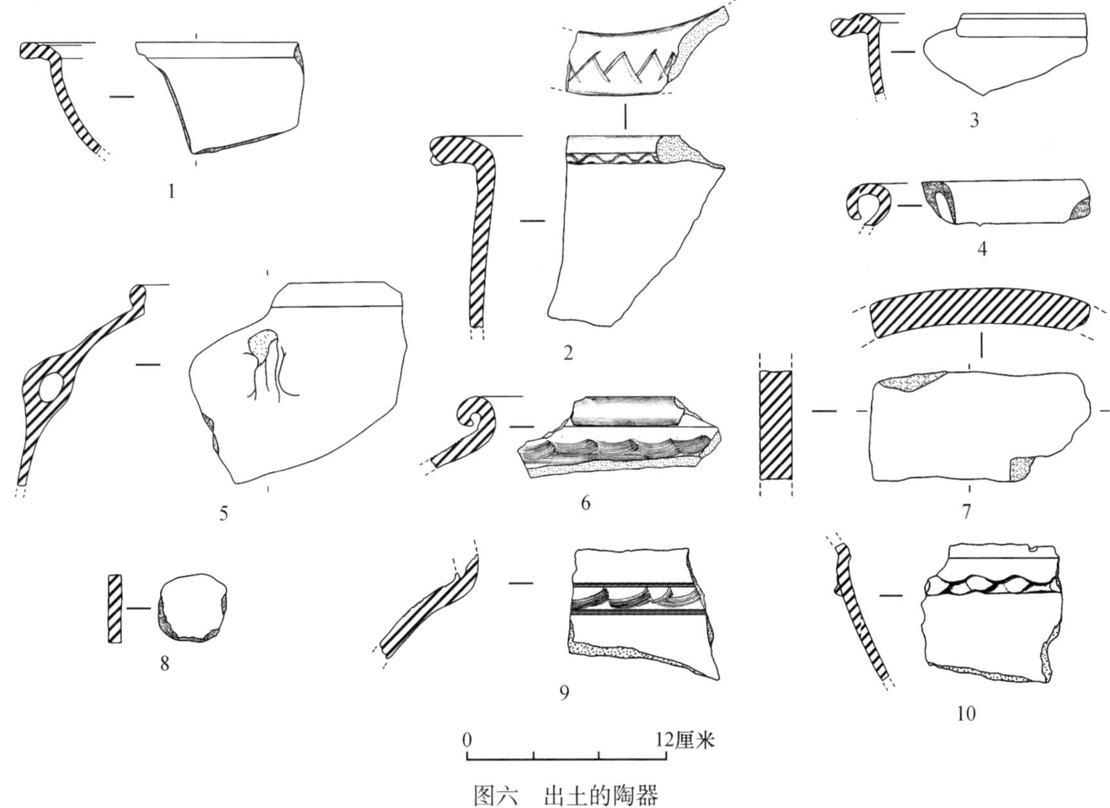

图六　出土的陶器

1、2. Aa型盆（H1∶13、H1∶24）　3. Ab型盆（H1∶23）　4. B型盆（T1②∶5）　5. 罐（H1∶14）　6. 瓮（H1∶22）　7. 板瓦（H1∶31）　8. 圆陶片（H1∶11）　9、10. 纹饰陶片（H1∶21、H1∶26）

罐　7件。标本H1：14，残，泥质灰陶，圆唇，侈口，溜肩，弧腹，残存一桥形耳。口径20、残高11.9厘米（图六，5）。

瓮　5件。标本H1：22，残，泥质灰陶，尖圆唇，卷沿，溜肩。肩部装饰刻划水波纹。口径36、残高5厘米（图六，6）。

板瓦　4件。标本H1：31，残，泥质灰陶，一面素面，另一面饰布纹。残长14.5、宽6.4、厚2厘米（图六，7）。

圆陶片　2件。利用陶器腹片加工而成。标本H1：11，残，泥质红陶，素面。直径4.0、厚0.8厘米（图六，8）。

纹饰陶片　标本H1：21，残，泥质灰陶，腹片上有一条纹饰带，在两周弦纹间，装饰刻划纹。残宽9.3、残高7.8厘米（图六，9）。标本H1：26，残，泥质灰陶，腹部装饰附加堆纹。残宽8.6、残高8.2厘米（图六，10）。

2. 瓷器

发现数量不多，主要是白瓷片，器形有碗、圆瓷片等。

瓷碗　4件。标本H1：6，可修复，白瓷，尖唇，敞口，弧腹，圈足。素面。内外饰白釉，外釉不及底。口径20.4、底径6.8、通高8厘米（图七，3）。

圆瓷片　1件。H1：9，基本完整，白瓷。直径3.9、厚0.5厘米（图七，1）。

3. 石器、铁器

发现的石器、铁器较少。

磨石　3件。标本H1：4，残，呈近三角形，一面磨制较平。残长12、宽9、高4.3厘米（图七，4）。

铁削　1件。H1：1，残，锈蚀严重。长16.2、宽1.5厘米（图七，2）。

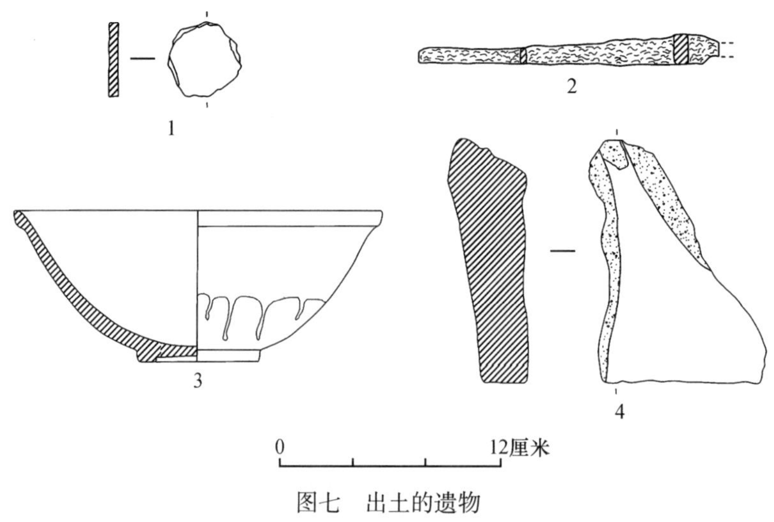

图七　出土的遗物

1. 圆瓷片（H1：9）　2. 铁削（H1：1）　3. 瓷碗（H1：6）　4. 磨石（H1：4）

四、结　　语

1. 遗址的年代

田义遗址的中心区并不在项目用地范围内，加上本次发掘面积较小，揭示的遗迹现象较为简单，仅有2个灰坑，出土的陶、瓷质遗物也比较少，但可以通过出土的遗物初步推断遗址的年代。

出土的Aa型陶盆（H1：23）与大二台子遗址出土的Ba型陶盆（H21：4）形态相近，且口沿处刻划纹饰相仿[2]。陶罐（H1：14）与北四台子遗址出土的Aa型陶罐形态近似[3]。陶瓮（H1：22）肩部装饰的刻划波纹与北四台子遗址出土的纹饰陶片（H9②：3）装饰的波纹相近。瓷碗（H1：6）与大二台子出土的C型瓷碗（H5：1）风格相近。

值得注意的是，与上述两处遗址相比，田义遗址出土的同类型的泥质陶器中，除泥质灰陶外，有极少量的红褐陶，且少量的泥质陶中夹杂有极少量的细砂。

根据出土遗物的对比，推断田义遗址的年代与大二台子遗址、北四台子遗址的年代相近，而大二台子遗址、北四台子遗址的年代经发掘者推断为辽中期至金，因此，推断田义遗址的年代约为辽中期至金。

2. 遗址的性质

因发掘面积有限，且并非遗址的中心区，此次发掘并不能揭示田义遗址的聚落布局情况，经调查初步认为遗址的面积约为2.6万平方米，可认为是一处辽金时期的村落址。

田义遗址的发掘补充了沈阳地区辽金时期考古的新资料，对研究辽金沈州城的社会治理、生产与生活方式具有重要意义。因本次发掘属于配合城市基本建设的考古发掘，受项目用地范围所限，并没有发掘遗址的中心区，希望通过本次考古工作，日后该项目用地的西侧再有新的基本建设项目时，需要通过详细的考古勘探，确定遗址的中心区域后进行再次的考古发掘，以全面加深对田义遗址的认识。

附记：本次发掘的发掘领队是李树义，参加发掘的人员有刘焕民、曲斌、庞志辉，现场照片、图纸由庞志辉完成。

执笔：李树义　刘焕民　曲　斌

注　释

［1］沈阳市文物考古研究所：《沈阳市北四台子辽金遗址2012年发掘简报》，《沈阳考古文集》（第5集），科学出版社，2015年。

［2］沈阳市文物考古研究所：《沈阳市大二台子辽金遗址发掘简报》，《辽金历史与考古》（第五辑），辽宁教育出版社，2014年。

［3］沈阳市文物考古研究所：《沈阳市北四台子辽金遗址2012年发掘简报》，《沈阳考古文集》（第5集），科学出版社，2015年。

姜女石遗址出土秦“夔纹大瓦当”再研究

苏鹏力

（辽宁省文物考古研究院）

姜女石遗址位于辽宁和河北两省的交界处，中心北距万家镇政府所在地王屯6千米，东距绥中县城绥中镇65千米，距离兴城市98千米、葫芦岛市124千米，西部与河北省秦皇岛市山海关区渤海乡接壤，与山海关的直线距离为15千米。20世纪80年代以来，辽宁省的考古工作者在这里发现了一种体量较大的半圆形建筑构件，因其形制和纹饰与已发现的秦始皇陵北建筑遗迹所出土的“夔纹瓦当”[1]（图一）纹饰极其相似，简报称其为“夔纹大瓦当”，当面最大直径52厘米，高40厘米左右[2]（图二）。

图一　秦始皇陵北建筑遗迹出土瓦当纹饰拓片

图二　姜女石遗址出土瓦当

一

对于这一建筑构件的名称和用途，起初，大多数学者似乎并没有疑义，认为是瓦当，或称为大半圆瓦当，或称为瓦当王。但也有学者对这一建筑构件的用途提出疑义，如在日本学者编写的《中国古代瓦当纹样研究》一书中，将发现于秦始皇陵附近的这一建筑构件也称为“夔纹瓦当”，但是在该书的中译本中译者就提出“关于这一瓦质构件是否为护椽的‘瓦当’，值得研究，我们认为有可能是一种脊饰”[3]。后来的姜女石遗址发掘简报中指出“（夔纹瓦当）多见于大门两旁或大型建筑正脊两端，往往两两成组配置”[4]。在《秦物质文化通览》一书中，对这一建筑构件做了进一步的分析研究，指出“此类巨型瓦当有起名曰‘遮朽’的，其实瓦当的作用就是在于遮朽，用于遮护椽头。但是此巨型瓦当不可能用在椽前，从当面之大可知是用来遮护檩头或者屋脊顶端的，既然多用在硬山或悬山屋顶之上，所以取名可从这方面考虑，似乎应该称为“檩当”较妥[5]。结合在姜女石遗址发掘中发现的“（夔纹大瓦当）主要出现在建筑的两端和门楼的两端”这一现象，可以推测其应该是安装在屋脊的两端的建筑构件，而屋脊正是檩条的位置，根据《汉代物质文化资料图说》一书的记载，汉代建筑对于屋脊两端防风雨的措施主要是用瓦片封堵[6]。所以，以“夔纹大瓦当”的结构，更适合套接在檩条的两端，防止檩条两端被雨水损坏，而且还起到装饰作用，所以这一建筑构件称为檩当还是比较合适。

二

对于檩当当面上纹饰的认识，之前尽管有分歧，但还是围绕着动物纹——“夔纹”这一主题讨论，但是在辽宁省的姜女石遗址发现了“夔纹大瓦当”之后，辽宁的学者首先对这一当面纹饰的认识有了很大的分歧，尽管一些学者依然坚持当面纹饰为动物纹。如王来柱先生认为：“当面由连续变形的夔纹构成……均为两条单体侧身夔纹，左右对称，将当面分成均衡对等的两部分”[7]。而另一些学者则认为当面纹样为植物纹，方殿春先生就撰文（下简称《宾连纹》）指出“将（姜女石夔纹大瓦当）上面的纹饰称为夔纹实为不妥……细审姜女石出土的瓦当纹饰，便可知绝不是龙纹，应是二株相对称的树、藤类的植物纹饰，因为根、茎、叶俱全，且在纹路上有突起的圆脊，是表示植物圆茎立体感的写实。只是此纹饰中有几个分枝成卷曲状的几何图案作法，才使人误解是龙纹的鼻、目”[8]。并认为“这一时期（秦代）龙纹的目部表示方法基本有三种方式，或突起较大的乳钉目，或有边框的‘臣’字眼，或双线圆圈目。皆与此纹饰明显不同。此纹呈卷曲状，不闭合。还有，此纹样也没有龙的口部。表示正面头部的龙纹无口部，还未见有前例。所以定此纹样为植物纹，不是龙纹的理由较为充分”[9]。

方先生还据《白虎通德论》记载“继嗣平明则宾连生于房户，宾连者木名，连累相承，故在于房户象继嗣也”，认为“宾连生于房户取永久相承、公正明察之意。此房户当然是高贵显赫之建筑了，这正与姜女石出土宾连纹瓦当都是在较重要的建筑之上相吻合，故此当面纹饰应称谓‘宾连纹’”[10]。但作者并没有指出“宾连”的形象，仅仅据文献宾连“连累相承，生于房户”就认为是宾连纹值得商榷。

李新全先生在其《秦神树纹瓦当考》（下简称《神树纹》）一文中认为，“他（宾连纹作者）指出瓦当（姜女石遗址出土夔纹大瓦当）的纹样是植物纹，可谓独具慧眼，已经接触到问题的实质，但将当面纹饰解读为后世文献中出现的‘宾连纹’，笔者则不敢苟同”[11]。《神树纹》作者指出“与秦始皇帝陵北二号建筑遗址出土的此类瓦当相比，姜女石遗址出土的这类瓦当当面图案更加抽象化、图案化，尽管出土数量很多，但若无秦始皇帝陵北二号建筑遗址出土的此类瓦当作过渡环节，我们确实很难将其与三星堆2号祭祀坑出土的Ⅰ号大型青铜神树相比，这也是为什么绝大多数学者都把这类瓦当的纹样认作夔纹的主要原因”[12]。

《神树纹》作者认为有必要对当面纹样重新解读，认为：秦始皇帝陵北二号建筑遗址出土的被称作“夔纹”瓦当的当面纹样若从表面上看，张牙舞爪、卷曲盘绕，确实像两条对称的龙的样子，但仔细观察，龙的一些细部的主要特征如眼睛、爪子、鳞等都不具备。再者，龙的形象出现虽然很早，但真正被中国古代帝王、统治者所尊崇是汉代以后的事，因此把它看作夔纹实有附会之嫌。但是，若脱离瓦当外郭的束缚，就其图案造型进行比较，秦始皇帝陵北二号建筑遗址出土瓦当的图案不具备动物夔的特征，尤其不见夔目，因此当面上所表现的并不是动物纹样，而是根、茎、枝叶俱全的植物。结合文献记载并与三星堆出土神树实物（图三）等为参照，观察到其上的小鸟造型比较明显。图案的造型应该是太阳鸟栖息在神树上，所以认为它所表现的正是传说中的两棵神树——树根立于地面，由于受当面的局限，树干虬曲向上，顶端回折下垂，有些瓦当的树干部分用凸起的圆棱表现，树干两侧亦有分出的枝杈和花朵，在当面的顶部两棵树干的转折处，可明显地看到相对而立的两只乌（鸟）。尽管鸟的形象已经不像三星堆Ⅰ号大型神树那样写实逼真，而变得非常抽象图案化，但鸟翅膀处的羽毛与三星堆Ⅰ号神树上的鸟翅羽毛一样用圆涡纹表示，鸟喙与鸟尾也清晰可辨[13]。据此“认为它就是常见于先秦和两汉之际的神树纹，进而指出所谓的神树就是《山海经》中记载的扶桑和若木。并指出‘神树纹’源于古蜀国的三星堆文化的神树”[14]。

图三　三星堆遗址出土神树

尽管《神树纹》的作者不是从姜女石遗址出土的櫄当当面纹样观察入手，而是从秦始皇陵北建筑遗迹中发现的夔纹櫄当当面纹饰着手，不得不说也是一种进步，并且给出了神树的形象，较之“宾连纹”在方法上似乎有所突破。

但是，笔者完全没有看出来当面上纹饰和三星堆神树的相似性和可比性，不论是三星堆的神树还是《神树纹》作者所举证战国、东汉时期的神树（纹）（图四、图五），都可以看出是一株正常生长的树，并不像《神树纹》作者所言的当面神树“树干虬曲向上”尤其是“顶端回折下垂”的现象。其次是鸟的形象，《神树纹》认为“观察到其上的小鸟造型比较明显，图案的造型应该是太阳鸟栖息在神树上”，但是作者也观察到“尽管鸟的形象已经不像三星堆Ⅰ号大型神树那样写实逼真，而变得非常抽象图案化”，但也不像其文中列举的战国、东汉“神树”上鸟的形象。仅仅“鸟翅膀处的羽毛与三星堆Ⅰ号神树上的鸟翅羽毛一样用圆涡纹表示”就断定是神树上的鸟，而鸟喙与鸟尾也不像作者所称的那么清晰可辨，还没有所谓的当面上神树“顶端回折下垂”处的鸟喙和鸟尾清晰可辨。仅仅根据一只“非常抽象图案化”的“鸟”以及臆测的根、茎、叶就能确定是神树，不得不说有点牵强附会。另外，作者所谓的枝杈和花朵，尤其是所谓

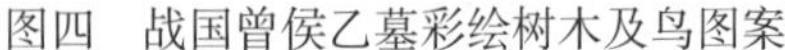
图四　战国曾侯乙墓彩绘树木及鸟图案

图五　东汉时期画像石上的扶桑树和太阳鸟

的花朵，实际上是流行于战国秦汉时期的云气纹，而不是什么植物上的花朵。

尽管《神树纹》作者极力将当面纹饰想象成植物纹，但是该文作者又不得不认为“当面上的纹样张牙舞爪、卷曲盘绕，确实像两条对称的龙的样子，但仔细观察，龙的一些细部的主要特征如眼睛、爪子、鳞等都不具备”，“尤其不见夔目”，所以就认为“秦始皇帝陵北二号建筑遗址出土瓦当的图案不具备动物夔的特征，因此当面上所表现的并不是动物（夔）纹样”。另一方面，却仅仅因为当面顶部的“小鸟造型比较明显”，又因为“鸟翅羽毛上有和三星堆神树上的鸟的羽毛上有一样的圆涡纹”，就断定当面上的图案就是鸟，据此确定“图案的造型应该是太阳鸟栖息在神树上”。而且还不考虑当面上“鸟”的神态，垂头丧气，完全没有三星堆神树上的鸟昂首挺胸，趾高气扬的神态。另外，类似于作者用来判断为表示鸟翅膀上羽毛的圆涡纹图案，并不限于“鸟羽毛”上，在作者所举例的秦陵大樵当的当面图案上有多处，而这一特征是战国、秦汉时期常见的云纹表现手法，是云纹的特征。而考古发现的战国秦汉时期的鸟身上已经不使用涡纹图案表示羽毛，如熊家冢的战国墓葬出土的龙鸟鱼形玉佩（图六）和神人执龙玉佩（图七）上鸟的形象，鸟的翅膀羽毛都没有用圆涡纹表示，而是在龙纹身上布满了所谓的“圆涡纹”；还有如陕西眉县豆腐坊秦（战国）作坊遗址出土的鸟纹瓦当（图八）中，羽毛上也不见圆涡纹等。而所谓的鸟的形象实际上是主纹上的装饰（云纹的一种）。

图六　龙鸟鱼形玉佩

图七　神人执龙玉佩

图八　鸟纹瓦当

可见仅仅依据一只似是而非的"鸟"的形象将当面的纹饰判定为神树纹，从目前的考古发现上是没有依据的，进而得出当面上的纹饰是"分别代表了中国古代人们世界观中的两极的扶桑与若木，即东方日出之地汤谷与西方日落之地昧谷"[15]的结论，显然是没有根据的臆想。

三

不管是《宾连纹》还是《神树纹》的作者已经注意到了当面的纹饰的风格和特征，即"当面上的纹样张牙舞爪、卷曲盘绕，确实像两条对称的龙（夔）的样子"，只是"细观察，龙（夔）的一些细部的主要特征如眼睛、爪子、鳞等都不具备"。但是，如果抛开如"眼睛、爪子、鳞等"细部特征，其造型风格和秦汉时期的蟠螭纹更为相似。蟠螭是龙属的蛇状神怪之物，是一种没有角的早期龙，《广雅》集里就有"有鳞曰蛟龙，无角曰螭龙"的记述。对蟠螭也有两种说法，一种是指黄色的无角龙，另一种是指雌性的龙，在《汉书·司马相如传》中就有"赤螭，雌龙也"的注释，故在出土的战国玉佩上有以龙螭合体的形象作装饰，意为雌雄交尾[16]。这一形象和汉代五纽连弧蟠螭纹大方铜镜（图九）上的蟠螭纹相似，镜上所装饰的蟠螭纹身形似蛇，"张牙舞爪，卷曲盘绕"，有爪，有目，唯独不见麟甲。

图九　（汉代）五纽蟠螭纹大方镜

"蟠"有互相缠绕重叠的意思，蟠螭纹是以四方连续的方式组成大面积的装饰，没有凸起的主纹，在青铜器表面组成繁密的图案。这种纹样既与周代以带状连续为主的纹样结构不同，也与汉代只有盘旋而无重叠的“云气纹”不一样，是春秋时期具有独创性的纹样之一。螭纹最早见于青铜器上，是和龙纹非常接近的一种题材。从战国起，螭纹开始出现在玉器上，并盛行于汉代。战国时期的玉螭纹，或作玉器之形或作玉器辅助纹饰，皆为扁平形，呈S形弯曲行走状，张口露齿，头顶有较长且分叉的角和比角短且后飘上扬的耳，四爪足，尾上翘内卷，状似龙又似虎，故又称螭虎纹。这一特征和汉代的五纽连弧文蟠螭纹大方镜上的图案一致。若就细部而言，此时有的螭纹的头和爪已不大像龙，而吸取了走兽的形象，身躯亦不刻鳞甲，体态有肥有瘦，可以相差悬殊，尾部亦有“拐子型”和“卷草型”之别。图案设计，比龙纹有更大的自由，用螭纹来装饰长边，充填方块，蜷转圆弧，皆可熨帖成章。正因如此它才成为最常见的花纹题材[17]。

春秋至秦汉之际，青铜器、玉雕、铜镜或建筑上，常用蟠螭的形状作装饰，其形式有单螭、双螭、三螭、五螭乃至群螭多种。或做衔牌状，或做穿环状，或做卷书状。

根据以上的研究，我们认为，所谓的“神树纹”就是“就细部而言，头和爪已不大像龙，而吸取了走兽的形象，身躯亦不刻鳞甲”的螭纹。所谓的神树“树干两侧亦有分出的枝杈和花朵”实际是螭纹上的爪足和分叉的角以及比角短且后飘上扬的耳。所谓的鸟的造型如果离开三星堆的神树，也就不成其为鸟。这么看来，秦始皇陵附近出土的檩当当面上所饰的纹饰的确不应该称为是夔纹，也不是植物纹，更不应该被附会成“扶桑与若木”，而是“头和爪已不大像龙，而吸取了走兽的形象，身躯亦不刻鳞甲，体态有肥有瘦，可以相差悬殊”的蟠螭纹。相对于铜镜上的蟠螭纹，当面上的蟠螭纹图案要简单很多，一方面是“到秦汉时期，发展成为疏朗型的蟠螭纹”[18]，另一方面是因为载体不同，在陶质的当面上做不出来和青铜器上一样的效果。而姜女石遗址所出土“夔纹瓦当”只是秦始皇陵建筑址出土的“夔纹瓦当”的地方变体，其总体特征上是一致的，只是后者更为简单一些，身躯由“卷草型”变为“拐子型”，和仿明清家具中的拐子型螭龙纹（图一〇）相似，尤其是前足和头顶的角，以及尾部内卷。主要区别是家具中的图案上还保留有动物龙的头部特征，而当面上不见螭首，未改变其为螭纹的属性。所以，姜女石遗址出土的“夔纹瓦当”应该称为“螭纹檩当”。

图一〇　明清家具上的螭龙纹造型

汉武帝时有人进言，说螭龙是水精，可以防火，建议置于房顶上以避火灾，这就是后来在宫殿楼阁等建筑顶上常见的“螭吻”[19]。

所以，李文所谓根茎叶俱全的植物，实际上是螭纹中的口、分叉的角，以及上扬的飘耳和爪足，所谓的树冠内折实际上是螭尾部内收。因此蟠螭纹不仅是当时社会等级和地位的象征，还可以避火灾，这是将其置于建筑物显著位置的主要原因。还有一点就是蟠螭纹在图案设计上，比龙（夔）纹有更大的自由，不受空间的限制，用螭纹来装饰长边，充填方块，蜷转圆弧，皆可熨帖成章，也体现了时代特征。

四

除了上述的当面纹样研究之外，一些学者对当面的形制也进行了研究，如王来柱先生认为：夔纹大瓦当这种大半圆的形状，体现了先秦两汉的人们对天地概念的认识，体现了天一地二，天圆地方，天地交泰的观念。从建筑美学的角度看，夔纹大瓦当当面的底宽和弧长之比值，虽因个体差异而略有差别，但大致在0.618左右摆动，符合黄金分割法则，即符合艺术美的法则[20]。李新全等学者也基本持这种观点：从瓦当的造型来看，诚如一些学者所所言，他代表了先秦时期中国古人的一种宇宙观，即天圆地方的宇宙观。瓦当上部的大半圆表示“天圆”，下部平直的底边表示“地方”。将瓦当的造型和纹样结合起来，“它表示的寓意是秦始皇扫灭六国、兼并天下、包揽宇内、并吞八荒、天下一统、千古一帝的宏大气魄，是秦代天下大一统的象征，以它装饰在秦代的大型宫殿和礼仪性建筑上的醒目位置，用来表明秦的统治自宇宙的东极至西极，包括中国古代人们所能认知的整个世界”[21]。

就槫当的造型而言，很早就有学者注意到，认为其不是传统意义上的瓦当，其位于屋脊的两端，尽管不能复原姜女石的建筑结构，但是从出土的汉代的建筑模型中我们可以看到，等级高的建筑顶部一般都是庑殿顶，庑殿顶又称四阿顶，有五脊四坡，又叫五脊顶，前后两坡相交处为正脊，左右两坡有四条垂脊。从出土的东汉时期陶楼模型中就能看出，当时人还很重视屋脊两端的装饰，如在大连出土的汉魏时期的陶楼，其屋脊两端就用多个瓦当装饰（图一一）[22]，而就单个瓦当而言，则大小相当，之所以用

图一一　大连地区出土东汉时期陶楼模型

多个瓦当装饰屋脊两端，就是要体现屋脊装饰的重要性，以数量多来体现个头大，其作用和檩当相当，但并不能体现檩当的结构和特征。庑殿顶的正脊两端与垂脊连接，两条垂脊中间为一坡状屋面，正脊的两端正对左右两面坡的屋面顶端，屋面顶端略高于位于正脊处的檩条的下端，而檩当后面接的瓦筒则套接在檩条上，如果檩当下端做成圆形，檩当边和屋面形成一个切点，和两端的屋面接触不够紧密，就会漏风雨，也就起不到保护檩头的作用，所以只有将当面下端切去一条，使其由弧边变成一条直边，这样才能和屋面有比较严密的接触，这应该是檩当造型为大半圆形的原因，并不体现先秦时期古人“天圆地方”的宇宙观，只是建筑结构上的需要。尽管不能找到直接的证据，但是从一些东汉时期的陶楼模型中能略知一二，如在焦作地区出土的陶仓楼中[23]，就有几座陶楼，其顶部保留了这种风格。如偃师县菜站出土的二层陶楼，其顶部为庑殿顶，正脊两端的檩当为独立一块，隐约可见其下部为直边，且目测其形制较屋檐瓦当要大一些（图一二）。还有2006年焦作市武陟县东石寺村出土的绿釉陶仓楼，“为庑殿顶，正脊较短，两端升起，扣花卉纹瓦当”（图一三）。从图上看，正脊及垂脊上的“瓦当”明显大于屋檐上的瓦当，所以应该是檩当，尤其是正脊两端的檩当下边有破损痕迹，导致原来的弧边接近直边，应该是有意为之，应该是螭纹檩当结构的延续。

图一二　偃师县菜站出土的二层陶楼

综上，所谓的秦“夔纹瓦当”从性质和功用上讲不应该称为瓦当，应该称为檩当，以区别传统意义上的瓦当，其次，所谓的“夔纹”的说法尽管不妥，但是植物纹尤其是“神树纹”更是牵强附会，其纹饰应该是流行于战国秦汉时期的蟠螭纹中的疏朗型螭纹。檩当结构上的大半圆形状是因为建筑结构上的需要，而不是“天圆地方”宇宙观的体现。因此，一些学者将图案附会成“神树纹”，再和檩当形状结合起来的各种解释就显得有点牵强。

图一三　武陟县东石寺村出土的绿油陶仓楼

注　　释

[1] 赵康民：《秦始皇陵北二、三、四号建筑遗迹》，《文物》1979年12期。

[2] 辽宁省文物考古研究所：《辽宁绥中县“姜女坟”秦汉建筑遗址发掘简报》，《文物》1986年8期。

[3] 村上和夫：《中国古代瓦当纹样研究》，三秦出版社，1996年。

[4] 辽宁省文物考古研究所姜女石工作站：《辽宁绥中县石碑地秦汉宫城遗址1993～1995年发掘简报》，《考古》1997年10期。

[5] 王学理：《秦物质文化通览》，科学出版社，2015年。

[6] 孙机：《汉代物质文化资料图说》，上海古籍出版社，2008年。

[7] 王来柱：《试说秦夔纹大瓦当》，《辽宁考古文集》，辽宁民族出版社，2003年。

[8] 方殿春：《宾连纹瓦当考释》，《辽海文物学刊》1997年1期。

[9] 方殿春：《宾连纹瓦当考释》，《辽海文物学刊》1997年1期。

[10] 方殿春：《宾连纹瓦当考释》，《辽海文物学刊》1997年1期。

[11] 李新全：《秦神树纹瓦当考》，《考古》2014年8期。

[12] 李新全：《秦神树纹瓦当考》，《考古》2014年8期。

[13] 李新全：《秦神树纹瓦当考》，《考古》2014年8期。

[14] 李新全：《秦神树纹瓦当考》，《考古》2014年8期。

[15] 李新全：《秦神树纹瓦当考》，《考古》2014年8期。

[16] 钟葵：《春秋时期两种神秘纹饰：蟠螭纹和蟠虺纹》，大洋网·广州日报，2016年6月20日。

[17] 《蟠螭纹和蟠虺纹的区别》，陕西省文物局·汉唐网。

[18] 程林泉、韩国河：《长安汉镜》，陕西人民出版社，2002年。

[19] 钟葵：《春秋时期两种神秘纹饰：蟠螭纹和蟠虺纹》，大洋网·广州日报，2016年6月20日。

[20] 王来柱：《试说秦夔纹大瓦当》，《辽宁考古文集》，辽宁民族出版社，2003年。

[21] 李新全：《秦神树纹瓦当考》，《考古》2014年8期。

[22] 辽宁省文物考古研究所：《姜屯汉墓》，文物出版社，2013年。

[23] 韩长松：《焦作陶仓楼》，中州古籍出版社，2015年。

新世纪辽代墓葬考古学研究的综述与展望

林　栋

（沈阳市文物考古研究所）

辽朝是契丹民族于公元10世纪初在我国北方建立的少数民族政权，历时长达二百余年，时代与中原王朝五代及北宋大体平行，形成了我国历史上第二个南北朝时期，对于我国乃至整个东北亚地区的历史进程产生过重大的影响。辽代墓葬的考古工作在我国起步较早，时至今日考古发现和研究成果已相当丰富，对于辽代历史文化的研究起到了巨大的推动。进入21世纪（下称“本世纪”）以来，随着我国综合国力的不断增强和考古事业的发展壮大，田野考古和科研水平不断提升，辽代考古工作较20世纪（下称“上世纪”）体现了许多新的时代特点，取得了更加令人瞩目的成绩。本文拟对本世纪前二十年间的辽代墓葬考古研究情况进行归纳和梳理，并对未来相关领域的研究加以展望。

一、考古发现资料的刊布和介绍

1. 辽代帝陵及大型契丹贵族墓葬

本世纪以来，辽代帝陵的田野考古工作重心，已从上世纪的庆陵和怀陵转移到了位于内蒙古巴林左旗的祖陵和辽宁北镇医巫闾山的乾显二陵上来。随着中国社会科学院考古研究所的加入，本世纪辽代帝陵的田野考古发掘力量和资料整理刊布情况较上世纪有了明显的加强。2004～2008年，董新林等先后三次发表了祖陵地面陵寝建筑遗址的情况介绍[1]，2009年开始陆续发表了正式的考古报告[2]，2011年对祖陵陵园的考古发现与研究情况进行了综述[3]，2018年发表了黑龙门和四号建筑址的发掘报告，对遗址提出了初步的认识[4]。除陵园建筑外还发表了祖陵陵区内一号大型陪葬墓的发掘报告[5]，报告中对墓葬年代和墓主人身份进行了初步的推测。除祖陵外，本世纪初辽宁省考古所公布了此前于北镇发掘的帝陵陪葬墓资料[6]。进入2010年后，开始了对乾显二陵进行系统的主动性考古工作，这也是首次在内蒙古以外地区开展的辽代帝陵主动性课题考古工作。于2016年发表了第一阶段的考古调查和试掘报告[7]，之后公布了陵区内一处高等级契丹贵族陪葬墓的发掘资料[8]。

除帝陵和陵区内的陪葬墓外，本世纪以来还发现和发表了多处重要的契丹大型高等级墓葬或墓群资料。本世纪初王秋华[9]和盖之庸[10]分别出版专著，对上世纪发掘的法库叶茂台辽墓群和耶律羽之家族墓地的发现经过和总体情况进行了介绍。辽宁省文物考古研究所编著的《关山辽墓》[11]和《凌源小喇嘛沟辽墓》[12]，是两部大型报告，集中发表了两处重要契丹贵族墓群多座墓葬的最新资料。除专著外这一时期还陆续发表了多篇重要的考古报告和简报。上世纪在庆陵[13]和怀陵[14]范围内发掘的大型墓葬资料得以发表，其中近期发表的床金沟4号墓，规模宏大，形制奇特，是目前发现辽墓中唯一带有不同方向双墓道的契丹贵族大墓，报告编写者认为其规模等级已达到帝陵级别，该墓即为怀陵陵主辽太宗耶律德光的地下陵寝之所在[15]。此外叶茂台墓群继续刊布了22号和23号墓的资料[16]，关山墓群萧氏后族重要成员宰相萧合墓发表了单篇简报[17]。平原公主墓[18]和当选“2015年度全国十大考古新发现”的内蒙古多伦辽代贵妃墓[19]等重要契丹贵族的纪年墓资料也相继发表。入围“2017年度全十大考古新发现”终评项目的康平张家窑林场辽代契丹贵族墓群，是近年来辽代契丹贵族墓葬的又一重要发现，该墓群共计发现三座随葬品组合完整的契丹贵族墓葬，出土各类随葬品500余件。笔者作为该项目的发掘领队对发掘情况进行了简要的报道[20]，正式的发掘报告还在整理当中。

2. 中小型契丹墓葬

本世纪以来，契丹中小型墓葬的发现和刊布材料数量有了显著的增加分布范围更广，除内蒙古和辽宁地区以外，吉林、黑龙江两省也有不少的新发现，发掘报告或简报大多已经公布。从目前公布材料看，契丹中小型墓葬形制多样，内涵同样丰富。除小型单室砖墓外，石室墓、土坑墓等形制均有发现，大体反映了辽代契丹社会中下层的墓葬面貌和丧葬习俗。内蒙古的资料主要集中于东部，扎鲁特旗[21]、喀喇沁旗[22]、陈巴尔虎旗[23]、科左后旗[24]、科左中旗[25]、赤峰市[26]、翁牛特旗[27]、巴林左旗[28]等地区均有报告刊布。辽宁地区刊布的资料以辽西的朝阳[29]、北票[30]、阜新[31]、凌源[32]、锦州[33]等地居多，中部的沈阳地区[34]和辽北的铁岭[35]也有部分资料刊布。吉林境内的公主岭[36]、前郭[37]和黑龙江的齐齐哈尔[38]、佳木斯[39]、肇东[40]也有散见的资料报道。

3. 汉族墓葬

辽代汉族墓葬集中分布在京、津、冀、晋四省（市），辽宁和内蒙古的局部区域也有分布。本世纪以来辽代汉族墓葬资料的刊布数量也十分丰富，其中重要大型报告有河北宣化辽墓发掘报告[41]和沈阳八王寺地区辽金墓群报告[42]。另外比较重要的汉族墓葬单篇报告和简报有内蒙古白音罕山韩匡嗣家族墓地[43]、辽宁朝阳耿氏家族墓地[44]、山西大同辽代节度使许从赟墓[45]、内蒙古巴林左旗辽代王氏方墓[46]等。其他资料刊布有河北的廊坊市[47]、固安县[48]、平泉县[49]、隆化县[50]、乐亭县[51]、怀安县[52]；山西的大同市公布三处资料[53]；北京地区的大兴[54]、海淀[55]、延庆[56]、东白塔[57]等地都有发现；天津的蓟县[58]；辽宁沈阳市新乐遗址[59]、修女院[60]等。

二、研究性成果

随着田野考古发现资料的不断丰富，关于辽代墓葬的研究工作也更加系统、全面和深入。研究范围和视角几乎涵盖了辽代墓葬的各个方面。

1. 综合性研究

刘未的《辽代墓葬研究》硕士学位论文[61]从大型契丹贵族墓葬、契丹中小型墓葬和汉族墓葬三个方面对辽代墓葬进行了全面系统的分析，对墓葬制度的发展演变和社会历史背景情况进行深入的研究，在其硕士学位论文的基础上又在考古学报发表了《辽代契丹墓葬研究》[62]论文，并出版了专著[63]。郑承燕在其博士论文的基础上出版了《辽代契丹贵族墓葬制度研究》专著[64]，更加侧重从社会制度和历史文献角度对辽代贵族墓葬进行总体上分析。两部专著代表了目前辽代墓葬综合性研究的最新成果。彭善国的《二十世纪辽代考古的发现与研究》[65]中对上世纪辽代墓葬的发现和研究情况进行了总结，对于本世纪的辽墓研究也具有启发意义。著名考古学家徐平芳先生也对上世纪契丹、辽朝的考古学研究提出了指导性的意见和建议[66]。

2. 墓葬形制、时代和地域性研究

此方面研究是对上世纪辽墓类型学研究的延续。在辽墓形制和分期的总体研究方面，以董新林2004年在《考古》发表的《辽代墓葬形制与分期略论》最为重要[67]，另外林栋对辽代砖石室墓（类屋式墓）的天井[68]、墓道[69]、排水系统[70]等结构的形制和演变情况做了单独的探讨。杜景洋的硕士论文专门对辽代墓门进行了研究[71]。刘海年等也新发表了关于辽代墓葬形制研究的论文，但多是延续上世纪的观点，缺乏新意[72]。近期汪莹和董新林对辽祖陵龟趺山基址的形制和建造进行了研究[73]。

在地域性研究方面的突出特点是，近年来多个高校考古文博专业新推出了一批以某一区域辽墓为研究对象的学位论文。孙勐[74]、李伟敏[75]对北京的墓葬及火葬墓相关文物进行了分析和总结。孙宏对朝阳的辽墓进行了系统研究[76]，汪妮通过墓葬资料对朝阳地区的社会文化进行了探索[77]。沈彤林[78]和刘坤[79]的硕士学位论文分别以沈阳市区和宣化地区的辽墓为对象展开系统论述。此外刘素侠对赤峰地区辽墓的分布和特点进行了论述[80]。林栋对沈阳地区出土辽墓进行了不同个案和多个角度的分析[81]。乔梁和杨晶对黑龙江西部的辽代墓葬的特点和文化内涵进行了有益的探索[82]。

3. 葬具葬俗研究

在葬具的研究方面，林栋发表了三篇论文[83]，研究了契丹和汉族墓葬棺尸床的类型、演变及分布等情况。辽宁[84]、北京[85]和内蒙古[86]分别刊布了四处彩绘木棺的资

料。陈金梅发表了辽宁北票一座石棺资料[87]，庆陵墓葬的木雕构件[88]和辽上京周边出土的墨书铭文骨灰匣资料[89]也得以发表。曾分良[90]、刘亚萍[91]等则对辽墓中出土的家具葬具实物和图像进行了分析。颜诚[92]和张帆[93]对辽墓中的真容偶像进行了分析。对金属面具和网络葬具的研究热度不减，在以往研究的基础上有了新的见解：陈永志对契丹贵族黄金面具、铜丝网络与祖州石室葬具进行了研究[94]。郭淑云[95]和吕馨[96]也对金属面具及网络反应的宗教观念和起源的问题进行了研究。

在葬俗研究方面，彭善国对契丹贵族葬俗进行了考古学视角的观察[97]，葛华廷探讨了羊在辽代契丹人葬俗中的使用[98]。张军对契丹覆面、毁器、焚物葬俗进行了探讨[99]。顾亚丽通过辽墓出土青白釉香炉，对辽代焚香习俗进行了考察[100]。

4. 随葬品研究

在随葬品研究方面，内蒙古[101]和沈阳[102]的考古机构为配合文物展览先后出版了两部含有两个地区大量辽墓随葬品的专著图册，公布的图片资料较为丰富。陶瓷器研究一直是辽墓随葬品研究的重点，本世纪以来在陶器方面新的成果有乔梁对契丹陶器年代的研究[103]和孙建国对北京地区重唇陶罐的研究[104]。瓷器方面，本世纪初彭善国在其博士论文的基础上出版了专著《辽代陶瓷的考古学研究》[105]，是目前对辽代陶瓷研究最为系统全面的研究成果，其中墓葬出土器物材料占有绝对的比重。另外他还发表了关于辽代青白瓷器的论文[106]。路菁也于2003年出版了《辽代陶瓷》研究专著[107]。陶瓷器中具有鲜明契丹民族特色的鸡冠壶历来备受瞩目，作为辽代陶瓷研究的标示性器物，自上世纪以来研究成果颇多，本世纪这一热点仍在延续。马沙[108]、赵明星[109]、田野[110]等先后对鸡冠壶的分期、塑猴习俗、形制演变等提出了新的见解，刘璐2018年完成的硕士论文《辽代鸡冠壶研究》[111]，可谓目前关于鸡冠壶研究的集大成之作，代表了目前对这一典型代表性器物研究的最新进展。由于陶瓷器资料的丰富性与形态变化的敏感性，结合纪年墓资料对辽代陶瓷器分期的类型学研究成果，为辽代墓葬的分期研究奠定了坚实的基础。

在其他随葬品研究方面，本阶段的研究较此前更加全面化和系统化，出现了多部研究单一种类随葬品的专著和学位论文，选题内容包括鞋靴[112]、酒器[113]、骨器[114]、带具[115]、玉器[116]、玛瑙器[117]等多个方面。除专著和学位论文外，还有许多重要的研究文章，内容包括马具[118]、文具[119]、玉石器[120]、玻璃器[121]、金属器[122]等。这些新成果不但在材料收集方面补充了本世纪最新的考古发现，在器物类型、分期、演变、功能及反应的历史背景方面的研究也更加深入，对辽墓随葬品的研究起到了整体上的推动。

5. 绘画、装饰、服饰研究

辽墓出土壁画及绘画历来受到学界关注，墓葬装饰和人物服饰研究往往与壁画加以联系。本世纪新发现的辽墓中，绘画、装饰服饰等图像和艺术题材实物资料十分丰富，备受学界关注，研究成果异常丰富，可归纳为以下几个方面。

综合性研究方面，董新林的专著《幽冥色彩——中国古代墓葬壁饰》[123]和张明星的硕士学位论文《解读辽契丹墓室壁画》[124]，对辽墓壁画资料进行了综合性的梳理和总结。葛易航的博士论文对辽墓壁画的人物画进行了系统深入的研究[125]。杨星宇的硕士学位论文在前人研究基础上对辽墓壁画的分期问题提出了新的认识[126]。王文鑫的硕士论文则专门对辽墓壁画的生活化及反应的社会历史背景等问题进行了探索[127]。黄小钰在2015年对此前辽墓壁画发现与研究成果进行了全面地收集和综合论述[128]。

个案分析上，张鹏[129]、韦正[130]、吴玉贵[131]、冯恩学[132]等分别对帝陵和高等级契丹贵族墓葬的出土的重要壁画个案，在前人研究的基础上进行了更加深入的分析，并提出了新的观点。

在壁画及装饰的地域性研究方面，以京冀地区的汉族壁画墓研究成果最为丰富，先后有多人发表了多篇论文成果[133]，其中以李清泉对宣化地区辽墓壁画研究的专著最具代表性[134]。另外对内蒙古[135]的通辽[136]，辽宁的朝阳[137]、沈阳[138]等地区的墓室壁画及装饰也有专题性的讨论。

专题研究方面，本世纪最受人关注的题材主要有服饰、乐舞、茶禅、车马、出行、会棋等。服饰研究以壁画图像中的服饰材料为主要研究对象，王青熠于2002年出版了《辽代服饰》[139]专著，利用大量壁画服饰材料结合实物对辽代服饰进行了系统研究；孙机的《中国古代服饰论丛》[140]中也有专门对辽代服饰的论述；潘晓暾从壁画资料对辽代契丹人和汉人服饰的融合问题进行了探讨[141]。闫献冰的硕士论文专门对辽代契丹族男性服饰进行了详细的研究[142]。廖奔[143]、梅鹏云[144]、李清泉[145]、赵爱辉[146]、沈军山[147]对辽墓壁画中的乐舞图题材及历史背景进行了分析。袁泉[148]、李清泉[149]、梁爽[150]、何圳永[151]、王兴也[152]等对壁画中的备茶题材及与茶道相关的茶禅和佛教文化题壁画材进行了研究。李清泉[153]、唐玉婷[154]对车马出行图进行了更加深入的研究。李清泉[155]、刘乐乐[156]对法库叶茂台7号辽墓出土卷轴画的会棋图进行了新的探索。除以上主要题材的研究外，张翠荣等对大长公主石棺雕刻图像进行了考证和分析[157]。

6. 文字考释研究

墓葬出土的文字材料对于辽代历史的研究具有重要意义，本世纪以来学界陆续刊布了上世纪和新发现的墓志位置资料，为墓主人身份及辽代历史地理，风俗、经济、文化等方面的研究提供了有益的探索。盖之庸将内蒙古地区出土的墓志碑刻资料系统收集考定，并以专著形式出版[158]。马架子[159]、耶律仁先[160]、圣宗皇淑[161]、永清公主[162]、耶律元宁[163]、耶律弘礼[164]等墓志资料和内容考释成果相继发表。张国庆[165]和郑承燕[166]根据墓志文字材料对辽代葬俗进行了分析。

7. 制度文化研究

墓葬制度方面，前面提到刘未和郑承燕的两部辽墓综合性研究专著中，均对辽墓制度及其产生的历史背景进行了较为详细的分析，结论使人信服。另外还有董新林[167]、彭善国[168]、刘毅[169]、孙伟祥[170]、刘阳[171]等学者专门对辽代帝陵的营建观念和规制等级问题进行了深入的讨论。

在文化内涵与交流方面，张帆通过辽代墓葬所反映的民族文化特征，对契丹民族文化进行再认识[172]。王大方[173]、冯恩学[174]、都兴智[175]围绕吐尔基山辽墓墓主人身份和反映的文化内涵问题展开了讨论。霍杰娜[176]、于博[177]、孙勐[178]、胡畔[179]分别就辽墓中体现出的佛教、道教和茶文化进行了论述。杭侃[180]、王玉亭[181]关注到了辽代契丹族汉化的问题，陈朝云[182]、肖志华[183]等分析了辽朝与北宋王朝和中原汉族之间的文化交流情况。杨蕤[184]的研究视角扩大到辽与草原丝绸之路的沿线国家的文化往来。

8. 科技考古和文物保护研究

随着时代的不断向前发展，更多的科技手段和文物保护展示技术也应用到了辽代墓葬的研究和保护当中。日本学者运用当下流行的数字影像技术对庆东陵的图像进行了科学复原[185]。永昕群发表文章对辽祖陵纪功碑及碑楼遗址的保护展示情况进行了介绍[186]。

三、总结与展望

1. 总结

进入新世纪以来，伴随着国家经济建设的快速发展，综合国力的不断提升，从田野考古学角度来说，基建考古获取新资料机遇大大增加，辽墓的考古发现成果层出不穷。同时国家对考古事业发展加大了支持与投入，辽墓主动性考古项目逐渐增多，发掘的课题研究意识不断增强。随着田野考古理念的不断完善，操作规程日益规范化和科学化，高科技设备和技能不断应用到野外发掘当中，辽墓的田野考古水平也有了大幅度的提升，获取历史信息资料更加系统全面，能为开展多学科研究提供更多有价值的线索。田野考古学的发展为新世纪辽墓的科研工作奠定了坚实的基础。另外，国家出版发行行业的壮大，使得考古专业刊物种类和专著的数量不断增多，出版印刷质量和公布资料的信息量明显提高。全国高校考古文博专业学科建设的发展，也为辽墓研究成果的不断丰富提供了科研力量的保障。

在新时代国家发展的背景下，依托田野考古学基础的辽代墓葬研究，本世纪头二十年相比上世纪在多个方面取得了长足的进步。从考古报告刊布的情况看，大型考古报告、图册、简报的出版图片更加精美，文字内容更加丰富、翔实、准确，多学科交叉研究的成果不断涌现，报告的科研含量不断提升。

从研究成果看，一大批以辽墓出土资料为研究对象的专题专著和硕士博士学位论文的出现，使得辽墓各个领域的研究资料收集更加系统全面化，研究的深度、广度不断扩展，以考古类型学研究为基础的辽墓分布时空框架基本建立，辽墓的考古学研究成果，总体较上世纪有了明显的推进。从与其他相关学科的联系上看，辽代考古作为历史时期考古的重要组成部分，与历史学的研究始终保持着密切的关系。本世纪以来相继发现和刊布的辽墓文字资料，更为辽代历史研究提供了珍贵的一手文献。实物资料与文献资料的结合更加紧密，对辽墓的墓葬制度和所产生的社会历史背景研究更加深入。辽墓丰富直观的图像资料一直受到美术考古学和美术史研究学者的青睐，本世纪通过图像资料探讨辽代社会历史文化和生活方面的成果可谓层出不穷，较上个世纪丝毫不显逊色。

2. 展望

然而，以上成果的获得，并不意味着辽代墓葬的研究已经没有发展余地。相反，这刚好意味着一个新的发展阶段的开端，新时代为辽墓研究带来新的契机，在诸多方面仍然存在较大的提升空间。

从考古学自身研究角度看：目前辽墓发现资料的丰富程度，仍远远领先于研究者的研究进度。新资料的不断发现，需要学界更多学者参与研究，并需要一个较长的整理、消化过程。上述提到的专著和学位论文，虽是诸多学者在较长时间内专注于辽墓某一领域取得的结晶，但一方面考古新材料需要不断补充整合，纳入原有体系当中；另一方面目前一些领域的研究尚处于初级阶段，许多观点和认识还需不断修正、完善和深入。考古类型学研究仍是开展辽墓其他方面研究的基础，在墓葬形制特征、葬具、葬俗、随葬品等方面的研究仍需进一步的总结和细化，以为辽代历史文化更加深入的研究提供更多有价值的线索。处于中原唐宋王朝交替变革期间的辽代文化，其变化发展轨迹当分别受到不同时期两个王朝的强烈影响，并也应当在辽墓的类型学研究中得到体现。

从多学科交叉研究角度看：除历史学以外的其他跨专业学科中，相比于图像学美术考古领域的一枝独秀，辽墓中一些音乐、体育方面的绘画和实物资料，专题研究成果几乎停滞不前，较上世纪没有太大的进展，随着这方面资料的不断增加，未来相关领域的跨学科合作研究值得期待。在宗教学和民族学方面，目前对辽墓中佛教考古的研究成果较多，而对道教和萨满教等在辽代同样十分流行的教派，研究成果则相对较少。在墓葬族属的研究方面，除汉族和契丹族两大族群外，渤海和奚族以及其他少数民族的墓葬资料研究得不够，这些民族在文献中有明确记载，且数量并不占少数，理应在考古资料中有所体现，今后有待更多地从墓葬本体资料和文化内涵角度加以仔细甄别。从建筑考古学角度看，目前辽墓的研究仍主要以地下墓葬本体为主，新世纪以来对辽代帝陵的主动性调查和发掘，获取了非常有价值的帝陵地上陵园建筑和布局资料，但工作尚未完成。

同时，高等级契丹贵族墓园地面建筑遗存资料仍十分匮乏，从建筑学角度考察辽墓中砖室墓形制和仿木构装饰的成果十分有限，建筑考古在辽墓研究中的应用仍有待加强。另外如体质人类学、动植物考古学和环境考古等学科，以及科技考古技术手段，在辽墓考古和研究中的应用似乎还不够充分，与自然科学的紧密合作未来仍有很大空间。

综上，新时代国家高速发展的大环境，考古事业和高校考古学科建设的大发展，田野考古资料的新发现，为辽代墓葬研究提供了前所未有的新机遇，未来的辽墓研究在吸收和总结前人研究成果的基础上，在诸多方面和领域仍存在深入细化和总体整合研究的可能，具有十分广阔的发展前景和上升空间，辽代墓葬研究的黄金阶段才刚刚正式拉开序幕。

注　释

[1] 董新林等：《辽代祖陵陵寝建筑初现端倪》，《中国文物报》2004年11月26日；董新林等：《辽代祖陵考古发掘取得重要收获》，《中国文物报》2007年11月28日；中国社会科学院考古研究所内蒙古第二工作队：《内蒙古巴林左旗辽代祖陵考古发掘的新收获》，《考古》2008年2期。

[2] 中国社会科学院考古研究所内蒙古第二工作队、内蒙古文物考古研究所：《内蒙古巴林左旗辽代祖陵陵园遗址》，《考古》2009年7期；中国社会科学院考古研究所内蒙古第二工作队、内蒙古文物考古研究所：《内蒙古巴林左旗辽代祖陵陵园黑龙门址和四号建筑基址》，《考古》2011年1期。

[3] 董新林：《辽祖陵陵园考古发现与研究论述》，《草原文物》2011年1期。

[4] 中国社会科学院考古研究所内蒙古第二工作队、内蒙古自治区文物考古研究所：《辽祖陵黑龙门遗址发掘报告》，《考古学报》2018年3期。

[5] 中国社会科学院考古研究所内蒙古第二工作队：《内蒙古巴林左旗辽祖陵一号陪葬墓》，《考古》2016年10期。

[6] 张克举：《北宁龙岗辽墓》，《辽宁考古文集》，辽宁民族出版社，2003年。

[7] 辽宁省文物考古研究所：《辽宁北镇市辽代帝陵2012～2013年考古调查与试掘》，《考古》2016年10期。

[8] 辽宁省文物考古研究所、锦州市文物考古研究所、北镇市文物处：《辽宁北镇市辽代耶律弘礼墓发掘简报》，《考古》2018年4期。

[9] 王秋华：《惊世叶茂台》，百花文艺出版社，2002年。

[10] 盖之庸：《探寻逝去的王朝——辽耶律羽之墓》，内蒙古大学出版社，2004年。

[11] 辽宁省文物考古研究所：《关山辽墓》，文物出版社，2011年。

[12] 辽宁省文物考古研究所：《凌源小喇嘛沟辽墓》，文物出版社，2015年。

[13] 巴林右旗博物馆：《辽庆陵又有重要发现》，《内蒙古文物考古》2000年2期。

[14] 内蒙古文物考古研究所：《巴林右旗床金沟5号辽墓发掘简报》，《文物》2002年3期。

[15] 内蒙古文物考古研究所：《内蒙古巴林右旗床金沟4号辽墓发掘简报》，《文物》2017年9期。

[16] 许志国、魏春光：《法库叶茂台第22号辽墓清理简报》，《北方文物》2000年1期；辽宁省文物考古研究所、沈阳市文物考古研究所：《辽宁法库县叶茂台23号辽墓发掘简报》，《考古》2010

年1期。

［17］ 华玉冰、万雄飞：《阜新辽代萧合家庭墓地发掘出土精美壁画及墓志》，《中国文物报》2002年5月3日。

［18］ 辽宁省文物考古研究所：《阜新辽萧和墓发掘简报》，《文物》2005年1期。

［19］ 内蒙古文物考古研究所等：《内蒙古多伦县小王力沟辽代墓葬》，《考古》2016年10期。

［20］ 林栋、沈彤林、张连兴、赵晓刚：《辽宁沈阳康平张家窑林场辽墓群》，《2017中国重要考古发现》，文物出版社，2018年；林栋、沈彤林、张连兴、赵晓刚：《辽宁康平发现辽代契丹贵族墓群》，《中国文物报》2018年3月22日；林栋：《从沙金到金沙——康平辽代契丹贵族墓群黄金面具发现始末》，《大众考古》2018年12期；林栋：《漫夜黎明　金颜永昼——沈阳康平辽代契丹贵族墓出土黄金面具的前世今生》，《中国文物报》2019年6月21日。

［21］ 赉鹤龄、王崇存、哈日呼：《内蒙古扎鲁特旗哲北辽代墓葬群》，《北方文物》2002年4期。

［22］ 李凤举：《喀喇沁旗二道沟辽墓清理简报》，《北方文物》2009年1期。

［23］ 呼伦贝尔盟文物管理站、陈巴尔虎旗文物管理所：《内蒙古陈巴尔虎旗巴彦库仁辽代墓葬清理报告》，《考古学集刊》（第14集），文物出版社，2004年。

［24］ 赉鹤龄：《科左后旗白音塔拉契丹墓葬》，《内蒙古文物考古》2002年2期。

［25］ 武亚芹、王瑞青：《内蒙古科左中旗小努子辽墓》，《北方文物》2000年3期。

［26］ 李术学、黄莉：《赤峰市松山区老府西山辽墓清理简报》，《内蒙古文物考古》2007年2期；赤峰市博物馆、松山区文物管理所：《赤峰市哈喇海沟辽墓清理报告》，《内蒙古文物考古》2008年2期；刘伟东：《赤峰元宝山区大营子辽墓》，《内蒙古文物考古》，2004年2期；赤峰市博物馆、宁城县文物局：《赤峰宁城县福峰山辽代墓葬》，《草原文物》2018年1期；王刚：《内蒙古林西县小哈达辽墓》，《考古》2005年7期；内蒙古文物考古研究所、内蒙古博物院：《内蒙古林西县刘家大院辽代墓地发掘简报》，《考古》2016年2期；郑秀琴：《老府西山契丹墓清理简报》，《昭乌达盟师专学报》（汉文哲学社会科学版）2000年21卷2期。

［27］ 塔拉、王仁旺：《翁牛特旗毛卜沟辽墓》，《中国考古学年鉴2005年》，文物出版社，2006年。

［28］ 赤峰市博物馆、巴林左旗辽上京博物馆、巴林左旗文物管理所：《内蒙古巴林左旗盘羊沟辽代墓葬》，《考古》2016年3期。

［29］ 杨东昕：《辽宁建平县古山子辽墓》，《考古》2001年5期；韩国祥：《朝阳西上台辽墓》，《文物》2000年7期；朝阳市博物馆：《辽宁朝阳重型机器厂辽金墓》，《北方文物》2003年4期；朝阳市博物馆，朝阳市龙城区博物馆：《辽宁朝阳召都巴辽壁画墓》，《北方文物》2004年2期；朝阳市博物馆、朝阳市龙城区博物馆：《辽宁朝阳杜长子辽代墓葬发掘简报》，《文物》2014年11期；万雄飞：《朝阳市林四家子辽墓发掘简报》，《北方文物》2013年2期；辽西博物馆：《辽宁朝阳发现两座辽墓》，《北方文物》2008年3期。

［30］ 陈金梅：《辽宁北票市下瓦房沟发现一座辽墓》，《北方文物》2002年4期；辽西博物馆、北票市博物馆：《辽宁北票白家窝铺辽代墓葬》，《北方文物》2008年4期。

［31］ 郭添刚、崔嵩、王义、《阜新腰衙门平顶山辽墓》，《辽宁工程技术大学学报》2016年18卷3期；梁振晶：《阜新四家子辽墓发掘简报》，《辽宁考古文集》，辽宁民族出版社，2003年。

[32] 陈利、李广奇：《凌源市下朝阳沟辽墓清理简报》，《辽金历史与考古》（第八辑），科学出版社，2017年。

[33] 义县文物保管所：《辽宁义县头台乡亮甲山辽墓清理简报》，《北方文物》2007年3期。

[34] 赵晓刚、林栋：《辽宁法库蔡家沟发现一座辽墓》，《考古》2013年1期；沈阳市文物考古研究所：《法库秋皮沟辽墓发掘报告》，《沈阳考古文集》（第1集），科学出版社，2007年。

[35] 许志国：《辽宁省调兵山市城子村两座辽墓清理》，《北方文物》2008年3期。

[36] 吉林省文物考古研究所、公主岭市文物管理所：《吉林省公主岭市永青辽墓清理报告》，《北方文物》2006年3期。

[37] 吉林省文物考古研究所：《吉林前郭查干吐莫辽墓发掘》，《边疆考古研究》（第4辑），科学出版社，2006年。

[38] 齐齐哈尔市文物管理站：《齐齐哈尔富拉尔基辽代砖室墓》，《北方文物》2003年3期。

[39] 佳木斯市博物馆：《佳木斯市黎明村辽金墓群出土的文物》，《北方文物》2004年4期；李可鑫：《汤原新城辽墓调查简报》，《文物春秋》2013年2期。

[40] 张杰、朱涛：《黑龙江省肇东市涝洲镇安业村发现的辽代墓葬》，《北方文物》2004年1期。

[41] 河北省文物研究所：《宣化辽墓——1974～1993年考古发掘报告》，文物出版社，2001年；刘海文：《宣化下八里Ⅱ区辽壁画墓考古发掘报告》，文物出版社，2008。

[42] 沈阳市文物考古研究所：《沈阳八王寺地区考古发掘报告》，辽海出版社，2011年。

[43] 内蒙古文物考古研究所、赤峰市博物馆、巴林左旗博物馆：《白音罕山辽代韩氏家族墓地发掘报告》，《内蒙古文物考古》2002年2期。

[44] 朝阳博物馆等：《辽宁朝阳市姑营子辽代耿氏家族3、4号墓发掘简报》，《考古》2011年8期。

[45] 王银田、解庭琦、周雪松：《山西大同市辽代军节度使许从赟夫妇壁画墓》，《考古》2005年8期。

[46] 王未想：《内蒙古巴林左旗发现辽代王氏方墓志》，《考古》2000年1期。

[47] 廊坊市文物管理处、安次区文物管理所：《廊坊市安次区西永丰村辽代壁画墓》，《文物春秋》2001年4期；廊坊市文物管理处：《廊坊市馨钻界小区辽代墓群发掘报告》，《文物春秋》2009年2期。

[48] 廊坊市文物管理处：《固安县大王村辽墓清理简报》，《文物春秋》2013年6期。

[49] 王烨：《平泉县石羊石虎古墓群调查》，《文物春秋》2006年 3期；张翠荣、李素静、李剑：《平泉县姜家北沟辽墓》，《文物春秋》2008年3期。

[50] 陶敏：《隆化县厂沟门辽墓》，《文物春秋》2003年3期。

[51] 河北省文物研究所、唐山市文物管理处、乐亭县文物保护管理所：《乐亭县前炕各庄辽墓群发掘报告》，《文物春秋》2007年1期。

[52] 徐建中：《怀安县发现辽代墓葬》，《文物春秋》2002年1期。

[53] 大同市考古研究所：《山西大同机车厂辽代壁画墓》，《文物》2006年10期；王银田、解廷琪、周雪松：《山西大同市辽墓的发掘》，《考古》2007年8期；大同市博物馆：《山西大同市东郊马家堡辽墓》，《考古》2005年11期。

[54] 北京市文物研究所：《北京大兴区青云店辽墓》，《考古》2004年2期；北京市文物研究所：《北京大兴区杨各庄墓地发掘简报》，《文物春秋》2010年3期；北京市文物研究所：《北京大兴康庄辽墓》，《文物春秋》2012年5期。

[55] 北京市文物研究所：《海淀中国工运学院辽墓及其墓志》，《北京文物与考古》（第6辑），民族出版社，2004年。

[56] 范学新：《北京延庆发现辽金时期壁画墓》，《中国文物报》2005年5月20日。

[57] 北京市文物考古研究所：《北京东白塔辽墓发掘简报》，《文物春秋》2011年6期。

[58] 天津历史博物馆考古队、蓟县文物保护管理所：《天津蓟县弥勒院村辽墓》，《文物春秋》2001年6期。

[59] 沈阳市文物考古研究所：《沈阳热闹路天主教修女院古代墓群2006年考古发掘报告》，《沈阳考古文集》（第1集），科学出版社，2007年。

[60] 刘翠红：《沈阳新乐遗址辽墓发掘简报》，《沈阳考古文集》（第2集），科学出版社，2009年。

[61] 刘未：《辽代墓葬研究》，北京大学硕士学位论文，2007年。

[62] 刘未：《辽代契丹墓葬研究》，《考古学报》2009年4期。

[63] 刘未：《辽代墓葬的考古学研究》，科学出版社，2016年。

[64] 郑承燕：《辽代契丹贵族墓葬制度研究》，文物出版社，2014年。

[65] 彭善国：《二十世纪辽代考古的发现与研究》，《内蒙古文物考古》2006年1期。

[66] 徐苹芳：《关于契丹-辽朝考古学研究的几点意见》，《北方民族文化新论》，哈尔滨出版社，2001年。

[67] 董新林：《辽代墓葬形制与分期略论》，《考古》2004年8期。

[68] 林栋：《辽代墓葬阶梯墓道初探》，《草原文物》2014年2期。

[69] 林栋：《试论辽代墓葬的天井》，《北方文物》2015年4期。

[70] 林栋：《试论辽代墓葬的排水系统》，《沈阳考古文集》（第5集），科学出版社，2015年。

[71] 杜景洋：《辽代墓门研究》，内蒙古大学硕士学位论文，2017年。

[72] 刘海年、李岱松：《辽代墓葬形制的分析与研究》，《辽宁教育行政学院学报》2014年5期。

[73] 汪莹、董新林：《从考古新发现看辽祖陵龟趺山基址的形制和建造》，《考古》2016年10期。

[74] 孙勐：《北京地区辽墓的初步研究》，吉林大学硕士学位论文，2012年。

[75] 李伟敏：《北京地区的火葬墓及相关问题研究》，《考古》2012年5期。

[76] 孙宏：《朝阳地区辽墓的考古学研究》，辽宁师范大学硕士学位论文，2018年。

[77] 汪妮：《朝阳地区辽代社会文化研究》，渤海大学硕士学位论文，2017年。

[78] 沈彤林：《沈阳市区辽墓研究》，吉林大学硕士学位论文，2008年。

[79] 刘坤：《宣化唐-辽墓葬研究》，吉林大学硕士学位论文，2016年。

[80] 刘素侠：《赤峰地区辽代墓葬分布及其特点》，《辽金史论集》（第6辑），社会科学文献出版社，2001年，201～210页。

[81] 林栋：《沈阳八王寺地区辽金墓群的分期与年代》，《辽宁省博物馆馆刊》（2013），辽海出版社，2014年；林栋：《试论沈阳市区辽墓的类型及源流》，《边疆考古研究》（第15辑），科学出

版社，2014年；林栋：《沈阳地区辽墓初探》，《沈阳考古文集》（第2集），科学出版社，2009年；林栋：《对沈阳广宜街辽墓群的再认识》，《北方文物》2014年4期；林栋：《对沈阳广宜街辽代石函墓的再认识》，《中国文物报》（文物考古周刊）2014年1月3日。

[82] 乔梁、杨晶：《黑龙江省西部的辽代墓葬》，《北方文物》2001年4期。

[83] 林栋：《试论辽代契丹墓葬的棺尸床》，《北方民族考古》（第2辑），科学出版社，2015年；林栋：《试论辽代汉族墓葬的棺尸床》，《中国考古学会第十六次年会论文集》，文物出版社，2016年；林栋：《再论辽代墓葬的棺尸床》，《东北史地》2016年2期。

[84] 赵晓华：《辽宁省博物馆征集入藏一套辽代彩绘木椁》，《文物》2000年1期。

[85] 卢迎红、任秀侠：《北京城垣博物馆收藏的一套辽代彩绘木椁》，《北京文物与考古》（第5辑），燕山出版社，2002年。

[86] 张兴国：《内蒙古巴林左旗出土彩绘木棺》，《文物》2009年3期；郑承燕：《吐尔基山辽墓彩绘木棺具》，《中国博物馆》2010年3期。

[87] 陈金梅：《辽宁北票坤头波罗村发现一辽代石棺》，《北方文物》2003年2期。

[88] 乌力吉德力根：《辽代庆陵皇族墓发现小型木雕件》，《北方文物》2005年1期。

[89] 王未想：《辽上京城址周围出土的墨书铭文骨灰匣》，《北方文物》2002年1期。

[90] 曾分良：《辽代家具研究》，苏州大学硕士学位论文，2008年。

[91] 刘亚萍、朱毅：《东北地区家具形式演变初探——辽代家具形式》，《家具》2013年3卷5期。

[92] 颜诚：《辽代真容偶像葬俗刍议》，《文物春秋》2004年3期。

[93] 张帆：《试谈宣化辽墓中所见真容偶像》，《中国历史文物》2005年1期。

[94] 陈永志：《黄金面具、铜丝网络与祖州石室》，《中国历史文物》2002年3期。

[95] 郭淑云：《北方丧葬面具与萨满教灵魂观念》，《北方文物》2005年1期。

[96] 吕馨：《辽墓出土金属面具与网络起源的再探讨》，《南方文物》2012年1期。

[97] 彭善国：《辽代契丹贵族丧葬习俗的考古学观察》，《边疆考古研究》（第1辑），科学出版社，2003年。

[98] 葛华廷：《羊与辽代契丹人的葬俗》，《北方文物》2003年3期。

[99] 张军：《契丹覆面、毁器、焚物葬俗小议》，《北方文物》2005年4期。

[100] 顾亚丽：《从辽墓出土青白釉香炉看辽代焚香习俗》，《草原文物》2017年2期。

[101] 中国历史博物馆、内蒙古文化厅：《契丹王朝——内蒙古辽代文物精粹》，中国藏学出版社，2002年。

[102] 沈阳市文物考古研究所：《沈阳考古发现六十年》（出土文物卷），辽海出版社，2008年。

[103] 乔梁：《契丹陶器的编年》，《北方文物》2007年1期。

[104] 孙建国：《试析北京地区发现的辽代广口重唇罐》，《文物春秋》2009年3期。

[105] 彭善国：《辽代陶瓷的考古学研究》，吉林大学出版社，2003年。

[106] 彭善国：《辽代青白瓷研究》，《考古》2002年12期。

[107] 路菁：《辽代陶瓷》，辽宁画报出版社，2003年。

[108] 马沙：《论辽代鸡冠壶的分期演变及其相关问题》，《北方文物》2000年1期。

［109］ 赵明星：《论鸡冠壶上的塑猴习俗》，《北方文物》2004年3期。

［110］ 田野：《略论辽代鸡冠壶的形制及演变》，《中国民族博览》2017年4期。

［111］ 刘璐：《辽代鸡冠壶研究》，中央美术学院硕士学位论文，2018年。

［112］ 张小明：《辽代鞋靴研究》，内蒙古大学硕士学位论文，2017年。

［113］ 王勤孝：《辽代酒具研究》，内蒙古大学硕士学位论文，2017年。

［114］ 贾帅：《考古所见宋元骨刷研究》，黑龙江大学硕士学位论文，2016年。

［115］ 孙兵：《辽代带具研究——以陈国公主墓出土带具为中心》，中央美术学院硕士学位论文，2016年。

［116］ 许晓东：《辽代玉器研究》，紫禁城出版社，2003年。

［117］ 王永立：《辽代玛瑙器研究》，内蒙古大学硕士学位论文，2017年。

［118］ 冯恩学：《辽代契丹马具探索》，《考古学集刊》（第14集），文物出版社，2004年。

［119］ 邵国田：《敖汉旗英凤沟7号墓出土银质文具考》，《内蒙古文物考古》2003年2期。

［120］ 孙机：《玉屏花与玉逍遥》，《文物》2006年10期；吴沫：《辽代玉蹀躞带的特征分析及其文化渊源》，《赤峰学院学报（汉文哲学社会科学科学版）》2013年34卷7期。

［121］ 许晓东：《辽代琥珀来源的探讨》，《北方文物》2007年3期。

［122］ 郑承燕：《辽代金花银龙纹“万岁台”砚》，《中国博物馆》2010年3期；李明华：《辽代冶铜业概述》，《赤峰学院学报（汉文哲学社会科学科学版）》2018年39卷2期；沈学英：《信仰观念下的契丹族萨满响器——以出土陶鼓和铜铃为例》，《音乐探索》2016年3期；白艺汉：《辽代出土铜铃研究》，《赤峰学院学报（汉文哲学社会科学版）》2017年38卷7期。

［123］ 董新林：《幽冥色彩——中国古代墓葬壁饰》，四川人民出版社，2004年。

［124］ 张明星：《解读辽契丹墓室壁画》，东北师范大学硕士学位论文，2012年。

［125］ 葛易航：《辽代墓室人物壁画主题研究》，哈尔滨师范大学博士学位论文，2017年。

［126］ 杨星宇：《辽墓壁画的分期研究》，内蒙古大学硕士学位论文，2009年。

［127］ 王文鑫：《生活化的辽墓壁画研究》，西安美术学院硕士学位论文，2016年。

［128］ 黄小钰：《辽墓壁画的考古发现与研究综述》，《故宫博物院院刊》2015年1期。

［129］ 张鹏：《辽代庆东陵壁画研究》，《故宫博物院院刊》2005年3期。

［130］ 韦正：《宝山1号辽代壁画墓再议》，《文物》2017年11期。

［131］ 吴玉贵：《内蒙古赤峰宝山辽墓壁画“寄锦图”考》，《文物》2001年3期。

［132］ 冯恩学：《对滴水壶辽墓壁画之商榷》，《文物春秋》2001年6期。

［133］ 冯恩学：《河北宣化辽墓壁画特点》，《北方文物》2001年1期；李清泉：《宣化辽代壁画墓设计中的时间与空间观念》，《美术学报》2005年2期；梁爽：《京津冀辽墓装饰研究》，河北大学硕士学位论文，2017年；孙勐：《浅谈北京辽代墓室壁画的特征》，《文物世界》2011年1期。

［134］ 李清泉：《宣化辽墓——墓葬艺术与辽代社会》，文物出版社，2008年。

［135］ 杨星宇、郑承燕：《道法自然，兼收并蓄——兼论内蒙古地区辽代墓葬壁画特点》，《中国博物馆》2010年3期。

［136］ 李鹏：《通辽地区辽代墓饰综述》，《内蒙古民族大学学报（社会科学版）》2017年43卷5期。

[137] 孙国龙：《朝阳出土两座辽壁画墓管窥》，《北方文物》2005年4期。
[138] 林栋：《沈阳地区仿木结构辽墓初探》，《辽金历史与考古》（第六辑），辽海出版社，2015年。
[139] 王青煜：《辽代服饰》，辽宁画报出版社，2002年。
[140] 孙机：《中国古代服饰论丛》，文物出版社，2001年。
[141] 潘晓暾：《从辽墓壁画看辽代契丹人与汉人服饰的融合》，《东北史地》2015年4期。
[142] 闫献冰：《辽代契丹男性服装研究》，内蒙古大学硕士学位论文，2014年。
[143] 廖奔：《宋辽金大曲图考》，《中国历史文物》2003年3期。
[144] 梅鹏云：《辽代乐舞图像考古学观察》，吉林大学硕士学位论文，2009年。
[145] 李清泉：《宣化辽墓壁画散乐图与备茶图的礼仪功能》，《故宫博物院院刊》2005年3期。
[146] 赵爱辉：《辽墓壁画中的乐舞图》，《内蒙古文物考古》2001年2期。
[147] 沈军山、李海风：《辽音乐之散乐考略》，《文物春秋》2003年6期。
[148] 袁泉：《宣化辽墓"备茶题材"考》，《华夏考古》2006年1期。
[149] 李清泉：《宣化辽墓壁画中的备茶和备经图》，《艺术史研究》（第4辑），中山大学出版社，2002年。
[150] 梁爽：《由宣化辽墓壁画探析辽南区茶道程序》，《时代报告》2017年1期。
[151] 何圳永：《地理文化视野下宣化辽墓中的茶禅文化》，《农业考古》2015年2期。
[152] 王兴也：《辽代佛教与墓室壁画艺术研究》，沈阳师范大学硕士学位论文，2016年。
[153] 李清泉：《绘画题材中意义和内涵的演变——以宣化辽墓中的车马出行图为例》，《中山大学学报（社科版）》2003年2期。
[154] 唐玉婷：《东北地区辽墓壁画中的车马出行图研究》，东北师范大学硕士学位论文，2017年。
[155] 李清泉：《叶茂台辽墓出土〈深山会棋图〉再认识》，《美术史研究》2004年1期；李清泉：《墓葬中的会棋图——以辽墓中的〈三脚会棋图〉和〈深山会棋图〉为例》，《艺术史研究》（第5辑），中山大学出版社，2003年。
[156] 刘乐乐：《叶茂台辽墓中〈深山会棋图〉的风格、意义及功能探析——以景中人为中心》，《美术与设计》2016年1期。
[157] 张翠荣、白云香：《浅谈辽大长公主石棺的雕刻艺术》，《文物春秋》2001年3期。
[158] 盖之庸：《内蒙古辽代石刻文研究》，内蒙古大学出版社，2002年。
[159] 张守义：《平泉县马架子发现的辽代墓志》，《文物春秋》2006年3期。
[160] 吴英哲：《契丹小字〈耶律仁先墓志〉补释》，《内蒙古大学学报（哲学社会科学版）》2002年34卷5期。
[161] 郝维彬：《辽"故圣宗皇帝淑仪赠寂善大师墓志铭"考释》，《考古学集刊》（第14集），文物出版社，2004年。
[162] 袁海波、李宇峰：《辽代汉文〈永清公主墓志〉考释》，《中国历史文物》2004年5期。
[163] 刘浦江：《辽耶律元宁墓志铭考释》，《考古》2006年1期。
[164] 万雄飞、司伟伟：《辽代耶律弘礼墓志考释》，《考古》2018年6期。
[165] 张国庆、于航：《辽代丧葬礼俗：生者为亡者镌志刻幢——以辽代石刻为史料》，《东北史地》

2009年1期；张国庆：《石刻资料中的辽代丧葬习俗分析》，《民俗研究》2009年1期。
[166] 郑承燕：《辽代丧葬礼俗举要——以辽代石刻资料为中心》，《内蒙古大学学报》2010年1期。
[167] 董新林：《中国古代陵墓考古研究》，福建人民出版社，2005年。
[168] 彭善国：《辽庆陵相关问题绉议》，《考古与文物》2008年4期。
[169] 刘毅：《关于辽代皇陵的几点认识》，《中国国家博物馆馆刊》2013年3期。
[170] 孙伟祥：《辽朝帝王陵寝组成问题初探》，《黑龙江民族丛刊》2015年1期。
[171] 刘阳：《魂归母腹——辽祖陵营建理念探微》，《文物春秋》2018年4期。
[172] 张帆：《试谈辽代墓葬的研究和对契丹文化的再认识》，《内蒙古文物考古》2009年1期。
[173] 王大方：《吐尔基山辽墓墓主身份的推测——兼述契丹古代社会的"奥姑"》，《中国文物报》2004年1月30日；王大方：《吐尔基山辽墓主人身份辨析》，《内蒙古社会科学》2008年3期。
[174] 冯恩学：《吐尔基山辽墓墓主身份解读》，《民族研究》2006年3期。
[175] 都兴智：《吐尔基山辽墓墓主人及其相关问题再探讨》，《东北史地》2010年2期。
[176] 霍杰娜：《辽墓中所见佛教因素》，《文物世界》2002年3期。
[177] 于博：《从真容像看佛教对辽代丧葬习俗的影响》，《北方文物》2018年2期。
[178] 孙勐：《北京地区道教考古发现与初步研究》，《道教考古》2009年4期。
[179] 胡畔：《中原茶文化对契丹饮茶习俗的影响》，《赤峰学院学报（汉文哲学社会科学版）》2018年39卷9期。
[180] 杭侃：《辽代早期贵族墓墓制所反映的汉化问题》，《草原瑰宝——内蒙古文物考古精品》，上海书画出版社，2000年。
[181] 王玉亭：《从辽代韩知古家族墓志看韩氏家族契丹化的问题》，《北方文物》2008年1期。
[182] 陈朝云、刘亚玲：《宋辽文化交流的考古学观察——以宣化辽墓的考古发现为视角》，《郑州大学学报（哲学社会科学版）》2015年1期。
[183] 肖志华：《契丹族的文化特色及与中原汉族的关系》，《文物世界》2006年2期。
[184] 杨蕤：《文物考古学视角下的辽代丝绸之路》，《北方民族大学学报（哲学社会科学版）》2015年2期。
[185] 牟田口章人、古松崇志著，李彦朴译：《围绕辽庆陵（东陵）之计算机影像复原的考察》，《赤峰学院学报（汉文哲学社会科学版）》2017年38卷10期。
[186] 永昕群：《辽祖陵太祖纪功碑及碑楼遗址保护》，《建筑学报》2016年8期。

康平张家窑林场辽墓群的发现与初步研究

赵晓刚[1] 郑玉金[2]

（1. 沈阳市文物考古研究所；2. 沈阳市辽中区文化旅游体育事业发展中心）

张家窑林场辽墓群位于沈阳市康平县沙金台乡张家窑林场内，由长白山贵族墓群、柳条通墓群、穷棒子山墓群、青沟墓群、大文纪坑墓群和长白山遗址、养羊场遗址、城址地遗址、西扎哈气遗址、刺榆坨子遗址、河间信子遗址等共同构成。此外，在张家窑林场附近发现的上沙金辽墓、马架子山墓群、克宝窝堡墓群、万宝营子辽墓和城址地墓、古寺拉墓、后府后山墓，或亦应归属这一大的墓群。这些墓群和遗址之间的关系，目前尚不完全清楚。墓群自20世纪80年代发现以来，经过数次考古发掘，共发掘墓葬27座，此外还有数座墓葬已知被盗但尚未进行清理。相关遗址的调查、发掘工作在2016年开始，已对长白遗址和西扎哈气遗址进行了初步的发掘。

一、以往考古发现

1. 穷棒子山 M1

1980年春季在进行文物普查时于林场场部北1千米左右的烟筒山（俗称穷棒子山）的东南坡上发现10座墓葬。同年5月11日，铁岭市博物馆对其中1座墓葬进行了发掘，编号M1。墓葬为长方形券顶石室，由不规则石板砌筑，长2.2、宽1.8米。墓内发现成年男性骨殖1具，随葬陶器3件，瓷器3件，铁器25件，铜、银器22件，石器2件。其中黑陶盖壶、绿釉鸡冠壶、绿釉陶杯、灰白釉瓷碗、铁矛、铁斧、铁铲、铁刀、铁钻头、铜钟、玛瑙管、石骨朵、砺石、银牌饰各1件，花式口白瓷盘2件，铁镞22件，银銙饰7件，蹀躞带部件15件。推测为辽早期墓葬[1]。

2. 穷棒子山 M2

1993年5月，康平县文物管理所对被盗的2号墓（M2）进行了抢救性发掘。墓为石筑方形抹角券顶单室，墓室南北长3.1～3.5、东西宽2.7～3米，墓壁用不规则石板砌筑，厚1.5米，墓底平铺石片。墓室内出土人头骨2个，推测应为夫妻合葬。随葬器物20件，其中铜镜、铜镯、铜带箍、心形带銙、圭形鉈尾、器盖、铁镞、铁刀、铁马衔、铁马镫各1件，瓷碗、带卡各2件，长方形带銙6件。推测为辽早期墓葬[2]。

3. 穷棒子山 M3 ～ M10

1994年11月10日至11月18日，沈阳市文物管理办公室下属考古队与康平县文物管理所共同对穷棒子山辽墓群剩余8座被盗辽墓进行了抢救性考古发掘。墓葬被盗十分严重，仅在M7、M10剩余少量随葬品。

墓群坐北朝南，东北西南排列。筑墓材料为不规整的石片，均单室，有长方形抹角和圆形两种，墓底铺石片或砂土，墓葬亦有大小两种，大墓如M10，东西长3.2、南北宽2.8米；小墓一般长2.8、宽2.1米左右。M10发现一南一北的木棺，棺内有两具骨殖，推测为双人合葬。出土遗物混杂一起，可明确为M7出土者有鸡腿坛2件（M7：1、M7：2），陶钵（M7：3）、铁剪（M7：7）、铁刀（M7：10）、铁铲（M7：8）、铁镞（M7：9）、云纹铜镜（M7：4）各1件，明确为M10出土者有陶壶1件（M10：2）、白釉瓷盘1件（M10：1），明确为M9出土者有铁镞1件（M9：1）。此外，还见有铁钉、玛瑙串珠等。推测这批墓葬为辽早期墓葬[3]。

4. 上沙金辽墓

墓葬位于上沙金台村北山东南坡上，1993年春天村民开山采石发现，康平县文管所进行抢救性考古发掘。墓葬为石筑抹角方形券顶单室，不规则石片砌筑，墓室南北长2.2～2.1、东西宽1.8～1.7米，墓壁厚1.5米。墓室填土中仅见两块残碎的人骨和鎏金铜环、桃形玉饰件2件文物。推测该墓葬应与张家窑墓群有某种内在的联系，其墓主人亦应该是具有一定身份地位的契丹贵族[4]。

5. 马架子山墓群

墓群位于嘎土窝堡村马架子自然屯北约1千米的沙包上，1980年发现时有1座墓葬被盗，康平县文管所对其进行了清理。墓葬为石筑方形单室墓，墓门开在东壁，方向南偏东13°。墓室长2.2、宽2、存高1.7米。墓内人骨已被扰乱，发现1具头骨。墓室内清理出铁刀2件、铁镞2件、篦齿纹陶壶1件。初步判断为辽早期墓葬[5]。

第三次文物普查时，在墓群中发现4个盗洞，周围有很多石片，有两个能辨清墓葬情况，均为石筑方形券顶单室墓[6]。

6. 万宝营子墓葬

墓葬位于西一棵树村万宝营子自然屯北山南坡下，墓东侧是一处辽代建筑遗址。1985年5月发现，据村民刘义介绍，墓葬为石筑长方形单室墓，底铺石板，墓向320°。单人葬，随葬白瓷大碗1件、陶壶2件[7]。

7. 克宝窝堡墓群

墓葬位于克宝窝堡村西的岗下台地上，发现被破坏的墓葬3座，清理其中1座。墓葬为土坑木棺墓，长1.9、宽0.6、存高0.5米，偏东南向，单人葬。出土棺钉36枚，推测应有木棺。墓底发现矛式铁镞5枚。此外，采集铜镯1副、铁剪刀1件、铁马镫1件。推测为辽末期墓葬[8]。

8. 古寺拉墓

墓葬位于嘎土窝堡村古寺拉北300米，1980年文物普查时发现，盗洞旁可见大量石块，推测应为石室墓，因未清理，形制不清[9]。

9. 后府后山墓

墓葬位于东窑村后旧府东北700米，南距利民河850米，西距大白山1000米。1980年文物普查时发现，因未清理，具体情况不详[10]。

10. 清沟墓群

墓群位于嘎土窝堡村马架子屯东北500米，距马架子山500米，东距穷棒子山1000米。1980年文物普查时发现，盗洞旁可见碎石片，推测应为石室墓，未清理，墓葬形制等不详[11]。

11. 城址地墓

墓葬位于敖力营子村西南3000米，东距养羊场250米，西距三棱山1500米，南连城址，北依长尾巴山岗，原墓葬土堆高0.6米，地表上有大块活动石，现已无存。推测为辽代墓葬[12]。

12. 柳条通 M1 ～ M6

柳条通墓群位于张家窑林场中部柳条通区域的平缓地带。2016年10～12月，沈阳市文物考古研究所对墓群进行了考古发掘，共计发掘小型辽代石室墓5座、石圹墓1座。石室墓均为不规则石片砌筑的抹角方形单室，边长2.5～3米。墓道大多为斜坡式，仅一座为阶梯式（M3），方向均为东南向。石圹墓（M5）规模较小，不规则石片砌成墓圹，方向西南向。墓葬皆被盗严重，残存随葬品有青铜双鱼佩（M1：1）、绿釉提梁鸡冠壶（M3：1、M3：2）、仰莲纹白瓷碗（M3：3）、白瓷小碗（M3：4、M3：5，M6：1）、白釉绿彩陶盆（M3：6）、鸾鸟纹铜镜（M4：3）、篦齿纹灰陶壶（M4：1、M4：2，M6：2）、铁箭镞（M4：4、M4：5）等，共计14件。葬具有石片砌筑尸床和疑似木棺等。初步判断该墓群的时代大体在11世纪上半叶前后[13]。

13. 长白山墓群

2017年4～11月，沈阳市文物考古研究所对该墓群进行了主动性考古发掘，长白山墓群共分为三个区，其中Ⅰ区发掘墓葬6座，Ⅱ区发掘4座，Ⅲ区经勘探发现疑似墓葬1座，尚未发掘。Ⅰ区位于长白山东南坡，Ⅱ区和Ⅲ区分别位于Ⅰ区东北和西南约500米。另对墓群东约400米的长白山遗址进行了发掘，推测该遗址应与墓群存在一定关系。

（1）Ⅰ区M1～M6

M1为2015年12月至2016年1月进行抢救性考古发掘，近方形石筑券顶单室墓，由墓道、过洞、天井、墓门、甬道、墓室等几部分组成，全长约22米，墓底距地表深约12米，墓向118°。葬具为木棺，位于墓室西侧正中，紧挨墓室西壁。墓主头北脚南，仰身直肢。尸身通体包裹银丝网络，头戴一银鎏金面具，与银丝网络相连。墓内随葬品主要有银质璎珞、玛瑙管、绿釉鸡冠壶、白瓷碗、白瓷碟、篦齿纹陶壶、马具（包括银鎏金龙纹蹀躞带、铜鎏金带具、银鞍桥包片、铁马镫等）、铁剑、铁灯、铁环钩、铁镞、铁锁、磨石、羊头骨、蚕丝等。根据墓葬形制和出土器物的特征推断，该墓葬的年代为辽代早期晚段，墓主人为男性，二十五岁左右，其身份应为契丹高等级贵族。

M2、M3、M4均为大型砖筑多室墓，由阶梯墓道、墓门、甬道、前室、左右耳室和后室组成，总长度30米左右，方向均为东南向。M2主室八角形，耳室圆形，M3主室为方形，M4主室为圆形，耳室为方形。三座砖室墓主室的直径（边长）均在4～4.5米，耳室的直径（边长）1～1.5米。M2和M4主室砖壁内有八角形木椁，墓底有带边厢和棺厢的木椁葬具，并都发现有银丝网络，M2木椁上镶嵌有大量银片，M4还发现有鎏金面具。M3墓室结构完整，未经盗掘，主室和耳室均为方形，在墓门两侧及主室墙壁发现有少量壁画残留，其他部分均已脱落。三座墓出土随葬品十分丰富，M2经早期和现代多次被盗，仍出土海兽葡萄镜、铜盏托、玛瑙配饰、围棋子、琥珀吊坠、串珠、绿釉鸡冠壶、白釉渣斗、青瓷碗、白瓷碗等各类文物50余件。M3、M4随葬品组合保存基本完整，M3出土白瓷鸡冠壶、盘口壶、绿釉鸡腿坛、白瓷碗等陶瓷器，墓主人双手满带10枚银鎏金戒指，双耳佩戴摩羯形金耳环，左右手腕分别佩戴鎏金银镯各一个，胸前佩戴玛瑙项链和葵形银镜，腰部为银鎏金捍腰。西耳室出土整套铜鎏金马具、蹀躞带、双鱼配饰和铁器，共计出土随葬品200余件。M4出土陶瓷器数量和种类更加丰富，除上述器形外，还发现有白釉黑彩、褐彩梅瓶各1件，白瓷小盖罐4套，盘口执壶、莲花纹执壶、青瓷碗、青瓷盘、影青器盖等，另外还出土有波斯玻璃器、玉臂鞲、银鎏金面具、金丝未断的玛瑙璎珞一套、银鎏金带具、银盏、银杯、银鞍桥、银蹀躞带等金银器和成套马具等，各类随葬品总计140余件。这三座墓葬的年代以M3为最早，为10世纪中期，M4较晚，为11世纪中期至12世纪初，M2则介于两者之间，为11世纪前期。

M5和M6均为石筑方形单室墓，由阶梯墓道、甬道、墓室等部分组成，边长3米左右，墓道长8～10米，东南向。其中M5甬道为过洞式，与M1相同。两座墓葬均早期被盗，仅M5中残留铁镞4枚。因出土遗物较少，仅据墓葬形制推测应为辽代中晚期墓葬。

（2）Ⅱ区M1～M4

M1、M2、M4均为小型石筑方形单室，由墓室、甬道及墓道等部分组成，边长2.5米左右，墓道分斜坡式和阶梯式，长3～5米，东南向。3座墓葬均严重被盗。M2出有4件残损的铁器和部分人骨，M4出土一件篦齿纹陶壶。M3仅挖掘了墓圹，并在墓道里填石块，未修建墓室。Ⅱ区墓葬的总体时代大体应在11世纪中期前后，等级规模明显小于Ⅰ区，墓主人应为契丹小贵族阶层或一般富户[14]。

14. 长白山遗址

在Ⅰ区墓群东约400米，发掘出大型房址1座。房址面阔8间、进深1间，东西长约30米，南北宽约7米，总面积约210平方米，方向155°，与墓葬方向大体一致。墙壁石筑，具体由三个套间和两个单间组成，房屋内均有火炕和灶台，屋内地面保留有泥质灰陶片、白瓷片等遗物，从遗物分析，该房址废弃的年代在辽晚期或是金初，延续下限晚于墓群。经勘探，在该房址西侧约20米，还有一座规模与其相当的大型房址，说明当时在此居住的人群应具有一定的规模。该大型居住址应与上述墓群有一定关系[15]。

15. 西扎哈气遗址

位于西扎哈气村东500米。为研究该遗址与穷棒子山墓群之间关系，并进而探讨高等级贵族墓葬与一般贵族墓葬守冢人遗存之间是否存在差异等问题，2018年7～10月，沈阳市文物考古研究所对遗址进行了详细的调查和部分发掘。因经费、人员等问题，发掘仅揭露了上层的金代遗存部分，发现大量地炉式的坩埚遗存、房内火炕遗存、灰坑等，出土大量炼渣、废弃骨料、琉璃半成品和铜钱、陶瓷器等，初步判断该遗址应为辽金时期的一处手工业作坊遗存。关于其规模、结构、沿革等，尚有待于进一步的考古工作[16]。

二、以往研究成果概述

张家窑林场辽墓群自发现以来，发表的资料以考古发掘简报为主，研究文章尚不多见，仅见有关于墓葬出土瓷器的相关研究。

1. 年代学

对墓葬的年代做出了基本的判断，特别是未被破坏，出土遗物组合完整的墓葬时代判断准确。然而，对于一些破坏较为严重，未出土典型遗物的墓葬时代的判断尚难进行。特别是一些小型石室墓，是否已进入金代纪年亦未可知。至少从克宝窝堡墓葬中出土铁剪刀的形制分析，其应为金墓无疑。此外，从西扎哈气遗址发掘出土遗物中含有

“大定通宝”铜钱和典型的金代白瓷碗等分析，遗址上层的时代可以确定为金代。因此，上述墓葬中有些为金代墓葬是十分可能的。

2. 器物学

在对出土遗物的研究中，大家比较关注一些特殊制品，如金面具、银丝网络、玻璃瓶等，可知这些随葬品与草原丝路的中西方交流有一定的关系。

陶瓷器研究历来是辽代遗物研究的重点。长白山Ⅰ区墓群出土的大量陶瓷器中不仅有定窑白瓷、景德镇青白瓷、越窑秘色瓷、耀州窑青瓷和磁州窑白釉黑彩瓷，还有典型的地产陶瓷器，如鸡冠壶、鸡腿坛、钵、盏、扎斗、盆罐、盘口壶等，可能是龙泉务窑的产品。特别是两件白釉黑（褐）彩梅瓶更是引起了大家的普遍关注。有关讨论集中于时代、产地、窑口及工艺手法等。经北京大学鉴定分析，认为产于河北境内，具体窑口有待进一步确认。

3. 墓主人民族属性

金属葬服是辽代契丹人独具特色的葬俗，包括面具、网络和靴底等。这种葬俗仅限于契丹贵族，辽代汉人不用此法，我国古代其他民族中也不见此习俗。还有带心形坠、“T”形坠的项链，研究者认为其可能来源于遥远而古老的希腊或北欧地区，不见于中国历史上辽文化圈之外的其他时代、地区和民族，是契丹文化特征鲜明的一种遗物。因此，长白山Ⅰ区墓群的墓主人肯定为契丹贵族无疑。

此外，鸡冠壶、篦齿纹陶壶、蹀躞带、鸡腿坛等亦是契丹墓中常见之物。因此，可以基本断定这一区域发现的墓葬墓主人多为契丹人。

但对于已进入金代纪年的墓葬，其墓主人的民族属性则需要进一步研究确认。

4. 关于墓主人身份的推测

根据各墓葬规格的大小、出土遗物的丰俭，我们可以初步判断长白山Ⅰ区墓群的墓主人均应为契丹高等级贵族，其他墓群的墓主人则多为契丹一般贵族或富户。因为墓中没有发现任何文字资料以显示墓主人的姓氏，因此，根据目前资料我们无法确知墓主人的身世。

从长白山Ⅰ区M1出土银丝网络、银鎏金面具、银鎏金马具带饰多为龙纹图案，M2出土银丝网络，M3出土有凤纹银鎏金捍腰，M4出土有金属冠、黄金面具、银丝网络等情况分析，这一墓群的墓主人应与辽代的皇族或后族有关。该墓群西北距阜新市彰武县四合城土城子城址仅20千米，有学者认为该城址为辽代的一座头下军州——遂州。据《辽史·地理志》记载：“遂州，本高州地，南王府五帐放牧于此。在檀州西二百里，西北至上京一千里。户五百。”若然，则长白山Ⅰ区墓葬的墓主人应与契丹皇族的横帐关系密切。

三、下一步工作思路

（1）对已知的墓群和相关遗址开展更多的考古工作，以确定其性质、时代，为下一步开展综合研究提供基础资料。

根据位置、时代等推测，长白山遗址为长白山Ⅰ区高等级贵族墓群的守冢人遗存，但证据尚不充分，需要全面揭露，以便对其性质做出准确判断。西扎哈气遗址发现的金代手工业作坊址与墓群看似没有关系，但它反映了张家窑林场区域的历史变迁。而且金代遗存的发现也为我们判断部分墓葬已进入金代纪年提供了现实依据。此外，在发掘中应加大科技考古的力量，加强对遗存的现场保护，以最大限度地提取古代信息。

（2）对契丹贵族墓葬相关遗存的探寻发掘有利于全面认识和复原辽代社会的葬俗葬制。

根据以往研究，契丹高等级贵族墓葬多有墓园、祭祀建筑、守冢人遗存等。目前，我们仅对长白山遗址的性质有初步的判断[17]。长白山墓群周边是否有相应的墓园建筑、祭祀建筑，尚有待于进一步的考古工作证实。穷棒子山墓群虽然级别略低，但是否亦存在相应的墓园建筑、祭祀建筑和守冢人遗存，也需要进一步的考古工作。

（3）加强对出土遗物的科技保护和研究。

由于经费原因，张家窑林场辽墓群出土的部分遗物尚未开展相应的科技保护工作。接下来，应积极联系省文物局和国家文物局，解决这个瓶颈问题，把相关文物的保护、检测工作开展起来，以为下一步研究提供更直接的证据。

（4）跳出张家窑林场，用更广阔的视角来审视这一区域的辽金遗存，我们才能更接近历史真实。

包括康平、法库、阜新、彰武等在内的农牧交接带，是契丹贵族选择建立头下州城的理想区域。考古发现表明，这一区域内存在着大量的辽代城址，如祺州（康平小塔子城址）、徽州（阜新他不郎城址）、成州（阜新西红帽子城址）、懿州（阜新塔营子城址）、渭州（法库二台子城址）、横州（彰武土城子城址）等。此外，还发现过大量高等级贵族墓葬，如埋藏萧和家族的关山辽墓、埋藏萧义家族的叶茂台辽墓、埋藏萧袍鲁家族的前山辽墓、彰武朝阳沟墓地、康平刘东屯墓地、法库李贝堡辽墓等。总结、分析这些城址与墓葬的关系，将极大地促进我们对辽代头下军州制度的认识，加深我们对辽代社会的了解。

（5）依托当地资源，开展相关研究，推动对遗址和墓群的保护、开发和合理利用。

张家窑林场地域广阔，植被茂盛，山水相映，自然风光优美。特别是每到秋季，层林尽染，霜叶红透，风景无限。大量的辽金文化遗存，特别是高等级贵族墓葬的发现，又尽显本地区历史文化资源的丰富。如何将自然资源与人文资源有机结合，开发适合本区域的文化旅游项目，发挥文化遗产的标识作用，打造有着康平特色的地产品牌，是我们共同的责任。

注　释

[1] 裴耀军：《康平张家窑1号辽墓》，《辽海文物学刊》1996年1期。

[2] 王允军：《辽宁省康平县辽墓发掘简报》，《博物馆研究》2010年4期。

[3] 佡峻岩：《康平张家窑林场辽墓清理简报》，《博物馆研究》1997年1期。

[4] 王允军：《辽宁省康平县辽墓发掘简报》，《博物馆研究》2010年4期。

[5] 张少青：《辽宁康平发现的契丹、辽墓概述》，《北方文物》1988年4期。

[6] 王允军：《康平县文物志》第三章第三节，《康平县政协文史资料》（总第18辑），2005年，176页。

[7] 张少青：《辽宁康平发现的契丹、辽墓概述》，《北方文物》1988年4期。

[8] 张少青：《辽宁康平发现的契丹、辽墓概述》，《北方文物》1988年4期。

[9] 王允军：《康平县文物志》第三章第三节，《康平县政协文史资料》（总第18辑），2005年，177页。

[10] 王允军：《康平县文物志》第三章第三节，《康平县政协文史资料》（总第18辑），2005年，177页。

[11] 王允军：《康平县文物志》第三章第三节，《康平县政协文史资料》（总第18辑），2005年，176页。

[12] 王允军：《康平县文物志》第三章第三节，《康平县政协文史资料》（总第18辑），2005年，171页。

[13] 沈阳市文物考古研究所：《康平张家窑林场柳条通辽墓群 2016 年发掘报告》，《沈阳考古文集》（第6集），科学出版社，2017年，109～124页。

[14] 林栋、沈彤林等：《辽宁沈阳康平张家窑林场辽墓群》，《2017中国重要考古发现》，文物出版社，2018年，162～165页。

[15] 林栋、沈彤林等：《辽宁沈阳康平张家窑林场辽墓群》，《2017中国重要考古发现》，文物出版社，2018年，162～165页。

[16] 沈阳市文物考古研究所内部资料。

[17] 赵晓刚：《辽代契丹贵族墓地守冢人居住遗存和祭祀遗存初探》，《辽金历史与考古》（第九辑），科学出版社，2018年，17～27页。

清盛京城礼制建筑考*

刘 明 李 鑫

（沈阳市文物考古研究所）

盛京城是后金政权的第三座都城（前两座是兴京城和东京城），是清朝的第一座都城，也是清朝唯一的陪都城。满族在此完成了从民族部落到国家的转变。一方面，参汉酌金，渐就中国之制，创立文官制度，置内阁六部、都察院、理藩院等国家机构；另一方面，参照传统的都城规制，改造城池。“城邑既定，遂创天地坛壝，营太庙，建宫殿……京阙之规模大备。”除天坛、地坛、太庙外，在盛京城还建有钟楼、鼓楼、社稷坛、风雷云雨山川坛、先农坛、厉坛等礼制建筑（图一）。

时至今日，除太庙保存完好外，其他礼制建筑均已湮没在现代城市建筑或街路之下。依据以往沈阳城市考古的成果，结合相关的文献记载，拟对清盛京城礼制建筑的相关信息进行初步的考证。

一、盛京太庙

太庙，是根据古代“敬天法祖”的传统礼制建造的皇帝宗庙。清朝奠都盛京后，在盛京城抚近门外设立太庙。

设大殿五间，前殿三间，大门三间。大门傍东西角门二间。大殿后房六间。周围广三十五丈，袤四十丈[1]。

经实地调查，盛京太庙在抚近门（大东门）关厢，即今大东门和大东边门之间，具体位置尚不能确定。

乾隆四十三年（1778年），太庙移建于大清门之东景佑宫（原称三官庙）原址，南北袤十一丈一尺五寸，东西广十丈三尺五寸。设正殿五楹、东西配庑各三楹、东西耳房各三楹，正门三楹，东西门各一。移建后的太庙尊藏清朝帝后的玉册玉宝[2]。

盛京新太庙毗邻沈阳故宫，保存较好，基本维持其原貌，现存的建筑有正门、东耳房、西耳房、东配殿、西配殿、正殿等[3]。

---

* 本文为国家社科基金重大项目“盛京城考古与清代历史文化研究”阶段成果（项目编号：14ZDB038）；国家社科基金重大项目“满族民间历史档案资料整理研究与数据库建设”阶段成果（项目编号：19ZDA181）。

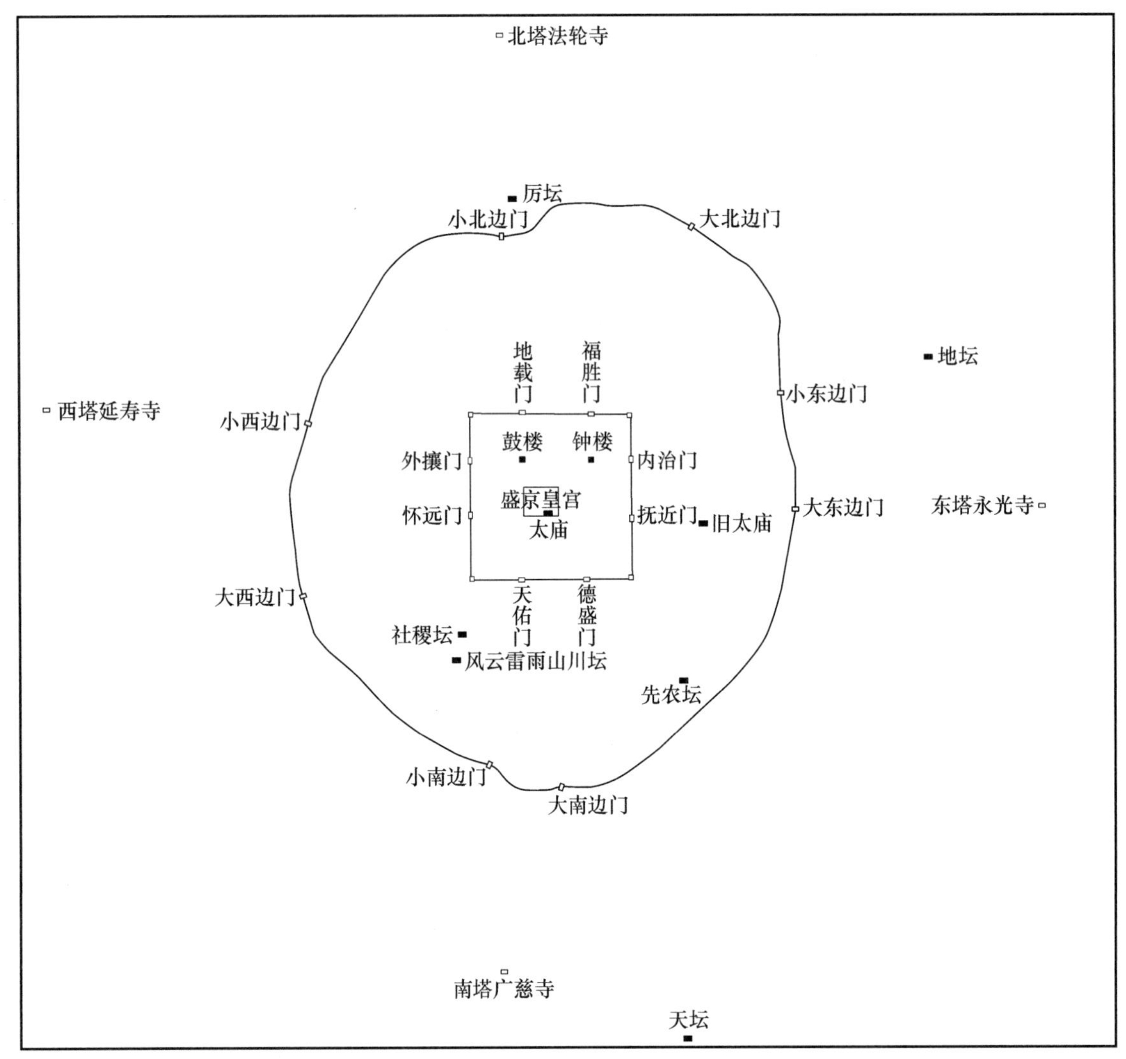

图一　清盛京城礼制建筑分布示意图

正门　位于大清门东侧太庙区域南侧。硬山式砖木结构，面阔3间，进深7檩。屋面满铺黄琉璃瓦。建筑面积70.6平方米，总高7.79米。左右各有角门1座，与太庙南侧削墙相结合。角门屋面满铺黄琉璃。柱子均为圆形柱。三间开门，形式为板门，上有金色门钉。外檐绘金线大点金旋子彩画，枋心部位为二龙戏珠及古锦图案。飞头、椽头绘万、寿字图案。太庙门南侧为礓礤，角门南设台阶。太庙山门仅供皇帝东巡盛京祭祀太庙时出入，平时并不开启。

东、西耳房　位于东、西配殿南侧。是太庙东西配殿的顺山耳房。硬山式木结构，面阔1间，前出廊。建筑面积各42.88平方米，总高5.54米。屋面满铺黄琉璃瓦。柱子均为圆形柱。窗、门隔心为一码三箭式，门裙板为阳线如意头，绛环板为阳线。外檐绘金线大点金旋子彩画，枋心部位绘二龙戏珠及古锦图案。飞头、椽头绘万、寿字图案。耳房用千存放祭祀太庙所用供器等物品。

东、西配殿　位于大清门东侧太庙区域的东西两侧，呈左右对称。硬山式砖木结构，面阔3间，进深5檩，前出廊。建筑面积各80.01平方米，总高6.7米。明间开门。屋面满铺黄琉璃瓦。柱子均为圆形柱。窗、门隔心为一码三箭式窗，门裙板为阳线如意头，绕环板为阳线。外檐绘金线大点金旋子彩画，枋心部位为二龙戏珠及古锦图案。飞头、椽头绘万、寿字图案。

正殿 位于大清门东侧太庙区域的北侧。砖木结构单檐歇山式，面阔5间，前出廊。建筑面积206.98平方米，总高10.73米。南侧明间开门。屋面满铺黄琉璃瓦。柱子均为圆形柱。窗、门隔心为一码三箭式窗，门裙板为阳线如意头，绕环板为阳线。外檐绘金线大点金旋子彩画，枋心部位为二龙戏珠及古锦图案。飞头、椽头绘万、寿字图案。殿前西侧有焚帛砖炉1座。

二、盛京钟楼

钟楼是敲钟报时的设施，是我国古代城市中常见的礼制建筑，多与鼓楼分立于东西，即钟楼在东，鼓楼在西所谓“晨钟暮鼓”。钟、鼓楼与城门遥相呼应，是盛京城的重要组成部分。

盛京城的钟、鼓楼位于内城内“井”字街北部通衢路口。盛京钟楼为方形高台建筑，台基内开“十”字形交叉的券洞，以方便行人往来交通。台基正中起建双层重檐歇山顶楼阁式建筑，悬钟于内，其外设女墙和垛口，形同城墙。

盛京钟楼悬钟，即“盛京定更钟”。据钟身铭文记载，统和十七年（999年），辽承天皇太后伐北宋，破乐寿获钟一口，后赐给建于统和四年（896年）的中京（今内蒙古自治区宁城县大明城）感圣寺。金天辅六年（1122年），该钟毁于兵火。天德三年（1511年），重新铸造。历金、元、明三代500余年，发现于盖州（今辽宁盖州市）。天命六年（1621年），为努尔哈赤所得。以为“吾远祖遗物”，运至辽阳。天命十年（1625年），后金迁都，又将大钟运到沈阳，后悬挂于钟楼上。直到1930年拆除钟楼时移存于沈阳故宫[4]。

盛京钟楼，在福胜门内大街[5]，今沈河区中街路与朝阳街交叉路口。东距内治门（小东门）300米，南距德盛门（大南门）920米，西距鼓楼540米，北距福胜门（大北门）370米。据史料记载，盛京城钟楼建于清崇德二年（1637年），为双层方城式高台建筑。因阻碍城内交通，于1930年被拆除。

2012年10～11月，沈阳市文物考古研究所在配合城市基本建设的考古工作中发现并发掘钟楼遗址。清理钟楼的四角、券顶门洞和基石等，受条件限制，未发掘钟楼主体部分。钟楼平面呈方形，底边长约17.7米。其四壁外侧底部均用大型条石砌筑，保留最好的部分尚存3层，高约1.3米，四壁外铺设条石为散水。四壁正中各有1处门洞。清理了北门洞，面阔4米，门洞内的路面以条石横行铺砌。在钟楼南侧西南角位置发现有青砖砌筑的排水沟，上有木板覆盖，分布在钟楼南侧的散水外[6]。

2013年，盛京城钟楼遗址被沈阳市人民政府公布为市级文物保护单位。

三、盛京鼓楼

鼓楼是击鼓传令、报警定更的设施。盛京鼓楼形制和规制与钟楼相同。不同之处在于鼓楼是架鼓于内。

盛京鼓楼，在地载门内大街[7]，今沈河区中街路与正阳街交叉路口。东距钟楼540米，南距天佑门（小南门）910米，西距外攘门（小西门）420米，北距地载门（小北门）370米。据史料记载，盛京城钟楼建于清崇德二年（1637年），为双层方城式高台建筑。因阻碍城内交通，于20世纪30年代被拆除。

2011年3～4月，沈阳市文物考古研究所在配合城市基本建设的考古工作中发现并发掘了该遗址。平面呈方形，底边长18.5米，四面各辟一个券顶门洞，门洞内的路面以条石横行铺砌[8]。

2013年，盛京城鼓楼遗址被沈阳市人民政府公布为市级文物保护单位。

四、盛京天坛

天坛，又名圜丘，是古代帝王祭天之处。盛京天坛始建于后金天聪十年（明崇祯九年，1636年）。

康熙二十三年《盛京通志》记载，在德盛门关外设圜丘，周围一百十丈，南门三，东、西、北门各一[9]。

乾隆元年《盛京通志》记载，天坛在德盛门关外设。圜丘其制九成，周围一百十丈，南门三，东、西、北门各一[10]。

《钦定盛京通志》和民国《沈阳县志》记载，天坛在德盛门外南五里建圜丘。旧制三成，每层圆面递加环砌。上成九重，周围一丈八尺；二成七重，周圆三丈六尺；三成五重周圆五丈四尺，俱高三尺。围墙周一百三十丈，南一门，东、西、北门各一[11]。

宣统《承德县志书》记载，天坛在德盛门关外设圜丘，其制九成，周一百一十丈，南门三，东西北门各一[12]。

经实地调查，盛京天坛的位置在今文萃路天坛小区东南角，南临浑河。走访当地年长者得知，天坛遗址毁于20世纪初日俄战争，尚存土丘，周围散落有长条形和方形青砖、白灰残渣。“文革”期间被夷平，辟为菜地，后建成住宅。位置在天坛小区6号楼及其周围。以往，在天坛遗址采集的一些砖、瓦等建筑构件收藏在沈阳故宫博物院。

五、盛京地坛

地坛，又名方泽坛，是古代帝王祭祀皇地祇神的祭坛。

盛京地坛，在内治门外东三里。始建于后金天聪十年（明崇祯九年，1636年）。

方泽旧制二成，四周以方坎蓄水，每层方面递加墁砌。上成建方六丈，高二尺；下成建方八丈，高二尺四寸。围墙周一百三十三丈八尺，北一门，南、东、西门各一。第一成恭祀皇地祇，位北向，列圣东西向。第二成以五岳、五镇、四渎、列祖山陵配祀，位东西向。乾隆四十三年（1778年）奉旨重修，四十八年（1783年）六月修竣[13]。

经实地调查，盛京地坛的位置在今大东区天坛街一线，“天坛街”因附近有天坛遗址而名。

六、盛京社稷坛

社稷坛，是祭祀社、稷神祇的祭坛。

盛京社稷坛，在天佑门外西南隅，玉皇庙之前，雍正十一年（1733年）建[14]，乾隆六年（1741年），添建大门三楹，耳房三楹。

经实地调查，盛京社稷坛遗址已湮没。其位置在风云雷雨山川坛之北，在今沈河区风雨坛街与热闹路交叉路口北。

七、盛京风云雷雨山川坛

风云雷雨山川坛，是祭祀风、云、雷、雨、山川诸神祇的祭坛。

盛京风云雷雨山川坛，在社稷坛前，雍正十一年（1733年）建[15]。多俗称风雨坛。到民国初年，风雨坛尚存[16]。

经实地调查，盛京风云雷雨山川坛的位置在今沈河区风雨坛街与热闹路交叉路口西北侧。“风雨坛街”名称因附近有风雨坛而名。

八、盛京先农坛

先农，即农神，远古称帝社、王社，汉代始称先农。“坛于田，以祀先农。”祭坛称为藉田坛，唐代改称先农坛。祭祀先农为古代的一种礼制，每年开春，皇帝亲领文武百官行藉田礼于先农坛。

盛京先农坛，在德盛门外东南隅，沈水之南，雍正五年建[17]。乾隆六年（1741年），添建大门三楹，耳房三楹，修葺周围墙垣，其耤田在祠前，府县各四亩九分[18]。

经实地调查，盛京先农坛的位置大致在今沈河区先农坛路和农神庙巷附近，“先农坛路”“农神庙巷”因附近有先农坛及其附属庙宇建筑而名。

九、盛京厉坛

厉坛，祭无祀鬼神之坛。古人认为“鬼有所归，乃不为厉”，设坛祭祀以趋吉避凶。依古法，王祭泰厉，诸侯祭公厉，大夫祭族厉。

明代礼制，“其王国所祀，则太庙、社稷、风云雷雨、封内山川、城隍、旗纛、五祀、厉坛。府州县所祀，则社稷、风云雷雨、山川、厉坛、先师庙及所在帝王陵庙。”[19]

明洪武三年（1370年）定制，京都祭泰厉，设坛玄武湖中，岁以清明及十月朔日遣官致祭。前期七日，檄京都城隍。祭日，设京省城隍神位于坛上，无祀鬼神等位于坛下之东西，羊三，豕三，饭米三石。王国祭国厉，府州祭郡厉，县祭邑厉，皆设坛城北，一年二祭如京师。里社则祭乡厉。后定郡邑厉、乡厉，皆以清明日、七月十五日、十月朔日[20]。

清初，在盛京城地载门关外设厉坛[21]。入关后，京师北京再无祭厉之礼。顺治初，直省府、州、县设坛城北郊，岁以清明日、七月十五日、十月朔日，用羊三、豕三、米饭三石、香烛、酒醴、楮帛祭本境无祀鬼神。府曰郡厉，县曰邑厉。先期备祭物，有司诣城隍庙以祭厉告。届日设燎炉坛南，奉城隍神位安坛正中。诣神位前跪，三上香，行礼用三拜。送燎，奠三爵，退，神位复初[22]。

经实地调查，盛京厉坛的位置大致在今大东区边墙路、沈河区惠工街以北区域。

十、结　　语

清盛京城是我国古代最后一座封闭式都城。在郭城外东、南、西、北各置一处喇嘛教佛寺和佛塔，是按照喇嘛教曼陀罗（意译即坛、坛城）来规划的，体现的是藏传佛教的思想[23]。在内城和礼制建筑的布局上则更多地遵循了中国古代传统的建都和建城思想。

“面朝后市”，即置商业区于皇宫之后；“左祖右社”，即祖庙（太庙）设于东，社稷坛设于西；南郊祭天、北郊祭地，即设天坛（圜丘）于南郊，置地坛（方泽坛）于北郊。晨钟暮鼓，即在宫殿以北商业街市的东、西通衢路口，设钟、鼓楼（图一）。

顺治元年（1644年），清朝迁都北京。尽管以盛京为陪都，以为“帝业之基”“国家岐丰之地”，但不再承担祭祀天坛、地坛、太庙等国家大典。雍正朝以后设立的社稷坛、风云雷雨山川坛、先农坛等已不再是都城专设的礼制建筑。厉坛，在清朝入关以后，不再设于京师，仅在地方府、州、县设立。

注　释

[1]　（清）伊把汉、董秉忠等：《盛京通志》卷之第二：庙坛志·太庙，康熙二十三年刻本，阳明文库图书。

[2]　（清）阿桂等：《钦定盛京通志》卷十九：庙坛·太庙，乾隆四十四年奉敕撰；（清）永瑢、纪昀等：《钦定四库全书》第五〇一册·地理类·史部二五九，台湾商务印书馆影印本，1983年。

[3]　沈阳一宫两陵志编撰委员会：《沈阳故宫志》，辽宁民族出版社，2006年，62～63页。

[4]　王明琦、李仲元：《盛京定更钟考》，《故宫博物院院刊》1981年2期。

[5]　（清）伊把汉、董秉忠等：《盛京通志》卷之第一：京城志·盛京城池，康熙二十三年刻本，阳明文库图书；（清）王河等：《盛京通志》卷之五：京城·盛京城池，咸丰二年补刻乾隆元年本，日本早稻田大学藏书；（清）阿桂等：《钦定盛京通志》卷十八：京城·盛京城创建，乾隆四十四年奉敕撰；（清）永瑢、纪昀等：《钦定四库全书》第五〇一册·地理类·史部二五九，台湾商务印书馆影印本，1983年。

[6]　沈阳市文物考古研究所：《清盛京城钟楼遗址考古发掘报告》，《沈阳考古文集》（第4集），科学出版社，2014年。

[7]　（清）伊把汉、董秉忠等：《盛京通志》卷之第一：京城志·盛京城池，康熙二十三年刻本，阳明文库图书；（清）王河等：《盛京通志》卷之五：京城·盛京城池，咸丰二年补刻乾隆元年本，日本早稻田大学藏书；（清）阿桂等：《钦定盛京通志》卷十八：京城·盛京城创建，乾隆四十四年奉敕撰；（清）永瑢、纪昀等：《钦定四库全书》第五〇一册·地理类·史部二五九，台湾商务印书馆影印本，1983年。

[8]　沈阳市文物考古研究所：《沈阳市盛京城鼓楼遗址发掘简报》，《沈阳考古文集》（第4集），科学出版社，2014年。

[9]　（清）伊把汉、董秉忠等：《盛京通志》卷之第二：庙坛志·天坛，康熙二十三年刻本，阳明文库图书。

[10]　（清）王河等：《盛京通志》卷之六：庙坛·天坛，咸丰二年补刻乾隆元年本，日本早稻田大学藏书。

[11]　（清）阿桂等：《钦定盛京通志》卷十九：庙坛·天坛，乾隆四十四年奉敕撰；（清）永瑢、纪昀等：《钦定四库全书》第五〇一册·地理类·史部二五九，台湾商务印书馆影印本，1983年；（清）阿桂等：《钦定盛京通志》卷一：天坛图，乾隆四十四年奉敕撰；（清）永瑢、纪昀等：《钦定四库全书》第五〇一册·地理类·史部二五九，台湾商务印书馆影印本，1983年；赵恭寅、曾有翼：《沈阳县志》卷之十：古迹·古祠祀·天坛，1917年，铅印本，《中国方志丛书》·东北地方·第十号，成文出版社有限公司印行，1974年，482页。

[12]　（清）金正元重修，张子瀛纂：《承德县志书》第一类：土地志·城池 宫殿 陵寝衙署附·天坛，《中国地方志集成·辽宁府县志辑①》，凤凰出版社（原江苏古籍出版社），2006年，8页。

[13]　（清）阿桂等：《钦定盛京通志》卷十九：庙坛·地坛，乾隆四十四年奉敕撰，（清）永瑢、纪昀等：《钦定四库全书》第五〇一册·地理类·史部二五九，台湾商务印书馆影印本，1983年；

（清）阿桂等：《钦定盛京通志》卷一：地坛图，乾隆四十四年奉敕撰，（清）永瑢、纪昀等：《钦定四库全书》第五〇一册·地理类·史部二五九，台湾商务印书馆影印本，1983年；赵恭寅、曾有翼：《沈阳县志》卷之十：古迹·古祠祀·社稷坛，1917年，铅印本影印，中国方志丛书·东北地方·第十号，成文出版社有限公司，1974年，482～483页。

[14] （清）王河等：《盛京通志》卷之二十六：祠祀·奉天府·承德县·社稷坛，咸丰二年补刻乾隆元年本，日本早稻田大学藏书；（清）金正元重修，张子瀛纂：《承德县志书》第九类：宗教志庙宇寺院附·社稷坛，《中国地方志集成·辽宁府县志辑①》，凤凰出版社（原江苏古籍出版社），2006年，45页；赵恭寅、曾有翼：《沈阳县志》卷之十：古迹·古祠祀·社稷坛，1917年，铅印本影印，中国方志丛书·东北地方·第十号，成文出版社有限公司，1974年，483页；王树楠、吴廷燮、金毓黻：《奉天通志》卷九十二：建置志·建置志六·祠庙·祠庙一·沈阳县·社稷坛，沈阳古旧书店，1983年，2099页。

[15] （清）王河等：《盛京通志》卷之二十六：祠祀·奉天府·承德县·风云雷雨山川坛，咸丰二年补刻乾隆元年本，日本早稻田大学藏书；（清）金正元重修，张子瀛纂：《承德县志书》第九类：宗教志庙宇寺院附·风云雷雨山川坛，《中国地方志集成·辽宁府县志辑①》，凤凰出版社（原江苏古籍出版社），2006年，45页；赵恭寅、曾有翼：《沈阳县志》卷之十：古迹·古祠祀·风云雷雨山川坛，1917年，铅印本影印，中国方志丛书·东北地方·第十号，成文出版社有限公司，1974年，483页；王树楠、吴廷燮、金毓黻：《奉天通志》卷九十二：建置志·建置志六·祠庙·祠庙一·沈阳县·风云雷雨山川坛，沈阳古旧书店，1983年，2099页。

[16] 东三省陆军测量局：《奉天省城详图》，1917年9月。

[17] （清）王河等：《盛京通志》卷之二十六：祠祀·奉天府·承德县·先农坛，咸丰二年补刻乾隆元年本，日本早稻田大学藏书；（清）金正元重修，张子瀛纂：《承德县志书》第九类：宗教志庙宇寺院附·先农坛，《中国地方志集成·辽宁府县志辑①》，凤凰出版社（原江苏古籍出版社），2006年，45页；赵恭寅、曾有翼：《沈阳县志》卷之十：古迹·古祠祀·先农坛，1917年，铅印本影印，中国方志丛书·东北地方·第十号，成文出版社有限公司，1974年，483页；王树楠、吴廷燮、金毓黻：《奉天通志》卷九十二：建置志·建置志六·祠庙·祠庙一·沈阳县·先农坛，沈阳古旧书店，1983年，2099页。

[18] （清）阿桂等：《钦定盛京通志》卷九十七：祠祀一·奉天府·承德县·先农坛，乾隆四十四年奉敕撰，（清）永瑢、纪昀等：《钦定四库全书》第五〇三册·地理类·史部二六一，台湾商务印书馆影印本，1983年。

[19] （清）张廷玉等：《明史》卷四十七：志第二十三·礼一·吉礼一·序，中华书局，1974年，1226页。

[20] （清）张廷玉等：《明史》卷五十：志第二十六·礼四·吉礼四·厉坛，中华书局，1974年，1311页。

[21] （清）伊把汉、董秉忠等：《盛京通志》卷之第二十：祠祀志·奉天府·承德县·厉坛，康熙二十三年刻本，阳明文库图书；（清）王河等：《盛京通志》卷之二十六：祠祀·奉天府·承德县·厉坛，咸丰二年补刻乾隆元年本，日本早稻田大学藏书；（清）阿桂等：《钦定盛京通志》卷

九十七：祠祀一·奉天府·承德县·厉坛，乾隆四十四年奉敕撰，（清）永瑢、纪昀等：《钦定四库全书》第五〇三册·地理类·史部二六一，台湾商务印书馆影印本，1983年；（清）金正元重修，张子瀛纂：《承德县志书》第九类：宗教志庙宇寺院附·厉坛，《中国地方志集成·辽宁府县志辑①》，凤凰出版社（原江苏古籍出版社），2006年，45页；赵恭寅、曾有翼：《沈阳县志》卷之十：古迹·古祠祀·厉坛，1917年，铅印本影印，中国方志丛书·东北地方·第十号，成文出版社有限公司，1974年，483页；王树楠、吴廷燮、金毓黻：《奉天通志》卷九十二：建置志·建置志六·祠庙·祠庙一·沈阳县·厉坛，沈阳古旧书店，1983年，2099页。

[22] 赵尔巽：《清史稿》卷八十四：志五十九·礼三·吉礼三·直省祭厉，中华书局，1976年，2551页。

[23] 姜念思：《沈阳史话》，沈阳出版社，2008年，151～154页。

盛京城陵墓初步研究*

赵晓刚

（沈阳市文物考古研究所）

盛京城内有皇帝的宫殿、王侯将相的府地，自然在城外也就会有他们的陵墓。中国人自古以来就有“侍死如伺生”的习俗，因此帝王的陵寝也和其宫殿一样受到相当的重视。同样，贵族们的墓园也像他们府宅一样打理的精致异常。哪怕是一般的民众，也同样看重死后安息之地的选择和对墓葬本身的安排。

盛京城内相继有三位帝王在此居住，死在沈阳并安葬在盛京的只有两位，即清太祖努尔哈赤和清太宗皇太极。他们的陵寝分别称福陵和昭陵，因其分别位于盛京城之东之北，故又被俗称为东陵和北陵。福陵之西有寿康太妃园寝，昭陵西有懿靖贵妃园寝。2003年，两陵为申报世界文化遗产，沈阳市文物考古研究所对福陵的齐班房和果房（时称饽饽房）、昭陵的净房、馔造房、省牲亭和懿靖贵妃园寝进行了清理。2015～2018年，“盛京城考古与清代历史文化研究”课题组对两陵进行了多次考古调查，特别是对福陵的寿康太妃园寝、福陵前的石泊岸、黑门等进行了详细的踏查。此外，2016年底和2017年初，课题组还调查了两陵的陪葬墓和散布于盛京城周边的20余处贵族墓园。考古调查结束之后，课题组专门就陵寝和墓葬部分尚未解决的问题进行了讨论，并有针对性地提出应对史料中记载的两陵相关附属建筑物开展调查工作和前往东京陵、永陵进行考察的建议。此后，课题组又专门考察了位于铁岭市横道河子乡的武家沟采石场，确定两陵及沈阳故宫的玄武岩确实是出于此地。

一、研究内容

本文的研究内容，不仅包括福陵、昭陵及其妃园寝、陪葬墓，盛京城周边大量的贵族墓园、平民墓葬等亦是重要的研究资料。

盛京城贵族墓葬主要分布于清盛京周边沈阳市区及郊区范围内，早期以福陵和昭陵两座皇陵为中心进行陪葬，后期逐步向周边区域分散。这些墓葬大体可分为满族皇亲贵族、满族军功贵族、蒙古族高级贵族和满汉盛京城高官四类。满族皇亲贵族包括努尔

* 本文为国家社科基金重大项目“盛京城考古与清代历史文化研究”阶段成果（项目编号：14ZDB038）；国家社科基金重大项目“满族民间历史档案资料整理研究与数据库建设”阶段成果（项目编号：19ZDA181）。

哈赤族叔龙敦、第四子汤古岱、第六子塔拜，代善长子岳托、第三子萨哈廉、第六子玛瞻，舒尔哈齐第八子芬古，皇太极的舅舅阿什达尔汉等人及其后人的墓葬；满族军功贵族包括“开国五大臣”之额亦都、费英东、安费扬古（安边我）等人及其家族墓地（额亦都第八子图尔格、第十五子超哈尔等），还有自愿陪葬昭陵的安达里墓和敦达里墓（达里，即指职业殉葬人[1]）。此外，太祖、太宗时期战死沙场获有军功的一批著名将领，如扬古利、涂鲁希、达海、博尔晋、吴礼勘、伊逊、达珠瑚、卫齐、西喇布、雅希禅、车克、纳尔察、锡罕、舒赛等人的墓葬；蒙古族高级贵族包括恩格德里、明安；满汉盛京城高官包括李永芳、范文程祖上、佟色、莽色、黄海、阿尔胡礼、康大人、文祥、锡翰林、金氏、郎太夫人等人的墓葬。

低级官吏和平民墓葬以往关注较少，近年来配合城市基本建设发现较多，主要有小河沿和八王寺两处大型墓地。此外，在于洪沙岭、白山路、沈阳大馆、新城子炼油厂、九十四中学、新乐遗址等地亦发现过一些清代墓葬。

二、陵墓分级

沈阳地区的清代墓葬可分三级。

1. 第一级，帝后陵寝

盛京城被称之为“一朝发祥地，两代帝王城”，在此定都并死葬于此的清代帝王仅有两位，一位是清太祖努尔哈赤，他死后葬于福陵。另一位是清太宗皇太极，他葬于昭陵。

福陵和昭陵保存均相对较好，现以福陵为例将其规制列举如下：

（1）有兆域。

“福陵陵区的范围四至为：东起兴隆铺，西至毛君屯，南起三家子，北至长岭子，其长宽各不少于10公里。在这个范围之内设有三层木桩，史称‘界桩’。每层木桩用不同颜色区别：最外一层是青色、中间一层是白色、里边一层是红色。红桩距离陵寝0.5公里，白桩距红桩20丈*，青桩距白桩5公里。……清朝法律对皇陵山区的保护明令规定：‘红桩以内寸草为重，白桩以内，禁止樵采，青桩以内禁止烧造。’”[2]

（2）有陵园建筑。

陵园建筑规模宏大，建筑等级高贵，功能齐备。整个陵园共有32座（组）建筑组成，根据位置，其“建筑布局可分三部分，即宫前区、石像生和碑楼区、方城和宝城区。具体规制由南往北依次为：下马碑、下马石坊、华表、石狮、大红门、华表、石像生、华表、神桥、踏跺、神功圣德碑亭，东侧是膳房和茶房，西侧是省牲所、齐班房

---

* 1丈≈3.33米。

（已无）、涤器房（已无）、果房、晾果楼（已无）、东西红门，东西红门外各有一座下马碑。碑亭北为隆恩门。院内围墙四角有角楼。东西配殿、石狮子、焚帛炉、隆恩殿、二柱门、石五供、方城、明楼、哑巴院、宝城、宝顶，宝顶下面是地宫”[3]。

（3）有陪葬墓。

不仅设有妃园寝，而且还有大臣陪葬墓。福陵在其西专设“寿康太妃园寝”。据《钦定盛京通志》载：园寝周围缭墙共四十七尺。园寝坐北朝南，呈长方形，前有宫门三间，门二。园内正中享殿三楹、门四，享殿东西两侧各有茶膳房、果房各三楹。享殿后是坟院，内有寿康太妃等人丘冢3座，正中为寿康太妃，两侧分别为安布福晋和绰奇德和母。寿康太妃园寝康熙初年建成，日俄战争时被毁，“文化大革命”时期坟丘被平毁，出土情况不详[4]。

福陵的陪葬墓，据李凤民1983年考查为5处，分别是辅国公塔拜墓、镇国公汤古岱及其子镇国公聂克塞墓、皇姑墓，还有太祖股肱之臣弘毅公额亦都和忠义公图尔格墓、直义公费英东墓[5]。而在其后出的《盛京福陵》一书中却仅将弘毅公额亦都父子墓和直义公费英东墓列为福陵的陪葬墓[6]。这是天聪三年（1629年）建福陵时以亲信大臣陪葬，遂将这两座墓迁至福陵近旁。此外，据《清史稿·杨古利传》载：“（杨古利）丧还，太宗迎于郊，命陪葬福陵。葬日，太宗复亲奠。”[7]因此，杨古利墓亦应是福陵的陪葬墓。

（4）有高大的坟丘。

帝后合葬墓均有高大的坟丘，这个圆丘“叫‘宝鼎’，又叫‘独龙阜’，实为坟丘。高约6.7米，由下至上斜长为40米，周长110米。它用三合土掺和堆筑，要层层夯实，并进行五次‘盘踩’。每次盘踩要在三合土中掺糯米汤，米汤粘稠，冷却之后可使之变得更坚固。最后在宝鼎外皮还要抹一层厚厚的白灰，使表面光洁，免受雨水渗透、冲刷。大约是乾隆时期，在宝顶之上栽植一棵榆树，以附会永陵‘神榆’”[8]。

（5）有管理机构。

清入关之前，福陵由十二位马法守护，皇太极多次给予赏赐和款待。清入关后，清廷在盛京设置了三陵总理事务衙门，其下设三陵承办事务衙门职掌三陵祭祀、修缮事务。针对福陵，则还有福陵总管衙门和掌关防衙门具体负责对福陵的管理。

《盛京典制备考》：“福陵总管一员，翼长二员，八旗满洲防御十六员，笔贴式二员，世袭云骑尉六员，世袭六品官一员，世袭七品官五员，世袭八品官四员，章京品级六十五员，八旗领催四名，马兵七十六名；掌关防官一员，副关防官二员（茶膳正内管领兼理由国戚舅姨子孙兵内挑选），内管领一员，副内管领一员，舅姨子孙兵一百名，尚膳正一员，尚膳副一员，尚茶正一员，尚茶副一员，笔贴式二员，尚膳人八名，尚茶人六名，拜唐阿十五名，摆桌人八名，院户领催壮丁二十名，尚香人六名，各项匠役二十三名。太妃园寝首领二员（由兵挑放），兵十八名，四品官一员（汉军袭缺），领催八名，外郎二员。”[9]

2. 第二级，贵族园寝

"'园寝'一词最早见于《后汉书·祭祀志下·宗庙》：'古不墓祭，汉诸陵皆有园寝，承秦所为也。说者以为古宗庙，前制庙，后制寝，以象人之居，前有朝后有寝也。'……清朝入关以后，把'园寝'从'陵寝'中分离出来，在'陵'与'墓'之间，加了一个'园寝'的等级，把皇帝与皇后的墓葬称作'陵'或'陵寝'，而将包括皇帝的妃嫔和皇子、公主以及皇族中其他所有封授爵位的宗室贵族墓葬统称为'园寝'，在'陵'与'墓'之间建立起一种与以往历朝不同的特殊的丧葬等级，这是与以往的历代封建王朝都有所不同的。"[10]

"《钦定大清会典事例》对造坟工价、墓碑工价、墓碑尺寸、园寝周长、宫门享殿间数、广、纵、高度；顶覆瓦式、类别、建筑彩饰等，都有明确详细的规定。品级官员亦如此。墓碑，三品以上官员碑首、碑身、龟趺尺寸、图案、形状不尽相同。如一品官员为螭首龟趺，七品为圆首龟趺或方趺，士人则为圆首方趺。墓园周长、守坟户，一品官员茔地九十步，封丈有六尺，递杀至二十步二尺止，缭心垣。公、侯、伯世爵周四十丈，守茔四户。至六品以下官员周十二丈，只二人守护。石像生，公爵至二品官员，用石人、望柱暨虎、羊、马各二。三品无石人，四品无石羊，五品无石虎。"[11]

据上文可知，埋藏于盛京城周边的贵族园寝较多，然而真正经过考古发掘的则少之又少，特别是对墓葬园寝的整体认识较少。对陵园有所认识是在小南山清代墓园的发掘之后，此外，根据以往对额亦都墓的认识，我们现在可以对盛京城周边贵族墓葬园寝的规制做一初步的考察。这些贵族园寝的规制基本如下：

（1）有封闭的墓园。

小南山墓园四周有围墙，将整个墓地封护起来。据《镶黄旗陈满洲纽祜禄氏弘毅公祠堂宝茔图》所绘："墓园前东西南三面木栅栏围墙。栅栏墙北是由青砖围起的长方形墙院。"[12]此墙院即额亦都墓地的兆域。汤古岱墓地"原修大跨栏一所，四周花墙百丈有余。名堂宫门三间，两旁看壁各二，内有小跨栏三所"[13]。四周之花墙即为其兆域。

（2）有祭祀建筑。

额亦都"墓门内有一座木构牌坊，正面有五间享殿，享殿后又是一进院落，前面立有五座九眼透龙碑，后面有两个圆形大坟包，都以花墙围绕"[14]。费英东墓墓园原建有围墙、牌坊、享殿、坟冢二座、石碑二甬，今均已无存[15]。安达里"墓地建有墓垣、坟冢、墓前有石桌、五供、享殿等，现已无存"[16]。岳托墓"墓前有享殿三间及石碑"[17]。这些享殿均已毁，小南山墓园发掘仅发现三间门房，未发现享殿遗存。

（3）有高大的石碑。

盛京城周边的贵族园寝之所以有很多被记录了下来，与其墓地留有高大的石碑有密切的联系，大多墓葬均已无存而石碑尚在，通过石碑我们才确知墓主人的身份地位等信息。前文所提到的吴礼堪墓碑、敦达里墓碑、博尔晋墓碑等皆是如此。据《沈阳碑志》可知，目前盛京城周边已发现的清代满蒙贵族墓碑有28甬[18]。此外，康大人墓碑、阿尔胡礼墓碑尚不在统计之列。有学者根据《沈阳碑志》，将清代石碑划分了竖碑和卧碑两大类。竖碑根据碑座形制及碑首造型、装饰工艺等差别又分为赑屃座、须弥座和四出座三型。其中赑屃座石碑多为墓碑，主要用于个人或家族的墓园内，与陵园其他地面建筑配合使用，碑文内容多为陵墓主人的生平和功德等[19]。

（4）有看坟人。

据《陪都纪略》“开国佐运文武功臣墓志”记载：“大学士公傅恒之祖墓。……庄头李焕、庄丁阎成照管。内大臣二等子觉罗色勒之墓。……鲁成礼、代贵照管。多罗贝勒芬古之墓。……何同、苏白玉照管。忠义公都尔离，战山左、扼关门、逐锦杏、下齐青，与弘毅公额亦都征巴尔贷等处，百战百克。二墓均在城东二十里山里红屯，碑五、坟二，计素、白太照管。……尚书彻尔格。征北京、围锦州。忠直公伊勒德恩，二墓在城东十七里毛君屯。碑二、坟七。王良照管。”[20]文中共提到盛京城周边的贵族墓地18处，每处墓地均有看坟人守护。我们调查额亦都家族墓地时，当地居民马国才就明确表示其为看坟人的后代。

（5）清早期以火葬为主，中期以后以尸骨葬为主。

目前经过考古发掘或者被破坏后征集的清早期的贵族墓葬的葬具多以青花瓷罐为主，如额亦都家族墓地出土的青花四棱开光海兽寿字纹瓷罐、文化东路墓出土的青花云龙盖罐等，亦有酱釉粗瓷盖罐，如涂鲁希墓所出者。小南山清墓群的主墓（M2）即为火葬墓，仅在木椁内直接放置骨灰，而经考古发掘的墓群中另一座墓（M1），其时代约为乾隆年间，就是一座石灰封护的尸骨葬的夫妻合葬墓。

这是有着深刻的社会原因的。《清高宗实录》和《大清会典》均记载了乾隆刚即位时宣布的一条关于清代丧葬的诏谕：“古之葬者，厚衣之以薪，葬于中野。后世圣人，易之以棺椁，所以变通宜民而达其仁孝之心也。本朝肇迹关东，以师兵为营卫，迁徙靡常。遇父母之丧，弃之不忍、接之不能，故用火化，以便随身奉持，聊以遂其不忍相离之愿。非得已也。自定鼎以来，八旗蒙古，各有宁居，祖宗墟墓，悉隶乡土，丧葬可依古以尽礼。而流俗不察，或仍用火化者，狃于沿习之旧，不思当年所以不得已之故也。朕思人子事亲，送死最为大事，岂可不因时定制、痛自猛省乎？”这里既说明了清早期使用火葬的原因，又表明自乾隆朝开始，明确规定满人和蒙古人改火葬为土葬。清入关以后随着对汉族文化的不断学习，封建化不断加强，要求在丧葬习俗方面做出相应的改变，与盛京城清代贵族墓葬的发现情况是相吻合的。寿康太妃于康熙四年（1665年）去世，是清代后妃中第一位死后不实行火葬的妃子[21]，盛京时期的贵族墓葬代表了清代丧葬礼俗转变的重要阶段。

3. 第三级，低级官吏和平民墓葬

因小河沿清代墓群和沙岭墓群发掘资料尚未发表，因此，给我们正确认识清代盛京城低级官吏和平民墓葬的葬俗葬制带来了一些困扰。虽然有些墓葬之间明显单独成区，且排列有序，如城建东逸花园二期墓地D区M4、M5、M6、M16，C区M52、M53、M54、M55、M57、M58、M59等，但因无文字资料，虽可推测其为家族墓地，但墓葬之间关系难以判断。下面，我们就目前所能了解和掌握的墓葬情况，略作分析。

从墓葬形制来看，这些墓葬大体可分为两类：一是尸骨葬墓，二是火葬墓。其中尸骨葬墓因棺木数量不同还可细分为单棺墓、双棺墓和三棺墓，少量墓葬有木椁，少量墓葬出土有青石质的墓碑。火葬墓多以骨灰罐作为葬具，但亦有以木棺为葬具者，此外，少量火葬墓还发现有砖质墓志铭。

从墓葬时代上来讲，清早期墓葬发现较少，目前较为明确的仅见青年大街清墓1座，方形木棺火葬墓，出土有“天聪通宝”铜钱。清代中期墓葬发现较多，可以新乐遗址清墓为例，多为长方形土坑竖穴木棺墓，有单棺、双棺、三棺等，尸骨葬，随葬品多为铜钱和衣服上的铜扣，铜钱多见乾隆通宝或乾隆之前的铜钱。男性墓多见烟袋，女性墓多见扁方、发簪等饰件。清代晚期墓发现最多，以八王寺地区清墓群为例，有长方形土坑竖穴木棺墓（有单棺、双棺、三棺等，尸骨葬）和火葬墓（骨灰罐为葬具）两种，随葬品与清代中期差别不大，唯铜钱多见道光通宝、光绪通宝或“光绪元宝”铜圆等，个别墓葬见有墓碑，从墓碑记载所见墓主人均为光绪年间从河北、山东、山西闯关东而来的贫苦大众。

从级别上来讲，可以区分出低级官吏墓和平民墓两类。低级官吏墓可以东北大学清墓和城建东逸花园清墓群D区M6为例，墓葬的棺木一般较厚，随葬品相对而言较为丰富，棺内出土铜钱较多，男性墓主人有官帽顶，其烟袋嘴一般为玉质，而女性墓主人有金、银耳环或发簪随葬。平民墓则很少有随葬品，一般仅见几枚铜钱和随身衣服的铜扣。

三、陵墓分组与分期

盛京城周边发现的墓葬虽多，但保存好者较少，且多无文字资料出土，因此对于墓葬的分组与分期只能做一初步的推测。

从发现的情况来看，清初的墓葬多分布于清福陵和昭陵附近，也即盛京城的城东和城北一带，但亦有少量墓葬位于城西和城南。这些墓葬大多以家族墓地形式存在，距城较远，青年大街清墓算是目前发现距盛京城最近的早期墓葬。相较而言，清初满族贵族墓葬距城较近，而蒙古贵族墓葬则离城较远，多在其封地内建筑墓园，有些已超出盛京地界。

清代中晚期墓葬则遍布盛京城四周，规模较大的墓群目前仅见于城建东逸花园二期和八王寺地区。此外，以往调查发现城北的二台子地区[22]、城西的丁香湖地区[23]均有大量的清末至民国时期墓葬。从目前发现来看，八王寺清墓群是已知的位于盛京城廓城范围内的唯一一处大型墓地。“城市从一开始即是作为人类居住生活和商业贸易的场所而出现的，与人类死后埋藏的墓地是截然区别开来的。它是人类走向成熟和文明的标志，也是人类群居生活的高级形式。《吴越春秋》载：‘筑城以卫君，造郭以守民。’城以墙为界，有内城、外城的区别。内城叫城，外城叫郭（通‘廓’）。盛京城的廓城是康熙十九年（1680年）为了体现三重城垣的陪都体制而修筑的。原则上，在此之前八王寺地区埋藏死者还情有可原，但设立廓城之后还在关厢之内埋藏死者，并且这个墓地从清中期一直使用到光绪年间的清朝末年，究竟是何原因，值得我们思考。”[24]而青年大街清初火葬墓，其位置正在关墙左右，不论是在内还是外，我们都可以理解，毕竟墓葬下葬时关墙尚未建立。

从墓葬形制、葬俗来看，盛京城周边墓葬大体可分为三期。早中期大体以雍正为界，包括后金时期和崇德、顺治、康熙三朝；中期则为雍正、乾隆、嘉庆三朝；晚期为道光、咸丰、同治、光绪、宣统五朝。清早期墓葬数量较多，级别较高，包括两座帝陵及数十座满蒙贵族园寝，多数已被破坏无存，大多属于调查，仅少量发掘，出土遗物不丰，以火葬墓为主，多数仅见作为葬具的骨灰罐，或有铜钱、银铲、瓷瓶等随葬品。清中期墓葬集中在乾隆一朝，贵族墓葬较少，多为低级官吏和平民墓，分布无甚规律，出土遗物较少；清晚期墓葬多见光绪朝者，且多为河北、山东等闯关东而来的贫民。

注　释

[1] 沈阳市文史研究馆：《盛京福陵》，沈阳出版社，2015年，32页。

[2] 沈阳一宫两陵志编纂委员会：《沈阳福陵志》，辽宁民族出版社，2006年，29～30页。

[3] 徐鑫：《大清皇陵私家相册》，中华书局，2015年，26页。

[4] 沈阳一宫两陵志编纂委员会：《沈阳福陵志》，辽宁民族出版社，2006年，42～43页。

[5] 沈阳一宫两陵志编纂委员会：《沈阳福陵志》，辽宁民族出版社，2006年，29页。

[6] 沈阳市文史研究馆：《盛京福陵》第六章，沈阳出版社，2015年，90～110页。

[7] 赵尔巽、柯劭忞等：《清史稿·杨古利传》，中华书局，1977年。

[8] 沈阳一宫两陵志编纂委员会：《沈阳福陵志》，辽宁民族出版社，2006年，42页。

[9] （清）崇厚等：《盛京典制备考》卷一，清光绪刻本。

[10] 宋大川、夏连保：《清代园寝制度研究》上册前言，文物出版社，2007年，1页。

[11] 冯其利：《京郊清墓探寻》，学苑出版社，2014年。

[12] 沈阳市文史研究馆：《沈阳浑南区清代遗迹寻踪》，沈阳出版社，2015年，157页。

[13] 姜念思：《沈阳史话》，沈阳出版社，2008年，158页。

[14] 姜念思：《沈阳史话》，沈阳出版社，2008年，156页。

[15] 姜念思：《沈阳史话》，沈阳出版社，2008年，157页。

[16] 姜念思：《沈阳史话》，沈阳出版社，2008年，157页。

[17] 姜念思：《沈阳史话》，沈阳出版社，2008年，156页。

[18] 沈阳市文物考古研究所：《沈阳碑志》，辽海出版社，2011年。

[19] 林栋：《沈阳地区清代石碑的考古学观察》，《沈阳故宫博物院院刊》（总第十七辑），现代出版社，2016年，149～159页。

[20] （清）刘世英编著，王绵厚、齐守成校注：《陪都纪略》，沈阳出版社，2009年，53～55页。

[21] 韩佺：《清代后妃墓葬制度研究》，南开大学硕士学位论文，2010年。

[22] 2006年笔者曾在二台子地区关帝庙以南，沈铁路旁的绿化带内看到十余座已被破坏的清代土坑竖穴木棺墓，因属市政工程，当时并未进行抢救性考古发掘。

[23] 沈阳市文物考古研究所：《沈阳丁香湖“尸骨坑”的调查与发掘》，《沈阳考古文集》（第4集），科学出版社，2014年，183～194页。

[24] 沈阳市文物考古研究所：《沈阳八王寺地区考古发掘报告》，辽海出版社，2011年，194页。

沈阳市考古勘探前置工作刍议

李树义　丛丽莉

（沈阳市文物考古研究所）

考古勘探是由考古勘探资质单位按照国家文物局颁布的《考古勘探工作规程》[1]，通过探铲或其他无损探测技术获取地下文物遗存埋藏信息的方法，是考古调查的一种重要手段，为考古发掘或配合基本建设工程的文物意见决策提供考古学依据。考古勘探前置则是将配合基本建设过程中考古勘探的工作时间由建设单位获得建设用地后提前到土地储备阶段或者更前阶段，真正做到净地出让。随着文化遗产事业的蓬勃发展，在配合基本建设过程中的考古勘探和发掘工作时有非常重要的考古学发现，为进一步加强对文物资源的保护、开发和利用工作，一些历史文化名城如南京、郑州等开始推进考古勘探前置工作，取得了非常好的工作效果。2018年底至今，沈阳市作为住建部工程项目审批改革试点城市之一，沈阳市文物局在市政府的协调下推进考古勘探前置工作，截至目前，改革处在稳步推进阶段，尚未正式实施。在此背景下，本文从沈阳市考古勘探工作的现状、勘探前置改革的必要性，直面沈阳市考古勘探前置工作面临的问题，并简要阐述推进考古勘探前置工作的工作要点。

一、沈阳市考古勘探工作概述

沈阳市有组织的进行考古勘探工作是从1989年开始的，迄今已30年。1989年，沈阳市文物管理办公室增设了“沈阳市文物考古勘探队”，负责沈阳市内配合基本建设工程的考古勘探工作。1996年，市考古队与市文物考古勘探队合并为“沈阳市文物考古工作队”。2001年，更名为“沈阳市文物考古研究所”，由所内的勘探队负责考古勘探工作。2009年，市考古所成立了基建考古办，由基建考古办统筹，研究室、考古一队和考古二队分片同时承担市内的考古勘探工作。其中研究室负责沈河区，考古一队负责铁西区、和平区，考古二队负责大东区和皇姑区。2014年，考古所内部机构调整，市内的考古勘探工作完全交由基建考古办（业务办）具体负责。

总结30年来的市内考古勘探工作，可分为3个阶段。第1阶段，初步发展期（1989～2000年）。在这个阶段，沈阳市文物管理办公室的文物考古勘探队或文物考古工作队负责全市的考古勘探工作。这期间专业技术人员少，每年的基建项目较少，对基建项目多以调查和现场监护为主。1997年，沈阳市划定了21片文物考古勘探范围，面积约32平方千米，规定了在这21片考古勘探范围内的开发建设活动，必须征得文物主管部门的确认同意。第2阶段，快速发展期（2001～2013年），这个阶段由沈阳市文物考古研究所组织考古队或基建办进行考古勘探工作。2001年，成立了沈阳市文物考古研究所，从1998至2005年，市文物局组织招聘了一批考古专业学生，保障了考古勘探工作的专业技术人员力量储备。2005年，沈阳市制定了《沈阳市地上不可移动文物和地下文物保护条例》，规定在上述21片考古勘探范围和市内超过5万平方米的基建项目必须进行考古勘探，这为市内考古勘探工作提供了地方性法规的支持。这一时期恰值沈阳城市化快速扩张期，房地产行业快速发展，市内基建项目较多，同时，配合基本建设进行的考古发掘项目也较多，基本每年都有配合基本建设的考古发掘，比较重要的有2005～2008年八王寺墓葬、2010年千松园遗址、2012年汗王宫遗址等发掘项目。在勘探流程操作中也较以往更加规范，按照相关文件有理有据地向建设单位收取考古勘探经费，按照行业规范进行大面积勘探，向建设单位提供规范的勘探工作报告。第3阶段，低潮期（2014～2018年）。这一阶段沈阳地区配合基本建设的项目较少，2016年6月，沈阳市政府减免了按《文物保护法》规定应由建设单位列支的考古调查勘探发掘费，改为由市财政统筹安排，每年固定拨付一定数额的资金，如有不足，则视实际情况由市考古所向市财政局申请不足部分资金。这期间，每年进行的考古勘探项目极少，为配合基本建设进行的发掘项目2018年仅有2项。

2019年，市内考古勘探工作迎来一个新的发展机遇。2018年10月8日，中共中央办公厅、国务院办公厅《关于加强文物保护利用改革的若干意见》中提到："完善基本建设考古制度，地方政府在土地储备时，对于可能存在文物遗存的土地，在依法完成考古调查、勘探、发掘前不得入库。"这一条款要求对有可能存在文物遗存的土地，必须要先进行考古工作，这使考古勘探工作得到前所未有的重视。同时，在国家文物局加大对破坏文化遗产行为追责力度的背景下，区县政府开始依法向市文物局申请对建设用地进行文物勘探，仅2019年3月，市考古所就接到委托考古勘探项目10余项，需勘探面积120余万平方米，超过此前两年的勘探面积总和。工作量突然加大，市考古所因专业人员较少而疲于应对，这使目前勘探模式中的勘探项目无计划性、勘探时间与基建项目施工时间冲突，项目集中委托与专业技术人员力量不足的矛盾更加凸显，因此适时推出考古勘探前置具有重要的现实意义。

二、考古勘探前置工作的工作依据

首先，适时推出考古勘探前置工作符合当前法规和政策要求。

2017年新修订《土地储备管理办法》中规定："储备土地必须符合土地利用总体规划和城乡规划。存在污染、文物遗存、矿产压覆、洪涝隐患、地质灾害风险等情况的土地，在按照有关规定由相关单位完成核查、评估和治理之前，不得入库储备。”这为将考古勘探工作前置至土地收储前提供了重要的法律依据。

其次，推进考古勘探工作前置具有重要的现实意义。

第一，能加快建设单位项目建设进展，优化营商环境。

将考古勘探工作前置，做到净地出让，能够避免考古工作时间与基本建设项目建设周期之间的时间冲突。考古勘探工作前置改革对于加快项目的落地建设，降低企业的交易成本，提高政府的工作效率，优化营商环境，促进地区国民经济的快速发展具有重要的现实意义。

第二，能有效加强城市文化遗存保护力度，提升城市文化软实力。

各区县提前将需要进行考古勘探的规划用地提供给文物部门，由文物部门委托考古机构进行考古工作，考古机构在历年城市考古工作的基础上，结合需要解决的学术课题，提高工作的主动性和预见性，这既能有效完成考古勘探工作，使土地能够顺利入库挂牌，又能解决本地城市考古的重要学术课题，能够有效加强城市文化遗产的保护力度。

第三，能储备一批具有较强学术意识的城市考古人才。

通过考古勘探工作前置，避免一线考古人员消耗大量的精力与建设单位进行协调沟通，能够改变基本建设项目随机性特点，降低从业人员的廉政风险。考古机构可以根据拟勘探区域，结合单位人才现状，选派适宜的项目负责人去做具体的考古勘探工作。通过持续、有针对性的考古勘探工作，获得有价值的考古材料，锻炼考古机构一线人员的学术课题意识，提升一线人员的学术水平，为本地城市考古储备一批高素质人才。

最后，沈阳市具备推出考古勘探前置工作的基础条件。

沈阳市文物考古研究所是东北三省中唯一一个具有团体发掘领队资质的地市级考古所，作为市文化旅游和广播电视局下属事业单位沈阳博物院的直属机构，能够随时响应省、市文物局的工作部署，为省内大型投资落地沈阳项目、沈阳市城市基本建设提供考古调查、勘探及发掘工作，及时高效地为省、市文物局提供基建项目文物意见决策的考古学依据。

30年来，沈阳市考古所及其前身沈阳市文物考古勘探队、沈阳市文物工作队一直奋斗在沈阳城市考古第一线，为沈阳市历史文化名城的保护与利用积累了大量的考古勘探档案，并基本完成了资料的电子化。历年的勘探档案和第三次文物普查资料为实施考古勘探前置工作提供了充分的基础材料。通过初步构建直观的各区县的文物资源分布图，有利于因勘探前置而带来的大规模、成片区的勘探项目的科学实施，提高勘探项目的学术意识，着力解决沈阳城市考古的关键性重点课题。

三、沈阳市考古勘探前置工作面临的问题

沈阳市是住建部工程建设项目审批制度改革的试点城市之一，为推进这一项改革，沈阳市文物局结合工作实际，提出将考古勘探工作前置，在市政府的组织和推动下，有

关部门已形成考古勘探前置工作讨论稿。在多部门的协商过程中，意识到该项工作会面临不少的现实问题。

（1）考古勘探前置的时间区间的选择。

对于收储地块，市文物部门主张将考古勘探的时间确定在土储中心土地收储后，土地拍卖前。在这个时间点上，土地已无产权争议，可以和土储部门协商处理土地清表清渣等事宜，使其具备基本的勘探条件。对多数地块存在的硬覆盖、垃圾堆和临时建筑等设施的清拆处理对市土储中心来说也是一笔不菲的支出。市土储中心则根据2017年新修订《土地储备管理办法》“存在文物遗存等情况的土地，在按照有关规定由相关单位完成核查、评估和治理之前，不得入库储备”的规定，认为考古勘探的工作时间应该在市土储中心收地前，在各区县政府整理土地的期间进行。这样，就将由各区县政府向市文物部门申请对计划收储的土地进行考古勘探工作。总之，无论考古勘探前置至哪个时间区间，都不可避免要面对勘探地块清表清渣等勘探条件的硬件约束，都不可避免地产生一笔不菲的清渣清表费用。而国内一些城市如北京、南京、广州等则是选择在土地收储之后委托考古机构进行考古调查、勘探和发掘。根据考古工作成果进一步确定重要文物的保护方式，对可以继续开发的地块进行招拍挂。

对于已划拨国有建设用地使用权或自有土地权的，由规划部门纳入规划条件审批程序，建设单位应当在接到市规划部门首次规划意见后，向市文物部门提出勘探申请。

（2）考古工作经费的来源与保障。

对于配合基本建设的考古经费，绝大部分地区依照中华人民共和国文物保护法“凡因进行基本建设和生产建设需要的考古调查、勘探、发掘，所需经费由建设单位列入建设工程预算”的规定，由建设单位承担考古调查、勘探及发掘的经费，也有一些地区如北京、广州、郑州等，由地方财政拨付考古机构。沈阳市考古勘探经费的来源在2016年5月前由建设单位承担，只是在2003年将考古勘探经费的性质由行政事业性收费转为了经营服务性收费，而经营服务性收费与考古所作为公益一类的事业单位属性又不相符。2016年5月30日，《沈阳市人民政府关于减免行政事业性和经营服务性收费及取消行政审批中介服务事项的决定》，减免来沈投资建设项目所涉考古工作经费，改由沈阳市财政负担。从2016年开始，沈阳市财政每年预先向市考古所拨付一定数额配合城市基本建设的考古经费。沈阳市如果依法依规推行考古勘探前置工作，需要考虑工作经费的来源及保障途径。

（3）考古工作人力资源现状。

目前，市考古所人员编制为20名，编制内人员连同劳务派遣人员共计37人，而实际上能够在野外从事田野考古工作的仅13人。考古勘探前置改革实施后，沈阳市每年的考古勘探任务或将达到数百万平方米，以市考古所的目前人力资源现状将无力应对。

（4）外部环境对考古工作的认可程度。

虽然考古工作越来越为社会所熟知，但很多人还是对考古工作存在很多误解，以为考古勘探工作粗放、技术性较低、工作拖延等。这与考古行业对外宣传不够有关，更多的是利益相关方认为考古工作是项目推进的障碍，是耽误工期的主要因素。

实际上，考古勘探工作不仅需要非常明确的工作条件，如无产权争议、无硬覆盖、无地下管线等，而且必须有充足的时间保障，因为勘探工作必须要按照国家文物局颁布的行业规范组织实施，且是纯手工操作。

四、沈阳市考古勘探前置工作的工作要点

推进沈阳市考古勘探前置工作是沈阳市住建项目审批改革的重要内容之一，具有重要的现实意义。结合目前工作实际及存在问题，为有效推进考古勘探前置改革进程，需要注意以下工作要点。

（1）需要保障考古勘探工作经费。

切实依法推进考古勘探前置后，无论考古勘探工作经费是继续由市财政统筹解决，还是创新资金来源渠道，保障工作经费都是开展考古勘探前置的前提条件。

（2）市文物局要合理组织勘探工作的技术力量和劳务力量。

推进考古勘探前置后，每年或将有数百万平方米的考古勘探任务，市考古所依照现有的技术力量和劳务力量将无法完成任务。市文物局作为本市考古勘探、发掘工作的主管机关，需要扩充勘探工作的技术力量和劳务力量，在市考古所这种人力资源现状下，可参照南京、西安等地市的工作方式，吸引国内考古资质单位参与沈阳的考古勘探工作，并引进普通劳务公司为考古发掘提供劳务用工。通过建立考古资质单位供应商库，合理分配勘探任务，确保及时、高效、高质量地完成勘探任务。

（3）市考古所要加强勘探工作的学术性与主动性。

市考古所不仅负责沈阳市辖区的考古调查、勘探及发掘工作，而且负责对沈阳历史文物名城所蕴含的地下地上文物进行保护、修复及研究。面对考古勘探前置后，各区县提请的土地勘探计划，一定要秉承阐释沈阳历史文化名城内涵的历史责任，结合历年各区勘探基础资料、第三次文物普查资料、历年发掘资料、重点沈阳城市考古课题等资料，增强本市勘探工作的主动性、预见性，提高勘探工作的学术意识，在勘探工作中抓住重点，找出难点。

如有其他资质单位参与本市的考古勘探工作，市考古所更应该将主要方向放在能够解决本市城市考古重要课题的相关勘探任务上，将主要精力放在配合基本建设考古发掘上，通过持之以恒的工作构建沈阳地区的考古学文化发展序列，阐释清楚沈阳历史文化名城、沈阳城市考古的重要内涵。

（4）各项工作流程要合法合规。

借助推进考古勘探前置改革的契机，我市考古勘探工作、发掘工作要及时对照国家文物局的工作规范，寻找差距与不足，在新时期要做到严格按照《文物保护法》，以及

国家文物局工作规范进行相关工作，如对勘探探孔孔距按照《考古勘探工作规程》中规定的“配合基本建设项目实施的考古勘探，应采用1米×1米等距梅花状布孔法，避免遗漏重要遗迹”；如对基本建设项目中的考古发掘应严格按照《中华人民共和国文物保护法》《考古发掘管理办法》的要求依法通过省文物局向国家文物局申请。

注　释

［1］ 国家文物局：《考古勘探工作规程（试行）》，2017年。

1. 陶网坠（ⅠH2：1）

2. 环刃石器（ⅡH24：1）

3. 陶罐（ⅡM1：1）

4. 陶罐（ⅡM2：1）

5. 陶壶（ⅡM2：2）

6. 陶钵（ⅡH56：1）

沈阳辽宁大学百鸟公园遗址出土遗物